U0653040

"十三五"江苏省高等学校重点教材(2018—2—097)

应用型本科系列教材

中小企业创业创新管理

主　编　陆玉梅　陶宇红

副主编　李　南　米慧蓉

西安电子科技大学出版社

内 容 简 介

本书依照"理论先行、案例同步、实训跟进、教学做一体化"的原则编写,内容着力突出中小企业创业创新特征,知识点编排采用任务驱动形式,有效地提升教材的实用性、系统性和时代感。

本书内容分中小企业创业管理、中小企业创新管理和创业计划实战三篇,涵盖中小企业创业创新的团队管理、机会及资源管理、商业模式、管理创新、营销创新、融资创新、创业计划书等各个环节。

本书符合应用型人才培养目标,适用于地方应用型本科大学生创业创新课程教学。

图书在版编目(CIP)数据

中小企业创业创新管理 / 陆玉梅,陶宇红主编. —西安:西安电子科技大学出版社,2019.8(2021.11 重印)
ISBN 978-7-5606-5439-3

Ⅰ. ① 中… Ⅱ. ① 陆… ② 陶… Ⅲ. ① 中小企业—企业管理—高等学校—教材
Ⅳ. ① F276.3

中国版本图书馆 CIP 数据核字(2019)第 185527 号

策划编辑 高 樱
责任编辑 李英超 阎 彬
出版发行 西安电子科技大学出版社(西安市太白南路 2 号)
电 话 (029)88202421 88201467   邮 编 710071
网 址 www.xduph.com   电子邮箱 xdupfxb001@163.com
经 销 新华书店
印刷单位 陕西天意印务有限责任公司
版 次 2019 年 8 月第 1 版   2021 年 11 月第 2 次印刷
开 本 787 毫米×1092 毫米 1/16 印 张 17.5
字 数 409 千字
印 数 3001~5000 册
定 价 49.00 元

ISBN 978-7-5606-5439-3 / F

XDUP 5741001-2

如有印装问题可调换

前　　言

党的十九大报告明确指出："中国特色社会主义进入了新时代。"新时代是创新创业的伟大时代，是建功立业的伟大时代。习总书记说："青年兴则国家兴，青年强则国家强，青年一代有理想、有本领、有担当，国家就有前途，民族就有希望。"新时代对高校创新创业教育提出了新要求：要教育广大青年大学生拥抱新时代，坚守理想，不畏困难，砥砺前行，主动将自己的青春梦融入中国梦，到祖国和人民需要的地方去创新创业。

中小企业一直是我国经济建设和社会发展的重要力量，在拉动就业、减少贫困、增加税收等方面发挥着不可替代的作用。同时，中小企业也是新时代创新创业的主体，是地方应用型本科大学生就业、创业的重要平台。因此，地方应用型本科院校的创新创业教育，应该针对中小企业创业创新管理特征开发教学资源，进而开展具有地域特点和专业特色的创新创业教育。本书就是为了更有针对性地培养出满足新时代中小企业迅猛发展迫切需求的创业者和管理者而编写的。

本书编写团队在借鉴已有同类教材成功经验的基础上，融入创新创业的新思想、新方法，重新谋篇布局，进一步提升了教材的科学性、系统性和实用性。本书具有以下特点：

(1) 注重科学性，主要展现中小企业创业创新活动的普遍规律。本书是适用于地方应用型本科大学生的创业创新教材，最为关键的是本书能真正体现出这门学科的科学性——从社会实践中揭示出创业创新活动的普遍规律性。考虑应用型本科学生大多数在中小企业就业甚至创业，本书将全面科学地揭示中小企业创业创新活动的普遍规律，进而对在校大学生产生指导作用。

(2) 注重系统性，着重实现教学内容编排的前后逻辑和相互呼应。本书的编写采取校企合作的教材开发机制，对接企业创业和用人需求，在教学内容安排上突出其实用性和实战性，同时注重提炼融合相关学科知识，并形成其自身编写逻辑。本书分为三大部分，即中小企业创业管理、中小企业创新管理和创业计划实战，依照"理论先行、案例同步、实训跟进、教学做一体化"的原则，循序渐进地展开教学内容，并融入相关学科的前沿研究成果，嵌入企业实操，从而有效地提升了教材的系统性和时效性。

(3) 注重实用性，主要体现"育人为本、能力为先"的教学目标。本书将创新与创业、理论与实践相结合，注重创新精神培养，真正达到使学生学得会、用得上、行得通的目的。同时，在注重保证教材所阐述的概念、理论、所引用案例规范性的基础上，更重要的是增强教材的趣味性，通过独特的结构、案例引用、实战模拟来提升教材的参与性，真正激发学生的创新思维，形成理实一体的中小企业创新创业人才培养模式。因此，本书也可以作为中小企业创业者和管理者的拓展阅读材料。

本书编写团队由具有丰富创新创业教育和指导实践经验的中青年教师组成。其中，由陆玉梅、陶宇红任主编，李南、米慧蓉任副主编，全书由陶宇红统稿。陶宇红编写第一、三、四、五章，米慧蓉编写第六章，陆玉梅编写第七、八章，李南编写第二、九、十章。大家以高度的社会责任感和敬业精神，对全书进行了多次论证，按照分工，各负其责。尽管在编写过程中编写团队反复协商沟通，强调质量至上的理念，但是由于水平所限，书中难免还有疏漏，恳请有识之士批评指正！

编　者
2019 年 5 月

目　　录

第一篇　中小企业创业管理

第二篇　中小企业创新管理

第三篇 创业计划实战

中小企业创业管理

第 一 章

中小企业创业与创业者

学习目标

- 了解创业的含义与发展阶段
- 理解中小企业创业的基本条件和过程
- 了解中小企业创业的社会价值
- 了解创业者的含义和类型、创业动机和创业时机选择
- 理解中小企业创业者的创业素质和创业能力
- 了解中小企业创业风险的含义和特征
- 了解中小企业创业风险的类型
- 掌握中小企业创业风险的识别和防范

知识结构图

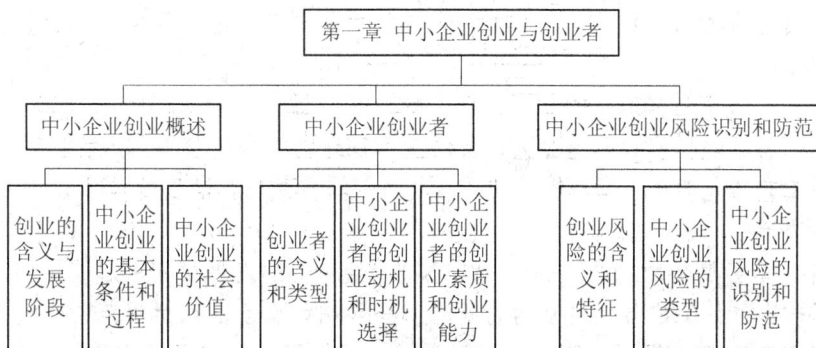

昆明 90 后小伙创业"施针"

说起苏绣，人们一定会联想到距昆明数千公里外的苏州，绣娘们端坐窗前飞针引线，成就美轮美奂的刺绣艺术品。但其实在昆明，就有一位练就了一身苏绣绝技的 90 后小伙，不但成立了自己的工作室，他还带动了 40 多位当地绣工实现创业就业。他就是把民间工艺转化为生产力，借助刺绣带动乡邻脱贫致富的小伙李云晨。

2012 年 8 月，苏州市举行第二届"姑苏绣娘"技能竞赛。在这次比赛上，首次出现了男生的身影，他就是来自昆明的 90 后小伙李云晨。这次比赛中，李云晨凭借高超的技艺引起了苏州当地媒体的高度关注，被冠以云南"绣郎"的名头。

其实在"姑苏绣娘"比赛上崭露头角前，李云晨已经在苏州学习了 4 年苏绣技艺。他从 16 岁第一次接触到刺绣，就对此产生了浓厚的兴趣，曾在昆明跟不少师傅学习刺绣技艺，还曾经到楚雄、贵州等地学习。他说："我感觉刺绣是一项很有前景的民间技艺，但目前做的人非常少，是个空白的市场。"

18 岁的李云晨立志要把刺绣的兴趣爱好做成事业，决定前往苏州学习苏绣。经过 8 年的苦学，李云晨不仅掌握了苏绣技艺，还首创了国画泼墨乱真刺绣，擅长运用自创的加点交叉针法，创造出国画泼墨的写意刺绣。多年来，李云晨创作的刺绣作品，在各大艺术展上多次获奖。

自身技术突飞猛进，在业内也获得了较高认可后，2013 年，李云晨放弃苏州的工作机会和良好平台，决定回到家乡昆明，"回到家乡，就是想把这门手艺发展起来，带动更多人借刺绣脱贫"。

刺绣是一门有着近三千年历史的民间技艺，是我国古代"女红"中的一种，懂得刺绣的人曾经遍布各地。在李云晨的老家官渡区陶李新村，几乎家家户户的妇女都懂得刺绣。回到昆明后，李云晨把自己的工作室开在了陶李新村。在李云晨看来，这些昆明本土的绣工已经有了刺绣的功底，只需要稍加培训，灌输现代刺绣工艺的理念，就能够绣出比较令人满意的作品。

谈起开辟日用品刺绣项目的初衷，李云晨分析，日用品刺绣的优势一是价格亲民，可以让更多的人去了解和接受苏绣技艺，其次是可以带动更多的绣工加入，实现收益。

把民间工艺转化为生产力，借助刺绣带动乡邻脱贫致富，李云晨开辟出的这条新路子，也引起了昆明市政府有关部门的重视。

2014 年，李云晨带着他的作品参加昆明文博会，他的发展模式引起了昆明市妇联的注意，当昆明首个"妇"字号的创业孵化平台——昆明妇女创业创新示范中心揭牌成立时，李云晨的刺绣工作室受邀入驻双创中心。

案例启示：李云晨在创业过程中抓住了"人"这个根本，精准施招，授人以渔，灌输现代刺绣工艺的理念，培训当地绣工，激发了群众的创造力，是一个典型、生动的创新案例。

（资料来源：昆明 90 后小伙当"绣郎" 创业"施针"要让乡邻富 https://www.cyegushi.com/3359.html）

第一节 中小企业创业概述

在中国经济中，中小企业有着特别的贡献。回顾改革开放的历史，中小企业改变了中国经济的面貌，从早期沸腾的乡镇企业，到苏南、温州和广东沿海民营企业遍地开花，可以说大量富有活力的地方中小企业不断推动着中国经济的成长。总体上说，产业环境的变革为中小企业创业创新提供了有利的局面。然而，创业离不开整体的社会资源和环境的支撑，中小企业创新因受限于其销售和资产的规模，更多地受到经营环境的影响，因此，在创业过程中创业者将付出更为艰辛的劳动。

一、创业的含义与发展阶段

(一) 创业的含义

"创业"最早出现于《孟子·梁惠王下》："君子创业垂统，为可继也。"因此，《辞海》里对创业的解释是"开创基业"。现今我们认为创业是一种劳动方式，是一种需要创业者运营、组织，运用服务、技术、器物作业的思考、推理和判断的行为，是寻求机会进行价值创造的行为过程。根据杰弗里·蒂蒙斯(Jeffry A.Timmons)所著的创业教育领域的经典教科书《创业创造》(New Venture Creation)的定义：创业是一种思考、推理以及结合运气的行为方式，它为运气带来的机会所驱动，需要在方法上全盘考虑并拥有和谐的领导能力。

创业是一个人发现了一个商机，并加以实际行动将其转化为具体的社会形态，获得利益，实现价值的过程。

科尔(Cole)把创业定义为：发起、维持和发展以利润为导向的企业的有目的性的行为。

创业的概念可以从以下三个方面进行阐释和理解。

首先，创业需要面对资源难题，必须积极寻找资源并加以整合。事实证明，很多创业者在创业早期所拥有的资源非常稀少，甚至是"白手起家"。因此，创业活动是创业者在资源高度约束的情况下进行的从无到有、"从零到一到一百"的财富创造的过程，在此期间，需要创业者努力创新资源的整合手段和资源的获取渠道，才能摆脱资源短缺的困境。可以说，寻求创造性整合资源的新方法、新模式是创业的特征之一。

其次，创业需要不断寻找机会。机会具有时间性，最好的机会就是在恰好的时间做恰好的事情。创业者必须完成识别机会、把握机会、实现机会的有效活动，只有对机会进行有效把握，才能完成资源整合和价值创造的任务。可以说，寻找机会是创业的前提之一。

最后，创业需要进行价值创造。创业的本质在于创新，创业强调创造出创新性的价值，这些新价值通过技术、服务、产品等方式的变革更好地为消费者服务，促进社会的发展和进步。在价值创造过程中，需要创业者付出更多的时间和努力，需要承担更多的风险，但这也是创业者进行创业追逐的目标。可以说，价值创造是创业的本质。

(二) 创业的发展阶段

创业按照创业资源拥有和价值创造大小分为生存阶段、公司化阶段、集团化阶段、跨国经营或集团总部阶段。

1. 生存阶段

在生存阶段，以产品和技术来占领市场，只要有想法(点子)会搞关系(销售)就可以。在这一阶段，创业者与其创业团队初步组成。初始创业者大多都是关系密切的亲戚、同学或朋友，在创业过程中更注重外部业务的开拓。

在这一阶段，创业企业没有充足的资金，没有规范的管理制度，注意力更多地集中在减少成本、创造利润上，其首先面临的不是赚钱的问题，而是能否活下来和活多久的问题。

2. 公司化阶段

在公司化阶段，创业企业通过规范管理来增加企业效益，这时需要创业者的思维从想法提升到思考的高度，而原先的搞关系就转变成一个个渠道的建设，公司的销售是依靠渠道来完成的，团队也初步形成。

在这个阶段，企业更关注的是协调对外商业关系，并尽可能引入新的投资者。

3. 集团化阶段

在集团化阶段，经过"大浪淘沙"的初创时期，企业这时依靠的是硬实力(产业化的核心竞争力)，整个集团和子公司形成了系统平台，依靠的是一个个团队，通过系统平台来完成管理，"人治"变成了公司治理，销售变成了营销，区域性渠道转变成一个个地区性的网络，从而形成了系统。这时创业者就可以退休了，创业者有了现金流系统(赚钱机器)，它是 24 小时为创业者工作的，这是许多创业者梦想达到的理想状态。

在这一阶段，企业开始引入大量投资实现规模扩张，主张采用多元化投资、战略投资、并购扩张等模式。

4. 跨国经营或集团总部阶段

跨国经营或集团总部阶段是创业者的最高境界。跨国经营是一种无国界的经营，跨国经营的公司也就是所谓的跨国公司。在这一阶段，创业企业开始谋求上市，追逐行业领先位置。集团总部的系统平台和各子集团的运营系统形成的是一种体系。集团总部依靠的是一种可跨越行业边界的无边界核心竞争力(软实力)，子集团形成的是行业核心竞争力(硬实力)，这样将使集团的各行各业取得它们在单兵作战的情况下所无法取得的业绩水平和速度。创业思维已从三维到多维，这才是企业发展所追求和能达到的最高境界。

二、中小企业创业的基本条件和过程

(一) 中小企业创业的基本条件

中小企业创业者在创业时必须提前进行准备，具备一些基本条件，才能开始实施创业计划。对中小企业创业者来说，最重要的基本条件主要包括获得社会经验、细致的需求调查、掌握资本渠道及保有技术权利。

1. 获得社会经验

中小企业创业者大多没有创业经历，对创业缺乏足够的认知和经验，在市场开拓、企业运营、全局管理等方面没有完善的知识经验的储备，容易在创业过程中陷入眼高手低、纸上谈兵的误区。因此，中小企业创业者创业前要做好充分的准备：一方面，在工作中积累相关的公司治理和营销经验；另一方面，积极参加创业培训、积累创业知识，提高自己的创业适应性。

2. 细致的需求调查

创业者开始基本都会做市场调研，针对消费者进行需求研究，可一旦得出结论，往往不再坚持进行消费市场监视，下意识地认为消费者会始终在那里。但是，随着社会经济的高速发展，消费者需求变化速度不断加快，消费者的喜好换代极快，因此，创业者需要对消费者需求与市场变化持续跟踪，否则，结果必然是"刻舟求剑"。

3. 掌握资本渠道

很多"白手起家"的创业故事告诉创业者资本不重要，但不可否认的是，"资金是创业的最大困难"的现象仍然存在，大多数创业者并没有足够的优势来获得风险投资等资金源的青睐，因此，资金仍是中小企业创业者要翻越的"一座高山"。中小企业创业者要开拓思路，多渠道进行金融融资，除了银行贷款、自筹资金、民间借贷等传统途径外，还可以利用国家和地方的创业扶持政策获得资金支持，也可以充分利用天使投资、创业基金等融资渠道获得资本。

4. 保有技术权利

利用智力资金是中小企业创业的特色，尤其是打算在高科技领域创业的创业者一定要注重技术创新，开发具有自己独立知识产权的产品来吸引投资方。

（二）中小企业创业的过程

创业励志故事很容易激发普通人的创业热情，其实创业过程并没有那么简单，不但需要大量的人力、物力、财力等方面的支持，还需要坚持、技术和运气等，创业过程中将历经磨难。

创业过程是创业者在创建自己的企业时通常要经历的基本步骤。在创业过程中所涉及的知识与技能，与一般的管理职能并不完全相同。创业者必须能够发现、评估新的市场机会，并进一步将其发展为一个新创企业，在这一过程中确实有着许多对现存企业进行管理时所未予重视或不那么重要的知识与技能。创业过程一般包含五个阶段：识别与评价创业机会、准备并撰写创业计划、获取创业资金、办理法律手续及管理新创企业。

1. 识别与评价创业机会

通过对大量创业成功者的实例研究证明，选择好的创业项目是创业成功的前提和基础。选择创业项目，不仅要对自身的兴趣、特长、实力进行全面客观的分析，而且要善于发现市场机会，把握未来发展趋势。关于识别与评价创业机会的方法与过程详见本书第三章。

2. 准备并撰写创业计划

选定创业项目是指决定创业"干什么"；拟订创业计划则是指决定创业"怎么干"。好的计划是创业成功的一半。只有拟订出切实可行的创业计划，创业活动才能有的放矢，减少失误，提高创业成功的把握度。关于拟订创业计划的方法与策略详见本书第十章。

3. 获取创业资金

常言道，"巧妇难为无米之炊"。创业必须有一定的资金，才能保证创业活动顺利开展。但是，由于创业者一般都缺乏资金，因此，获得创业启动资金就成为创业者必须解决的一个重要问题。关于融资创新详见本书第七章。

4. 办理法律手续

创办企业必须按照有关法律法规要求，办理相关手续方能开业，包括办理工商登记注册、税务登记、银行开户等手续，详情可参考当地行政部门的有关管理办法。

5. 管理新创企业

创业者完成了前四个阶段的工作后，接下来就要按照拟订的创业计划，组织调配人、财、物等资源，实施创业计划并加强管理。如果说前四个阶段是创业活动的准备阶段，那么这一个阶段就是创业活动的实施阶段。创业实施阶段的工作既是创业活动的重点，也是创业活动的难点。这一阶段的工作不仅要求创业者要有吃苦耐劳、不屈不挠的精神，更要求创业者讲究工作方法，运用经营管理策略，方能实现创业目标。关于新创企业管理创新办法详见本书第六章至第八章。

三、中小企业创业的社会价值

在"大众创业、万众创新"的大背景下，中小企业创业带来的社会价值可以从国家与社会以及个人两个层面来理解。

(一) 国家与社会层面

新创企业是一个国家或者地区经济发展中至关重要的一部分，其创业活动直接反映出这个国家或者地区的经济活跃程度。美国管理学者杰弗里·蒂蒙斯(Jeffry A.Timmons)曾经指出：美国经济的强劲增长和创新活力，关键在于其整个社会旺盛不衰的创业精神和新创企业生生不息的创业活动。

这种由众多新创企业参与，建立在创新经营与新创事业基础上的经济形态，我们称之为创业型经济。其主要特点是：以创业精神和创业活动作为经济增长的关键驱动因素，具体表现为高水平的创业活动多，创新发明与专利多，为顾客乃至整个社会带来的创造性价值多，创造的就业机会多，成长型中小企业多。因此，创业型经济具有增强自主创新能力、转变经济增长方式和扩大社会就业的显著作用，已成为一个国家或地区经济发展的基础。例如在美国，在20世纪80年代提出"创业型经济体系"概念的现代管理学之父彼得·德鲁克(Peter F. Drucker)发现，1965—1984年间，美国的就业机会几乎都是由创业型和创新型企业创造的。

在我国，发展创业型经济的价值主要体现在以下四个方面。

1. 创造物质财富与精神财富

企业存在的前提，就是要为顾客创造价值，并获取合理的利润。任何一个企业要成功发展，就必然要不断为顾客创造价值，为社会创造物质财富与精神财富。因此，创造物质财富与精神财富，并非创业企业的独有价值，而是所有企业的共性价值。关于物质财富，我们可以从企业所提供的产品与服务、所贡献的税收等角度来理解；关于精神财富，则可以从企业所形成的企业文化、企业家精神、创新精神等角度来理解。例如，我国的"中华老字号"企业，不仅为社会创造了大量的物质财富，还为社会贡献了传承中华传统文化的精神财富。

2. 促进劳动就业

有关统计表明，每一位成功的创业者可以解决 5 个人的就业问题。因此，以创业带动就业具有明显的就业倍增效应。在美国，创业者扮演着促进就业的至关重要的角色。作为一个人口大国，我国长期以来一直面临着沉重的就业压力，而通过发展创业型经济来带动就业，是扩大就业、缓解就业压力、促进劳动力转移的一个有效途径。近年来，我国有很大比例的就业，是通过各种政策鼓励自主创业和自谋职业实现的。

3. 提高自主创新能力

创业的本质是创造新的价值，即富有创业精神的创业者与机会结合并创造价值的活动。因此，创业要求创业者善于抓住新的商业机会，创新性整合各类资源，通过创办新的企业或者新的事业，以新产品、新工艺、新技术、新服务等为顾客创造新的更大的价值，也可以说，创业的过程本身就是具有极强创新精神与创新能力，并产生巨大创造价值的经济活动。所以，发展创业型经济，是鼓励创新、提高自主创新能力的重要方式。

4. 成为"新常态"下经济增长方式转变的新引擎

经济结构不合理，有一个重要根源就是资源配置不均衡。而创业本身就是一个将不同的资源组合起来加以利用和开发并创造新价值的过程。市场经济条件下，正是因为大量创新创业企业的创立、更新、发展、消亡，盘活了更多的社会资源，开辟了更多的新市场，产生了更高价值的产品与服务，从而自动调节市场供求之间的平衡关系，并促进社会资源配置的优化，进而优化产业结构、促进经济增长方式转变；同时，这种具有极强自主创新能力的创业型经济，会加速知识与科技成果向现实生产力的转化，减少经济发展对物质生产要素的依赖，从而推动经济发展由粗放型向集约型转变。

当前，中国经济正处于"新常态"，急需调整产业结构，转变增长方式，而"大众创业、万众创新"必将成为"新常态"下我国经济发展的新引擎。

推进"大众创业、万众创新"，是发展的动力之源，也是富民之道、公平之计、强国之策，对于推动经济结构调整、打造发展新引擎、增强发展新动力、走创新驱动发展道路具有重要的意义，是稳增长、扩就业、激发亿万群众智慧和创造力，促进社会纵向流动、公平正义的重大举措。

案例 1-1

大学生创业案例

黄×等 7 人，均为长沙××大学自动化专业 20××级本科生，合伙经营一家名为"久创科技"的电脑服务公司，主要业务包括：组装电脑的导购、电脑及配件的代售和电脑故障维修。

黄×等人参加了学校的创业计划大赛，虽然比赛结果并不很突出，但却激发了他们的创业热情。比赛结束后，黄×就和同学商量成立电脑服务公司，准备进行真实的创业。他的这一想法得到了其他 8 位同学的响应，通过商议，黄×出资 2000 元，其他人每人出资 1000 元，共计 10000 元启动资金。大四开学伊始，他们正式成立了"久创科技"公司。在后来的经营中，有两名同学因为自身经济困难而撤资，其他 7 人继续维持经营。经营的 7 名同学根据自身特点和专业特长，分块负责公司的各项业务，店面的营业人员由 7 名同学轮流充当。由于关系良好，平常的工作量和业绩并不直接与利益挂钩，而采取平均分配利润的方式。公司营业一年多来，业绩尚可，已收回投资，并于第二年开始盈利，当然，这没有计算 7 名同学的人力投资。在经营中，公司成员发现自身存在很多不足，于是有意识地参加了一些管理知识的培训和专业技能的培训，公司承担部分培训费用。现在公司准备搬迁至位置较好的商业区，但公司存在资金短缺的问题。

(资料来源：四个经典在校大学生创业案例分析 http://www.795.com.cn/wz/91746_2.html)

(二) 个人层面

从马斯洛的需要理论来看，个人需要的满足主要是通过两个层级得以实现的，第一层级是"低层级、偏物质基础"的生理需要、安全需要与社交需要的满足，第二层级是"高层级、偏精神追求"的尊重需要与自我实现需要的满足。创业活动实际上是个人各层次需要的实现过程，与非创业活动相比，创业活动需要的物质基础更雄厚，精神追求更高远。

1. 生理需要、安全需要与社交需要

通过创业，创业者可以用勤奋的劳动换取最大的财富回报，从而大大改善个人与家庭的生活质量，为满足个人的生理需要与安全需要提供充裕的物质基础，这也是一般的"上班族"难以企及的。著名创业管理研究专家蒂蒙斯曾指出："1993 年美国大约 200 万百万富翁中的大多数都是通过创业积累财富的。"不过，获得高额财富回报的前提是，创业者必须能够承受可能存在的各类创业风险，包括财务风险、市场风险、管理风险等。

作为一个国家或者地区经济发展中至关重要的一部分，新创企业的一切活动都是"参与社交"的活动。因此，通过创业，创业者个人的社交需要也会在该过程中自然而然地得到满足。例如，创业团队的组建、合作，是创业团队成员彼此之间社交需要满足的一个重要过程。

2. 尊重需要与自我实现需要

从创业过程中获得的尊重需要与自我实现需要，往往远高于通过其他非创业途径获得的满足，这也可以说是"创业改变命运"的集中体现。

(1) 获得根本性的个人独立与自由。通过创业，有了稳定、丰厚的物质基础，就可以在时间、工作规则、财务等方面获得相对的自由，至少不受他人的约束，当然，前提是创业要成功。其中获取财务自由也是众多创业者主要的创业动机之一。

(2) 获得极大的自我满足。通过创业，你可以将个人的知识产权、技术专长、才华技能、兴趣爱好等转变为创业项目或者所经营的业务，并在创业活动中继续发挥自己的知识与技能优势、特长等，从而获得极大的自我满足；另外，也有很多创业者创业的目的是完

成对自己人生的挑战，挑战的成功使创业者获得最大的自我满足。

(3) 获得充分的社会尊重。创业一旦成功，无论是创业者个人对外展示的非凡能力与人格魅力，还是企业为顾客、社会乃至国家创造的价值，都足以让创业者获得巨大的成就感，与此同时，能力越强，创造价值越大，个人荣誉就会越多，社会地位也会随之不断提升。例如，众多白手起家的成功创业者具有极大的社会影响力，也是大学生以及新的创业者崇拜的偶像、乐于模仿的对象，这也促使更多的大学生选择创业。

(4) 促进个人素质与能力的不断提升。创业对创业者的能力与素质要求还是比较高的，在创业过程中，创业者的素质与能力将会得到充分地锻炼与大幅提升，这也是创业者进一步实现自我价值的内在源泉。但是，我们并不提倡在条件不具备的情况下仅仅为了锻炼能力而创业，去承受不必要的风险。何况，创业也并非锻炼与提升能力的唯一途径。

第二节　中小企业创业者

一、创业者的含义和类型

(一) 创业者的含义

创业者是指能发现某种信息、资源、机会或掌握某种技术，并可利用或借用相应的平台或载体，将其发现的信息、资源、机会或掌握的技术，以一定的方式，转化或创造成更多的财富价值，进而实现自身追求或目标的人。

创业者一词由法国经济学家 Cantilion 于 1755 年首次引入经济学。1800 年，法国经济学家萨伊(Say)首次给出了创业者的定义，他将创业者描述为将经济资源从生产率较低的区域转移到生产率较高区域的人，并认为创业者是经济活动过程中的代理人。著名经济学家熊彼特(1934)则认为创业者应为创新者。这样，创业者的概念中又加了一条，即具有发现和引入新的更好的能赚钱的产品、服务和过程的能力。

在欧美学术界和企业界，创业者被定义为组织、管理一个生意或企业并承担其风险的人。创业者的对应英文单词是 Entrepreneur，Entrepreneur 有两个基本含义：一是指企业家，即在现有企业中负责经营和决策的领导人；二是指创始人，通常理解为即将创办新企业或者刚刚创办新企业的领导人。

(二) 创业者的类型

随着经济的发展，投身创业的人越来越多，国内创业类权威杂志《科学投资》的深度调查以及研究表明，国内创业者基本可以分为生存型创业者、主动型创业者、赚钱型创业者、创意创新创业型创业者和迭代创业型创业者五种类型。

1. 生存型创业者

生存型创业者大多为下岗工人、失去土地或因为种种原因不愿困守乡村的农民，以及刚刚毕业找不到工作的大学生，这是中国数量最大的创业人群。清华大学的调查报告表明，这一类型的创业者占中国创业者总数的90%。

生存型创业者大多从事商业贸易，少量从事实业，最终能成长为大中型企业的数量极少。因为国内市场近几十年来已经产生了翻天覆地的变化，如刘永好兄弟、鲁冠球以及南存辉依靠机遇成就大业的传奇已经不可复制。这个类型的创业基本局限于中小型的加工业，对于形成大的产业甚至是产业链的可能性是比较小的。

2. 主动型创业者

这类人群并不是因为金钱上的窘境而进行创业的。主动型创业者又可分为两个类型：盲目型创业者和冷静型创业者。盲目型创业者一般都是那种善于博彩并且在博彩中取得过一定成果的人，自信心强、行事比较冲动，他们对成败的概率没有太大的要求，因此创业项目一般会做得比较大，而失败的概率也会相对比较大，但是如果成功了可能会取得巨大的成就。冷静型创业者属于创业者中的精英。这些人通常会冷静分析，三思而后行，对资源的准备比较充分，因此他们的创业行为目的性强，执行力强，成功的概率非常大。

3. 赚钱型创业者

赚钱型创业者目标非常明确，唯赚钱论。他们喜欢创业，喜欢做老板，对行业没有要求，他们最重视的创业机会评价标准就是"利润"。他们不计较自己能做什么、会做什么，甚至可能同时做几件完全不相干的事情，创业心态非常好。他们创业失败的概率并不比那些兢兢业业、勤勤恳恳的创业者高，而且，这一类创业者大多过得很快乐。

4. 创意创新创业型创业者

创意创新创业模式对创业者的个人素质要求很高，创业成功往往会形成独角兽企业，甚至形成新的业态。

创业者要处理好创意、创新、创业三者的关系：常规思维及创新思维产生创意，创意是创新的基础，创新是创业的动力源之一，创新与创业的结合形成新的生产方式。良好的创新创业氛围更易激发人们的创意，创意创新创业组合的链条是推动各行业发展、社会繁荣的重要源泉。此外，创业者还要合理配置资源。

5. 迭代创业型创业者

如今创业市场瞬息万变，能够紧跟创业市场的步伐，根据时代的不断变换抓住未来的布局，这类型的创业者就叫做迭代型创业者。他们一般能捕捉互联网时代的急速变化，例如互联网时代的认知迭代、产品迭代、组织迭代、营销迭代，形成不断迭代的创业模式。

二、中小企业创业者的创业动机和时机选择

(一) 中小企业创业者的创业动机

创业动机是创业者愿意冒各种风险去创立新的企业的激励因素。这些因素中最普遍的是独立性，即不愿意为别人工作。促使创业的其他动力往往随性别和国家的不同而有差异。对男性创业者而言，金钱是第二位的激励因素；对女性创业者而言，工作的满意度、成就感、抓住个人的发展机遇和金钱依次是她们创立自己企业的激励因素。这些第二层次的创业动机部分反映了创业者的工作、家庭境遇以及社会角色影响。创业者的创业动机非常复

杂，要受各种内外因素的影响。根据 Erkko Autio 等人在 "Entrepreneurial Intent Among Students Testing an Intent Model in Asia，Scandinavia and in the U.S.A" 中的研究结果，创业的动机大体上可以归为四类：对成就的需要、对独立性的偏好、控制的欲望及改变家庭和个人的经济状况。

以大学生创业为例，大学生创业是适宜的创业环境与做好创业准备的大学生相结合的产物，但为什么会有大学生在本应认真学习的时候走上了创业的道路？他们的动机有一定的特殊性，归纳起来主要有四种类型，包括经济收入的需要、获取经验的需要、自我实现的需要和缓解就业压力的需要。

1. 经济收入的需要

首先，由于经济的原因，部分家庭难以负担大学生的学习及生活费用，依靠国家助学贷款、奖学金制度也不能完全解决问题。在经济压力之下，为了顺利完成学业，这部分学生中的一部分人只好利用课余时间打工来维持正常的学习和生活。在打工的过程中又有一部分具有创业素质的人会发现商机并且去把握它，开始走上创业的道路。

其次，当前我国高校学生中城镇生源的学生有 95% 是独生子女，培养他们的独立性当务之急。目前已经有一部分学生开始独立承担自己的学习、生活费用，在他们中也产生了一定数量的创业先行者。这部分创业者通常以学习为主要目的，从事一些需要投入时间、精力较少的行业，对经济回报要求较低。

2. 获取经验的需要

按照奥尔德弗(Alderfer)的 ERG 理论，人的需求分为生存、相互关系和成长三种。这三种需求并不一定按照严格的由低向高的顺序发展，可以越级。当代大学生随着年龄的增长，对于相互关系和成长的需要会逐渐增强。一部分大学生为了增加自己的实践经验、丰富自己的社会阅历，为了自己以后的发展或者为了实现自己的某个目标做好经济上的准备，在条件成熟的情况下也会利用课余时间走上创业的道路。这个类型的创业者往往以锻炼为目的，承受失败的能力较强，同时由于压力较小，失败和半途而废的比例也比较高。

3. 自我实现的需要

心理学研究表明：25～29 岁是创造力最为活跃的时期，这个年龄段的青年正处于创造能力的觉醒时期，对创新充满了渴望和憧憬。他们思维活跃、创新意识强烈，同时所受的约束和束缚较少，按照 ERG 理论对成长的需要也更为强烈。另外，由于大学生所处的环境，他们往往更容易接触一些新的发明和学术上的新成果，或者他们中的一部分人本身拥有自主知识产权的科研成果，为了能早日实现自己成功的目标，他们中的一部分人开始了自己的创业生涯。

4. 缓解就业压力的需要

当前，我国的大学生就业压力大，一方面表现为需求不足，另外一方面表现为大学毕业生对工资待遇要求提高。在这种情况之下，有一部分大学生也开始了创业。

(二) 中小企业创业者的创业时机的选择

影响中小企业创业者选择创业时机的因素很多。以大学生为例，创业时机分为上学期间创业、休学后创业和毕业后创业三种，这三种时机的选择各有优劣。

1. 上学期间创业

上学期间创业以兼职创业为主，是指学生不放弃大学学习，利用课余时间从事创业活动。这种时机的选择是大学生创业者中最常见的。

上学期间创业，能够帮助学生在创业的同时兼顾大学课程的学习，但对创业项目的选择有所局限，一般倾向于对创业者时间投入要求较灵活的行业。同时对创业者的时间规划、控制、管理能力提出了较高的要求。

大学生选择该创业时机的原因主要有：

(1) 希望能在学习过程中学以致用或者为上学筹集资金，因此不愿意为了创业耽误学习，创业的目的是为了更好地学习。

(2) 规避创业的风险。创业的风险太高，对创业项目把握不大，担心一旦失败，无法获得学历证明，将无法就业。

(3) 不愿意让师长亲友担心。大部分学生家庭对大学生在校期间的创业持有担忧和抗拒的态度，对未来充满疑虑，大学生不愿意让家长承受较大压力，愿意选择继续留在学校读书。

正是由于大学生在上学期间创业，创业活动受到时间、精力等方面的制约，因此在该时机创业，创业活动通常具有科技含量较低、法律形式不规范、经营模式灵活、经营范围窄、经营规模小等特点。

2. 休学后创业

休学后创业是指学生为了创业而申请休学后，专门进行创业活动。这种时机的选择一般受到的阻力较大，受教育体制限制比较大。目前我国高校大多实行学年制或不完全学分制，学生休学对其顺利完成学业有一定阻碍。一般无特别理由学校并不支持休学。但是，休学后创业减少了大学生学业完全中断的风险，为这部分创业者创业失败后提供了备选方案。

大学生选择该种创业时机的原因主要有：

(1) 待创业的大学生能用全部的时间进行创业，而不需要因课堂学习分散精力，在创业过程中也能完全体会其中的甜酸苦辣。

(2) 帮助创业者及时地、全身心地投入到捕捉和实现创业机会的活动中，同时免除了他们的后顾之忧。

(3) 能让大学生自由地在全身心创业活动和全身心学习活动两者之间自由切换。

3. 毕业后创业

毕业后创业是指大学生在大学毕业后开始创业。此时大学生应该对自己的职业生涯已经进行了详细的规划，一般处于自我实现或就业的需要才会选择创业。这种时机的选择比较符合中国普遍认可的价值观。同时，系统的专业学习使创业者具备了一定的实践能力，知识水平处于相对较高的阶段，此时创业对创业机会的选择范围较大。

大学生选择该种创业时机的原因主要有：

(1) 完成大学学业，能系统地完成专业培训。

(2) 毕业后创业的创业者综合能力处在相对比较强的阶段，面对市场经济的机遇和挑战，实施创业活动时，能采用直接正规的创业形式，创业的组织形式、创业模式相对稳定。

(3) 创业者持有的技术含量较高。因为大学生毕业时，自身的专业技能、社会实践能力大幅提高，这就提高了自有技术创业的可能性；同时对相关技术领域发展趋势比较清晰，这也提高了创业企业利用先进的技术的可能性。

案例 1-2

许小姐能做老板吗

许小姐一门心思想做老板。经过 7 年的努力工作和省吃俭用积累了一笔资金，其中 10 万元做了注册资金，5 万元用于流动资金。她认为，个人创业必须有丰富的工作经验。所以在过去的工作中，她总是分内分外的事全都抢着干，从不计报酬，尤其是经营方面的事，她更是竖着耳朵听，目的就是为了多学点本事，为自己开公司做准备。另外，她认为个人创业必须有一个好的项目，她选择了一个当时的"朝阳项目"——房地产租赁咨询。

在办齐所有手续后，她勤勤恳恳努力工作，但她怎么也没想到，最初的 3 个月几乎没有生意，直到第 6 个月才稍有收入，可生意很不稳定，半年来，她赔了 3 万元。她开始动摇了，觉得自己是在靠天吃饭，靠运气吃饭。她认为做生意不应该是赌博，肯定是哪儿弄错了。她不想再这样干下去了，她认为不能等到这 15 万元都赔光的时候才行动，她要去弄明白问题到底出在哪里。第 7 个月她关掉了公司。

导致许小姐失败的原因很复杂，但其中一条重要原因就在于没有一个完整的创业计划。小企业抗风险能力很低，不考虑成熟，一厢情愿，自然危机重重。要想创业成功，还要学会怎样避免"打水漂"。仔细分析许小姐的案例，你会终生受益。

(资料来源：浅析 8 个典型创业案例
https://wenku.baidu.com/view/ef13a5a08662caaedd3383c4bb4cf7ec4afeb693.html)

三、中小企业创业者的创业素质和创业能力

中小企业创业者要取得创业的成功，还必须具备与创业要求相匹配的素质和能力。

(一) 中小企业创业者的创业素质

创业是社会个体通过自己的主动性和创造性开辟新的工作岗位、拓展新的职业范围、创造新的业绩的实践过程，是个体在后天成长过程中，基于对社会发展的一定认知和自我生涯的规划而进行的实践活动。因此，中小企业创业者创业素质的形成和发展更多的基于后天的学习和实践，这种创业素质既可以指个体素质中有待开发的创业的基本素质潜能，又可指社会发展的成果在个体身心结构中积淀和内化的创业的基本素质。

创业素质的构成是指创业素质由哪些创业素质元素构成。从构成来看，人的素质实际上是一个多侧面、多层次的素质结构系统，它的各个组成部分不是孤立存在，而是相互依存、相互渗透、相互制约、相互促进的，它们形成了一个有机的整体。创业型人才一般都具有一些共同的创业素质元，这些共同的创业素质元构成了创业型人才的基本特征。具体

而言，创业素质元主要包括创业社会知识结构、创业技能结构、创业意识结构、创业品质结构、创业者身体素质等方面。

1. 创业社会知识结构

创业社会知识结构是指在创业实践活动过程中个体应具有的知识系统及其构成。创业知识是个体在社会实践中积累起来的创业理论和创业经验，是个体创业素质的基础要素。创业知识主要涉及经营管理、法律、工商、税收、保险等知识以及其他社会综合知识。创业的过程本身就是一个学习的过程，创业知识结构的完善和丰富需要个体边实践、边学习、边提高，这一过程也是一个终身学习的过程。

2. 创业技能结构

国际劳动组织对创业技能做了如下界定："创业和自我谋职技能……，包括培养工作中的创业态度，培养创造性和革新能力，把握机遇与创造机遇的能力，对承担风险进行计算，懂得一些公司的经营理念，比如生产力、成本以及自我谋职的技能等。"根据这一界定，我们可以将创业实践活动所需的主要技能分为组织管理能力、开拓创新能力、风险评估与承担能力，其中开拓创新能力是创业技能结构中最为重要的部分，也是创业素质构成的核心内容。因为创业意味着突破资源限制，创造新的机会，而其中的原动力就来源于创新。开拓创新能力的强弱是衡量创业素质高低的重要指标，也是学校在学生创业素质培养中应着重加强的重要内容。

3. 创业意识结构

创业意识是指在创业实践活动中对个体起动力作用的个性心理倾向，包括创业需要、创业动机、创业兴趣、创业理想、创业信念等。其中，创业需要和创业动机是创业行为实践的内驱力，是进行创业的前提和基础；创业兴趣是对从事创业实践活动表现出来的积极情感和态度定向；创业理想是个体对创业活动未来奋斗目标的持久向往和追求。创业兴趣和创业理想是创业意识形成的中间环节。创业信念是个体在创业实践中表现出的一种对创业活动坚信不疑、坚守到底、不畏艰难的心理倾向。创业信念的形成是创业者创业精神的集中体现，同时也是创业意识结构中最核心和最关键的要素。

4. 创业品质结构

创业品质结构是指个体在创业实践中将对创业活动的坚定信念和执着精神，演化为其内在的相对稳定的价值观念，并凝聚为其内在的个性特征和道德品质。这种创业品质既包含对个体创业实践活动的心理和行为起调节作用的个性心理品质，也包括个体所彰显的以创业精神为核心内容的创业道德品质。

当个体创业社会知识结构得到丰富，创业技能得到提升，创业意识有所提高时，个体创业素质也得到发展。美国百森商学院的杰弗里·蒂蒙斯认为，真正意义上的创业教育应当着眼于"为未来的几代人设定'创业遗传密码'，以造就最具革命性的创业一代作为其基本价值取向"。这里所称的"遗传密码"，就是指以创业精神为内在表现的创业品质的传承问题，它也是评价创业素质教育成功与否的关键环节。

5. 创业者身体素质

几乎所有的企业家都认为良好的身体素质是成功创业的第一大前提。在创业之初，受资金、环境等各方面条件的限制，许多事都需创业者亲力亲为。创业者要不断地思考经营改进问题，加上工作时间长，承担着巨大的风险与压力，这些都要求创业者拥有良好的身体素质作为支撑。若无充沛的体力、旺盛的精力、敏捷的思路，必然力不从心，难以完成中小企业创业艰辛的体力劳动和脑力劳动任务。

（二）中小企业创业者的创业能力

创业能力可分为"硬件"和"软件"，"硬件"就是人力、物力和财力；"软件"就是创业者的个人能力，包括专业技能和创业素质。创业素质包括创业热情、价值观、发现能力及创新能力。

与就业能力相比较，创业能力比就业能力更强调的是发现的眼光和创新的智慧。而任何形式的创新都离不开对现有理论和实践经验的吸收与扬弃。

总的来说，创业者必须具有一定的创业能力，主要包括经营管理能力、领导决策能力、创新能力、社交能力等。

1. 经营管理能力

创业条件中资金不是至关重要的，最重要的是创业者个人的经营管理能力。经营管理能力是一种较高层次的综合能力，是运筹性能力。它涉及人员的选择、使用、组合和优化，也涉及资金聚集、核算、分配、使用、流动。作为创业者，只有学会效益管理、知人善用以及最大化、充分合理地整合资源，才能形成市场竞争优势。

2. 领导决策能力

领导决策能力是一个人综合能力的表现。一个创业者首先要成为一个领导决策者，创业者如同战场上的指挥员，要具有感召力和决策力以及统揽全局、明察秋毫的能力。在混乱不堪的情况下，能比别人更快、更准确地判断问题的所在，并以自己的认识来处理问题。

3. 创新能力

创业实际上就是一个充满创新的事业，所以创业者必须具备创新能力，无思维定势，不墨守成规，能根据实际情况的变化，及时提出新目标、新方案，不断开拓新局面。在竞争激烈的市场中，缺乏创新的企业很难站稳脚跟。

4. 社交能力

目前"朋友经济"在招商中的作用日益显现。人脉圈日益成为创业信息、资金、经验的"蓄水池"，有时在商业活动中甚至能起到四两拨千斤的神奇功效。扩大社交圈，通过人脉圈掌握更多信息、寻求更大发展，日益成为成功创业的捷径。

第三节　中小企业创业风险识别和防范

一、创业风险的含义和特征

（一）创业风险的含义

一提到风险，很多人马上将其与失败、亏损联系在一起，其实，这是不全面甚至是错误的看法。对于风险的理解，一般有两个角度，一个角度强调了风险表现为结果的不确定性，另一个角度则强调为损失的不确定性。前者属于广义上的风险，说明未来利润多寡的不确定性，可能是获利(正利润)、损失(负利润)或者无损失也无获利(零利润)；后者属于狭义上的风险，只能表现为损失，没有获利的可能性。

中文"风险"一词，相传起源于远古的渔民。渔民出海前都要祈求神灵保佑自己出海时能够风平浪静、满载而归。现代意义上的"风险"一词，已经大大超越了"遇到危险"的狭窄含义。不管哪种"风险"定义的由来，其基本的核心含义都是"未来结果的不确定性或损失"。但是，如果通过智慧的认知、理性的判断，继而采取及时、有效、适当的防范措施，使破坏或损失的概率尽可能地降低，那么风险也有可能带来机会。可见，应对风险不仅仅指规避了风险，更是指获得风险带来的比例不等的收益，有时风险越大，回报越高、机会越大。因此，如何判断风险、选择风险、规避风险继而运用风险，在风险中寻求机会创造收益的意义更加深远而重大。

创业风险是指企业在创业过程中存在的各种风险。由于创业环境的不确定性和创业机会与创业企业的复杂性，创业者、创业团队与创业投资者的能力和实力的有限性而导致创业活动结果的不确定性，就是创业风险。

(二) 创业风险的特征

创业风险种类繁多，贯穿并交织于整个创业过程，但是这些风险具有客观性、不确定性、双重性、可变性、可识别性、相关性等特征。

1. 客观性

创业本身就是一个识别风险和应对风险的过程，风险的出现是不以人的意志为转移的，所以创业风险的存在是客观的。这一性质要求创业者应该采取正确的态度承认和正视创业风险，并积极对待创业风险。当然，承认创业风险的客观性并不是否认创业风险也有可能是主观原因导致的。

2. 不确定性

由于创业所依赖和影响的因素具有不确定性，这些因素是不断变化、不断发展的，甚至是难以预料的，因此造成了创业风险的不确定性。例如，进入市场时需求变化速度过快、技术转化出现意想不到的瓶颈等都有可能使创业陷入困境。

3. 双重性

创业有成功或失败两种可能，创业风险也具有盈利或亏损的双重性。风险中存在机遇，因此，创业者在面临风险时，应胆大心细，一方面谨慎对待，认真思考解决之道，另一方面可以深入探查，找出风险中的一线生机。

4. 可变性

随着影响创业因素的变化，创业风险的大小、性质和程度也会发生变化。经营内外环境的各种因素不断交互发生作用，小风险会变成大风险，反之亦然。因此，不论风险性质如何，创业者都需要认真谨慎，不能因小失大，也不能退缩不前。

5. 可识别性

根据创业风险的特征和性质，创业风险是可以被识别和划分的。创业风险总是在一定的环境下产生的，万事有因必有果，有果必有因。因此，创业者面对突如其来的风险时，应追根溯源，俗话说"解铃还须系铃人"，只有找到创业风险的关键因子，创业者才能从根本上化解创业风险。

6. 相关性

创业风险与创业者的行为紧密相连。同一风险，采取不同的对策，将会出现不同的结果。因此，创业者面对创业风险时，不但要从外部寻找原因，更要从内部和自身进行探查。正所谓"一日三省"，创业者应该不断坚持自省、自查，这样可以大大降低创业风险发生的频率。

案例 1-3

"敢"创业比"能"创业更重要

小张曾患有小儿麻痹症，技校毕业后，家人都担心她今后的路该如何走。经过深思熟虑，要强的小张决定自己当老板。她发现学校到现在还没有打字复印设备，而附近也只有一家打字复印社，于是她就在学校门口开了一家打字复印社。

身患残疾的小张，选择了自己创业这条路，将自己的劳动贡献给社会，既给许多人带来了方便，也给自己带来了富足和快乐。

残疾的小张已然创业成功，令人深思！看来在许多情况下，不是你是否能够创业，而是你是否敢于创业，这也是创业者的一个基本素质。

(资料来源：浅析 8 个典型创业案例
https://wenku.baidu.com/view/ef13a5a08662caaedd3383c4bb4cf7ec4afeb693.html)

二、中小企业创业风险的类型

(一) 按创业风险产生的原因划分

按创业风险产生的原因进行划分，可分为主观创业风险和客观创业风险。

1. 主观创业风险

主观创业风险是指在创业阶段，由于创业者的身体与心理素质等主观方面的因素导致创业失败的可能性。

2. 客观创业风险

客观创业风险是指在创业阶段，由于客观因素导致创业失败的可能性，如市场的变动、政策的变化、竞争对手的出现、创业资金缺乏等。

(二) 按创业风险产生的内容划分

按创业风险产生的内容划分,可分为技术风险、市场风险、政治风险、管理风险、生产风险和经济风险。

1. 技术风险

技术风险是指由于技术方面的因素及其变化的不确定性导致创业失败的可能性。

2. 市场风险

市场风险是指由于市场情况的不确定性导致创业者或创业企业损失的可能性。

3. 政治风险

政治风险是指由于战争、国际关系变化或有关国家政权更迭、政策改变导致创业者或企业蒙受损失的可能性。

4. 管理风险

管理风险是指因创业企业管理不善产生的风险。

5. 生产风险

生产风险是指创业企业提供的产品或服务从小批试制到大批生产的风险。

6. 经济风险

经济风险是指由于宏观经济环境发生大幅度波动或调整而使创业者或创业投资者蒙受损失的风险。

(三) 按创业风险对资金的影响程度划分

按创业风险对所投入资金即创业投资的影响程度划分,可分为安全性风险、收益性风险和流动性风险。其中创业投资的投资方包括专业投资者与投入自身财产的创业者。

1. 安全性风险

安全性风险是指从创业投资的安全性角度来看,不仅预期实际收益有损失的可能,而且专业投资者与创业者自身投入的其他财产也可能蒙受损失,即投资方财产的安全存在危险。

2. 收益性风险

收益性风险是指创业投资的投资方的资本和其他财产不会蒙受损失,但预期实际收益有损失的可能性。

3. 流动性风险

流动性风险是指投资方的资本、其他财产以及预期实际收益不会蒙受损失,但资金有可能不能按期转移或支付,造成资金运营的停滞,使投资方蒙受损失的可能性。

(四) 按创业过程划分

按创业过程,可分为机会的识别与评估风险、准备与撰写创业计划风险、确定并获取资源风险和新创企业管理风险。

1. 机会的识别与评估风险

机会的识别与评估风险主要指在机会的识别与评估过程中，由于各种主客观因素，如信息获取量不足、把握不准确或推理偏误等使创业一开始就面临方向错误的风险。另外，由于创业而放弃了原有的职业所面临的机会成本风险，也是该阶段存在的风险之一。

2. 准备与撰写创业计划风险

准备与撰写创业计划风险主要指创业计划的准备与撰写过程带来的风险。创业计划往往是创业投资者决定是否投资的依据，因此创业计划是否合适将对具体的创业产生影响。创业计划制订过程中各种不确定性因素与制订者自身能力的限制，也会给创业活动带来风险。

3. 确定并获取资源风险

确定并获取资源风险主要指由于存在资源缺口，无法获得所需的关键资源，或即使可获得，但获得的成本较高，从而给创业活动带来一定风险。

4. 新创企业管理风险

新创企业管理风险主要包括管理方式、企业文化的选取与创建，以及发展战略的制定、组织、技术、营销等各方面管理中存在的风险。

(五) 按创业与市场和技术的关系划分

按创业与市场和技术的关系划分，可分为改良型风险、杠杆型风险、跨越型风险和激进型风险。

1. 改良型风险

改良型风险是指利用现有的市场、现有的技术进行创业所存在的风险。这种创业风险最低，经济回报有限，即风险虽低，但要想生存和发展，获取较高的经济回报也比较困难。这是因为一方面会遭遇已有市场竞争者的排斥或进入壁垒的限制，另一方面即便进入，但想要占有一定的市场份额也非常困难。

2. 杠杆型风险

杠杆型风险是指利用新的市场、现有的技术进行创业存在的风险。该风险稍高，对一个全球性公司来说，这种风险往往是地理上的，常见于挖掘未开辟的市场。

3. 跨越型风险

跨越型风险是指利用现有市场、新的技术进行创业存在的风险。该风险稍高，主要体现在创新技术的应用方面，往往反映了技术的替代，是一种较常见的情况。该风险常见于企业的二次创业，领先者可获得一定的竞争优势，但模仿者很快就会跟上。

4. 激进型风险

激进型风险是指利用新的市场、新的技术进行创业存在的风险。该风险最大，如果市场很大，可能会带来巨大的机会。对于第一个行动者而言，其优势在于竞争风险较低，但是在知识产权保护、市场需求、产品性能等方面存在很大的风险。

(六) 按创业中技术因素、市场因素与管理因素的关系划分

按创业中技术因素、市场因素与管理因素的关系划分，可分为技术风险、市场风险和代理风险。其中代理风险是指高级经营管理人才、组织结构以及生产管理等能否适应创业的快速增长或战胜创业企业危机阶段的动态不确定性因素的风险。这三类风险之间相互作用，使得创业企业运作的各个层面上的诸多因素的不确定性更加复杂，并且在创业企业不同的发展阶段，各因素的风险性质也将产生一定的变化。

三、中小企业创业风险的识别和防范

(一) 中小企业创业风险的识别

既然创业风险是创业过程中不可避免的现象，那么直面风险并化解，是中小企业创业过程中非常重要的任务。

创业风险识别是应对一切风险的基础，只有识别了风险才有可能化解风险。同时风险也是一种机会，应该开拓、提高其积极的作用。

创业风险识别是中小企业创业者依据企业活动，对创业企业面临的现实以及潜在风险运用各种方法加以判断、归类并鉴定风险性质的过程。创业者必须拥有风险识别的能力，并不断提高这种能力。

1. 中小企业创业风险识别的基本理念

作为创业者，应该正确树立识别企业风险的基本理念，主要应具备以下意识：

(1) 有备无患。创业风险的出现是正常的，带来一些损失也是正常的，既不能怨天尤人，也不能骄兵轻敌。关键的问题是要密切监视风险，减少损失，化解不利，甚至将其转化为盈利的机会。

(2) 未雨绸缪。如果创业者在企业未发生损失之前就能够识别风险发生的可能性，那么这个风险是可能被管理的。因此，风险识别是进行风险管理的基点。创业风险识别需要创业者通过对创业活动迹象、信息的归类，认知风险产生的原因和条件，不仅要识别风险的性质及可能的后果，更重要的(也是最困难的)是识别创业过程中各种潜在的风险，为采取有效措施提供依据。

(3) 持之以恒。由于创业风险伴随着整个创业过程，同时风险具有可变性和相关性的特点，所以创业者必须要有打"持久战"的准备。风险的识别工作应该是连续地、系统地进行，并成为企业一项持续性、制度化的工作。

(4) 实事求是。虽然风险识别是一个主观过程，但是必须遵循客观规律。风险识别是一项复杂而细致的工作，要按特定的程序、步骤，选用适当的方法逐层次地对各种现象进行分析，实事求是地作出评估。

2. 中小企业创业风险识别的方法和步骤

在风险识别之后，就必须进行风险评估，这需要一定的专业知识，必须根据不同性质与条件，按照一定的途径，运用一定的方法，或者借助一定的工具来实施。

1) 基本方法

一般而言，风险识别的方法包括：信息源调查法、数据对照法、资产损失分析法、环境扫描法、风险树分析法、情景分析法和风险清单法。有能力的企业也可以自行设计识别的方法，比如专家调查法、流程图分析法、财务报表分析法、SWOT分析法等。

2) 实施步骤

第一，信息收集。首先要通过调查、问讯、现场考察等途径获得；其次，需要敏锐的观察和科学的分析对各类数据及现象做出处理。

第二，风险识别。根据信息的分析结果，确定风险或潜在风险的范围。

第三，重点评估。根据量化结果，运用定量分析、定性分析、假设、模拟等方法，进行风险影响评估，预计可能发生的后果，提出方案选择。

第四，拟订计划。提出处理风险的方法和行动方案。

3) 实施中要注意的问题

首先，信息收集要全面。可以通过两个途径收集信息，一是内部积累或者专人负责，二是借助外部专业机构的力量。后者可获得足够多的信息资料，有助于较全面、较好地识别面临的潜在风险。

其次，因素罗列要全面。根据企业在运营过程中可能遇到的风险，逐步找出一级风险因素，然后再进行细化，延伸到二级风险因素，再延伸到三级风险因素。例如，管理风险属于一级风险因素，管理者素质属于二级风险因素。

最后，进行综合分析。既要进行定性分析，也要进行定量分析。

(二) 中小企业创业风险的防范

创业有风险，创业者必须非常谨慎。市场经济条件下，创业总是有风险的，不敢承担风险，就难以求得发展。中小企业创业者资本比较薄弱，尤其要树立风险意识，在经营活动中尽可能学会预防风险、降低风险及规避风险。

1. 降低创业风险的方法

(1) 学会分析风险。创业者对每一经营环节都要学会分析风险，做什么都不能满打满算，要留有余地，对可能出现的风险要有明确的认识和克服的预案。

(2) 善于评估风险。通过分析，预测风险会带来的负面影响。例如，投资一旦失误，可能造成多大损失；投资款万一到期无法挽回，可能造成多大经济损失；贷款一旦无法收回，会产生多少影响；资金周转出现不良，对正常经营会造成哪些影响……

(3) 积极预防风险。例如，对投资方案进行评估，对市场进行周密调查，制定科学的资金使用政策等。一旦某个环节出了问题，要有采取补救措施的预案，尽可能减少负面影响。同时，还要加强管理，建立健全企业各种规章制度，特别是合同管理、财务管理、知识产权保护等。在平时的业务交往中要认真签订、审查各类合同，加强对合同履行过程的监督。

(4) 设法转嫁风险。风险不可避免，但可以转嫁。例如财产投保，就是转嫁投资意外事故风险；以租赁代替购买设备是转嫁投资风险。创业也是如此，个人独资承担无限责任，但几个人共同投资，就是有限责任，就能分散风险。

2. 规避创业风险的方法

与其老想着预防风险，还不如从积极方面入手，尽量提前规避风险，尽可能提高制胜概率。

(1) 以变制胜。所谓"适者生存"，强调的就是"变"，经营者要适应外部环境的变化，随时做出调整。

(2) 出其不意，攻其不备。核心是一个"奇"字，用出奇的产品、出奇的经营理念、出奇的经营方式和服务方式去战胜竞争对手。

(3) 以快制胜。机不可失，时不再来，比对手快一分就能多一分机会。对什么都慢慢来、四平八稳、左顾右盼的人必然被市场淘汰，胜者属于那些争分夺秒、当机立断者。

(4) 后发制人。从制胜策略看，后发制人比先发制人更好，可以更多地吸收别人的经验，时机抓得更准，制胜把握更大。

(5) 集中优势重点突破。这一策略特别适用于小企业，因为小企业人力、物力、财力比较弱，如果不把有限的力量集中起来则很难取胜。

(6) 趋利避害，扬长避短。经营什么产品，选择什么样的市场，都要仔细掂量，发挥自身优势。干应该干的，干可以干的，有所为，有所不为。

(7) 迂回取胜。小企业与人竞争不能搞正面战、阵地战，而应当搞迂回战，干别人不敢干的，干别人不愿干的。

(8) 积少成多，积微制胜。"积少成多"是一种谋略，一个有作为的经营者要用"滴水穿石"、"聚石成山"的精神去争取每一个胜利，轻微利、追暴利的经营者未必一定能成功。

(9) 以廉制胜。"薄利多销"是不少经营者善于采用的一种经营策略。"薄利多销"的前提是能多销，"薄利少销"则是不可取的。

案例 1-4

小王创业记

某校机械专业的小王，毕业后盲目创业，学着别人倒菜、倒水果、倒服装，几经波折，没有一件事干成功。正当小王垂头丧气时，恰好社区组织个体经营者进行自我创业资源分析。经过分析，小王发现自己最大的长处还是所学的专业。之后，小王开了一家汽车修理店，他感到一下子有了广阔的发展空间。

创业并不是一件容易的事，除了要付出艰辛和努力外，还需要对自己的优势和不足有一个正确的评价，只有这样，才能走向成功。小王的专业是机械，修理汽车是他的专长，在认识到自己的长处后，小王及时调整方向，最终获得了成功。

(资料来源：浅析 8 个典型创业案例
https://wenku.baidu.com/view/ef13a5a08662caaedd3383c4bb4cf7ec4afeb693.html)

本章回顾

创业(Entrepreneurship)是创业者对自己拥有的资源或通过努力对能够拥有的资源进行

优化整合，从而创造出更大经济或社会价值的过程。

创业按照创业资源拥有和价值创造大小分为生存阶段、公司化阶段、集团化阶段、跨国经营或上市阶段。

中小企业创业者在创业时必须提前进行准备，具备一些基本条件，才能开始实施创业计划。对中小企业创业者来说最重要的基本条件主要包括获得社会经验、细致的需求调查、掌握资本渠道及保有技术权利。

创业过程是创业者在创建自己的企业时通常要经历的基本步骤。在创业过程中所涉及的知识与技能，与一般的管理职能并不完全相同。创业者必须能够发现、评估新的市场机会，并进一步将其发展为一个新创企业，在这一过程中确实有着许多对现存企业进行管理时所未予重视或不那么重要的知识与技能。创业过程一般包含五个阶段：识别与评价创业机会、准备并撰写创业计划、获取创业资金、办理法律手续、管理新创企业。

在"大众创业、万众创新"的大背景下，中小企业创业带来的社会价值可以从国家与社会以及个人两个层面来理解。

国内创业者基本可以分为生存型创业者、主动型创业者、赚钱型创业者、创意创新创业型创业者和迭代创业型创业者五种类型。

以大学生创业为例，大学生创业是适宜的创业环境与做好创业准备的大学生相结合的产物，大学生创业的动机有一定的特殊性，归纳起来主要有四种类型，包括经济收入的需要、获取经验的需要、自我实现的需要、缓解就业压力的需要。

中小企业创业者选择什么时候创业受到的影响因素很多。以大学生为例，创业时机分为上学期间创业、休学后创业和毕业后创业三种，这三种时机的选择各有优劣。

创业型人才一般都具有一些共同的创业素质元，这些共同的创业素质元构成了创业型人才的基本特征。具体而言，创业素质元主要包括创业社会知识结构、创业技能结构、创业意识结构、创业品质结构、创业身体素质等方面。

创业型人才必须具有一定的创业能力，主要包括经营管理能力、领导决策能力、创新能力、社交能力等。

创业风险种类繁多，贯穿并交织于整个创业过程，但是这些风险具有客观性、不确定性、双重性、可变性、可识别性、相关性等特征。

中小企业创业风险的类型按创业风险产生的原因进行划分，可分为主观创业风险和客观创业风险；按创业风险产生的内容划分，可分为技术风险、市场风险、政治风险、管理风险、生产风险和经济风险；按创业风险对所投入资金即创业投资的影响程度划分，可分为安全性风险、收益性风险和流动性风险；按创业过程划分，可分为机会的识别与评估风险、准备与撰写创业计划风险、确定并获取资源风险和新创企业管理风险；按创业与市场和技术的关系划分，可分为改良型风险、杠杆型风险、跨越型风险和激进型风险；按创业中技术因素、市场因素与管理因素的关系划分，可分为技术风险、市场风险和代理风险。

创业风险识别是中小企业创业者依据企业活动，对创业企业面临的现实以及潜在风险运用各种方法加以判断、归类并鉴定风险性质的过程。创业者必须拥有风险识别的能力，并不断提高这种能力。

1. 如何理解创业的各个发展阶段？
2. 互联网时代中小企业创业的社会价值有哪些？
3. 中小企业创业的基本条件是什么？
4. 不同创业动机对创业的影响是什么？
5. 结合实际谈谈创业时机的选择原因。
6. 中小企业实施管理创新的前提条件是什么？
7. 中小企业创业者应具备哪些基本能力？
8. 什么是创业风险？
9. 结合实际谈谈中小企业创业风险。
10. 一旦创业风险来临，中小企业创业者应该如何应对？

案例分析

环境科技工程专业研究生自主创业

一个在读硕士用短短两年时间，用知识改变命运，摆脱了贫困生的身份，一跃成为一家注册资金为800万元人民币的公司老总。此人名叫孙××，2006年考入××大学环境科学与工程学院，2009年2月创立了湘水环境科技工程有限公司。

孙××来自湖南宁乡的一个乡村，家境贫寒。孙××考上研究生时，家中妹妹正上大学，他通过申请贷款和向亲戚朋友借钱，才得以顺利入学。即使这样，在湖南大学环境和科学学院《04～06级研究生欠费名单》上还有他欠2000元学杂费的数据。按道理来讲，孙××在资本方面就不具备创业的条件，可他是怎样克服一个个困难的？

贫困的家境，决定了他能吃苦的性格。考上研究生后，他没有松懈，在别人玩网络游戏的时候，他沉浸在书籍和实验室中，第一年就完成了自己的毕业论文。研究生学习第二年，他跑到辽宁鞍山一个公司进行实习。在这里，他主动请缨，跟随负责人跑施工现场，画施工图纸，甚至坐着拖拉机跑采购。"那时的我就像农民工一样"，他笑着说。

作为实习生的他把握机会，和对方企业负责人一次又一次地交流，并深入实地考察，提出了一套行之有效的方案，终于打动了对方，签下了人生的第一笔大单。工程完成后，他顺利拿到了10万元的提成。

即使是作为一个硕士研究生，完成污水处理工程也是困难重重。可是孙××初生牛犊不怕虎，他在接下污水处理工程时，开始自己研究怎么制造污水处理设备。为此他亲自设计图纸，查阅大量资料，拜访专家，到合作的工厂学习，终于制造出自己的污水处理设备。"这方面，我要感谢我的导师杨××教授，他让我受益良多。"孙××说。有了第一次，以后他的业务越来越娴熟，一年的时间他就积累了近百万的资产。

（资料来源：研究生自主创业开公司，瞄准环境科技工程，年累积资产百万
https://www.cyegushi.com/16795.html）

案例讨论题：

1. 案例中孙××为创业做了哪些准备？
2. 结合实际谈谈自己的感悟。

参考文献

[1] 张玉利，陈寒松，薛红志，等. 创业管理[M]. 北京：机械工业出版社，2017.

[2] 李家华，张玉利，雷家骕. 创业基础[M]. 北京：清华大学出版社，2015.

[3] 梅强. 创业基础[M]. 北京：清华大学出版社，2012.

[4] 吴何. 创业管理：创业者视角下的机会、能力与选择[M]. 北京：中国市场出版社，2017.

[5] 黄远征，陈劲，张有明. 创新与创业基础教程[M]. 北京：清华大学出版社，2017.

[6] 杨雪梅，王文亮，张红玉，等. 大学生创新创业教程[M]. 北京：清华大学出版社，2017.

[7] 丁忠明，焦小波，郝喜玲. 大学生创业启程[M]. 北京：机械工业出版社，2018.

[8] 李笑来. 斯坦福大学创业成长课[M] 天津：天津人民出版社，2016.

[9] https://baike.baidu.com/item/%E5%88%9B%E4%B8%9A%E8%80%85/3158757?fr=aladdin 创业者.

[10] https://baike.baidu.com/item/%E5%88%9B%E4%B8%9A/5324?fr=aladdin 创业.

[11] https://baike.baidu.com/item/%E5%88%9B%E4%B8%9A%E5%8A%A8%E6%9C%BA/6654400?fr= aladdin 创业动机.

[12] https://baike.baidu.com/item/%E5%88%9B%E4%B8%9A%E8%83%BD%E5%8A%9B/3652483?fr= aladdin 创业能力.

[13] https://wiki.mbalib.com/wiki/%E5%88%9B%E4%B8%9A%E7%B4%A0%E8%B4%A8 创业素质.

[14] https://wenku.baidu.com/view/d958a5c2d5bbfd0a7956739a.html 创业者所应具备的创业素质和创业能力.

[15] http://www.shangc.net/licai/2017/0326/24112587_2.html 创业过程分为四个阶段，创业者你到哪个阶段了.

[16] http://www.sohu.com/a/162190280_543401 创业必经的五个阶段，看看你正处在哪个时期.

[17] https://www.xianjichina.com/news/details_64046.html 创业三要素是什么？创业技巧等内容大盘点.

[18] https://blog.csdn.net/u011413061/article/details/71037338 正确的创业理由.

[19] https://baike.baidu.com/item/%E5%88%9B%E4%B8%9A%E8%BF%87%E7%A8%8B/4826106?fr= aladdin 创业过程.

[20] https://jingyan.baidu.com/article/d3b74d6488f0481f77e6098c.html 创业的五个最基本步骤.

[21] https://wenku.baidu.com/view/2546a2a96e1aff00bed5b9f3f90f76c661374c97.html 创业的价值.

[22] 《国务院关于大力推进大众创业万众创新若干政策措施的意见》，2015 年 6 月 11 日.

[23] https://baijiahao.baidu.com/s?id=1595621064382163018&wfr=spider&for=pc 创业者的类型都有哪些呢？

[24] https://wenku.baidu.com/view/4b4037c0d5bbfd0a7956738f.html?rec_flag=default&sxts=1540087897221 &sxts =1540088012577 创业风险与防范控制.

[25] https://wenku.baidu.com/view/9d9bd611f18583d0496459a9.htm 如何预防及规避创业风险.

第 二 章

中小企业创业团队管理

学习目标

- 掌握组建创业团队的基本原则
- 掌握创业团队的激励方式
- 掌握创业团队的协同技巧

知识结构图

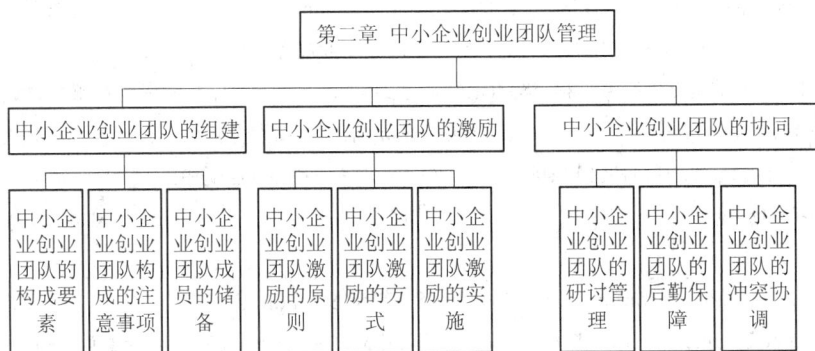

俞敏洪创业团队

俞敏洪，1962 年 10 月出生于江苏江阴，1980 年考入北京大学西语系，毕业后留校担任北京大学外语系教师，1991 年 9 月，俞敏洪从北京大学辞职，开始自己的创业生涯。

1993 年，俞敏洪创办了新东方培训学校，创业伊始，俞敏洪单枪匹马，在仅有的一个不足十平方米的漏风的办公室里，零下十几度的天气，自己拎着糨糊桶到大街上张贴广告，招揽学员。

"任何事情都是你不断努力去做的结果，当你碰到困难的时候，你不要把它想象成不可克服的困难，在这个世界上没有任何困难是不可克服的，只要你勇于去克服它！"正是凭借着这种不怕困难，勇于克服困难的精神，新东方不断发展壮大，俞敏洪还把"从绝望中寻找希望"作为新东方的校训。

1994 年，俞敏洪已经投入 20 多万元，新东方已经有几千名学员，在北京也已经是一个响亮的牌子，他看到了一个巨大而诱人的教育市场。俞敏洪喜欢教书，他曾经说过："我这辈子什么都可以离开，就是不可以离开讲台。"对教师职业的热爱和新东方的发展壮大，让他决定他不仅要做一个教师，一个校长，还要做一个教育家。

在新东方创办之前，北京已经有三四所同类学校，参加新东方培训的多以出国留学为目的。新东方能做到的，其他学校也能做到。就当时的大环境而言，随着出国热，以及人们在工作、学习、晋升等方面对英语的多样化要求，国内掀起了学习英语的热潮，越来越多的优秀教师加入到英语培训这个行业。如何先人一步，取得自己的竞争优势，把新东方做大做强，俞敏洪认识到英语培训行业必须要具备一流的师资。

培训学校普遍做不大是有原因的，由于对个别讲师的过分倚重，每个讲师都可以开一个公司，但是每个公司都做得不大。所以，俞敏洪需要找到更多的合作伙伴，帮他控制住英语培训各个环节的质量。而这样的人，不仅要有过硬的专业知识和能力，更要和俞敏洪本人有共同的办学理念。他首先想到的是远在美国的王强、加拿大的徐小平等人，实际上这也是俞敏洪思考了很久所做的决定——这些人不仅符合业务扩展的要求，更重要的是这些人作为自己在北大时期的同学、好友，在思维上有着一定的共性，肯定比其他人能更好地理解并认同自己的办学理念，合作也会更坚固和长久。

这时他遇到了一个和他有着共同梦想的惺惺相惜的朋友——杜子华，杜子华像一个漂泊的游侠，研究生毕业后游历了美国、法国和加拿大，凭着对外语的透彻领悟和灵活运用，在国外结交了各色朋友，也得到了不少让人羡慕的机会。但是他在国外待的时间越久，接触的人越多，就越是感觉到民族素质提高的重要和迫切，要提高一个人、一个民族的素质唯有投资教育。

1994 年在北京做培训的杜子华接到了俞敏洪的电话，几天后，两个同样钟爱教育并有着共同梦想的"教育家"会面了，谈话中，俞敏洪讲述了新东方的创业和发展、未来的构想、自己的理想、对人才的渴望……这次会面改变了杜子华单打独斗实现教育梦想的生活，杜子华决定在新东方实现自己的追求和梦想。

1995年，俞敏洪来到加拿大温哥华，找到曾在北大共事的朋友徐小平。这时的徐小平已经来到温哥华有10年之久，生活稳定而富足。俞敏洪不经意地讲述自己创办新东方的经历，文雅而富有激情的徐小平突然激动起来："敏洪，你真是创造了一个奇迹啊！就冲你那1000人的大课堂，我也要回国做点事！"

随后，俞敏洪又来到美国，找到当时已经进入贝尔实验室工作的同学王强。1990年，王强凭借自己的教育背景，3年就拿下了计算机硕士学位，并成功进入著名的贝尔实验室，可以说是留学生中成功的典型。白天王强陪着俞敏洪参观普林斯顿大学，让他震惊的是，只要碰上一个黑头发的中国留学生，竟都会向俞敏洪叫一声"俞老师"，这里可是世界著名的大学啊！王强后来谈到这件事时说自己当时很震惊，受到了很大的刺激，俞敏洪说："你不妨回来吧，回国做点自己想做的事情。"

就这样，徐小平和王强都站在了新东方的讲台上。1997年，俞敏洪的另一个同学包凡一也从加拿大赶回来加入了新东方。新东方就像一个磁场，凝聚起一个个年轻的梦想，这群在不同土地上为了求学、洗过盘子、贴过广告、做过推销、当过保姆的年轻人，终于找到了一个突破口，年轻人身上积蓄的需要爆发的能量在新东方得到了充分释放。

就这样，从1994年到2000年，杜子华、徐小平、王强、胡敏、包凡一、何庆权、钱永强、江博、周成刚等人陆续被俞敏洪网罗到了新东方的门下。

(资料来源：创业团队案例 http://www.chinawenben.com/file/prx3c3ieopawzuwsazwro3pp_1.html)

案例启示：作为教育行业，师资构成了新东方的核心竞争力，但是如何让这支高精尖的队伍，最大程度的发挥作用？俞敏洪从学员需求出发，秉持着一种"比别人多做一点，比别人做得好一点"的朴素的创新思维，合理架构自己的团队，寻找和抓住英语培训市场上别人不能提供或者忽略的服务，使新东方的业务体系得以不断完善。

第一节　中小企业创业团队的组建

创业团队是指在创业初期(包括企业成立前和成立早期)，由一群才能互补、责任共担、愿为共同的创业目标而奋斗的人组成的特殊群体。团队可以充分发挥每一个成员的知识和技能，协同工作、解决问题并达到共同的目标。

在市场环境异常复杂、技术革新层出不穷、机会稍纵即逝的今天，企业是否拥有优秀的企业家，已经成为企业经营成功与否的关键。风险投资家"宁愿投资拥有一流人才、二流产品的企业，也不愿投资拥有二流人才、一流产品的企业"。因此，在创业伊始，团队的初创者就应当对团队的组合进行严谨的构想，这其中包括团队人员的素质、年龄的组成、专业的划分以及团队文化，并且要结合产品、营销、财务、运营等岗位"按需寻人"，做到人员合理配置，这样才能够形成具有强大执行力与凝聚力的创业团队。在创业的过程中，会有团队成员的不停变换，吸收更合适的成员，适当放弃一些不够积极或者能力不足的成员，并要学会拒绝熟人。与此同时，在创业过程的不同阶段，成员的角色定位也需要按需切换。

一、中小企业创业团队的构成要素

一般而言，创业团队的组成要素可总结为以下四点：

（一）目标

目标是将人们的努力凝聚起来的重要因素。从本质上来说创业团队的根本目标是创造新价值，实现团队成员的个人发展。设定团队目标对于团队的管理具有重大意义，团队目标可以给团队成员的工作指明方向，同时也将阶段性工作的重点内容提炼出来，明白其所做工作的重要性。团队目标也是团队成员工作的一个衡量标准，团队成员的工作对于团队是否有意义取决于团队成员的工作产出是否和团队目标相匹配。

（二）人员

人员是构成创业团队最核心的力量，三个或者三个以上的人就可以构成团队。目标是通过人员具体实现的，所以人员的选择是创业团队中非常重要的一个部分。在一个团队中可能需要有人出主意，有人定计划，有人实施，有人组织协调，还要有人监督团队工作的进展，评价团队最终的贡献，不同的人通过分工来共同完成团队的目标，因此在人员选择方面要考虑到人员的知识、能力和经验如何，技能是否互补。人作为知识的载体，所拥有的知识对创业团队的贡献程度将决定团队的命运。

（三）角色

团队成员的角色定位就是成员各自的职责、权限和工作程序的明确。如果创业团队各成员在企业中担任的职务和承担的责任越明确，则角色冲突的可能性就越小，对团队的稳定和企业的发展就越有利。但是，由于新创企业的变数太多，不容易很快就能明确各人的职责、任务和分工，即使在开始时已经明确，但在变化不定的环境中，也无法真正做到始终如一。因此，减少团队成员的责任能力重叠，自我角色的理性定位以及有效及时地沟通，对于加强团队成员间的相互合作，提高决策的效率，建立互补性团队具有特别的意义。

1. 团队负责人

团队负责人要能够做好具体的团队计划与规划，能够做好工作的统筹安排，协调成员的关系与进度，从整体上把握工作的进度和完成质量。这就要求负责人有出众的人格魅力和领导协调能力，能够给予成员美好的愿景，激励成员提升其绩效。

2. 团队中的技术人员

团队中的技术人员需要对团队产品的技术、工艺、流程有着非常深刻的理解，并能清楚认识团队产品相比市场上的同类产品而言其优点在哪，能解决哪些市场痛点，从而更好地撰写创业计划书的产品部分。

3. 团队中的营销人员

团队中的营销人员要熟练掌握市场营销的理论，能准确地进行外部环境与内部环境分析，准确地对消费者进行细分、选择和确定产品定位，能制订出有针对性的切实可行的营销策略。

4. 团队中的财务人员

团队中的财务人员要能准确分析出项目价值、投资需求与回报以及项目风险，做到数据可靠，假设合理。

(四) 计 划

计划有两层含义：

第一，目标最终地实现，需要一系列具体的行动方案，可以把计划理解成完成目标的具体工作的程序。

第二，按计划进行可以保证团队的工作进度。只有在计划的指引下团队才会一步一步地接近目标，从而最终实现目标。

1. 团队计划的特性

(1) 预先性与指导性。计划、组织、控制是团队管理的三项职能，而计划是团队管理工作之先。一项工作，首先要有计划，才会有后续的组织和控制，只有有了计划，才有控制的标准和行动的指南。计划，在团队管理工作中具有预先性，同时，它对团队管理工作的执行和控制又具有指导性。

(2) 可行性。可行性是和预见性紧密联系在一起的，预见准确、针对性强的计划，在现实中才真正可行。如果目标定得过高、措施无力实施，这个计划就是空中楼阁；反过来说，目标定得过低，实现虽然很容易，但是并不能因此取得有价值的成就，那也算不上有可行性。

(3) 约束性与灵活性。计划一经通过、批准或认定，在其所指向的范围内就具有了约束作用，在这一范围内无论是团队还是个人都必须按计划的内容开展工作和活动，不得违背和拖延，防止影响到整个计划的达成。但是，计划并不是僵化的、不可更改的。在计划的执行过程当中，由于制订计划时候的一些相关因素发生了变化，从而导致计划的执行或预期结果发生改变，这时候，就要适时调整计划，以使计划更切合实际、更可行，计划要与过程改进结合起来。

2. 计划制订的原则

制订计划时要遵循 SMART 原则。

(1) 具体(Specific)。对于大的计划，要分阶段、分步骤，准确分析执行过程中包括环境在内的一系列相关影响因素，做出周密的对策和行动方案。即使一些小的工作安排，计划中也不能忽略其中的细节。

(2) 可衡量(Measurable)。计划的阶段目标结果要可衡量，让执行者明确，以便掌握和控制工作进度、检查、跟踪考核。

(3) 可实现(Attainable)。计划必须是可以实现的、可操作的，不切实际的计划不仅浪费做计划花的时间和精力，还会引起成员抱怨，影响执行。

(4) 相关(Relevant)。所有的计划都是根据一定的目的、目标而定的，目标是终点，计划需要与目标的实现相关。

(5) 时限(Timetable)。团队根据自己的发展设定了目标，就要围绕该目标在规定的时限内去完成任务。计划要具体地体现工作进度，以便在预期时间内完成任务。

3. 计划制订的要素

正如优秀的文章要表达清楚时间、地点、人物以及事件的起因、经过、结果。计划制订亦如此，也需要用一些要素来表达，具体可概括为 5W2H。5W 为 What、Who、When、Where、Why，2H 为 How、How many。

What：计划要做什么或完成什么；明确工作任务。

Who：计划由谁、哪些人执行；明确工作任务的担当者。

When：什么时候执行到什么程度；明确工作任务进度。

Where：在什么地方进行工作；明确工作开展地点、区域。

Why：为什么要这样做；明确工作起因、动机。

How：怎么开展工作；明确工作方式方法。

How many：完成多少工作；明确工作量。

4. 计划分解与细化

跟因数分解是一个原理，就是把一个计划按一定的原则分解，直到分解不下去为止。对于初创团队来说，宜采用协商式分解，即所有成员对总体计划的分解和分层计划的落实进行充分的商谈或讨论，取得一致意见。

如果承担某种特定的任务，团队需要为这项任务设计一个活动检查列表和计划工作表，每个活动检查列表应该包括这个大任务可能需要的所有步骤。这些活动检查列表和计划工作表将帮助团队确定和评估必须处理的、与大任务相关的工作量。把大任务分解成多个小任务，便于更加精确地估计它们，暴露出在其他情况下可能忽略的工作活动，使状态跟踪更加精确、细密。

案例 2-1

台州学院创业沙龙

创业沙龙是目前国内高校流行的一种创业教育形式，积极参与其中也是寻找志同道合的创业伙伴的一条捷径。

为推进创新创业教育发展，培养大学生创业意识，台州学院经管学院举办"创享"系列创业成长沙龙。2018 年 3 月 29 日晚，"创享"沙龙在学校创业学院举行了第一期分享会。台州市杰出创业人物、市政府特聘创业导师陈彬、经管学院党总支副书记潘垚、学院培训部主任叶才华和辅导员盛威老师出席活动。

在成长沙龙上，潘垚副书记表示，台州是创业的热土，学校上下高度重视创新创业工作，经管学院也通过一系列活动推进大学生创业。"创享"沙龙每学期 8 期，以开放、互动、共享的原则。希望参加"创享"沙龙的同学，通过学习和分享，能够学本领、懂本行、展本色，学习创业所需的经营管理知识，了解创业相关政策法规，熟悉行业的发展现状和未来趋势，在创业浪潮中勇于探索、敢于试错，展现大学生的青春本色。

主讲嘉宾陈彬是台州智商网络技术有限公司创始人，有着丰富的创业经验。2012年，他从浙江工商大学国际贸易专业毕业，计划从事跨境线上线下贸易和服务。他结合大学掌握的专业知识，选择了独自打拼创业，创立了台州智商网络技术有限公司。创业路上有苦有甜，从选择、筹备到运营、管理，遇到过很多困难，也走过弯路。而今，公司飞速地发展，规模也迅速扩大，2017年实现营业额1500多万。陈彬老师的分享风趣幽默又深入浅出，赢得了同学们的阵阵掌声。针对同学们的提问，他也一一解答，鼓励大家要有坚持不懈、不忘初心的创业精神。

两个小时在不知不觉中过去了，同学们表示干货满满，在本专业的理论基础上也了解了更多的实践知识。

"创享"系列创业成长沙龙每两周开展一次，以创业人物分享、成长读书会、创业项目分析会为主要形式，引导学生树立创业意识，助推创新创业工作。

二、中小企业创业团队构成的注意事项

(一) 团队目标的一致性

参加创业团队的目的一般有三种：为了满足个人的成长需求；为了增加人生的阅历；为了得到能力的提升。正如一些创业团队创始人所总结的：整个团队运作的最大障碍是成员价值观的差异。例如，某些成员注重自己的私人时间，拒绝"加班"，对团队付出的时间有限；而某些成员则愿意把自己所有空余时间都放在项目上。成员参与目的与价值观的差异性对团队的管理提出了挑战。创业团队成员需要长时间的同甘共苦，需要投入大量的时间与精力，唯有共同的目标与激情才能够使团队在遇到困难的时候齐心协力，共渡难关。

(二) 知识技能的互补性

创业团队创建之初，对于整个团队的人员配备，一定要注意人员知识技能的互补性，虽然不是所有人的能力都在一个水平线上，但是团队也要尽力实现能力的加法和乘法。为了推广项目，创业团队应该尽最大努力做好产品、市场、营销、财务等各个环节的创业计划书以及路演方案的设计，还要能够在路演环节中以一种最佳的状态展示出团队的精神风貌。创业团队除了拥有能够管理团队的人员之外，还需要有外向、善于交际的成员负责外联，因为在项目发展过程中常常需要联系各种资源给项目提供支持。综合来说，负责人应当从创业目的、价值理念、知识与能力结构及个性特征等四方面入手去测量成员素质与团队的整体配合程度。

(三) 情感因素的规避性

在团队建立伊始，负责人首先会考虑的是自己熟悉的、经历比较相近的伙伴，可以说这个时期团队的建立主要是依靠友情维持。但如果团队成员都是依靠这种情感关系进入一个团队的，这容易造成团队纪律涣散、权责不对等、执行力不强等情况。因此，在人员的

构成上，团队负责人除了寻找自己熟悉的创业伙伴外，也应当把网罗人才的范围扩大，为团队注入新鲜的血液，保证团队运行的效率与公平。

案例 2-2

"腾图"节能创业团队

"在他们泵房加了一个价值 20000 元的变频器，水泵节电率达到 33% 以上，一年可节电 64800 多千瓦时，节省电费 45000 多元"。2012 年 8 月 18 日，在江苏大学创业孵化基地，成立刚刚 5 个多月的京口区腾图节能科技研发中心总经理马正军向记者说起了企业成立后的首个成功节能案例。这个节能方案，为他们创业团队挣来了第一桶金——3 万元。

这是一个研究生创业团队，2012 年 3 月刚刚组建，包括 14 名成员，绝大多数是硕士、博士研究生。马正军是江大流体中心化工过程机械专业的一名研二学生，其他成员除了刘中原学的是电气工程及自动化专业外，都为流体机械及工程专业。

说起公司的成立，领头人马正军告诉记者，他的导师汤跃研究员的研究方向是泵站节能与优化运行，通俗地讲就是如何让水泵节电。研一寒假的时候，马正军到徐州的一家化工企业实习，为那里的循环水系统进行节能改造。那里的水泵和电机不配套，通过采集数据，他发现水泵供水流量不科学，于是就想到了为他们提供节能策略。后来，团队的 4 人又一起来到徐州的企业，进行了为期一周的调研，并共同商讨具体的节能办法。随后，他们拿出了在泵房增加一个控制柜，并增加以变频器为主的设备节能策略，20000 多元成本半年就可收回。马正军说，其他节能公司拿出的方案，大多为更换水泵，虽然目前成本不高，但弊端是不能适应今后生产工艺规模的扩大，以及水泵供水安全性、稳定性也存在隐患。

这一案例既是这个研究生创业团队搏击市场取得的第一个胜利，也给他们今后的创业实践带来了信心。记者采访时，他们的创业计划已经获得第八届挑战杯创业计划大赛江苏省金奖，将在 2012 年 11 月参加在同济大学进行的国赛决赛。2012 年 8 月 18 日，团队成员正忙着给自己的项目申报省经信委首批重点推广应用新技术新产品名录。马正军说，如果项目申报成功，将会给他们的创业团队带来更多的资金储备。江大水泵及系统工程技术研究中心是"国字号"机构，马正军说，他们身后有强大的技术来源，所依托的平台在全国独一无二，而且他们也有着强大的人才资源，团队内的研究生、博士生研究方向均为泵站节能与优化运行。正因为这些，他们坚信，经过几年努力，"腾图"将被打造成引领中国节能服务行业的龙头企业。

三、中小企业创业团队成员的储备

创业团队成员的更替机制往往容易被忽略。在创业活动中，团队更换人员的情况非常普遍，因为不同阶段的活动需要的主力人才是不一样的，经常会发生因缺少某类人才而弄得焦头烂额的事情。某些团队因时间的限制未能够找到合适的人员，或者即使找到了合适的人员也难以在短时间内充分了解整个团队的营销策略、财务状况和产品知识等相关要点，无法快速融入团队。因此，在整个团队建立的时候，就应当从长远出发，尽量储备和培养一些后备的相关人才，以应对在必要的时刻更换成员的需求。

第二节　中小企业创业团队的激励

有效的激励能够留住创业团队的人才，能够吸引更多志同道合的人才加入，更能够调动成员的积极性，挖掘成员们的潜力与创造力，达到团队工作效率的最大化。

一、中小企业创业团队激励的原则

无论采取哪种方式对团队成员进行激励，都离不开以下这六大原则(如图 2-1 所示)，从而建立一系列有效的激励管理机制，步步为"赢"。

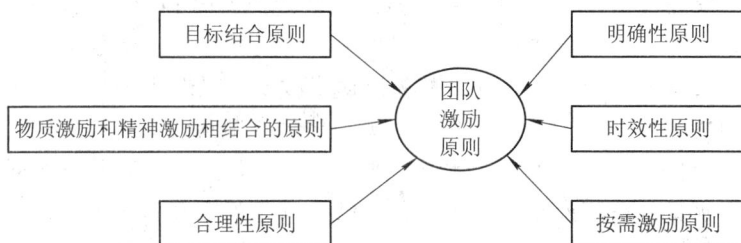

图 2-1　团队激励原则

(一) 目标结合原则

一切激励都要与目标达成相结合。激励的目的是要成员能够以更大的心力来创造更好的业绩，所以如果激励的行为跟绩效不挂钩，那这种激励就是空的，是没有任何作用的。

(二) 物质激励和精神激励相结合的原则

物质激励和精神激励相结合的原则，是指可以考虑按照 6：4 的比例来分配，60%精神层面的激励，40%物质层面的激励，能达到 7：3 更好。尤其是对于承担更多责任的核心成员来说，他们需要的精神激励和物质激励的比例应该是 7：3，核心成员要的是自尊心和荣誉感，非核心成员需要的物质层面的激励多一些。激励成员的时候，要根据激励对象的层次，采取不同的激励方法。

(三) 合理性原则

激励管理是团队运作的有效保障，但是，要想让激励真正发挥作用，团队必须遵守合理性原则，主要从以下两个方面着手：第一，奖惩要公平，这是所有激励原则有效实施的前提和保障。要用公平、公正的态度来对待团队里的每一个人，让成员感受到公平、公正，有时候比给他提供任何物质的激励更有效；第二，激励的措施要适度，负责人要根据成员所实现目标本身的价值大小，结合成员本身的能力情况确定适当的激励量。

(四) 明确性原则

激励的明确性原则包括三层含义：其一，明确。明确告诉成员因为什么原因进行奖励，从而强化成员正确的行为，引导其向好的方向发展。其二，公开。这样做的目的是一方面让被奖励的成员在心理上受到尊重，得到满足；另一方面，树立良好的榜样，提高团队的士气。其三，直观。实施物质奖励和精神奖励时都需要直观地表达它们的指标。因此负责人要及时总结给予成员奖励或惩罚的方式。

(五) 时效性原则

同样是帮助，"雪中送炭"和"雨后送伞"是截然不同的效果。激励团队要把握奖励的时效性，也就是要奖得及时，罚得及时。假若成员取得了一些成绩，过了一年之后你才来奖励他，那时效性早就已经过了，起不到激励的效果。处罚也是一样的道理，如果不能及时处罚，可能会让员工产生懈怠心理，觉得做错了事也没有关系。

(六) 按需激励原则

影响团队建设与发展有三个因素：

(1) 个人需要。当进入团体时，大部分成员主要关注个人的需要是否可以在团体中得到满足，以及作为个体是否适合这个团体；

(2) 团体需要。团体成员同样也关注他们将要加入的团体将如何运作，将会有什么样的基本规范和程序，将拥有什么样的组织结构；

(3) 任务需要。只有当团体内部的关系和团体工作的规划大体确定后，团体目标才会成为大多数成员主要关注的对象。

激励的出发点是满足成员的需要，但成员的需要因人而异、因时而异，并且只有满足最迫切需要的措施，其效价才高，其激励强度才大。因此，负责人必须深入了解成员的需求，根据成员的需求调整激励措施，从而"对症下药"，让个人需要、团队需要与任务需要三方面都得到最大限度的满足。

二、中小企业创业团队激励的方式

激励，就是要负责人激发成员的内在潜力，使成员感到劳有所得、干有所获，从而增加成员的责任感和积极性。因此，建立一套健全的激励机制，有效地激励每一个成员，将直接关系到团队的稳定和发展。

激励工作和人力资源管理中其他工作一样，也有不同的方式。对于大部分初创团队来说，除了传统的物质激励和精神激励外，主要被应用到的激励方法还有情感激励、权力激励、目标激励、公平激励、期望激励、榜样激励等。

(一) 情感激励

情感是人们对客观事物的态度的一种反映，它具有两极性，即积极的情感可以提高人的活动能力，消极的情感可以削弱人的活动能力。在工作中，具备积极情感的人通常有积极的心态和进取心，有着较高的工作效率；而具有消极情感的人通常工作效率较低。因此，在周期漫长的创业活动中，负责人要随时激励成员，使成员们保持昂扬向上的斗志，尽可能地保持积极情感，消除消极情感。

马克·吐温说"一句赞美，能让我多活三年。"事实上，人都是活在掌声中的，当成员被肯定、受到赞美的时候，他就会更加卖力地工作。要想使团队始终处于一种工作的最佳状态，最好的办法莫过于对他们进行表扬和赞美。松下电器的创始人松下幸之助就是个懂得赞美激励的企业领袖，他常对部下讲："我做不到，但我知道你们能做到。"正是对员工创造性的充分赞美和肯定，才激发了松下员工忘我的工作热情，建成了松下家电王国的丰碑。

（二）权力激励

一个好的领导者要懂得适当放权。团队当中领导人的权力大小跟团队的发展阶段相关，一般来说，在团队发展的早期阶段，领导权相对比较集中，团队越成熟领导者所拥有的权力相应越小。授予团队成员适当的权力，公平公正地对待团队成员，给团队成员表现自我的机会，恰当地表彰团队成员的卓越成绩。成员在事业发展的瓶颈期，充分的授权既可以缓解成员所处的尴尬境地，也给予了他们一定自由发挥的空间，让他们在参与决策和带领团队的过程中得到满足感，可谓一举两得。这是一种非常好的激励方法，在创业团队管理中普遍适用。

（三）目标激励

一个好的负责人首先要为全体成员树立一个共同的愿景，根据团队需求和定位的不同，这个愿景可能是获得风投，也可能是上市等。一方面，负责人应当经常运用愿景激发成员的奋斗动力，形成团队凝聚力；另一方面，负责人也应当善于将团队的总体目标与成员个人的目标相结合来激发成员的主观能动性，如通过项目的发展实现自我能力的提升等。

（四）公平激励

公平理论又称社会比较理论，由美国心理学家约翰·斯塔希·亚当斯(John Stacey Adams)于 1965 年提出。该理论是研究人的动机和知觉关系的一种激励理论，认为员工的激励程度来源于对自己和参照对象的报酬和投入的比例的主观比较感觉。依据此理论，公平是平衡稳定状态，报酬过高或过低都会使身受者感到心理上的紧张、不安，就会被激励而采取行动以消除或减少引起心理紧张不安状态的差异，由此产生成员的不公平感，产生不公平感时则会有思想包袱、满腹怨气，影响工作效率。公平激励就是根据公平的心理规律，在团队管理中采取各种措施力争做到公平，必须坚持客观、公正、民主和科学，使成员产生公平感，从而调动其工作积极性。

（五）期望激励

期望理论的依据是北美心理学家和行为学家维克托·费鲁姆提出的激励理论。费鲁姆认为，人总是渴求满足一定的需要并设法达到一定目标的。这个目标在尚未实现时，表现为一种期望，这时目标反过来对个人的动机又是一种激发的力量，而这个激发力量的大小，取决于目标价值(效价)和期望概率(期望值)的乘积。用公式表示就是：$M=V \times E$。M 表示激发力量，是指调动一个人的积极性、激发人内部潜力的强度；V 表示目标价值，是指达到目标对于满足个人需要的价值，同一目标，由于各人所处的环境不同，需求不同，其需要的目标价值也就不同；E 是期望值，是人们根据过去经验判断自己达到某种目标的可能性是大是小，即能够达到目标的概率。此公式说明，假如一个人把某种目标的价值看得很大，估计能实现的概率也很高，那么这个目标激发动机的力量越强烈。

团队领导在充分发挥组织所赋予职权并运用制度流程从事团队管理的同时，也要善于运用期望、激励和鼓舞等文化管理手段，发挥领导者个人的领袖魅力和非权力影响力。以核心价值观为基石，以团队成长、个人发展和组织目标达成为方向，善于向团队及团队个体传达积极正面期望；具备同理心和换位思考能力、深入沟通，深刻理解团队与领导者的相互期望，与团队成员形成精神和心理共鸣，各负其责、各施所长，团结共赢，持续激发团队激情和斗志去实现期望和组织目标。

(六) 榜样激励

榜样激励法，是指领导者选择在实现目标中做法先进、成绩突出的个人或集体，加以肯定和表扬，要求大家向其学习，从而激发团体成员积极性的方法。经验表明，在一个组织群体之内处于被领导地位的成员都有一种或强或弱的向上性动机。他们愿意向能人学习，向先进看齐，愿意在工作中做出出色成绩，渴望通过自己的努力，在素质、能力、贡献、声誉等诸多方面处于同行的前列，成为整个群体中的佼佼者。作为负责人应当善于发现这些成员的闪光点，并及时对其进行激励，在团队中树立榜样。这样做一方面可以使被激励者自身产生继续奋斗的热情；另一方面，团队的其他成员也会形成"向榜样看齐"的思想，从而提升整个团队的奋斗热情。

三、中小企业创业团队激励的实施

(一) 观察激励水平

负责人在实行激励管理之前，首先要分析团队激励水平的基本情况。这要求负责人具有敏锐的触觉和很好的逻辑分析能力。激励水平的现状可以从团队成员的情绪、团队成员的工作完成情况、团队成员自我学习和提升的意愿、团队士气等表现来评估。激励水平的分析可以综合运用观察法和询问法、直接法和间接法、内部和外部等方法进行。通过对激励水平的分析，负责人可以明确了解团队存在的现实问题，为采取相应措施提供依据。这一步骤是负责人实施激励措施的基础。

(二) 找准切入点

在分析激励水平的基础上，负责人要发现并抓住成员的激励切入点。每个人身上都存在一处激励的"火花"。每个人都能被激励，有些人可能比其他人更容易被激励，但是"火花"在哪儿，这就要求团队领导具有敏锐的观察分析能力了。例如，对于重视事实的成员，正面激励时就要就事论事，表扬其办事能力，指正问题时要有事实根据，重点强调团队要求的绩效是什么。负责人只有明确可以从哪方面有效激励成员，才能有的放矢，击中目标。

（三）勾画团队愿景

愿景能够指出我们要去哪里，以及到达目的地以后会是什么样子。愿景中描绘的未来图像越翔实、丰富而栩栩如生，其发挥的作用就越大。个人愿景如此，团队愿景也是如此。而对任何一个团队来说，有没有共同的愿景，或者说愿景能不能得到成员的认同，是团队领导者领导水平的分水岭。而这种领导水平差异的结果，必然是团队间差距的关键原因。当然，仅有愿景是不够的，团队还要根据实现愿景的战略步骤制定出相应的激励政策以保证团队愿景目标的实现。站得高才能看得远，团队愿景对团队来说，一方面，就像团队发展道路上的指南针，能使团队沿着正确的方向前进而不会迷茫；另一方面，它又像一块磁铁，吸引着团队成员心甘情愿地接受它的召唤。没有愿景的团队就失去了前进的方向，永远只能在原地徘徊。

（四）设计和实施激励措施

负责人在分析团队现状找到激励的切入点后，就要计划和落实激励措施。对丁不同的成员要用不同的激励方法，在不同的场合也要用不同的激励方式。因此，负责人要具体问题具体分析，综合运用各种方法来进行激励。激励的措施还要同团队的愿景目标联系起来，从而使之与实现团队愿景目标的计划和步骤相匹配。

（五）评价激励效果

进行激励工作最终要看实施的效果。负责人要了解激励措施的实施效果到底如何，可以在实施激励后一定时间内加以评价。看看成员是否积极投入到各项任务，团队士气是否高涨，团队效率有没有提高。若存在的问题还没有解决，负责人要再深入分析思考，调整激励方式和手段，持续改进以求团队的不断进步。

如果负责人想采取恰当的精神鼓励来激励成员的话，那么必须经常让成员看到自己的成果，在平常工作当中就要不断地给成员足够的关注，提供必要的支持，给他们尽可能多的及时反馈，而不是仅仅在绩效考核时或业绩不达标时再反馈。

（六）注意"度"的把握

从经济学的角度来看，任何事物的利用都必然会出现收益递减现象，最终甚至出现负收益。资本、劳动、技术等生产要素的投入如是，激励制度的运用亦是如此。一方面，过度的激励，会让人错误地理解为目标过于容易达成，进而丧失了完成工作的主动性和创造性；另一方面，对有失误的成员不分轻重地批评指责，最后可能严重打击成员的自信心，导致消极行为的出现，影响到整个团队的凝聚力。把握了这个"度"，就能使激励对象乐此不疲地努力。反之，如果激励对象的行为太容易达到被奖励和被处罚的界限，那么，这套激励方法就会使激励对象失去兴趣，达不到激励的目的。

第三节 中小企业创业团队的协同

一、中小企业创业团队的研讨管理

在创业活动中，团队研讨会议起着承上启下的关键作用，它既能总结前期阶段工作，又能为下一步的团队工作指明方向和内容。由于团队成员有各自负责的事务，并不是分分秒秒在一起工作，因此，会议就成为团队沟通情况、联络感情、统一思想、明确工作、讨论问题、制订计划、协调工作、集思广益的一种非常重要的手段。

但同时也要注意，会议要按需进行，注重效率、注重落地，避免空谈。德鲁克在《卓有成效的管理者》里说"凡是会议过多，一定是管理出了问题"，会议运营管理能体现一家公司的管理水平。

(一) 团队会议的类型

团队的会议根据情况的不同，可以有多种类型。

首先，团队可以有例行会议与非例行会议。团队可以选择时间定期举行例行会议，用来互相告知信息与工作进展。非例行会议则是不定期召开，用来解决亟待解决的重要问题。

其次，根据会议目的和特点的不同，团队会议还可以分为以下几种类型：

1. 信息告知会议

信息告知会议的召开只是为了传达信息，要求成员及时了解信息，并针对信息进行讨论以深化对信息的理解，促进贯彻与执行。为了节约时间，信息告知的会议也可在网络上通过 QQ 群、微信群的方式来进行。

2. 建设性会议

建设性会议要求团队的成员各抒己见，找到一些问题的对策与解决方案。如要求产品组给出新产品的规划，要求营销组针对市场现状给出新的营销组合方案等。

3. 任务分配会议

任务分配会议通常由团队的负责人，或者是某一分组的负责人，部署接下来一段时间的工作重点，明晰每一位成员的责任。召开任务分配会议的好处在于，通过公开的任务部署，团队成员可以了解彼此的工作，是一种透明化的团队工作方式。如果成员对任务分配有不满意之处，也可以当面提出来，这也会促进团队成员之间良好的合作关系。

(二) 保证高效会议的"九个凡是"

1. 凡是会议，必有准备

永远不开没有准备的会议，会议最大的成本是时间。所以，在会议前，必须把会议材料提前发给与会人员，与会人员要提前看材料并做好准备，不能进了会议室才开始思考。

充分的资料准备可以在很大程度上提升会议效率。

英国糖果和饮料业巨头吉百利史威士公司，只对它的高层会议做了两项小改动，就大大提高了决策的质量和速度：一是要求所有的阅读材料至少在开会的前5天分发给参会者，让参会者能尽早熟悉重要的战略议题；二是在阅读材料上附一张标准封面，标明会议目的——分享信息、讨论和辩论或行动和决策，从而让参会者给标为"行动和决策"的议题留出更多的时间。

会议的资料准备可以从以下三方面入手：

(1) 主持人整合团队前期资料与参考资料。

(2) 与会者共同准备资料。

(3) 打印必要资料，在会议前或者会议伊始进行共享。

2. 凡是会议，必有主题

开会必须要有明确的会议目的。会议准备的 PPT，必须显示会议主题。没有主题和流程的会议，就是浪费大家的时间。会议的主题，要事先通知与会人员，明确会议的输入是什么，输出是什么。

(1) 议题确定的原则：

① 必要性原则。会议是用来解决问题的，当然并不是所有的问题都需要用召开会议的方式来解决。当一件事情可以由团队的负责人或者是几个主要负责人确定时，会议的召开就会浪费其他成员的时间。有一些问题也可以用单独交谈、通知告示的方法来解决。一般来说，只有当需要成员们将广泛收集的资料进行整合或者需要进行头脑风暴和意见整理时，才有必要召开会议。

② 信息充分原则。会议的管理者必须掌握全面的信息才可能制定出明确的主题。通过整合分析前期的资料，进而寻找需要补缺补漏的地方或者瓶颈。通过总结前期的工作进度，才能找到需要改善的地方。

③ 主要性原则。会议管理者应当将问题分为主要、次要两部分，而开会时应首先讨论主要问题。

(2) 有效的主题传达：主题传达的目的是让成员们明确会议要讨论的内容，从而做好资料的准备。在传达主题的同时，可以通过向成员发送电子邮件的方式让他们做好会议的资料准备与提前思考，这样就能够进一步提高会议的效率，减少正式会议时不必要的时间浪费。

3. 凡是会议，必有纪律

非例行的会议，要最少提前三天发出邀请；对于参会迟到要记录、公告并通知主管；对于会议上违反议程的行为要提醒；对于发言带情绪和私下讨论的行为要提醒；与会者收到会议邀请要确认，如无法参加或冲突要提前通知。

4. 凡是会议，必有议程

会议要严格按照事先确定的议程进行，每一项讨论必须控制时间，不能泛泛而谈，海阔天空。

(1) 总结进度与共享资料，说明会议主题与目标：首先，会议主持人应当就前一阶段的成果进行汇报与总结，告知大家哪些地方是好的，哪些地方有待提高。如果有打印的共享资料，也应当在会议刚开始时发放给与会者。其次，主持人要重申会议目标，进一步明确会议主题。

(2) 围绕主题进行讨论：讨论阶段是一个集思广益、循序渐进的过程。在这个过程中，主持人要鼓励每一个团队成员分享经验、知识与想法，多使用激励性的话语，会让成员的心态更加积极，主持人也要适当地引导方向。讨论过程最重要的就是和谐、彼此尊重的氛围。

(3) 整合意见，做出决策，分配任务：阶段性的讨论之后，主持人需要根据大家的参与程度与反应，及时进行意见整合，找到意见的共通之处。同时考虑成员的时间与能力，进行任务的分配，约定任务完成的时间。需要注意的是，主持者在会议之后最好列出一张任务分配的清单，并且让成员共享，这样才能避免大家只关注自己的任务而没有全局观念，同时也方便团队成员间的信息互换。

5. 凡是会议，必有结果

开会的目的就是解决问题，会议如果没有达成结果，将是对大家时间的浪费，所以，每个人都要积极地参与到会议议程中来。会议组织者有权利打断那些偏离会议主题的冗长的发言，会议时间最好控制在 1.5～2 小时以内，太长的时间会超过人的疲劳限度；会议主持人要设置时间提醒，例如，提醒与会者会议还剩 30 分钟或者会议还剩 10 分钟等。会议的决议要形成记录，并当场宣读出来确认；没有确认的结论，可以另外再讨论，达成决议并确认的结论，马上进入执行环节。

6. 凡是开会，必有决议

采取民主集中模式，开放心胸，容纳意见。要开放自己的心胸去倾听别人的意见，不要被自己先有的立场所左右，不要将你的结论强加于人，如果要公布既定的政策、决定，要在事前说明不容讨论，需要与会人员讨论的一定不能是既定的决议。

7. 凡是开会，必须守时

设定时间，准时开始、准时结束。准时开始、准时结束实际上就是尊重别人的时间。开会一定要准时，并要对每个议程定个大致的时间限制，一个议题不能讨论过久，如不能得出结论可暂放一下避免影响其他议题。

8. 凡是开会，必有记录

一定要有一个准确完整的会议记录。会议如果形成决议，会议的各项决议一定要有具体执行人员及完成期限，如果决议的完成需要多方资源，一定要在决议记录中明确说明，避免会后互相推诿，影响决议的完成，这点特别重要。对于没有形成决议的会议，记录可以帮助团队成员正确认识会议的重要性，避免误认为开会没有意义，直接导致其不想主持开会或者不想参与开会。

9. 凡是散会，必有事后追踪

"散会不追踪，开会一场空"。会议的结束并不意味着问题的解决，也许有一些成员会对决策持有异议但不便在会议现场提出，也许还有成员在会后的思考中找到了更好的解决方式，这就需要主持人收集意见反馈，并对已有的模式进行新的改进。加强稽核检查，建立会议事后追踪程序，会议每项决议都要有跟踪，如有意外可及时发现适时调整，确保各项会议决议都能完成。

(三) 会议主持人的注意事项

会议的主持人具有"主持者"与"参与者"的双重身份，他既要融入集体的讨论之中，给出自己的想法与建议，在必要的时候，又需要跳出讨论，统筹全局，把握好会议的每个阶段，让会议有效地开展，得出目标结论。因此，作为会议中的核心人物，主持人应该注意以下几点：

1. 营造和谐合作的氛围

新型创业团队的组织结构往往是扁平式的，没有主要与次要之分，每一个人都是用自己的专业知识技能在为团队目标作贡献，因此，团队的和谐与合作的氛围尤为重要。如果整个会议的氛围过于严肃或者压抑，大家的意见就很难得到充分表达。如果出现了不愉快的话语，主持人应当及时缓和气氛，转移大家的注意力，让会议顺利进行。

2. 严格把控会议进程

争论是会议中难以避免的，成员们有不同的意见，说明成员在乎讨论的结果并且投入其中，但如果争论偏离主题，主持人应当委婉提醒成员注意会议的主题，首先解决好主要的问题。虽然头脑风暴是一个汇集团队智慧的好方式，但当会议时间比较紧急时，要避免节外生枝，偏题离题。会议主持人或逻辑思维比较清晰的人应该主动把会议方向带回当前的议题上。

3. 避免"一边倒"现象

创业团队人员的身份是平等的，他们有各自擅长的专业知识，因此在乎自己的意见被关注与重视的程度。一位微软员工这样评价微软的会议氛围："这里充满了平等的气氛，大家可能在行政上有管理与被管理的关系，但是在学术上却是完全平等的。每一个人都可以开诚布公地提出自己的想法，在讨论中批评别人的观点。"有些团队成员的意见很好，但可能因为不善于表达而被大家忽略，主持人应当尊重每一个人发言的权利，引导大家相互倾听，避免发表意见"一边倒"的情况发生。

4. 及时总结，提高效率

团队会议往往是为了解决几个连续性的问题。主持人在某个问题的讨论有了初步成果时，应当及时总结各个成员的意见。如果讨论过程中存在分歧的，可以说明分歧的原因是什么，对分歧如何进行解决。总结的目的就是使团队会议能够朝既定的方向进行，同时又避免忽略任何有建设性的意见，重视每一个团队成员的想法。

(四) 会议决策方法

诺贝尔奖得主赫伯特·西蒙曾对管理下过这样的定义：管理就是决策。会议中的决策方式并不是唯一的，而需要根据实际情况来决定。

1. 头脑风暴法

头脑风暴法由美国 BBDO 广告公司的奥斯本首创，该方法指工作小组人员在正常融洽和不受任何限制的气氛中以会议形式进行讨论、座谈，打破常规、积极思考、畅所欲言、充分发表看法。

在群体决策中，由于群体成员心理相互作用影响，易屈于权威或大多数人意见，形成所谓的"群体思维"。群体思维削弱了群体的批判精神和创造力，损害了决策的质量。为了保证群体决策的创造性，提高决策质量，管理上发展了一系列改善群体决策的方法，头脑风暴法是较为典型的一个。

采用头脑风暴法组织群体决策时，要集中有关成员召开专题会议，主持者以明确的方式向所有参与者阐明问题，说明会议的规则，尽力创造融洽轻松的会议气氛。主持人一般不发表意见，以免影响会议的自由气氛。由成员们"自由"提出尽可能多的方案。

2. 名义小组法

在集体决策中，如对问题的性质不完全了解或意见分歧严重，则可采用名义小组法。在这种方法下，小组成员之间互不通气，也不在一起讨论、协商，小组只是名义上的。这种名义上的小组可以有效地激发个人的创造力和想象力。

具体使用方式：管理者先选择一些对要解决的问题有研究或者有经验的人作为小组成员，并向他们提供与决策问题相关的信息。小组成员之间先不通气，请他们独立思考，要求每个人尽可能把自己的备选方案和意见写下来。然后再按次序让他们一个接一个地陈述自己的方案和意见。在此基础上，由小组成员对提出的全部备选方案进行投票，根据投票结果，赞成人数最多的备选方案即为所选方案，当然，管理者最后仍有权决定是接受还是拒绝这一方案。

3. 会议后决策法

会议中很可能出现这种情况：大家各持己见，争论不休，谁都不认可已有的解决方式。在管理学中，这种情况被认为是"默认独裁综合征"。如果会议的现场很难对某个问题下一个论断，那也不必勉强而草率地做结论，而应及时地结束会议，给成员们更多思考的时间。主持人可以在会后给每一位成员发送会议记录，说明每一种解决方式的优劣，提供多个可以实现目标的决策，让成员进行选择。

(五) 会议现场控制

在会议进行的过程中，大家都希望会议能够顺利地进行，然而团队成员的个性不同，难免会有意想不到的情况发生，这就要求会议的主持人做好会议现场的控制，消除冲突，保证会议目标顺利达成。

1. 无人回应

会议进行过程中，当会议主持人提出一些问题时，存在没有任何人回答的可能，在这种情况下，会议主持人应该怎么办呢？没有人应答的场面会对整个会议目标最终的达成产生负面影响，因为得不到反馈，会议主持人一定要想办法鼓励参会者说出自己的意见和建议。

针对"无人回应"的现象，最简单的办法就是点出参会者的名字，这样冷场的局面就很容易被打破。实际上，会议主持人点到一个人的名字时，这个人会特别集中精力、特别认真地去思考问题。而且往往在第一个参会者发言之后，其他参会者就会活跃起来，踊跃地发言。实际上，这跟人与人之间的破冰有关，会议主持人应打破沉默的坚冰，开好会议的头，不将沉默带到会议的过程中。此外，会议主持人还可以通过运用眼神来鼓励参会者发言。

2. 个别参会者不停地大发议论

与冷场相反，个别参会者有时不停地高谈阔论，也会造成尴尬的局面。会议的大部分时间被个别成员独自占去了，会议俨然成了他的个人专场，作为会议的主持人又应该怎么办呢？

(1) 直接打断，回避这个问题，进行下面的议题。实际上，这种做法是错误的。如果议题还没有讨论，只有一个人在没完没了的发言，而会议主持人就当做讨论完了，这是主持者不能控制局面的一个最典型的表现。

(2) 让成员充分发表意见，并试图参与讨论。这种做法也是错误的。如果每提出一个问题都如此进行，会议将有可能占据工作的全部时间。因为如果员工提出一个问题就进行讨论，参与者将轮流成为主持人，那么所有的时间都被讨论这些细枝末节的问题占去了。

(3) 打断，并要求大家先集中问题，再有针对性地解决。最后一个方法是"打断，并且要求大家先集中问题"，如果问题是共性的，那么有针对性的解决；如果问题不是共性的，则可以略过，与成员在会后单独地解决。解决主要问题是提高会议效率的好方法。此外，会议主持人还可以通过限制发言时间的办法制止个别人不停地大发议论。

3. 进行小范围的讨论

在会议负责人的心目中，可能会有个别重点成员。通常在这种情况下，一旦他们提出问题，负责人作为会议主持人，就愿意多跟他们进行沟通，结果可能就会使其他的员工感觉受到冷落。那么，会议主持人应该如何有效地避免这种情况的发生呢？

重复参会者提出的问题，并请其他参会者确认此问题有无共性，这是会议主持人正确的做法。既然会议主持人鼓励参会者提出问题，那么就要正视所提出的问题，向参会者确认其所提出的问题，并与其他参与者共同确认该问题的可探讨性。此外，如果会议主持人企图以更大的声音压倒小会的声音，只会适得其反，弄得自己疲惫不堪。

案例 2-3

Airbnb 的办公室

Airbnb 覆盖了全世界的各个住所，因此我们希望我们的办公室也是与众不同的。人们喜欢办公室，待在办公室的时间甚至要超过在家中，所以我们需要传达出让员工感到快乐的东西。办公室也是我们的优势。在我们一开始的办公室，当你一走进大厅，你看到的是满墙贴着的房东展示出来的照片，看着这面墙，我觉得应该用更好的方式来展示这些房子，而不仅仅是局限在这几张照片上面。有一天在我回家的时候，经过了一家家具店，展示间在夜里被灯光照的熠熠生辉。我想到如果我们在这里开会会是什么样子？第二天我们就在那个家具店开会，我们都感到挺开心。

我们在开会的时候就讨论，是不是以后我们的会议室可以仿照房东们的家来设计呢？我们给房东打去电话，征求他们的同意，他们都很震惊但却很喜欢它。我们现在有上万个不在 Airbnb 工作的人，他们会飞到我们这来参观我们的公司。我们的办公室就是招聘时的亮点。如图 2-2 所示。

图 2-2   Airbnb 会计室场景

二、中小企业创业团队的后勤保障

团队的后勤保障一般是指团队的专家支持、团队培训以及团队的财务管理等。这些事务性的工作解决了创业团队的后顾之忧，帮助团队正常高效地运作，对创业团队能够顺利达成终极目标也具有不可或缺的作用。相对于社会创业团队，大学生创业团队拥有的先天资源条件更容易出现短板，在成长初期更需要后勤保障的支持。

(一) 专家支持

在创业活动中，从创业计划书的撰写到方案的设计制作展示，每一步都会遇到很多的问题，甚至是团队内部无法解决的问题。尽管有些问题可以通过查阅资料、翻阅书籍来解决，但直接向不同的对象咨询或许是一种效率更高的方式。

1. 创业咨询专家

对于准备参加创业活动的团队来说，可以求助于创业咨询服务方面的专家。例如大学生创业团队可以向涉及创业咨询服务工作的学工处、学校团委、就业办等部门的老师寻求帮助，这些创业咨询专家与各种外部支撑力量都有很密切的接触和联系，掌握着比较充分的资源，如人才、项目、动向等，这些都是创业团队可以充分挖掘并加以利用的资源。通过创业咨询专家，创业团队可以了解最新创业政策、了解有哪些可供利用的社会支持等。

2. 商务专家

商务专家是创业团队需要充分利用的资源，他们是团队的知识宝典和智囊团。因为这些专家不仅具有相当扎实的理论基础，同时他们在与企业的交流中也会了解到目前有关创业项目的发展方向，而且他们非常了解那些相关专业评估标准，他们知道一个创业计划书需要如何撰写才会达到风险投资者的期望，所以团队应当尽量与这些专家多沟通，从而不断地优化和改进自己的创业方案。

3. 技术专家

技术专家与商务专家截然不同，他们拥有的是技术方面的资源，对于团队的项目来说，他们绝对是最有发言权的。因为这部分专家专业水平高，同时对于相关产业的技术发展相当了解，知道市场上目前技术与产品的相关情况，了解产品技术的可行性与可推广性，而且对于创业技术的先进性程度也有非常准确地把握，能够对创业企业推出的产品和服务提出很多非常专业的修改意见和建议。而且他们拥有一部分相关产业内企业的资源，如果与他们有良好的沟通和互动，不但能够改进企业产品的不足，同时还能够获得一些深入了解相关行业的机会。

4. 业内人士

业内人士的观点无疑是最切合实际、最具有参考价值的。因为他们投身于该行业当中，了解行业内的一些规则和内幕，能够对团队的创业计划提出许多好的建议。因为身处行业中，他们知道如何做行得通，如何做行不通，且其对行业内部资源的掌控也让他们能够帮助创业团队获得一定的行业支持，同时，对于创业团队的整个创业计划也会有一个很好的评估。充分地发掘和利用好这部分资源会让团队在前进的过程中少走一些弯路，让整个计划更加地贴近实际，具有更强的实操性和可行性。

(二) 团队培训

创业活动需要的各种素质和能力不一定是创业团队所拥有的，并且有些能力虽然具备但是并不足以去应付实践。所以培训就显得比较重要。团队培训是个宏观概念，一个团队的培训可以体现在各个方面，诸如新老成员的区别化培训，不同岗位的培训，整体团队文化的培训等。

对于成员培训，一般分为三个阶段，前期为上岗培训，主要帮助成员快速融入团队，接受团队文化，但这仅仅是助跑工作；中期为技能培训，根据成员的职业规划与团队规划之间的匹配度做相关技能培训；后期培训主要是考核跟踪。对于成员培训工作，培训人员要做好相关准备工作，如前期调研，讲师团队的筹备等。培训工作是一个复杂的体系，对于初创团队来说，很难做到面面俱到，可以挑重点入手。成熟的培训体系会在后期团队管理中起到事半功倍的效果。无论是集中式培训还是日常的分散培训，其中的一些要点都是需要注意的。

1. 注意早期阶段初创团队的文化

初创团队早期阶段的文化将成为多年以后团队文化的主干，因此，在早期就开始关注自己希望形成的文化类型是非常关键的，强调平等是这种团队文化需要关注的一个方面。尽管平等主义文化可以激励成员、鼓励思想的自由流动，但是当团队规模扩大、负责人不得不做出有违平等主义精神的决定时，这种主义往往就很难维持了。尤其是当第一次需要淘汰人员时，平等主义文化就可能会被打破。为了将这种文化发扬壮大，初创团队在早期就必须找到解决方案，在成员激励、成员需求、竞争性的组织结构与层级需求间进行平衡。创始人可以找到更尊重人的方式去进行沟通，即一方面可以保留平等的精神，同时也维护其在组织层级中的最高地位。

2. 保持专业

解决初创团队的冲突要比其他类型的团队更困难些，因为那些成员之间往往都是朋友，冲突会更为私人化、更加激烈。相应的，希望在沟通协调方面摆脱"私人情感"，仅仅维持工作上的沟通联系同样非常困难。因此，初创团队应划出专门的时间和地点以专业的心态去讨论工作问题,"自觉地将个人感情撇开"。

3. 保持谦虚

保持谦逊的管理风格并与他人分享成功荣誉的创始人,能够有效整合他人的力量来实现创业目标。懂得倾听意味着重视和尊重他人意见,如果创始人只是盲目地追求自己的愿景,不接受其他人的反馈意见,有可能会导致团队陷入灾难。

4. 创造接触机会

重视团队贡献的领导往往很容易跟下属打成一片,比方说,有一位 CEO 就在团队搞了一个自助冰激凌机,这样管理层跟成员就可以有更多的机会互动。

5. 避免技能重叠

创业者往往是跟兴趣、爱好、技能以及性格相投的朋友或同学一起组建团队,但是如果忽略团队的互补需求将是初创团队犯下的最大错误,尤其是在早期阶段。只有当团队拥有互补性的技能组合时初创团队的出色表现才可以维系,反之必将带来损害。比方说如果人人都是财务专家,那谁来运营团队呢?

6. 指示要清晰

理想情况下每一位团队成员都为团队的成功带来了独特贡献,但是管理者也需要给团队提供指导。为了避免不必要的疑惑或者竞争,领导者应该明确说明谁该负责哪一项任务。

7. 寻求外部帮助

拥有专家团队的创始人,有助于确保尊重成员文化的形成。像苹果、谷歌(Google)等团队尽管创始人具有独裁的倾向,但依然能够取得成功的原因正在于此。那些创始人拥有了能力强并且在性格上互补的管理团队后,有助于其进行更加高效的领导。

三、中小企业创业团队的冲突协调

创业团队组建期间成员大多行为谨慎。当团队经过组建阶段,进入磨合期时,每个成员对团队及其他成员的期望和期待开始各有不同,相互之间开始出现分歧与冲突,甚至会出现抵制与不服。

冲突有两种不同的性质,凡能推动和改进工作或有利于团队成员进取的冲突,可称为建设性冲突;相反,凡阻碍工作进展、不利于团队内部团结的冲突,称为破坏性冲突。其中建设性冲突对团队建设和提高团队工作效率有积极的作用,它能够增加团队成员的才干和能力,并对组织的问题提供诊断资讯,而且通过解决冲突,人们还可以有效地学习和掌握解决和避免冲突的方法。一个团队如果冲突太少,就会使团队成员之间冷漠、互不关心,缺乏创意,从而使团队墨守成规,停滞不前,对革新没有反应,工作效率降低。如果团队有适量的建设性冲突,则会提高团队成员的兴奋度,激发团队成员的工作热情,提高团队凝聚力和竞争力。当然,对于破坏性冲突,团队如果没有处理好则会陷入僵局,从而导致效率降低,士气受打击,形成不好的结果。

(一) 团队冲突的情境

团队冲突主要表现为以下几种情形:

1. 新人出现

在项目不同阶段，可能会由于新情况的要求，团队需要寻找新的成员加入，补充新鲜的血液。由于新成员对团队的工作内容、工作模式和其他成员都不熟悉，往往容易与团队发生冲突。

2. 成员退出

由于各种原因，有些成员有可能会离开，例如某些成员因个人计划与工作冲突而离开，甚至有更让人尴尬的情况，例如某些成员因能力不足或者个性与其他成员不合等而退出。

3. 责任模糊

由于项目发展阶段的不同和成员个人情况的差异，团队负责人需要明确界定核心成员和非核心成员。团队负责人不应该回避这个问题，或者是害怕发生冲突就划分不清成员在团队中的不同地位。责任模糊会使组织由于职责不明造成职责出现缺位，出现谁也不负责的管理"真空"，造成团队成员之间的互相推诿甚至敌视，发生"有好处抢，没好处躲"的情况。

4. 意见分歧

团队里的每个人不可能意见都是相同的，大到创业方向的确定，小到创业计划书的版面风格，都有可能发生意见上的分歧。而优秀的团队在面对这样的冲突时往往很快就可以解决，主要在于其管理机制。如何有效地做到民主与集中的平衡，这是每个负责人需要摸索的技巧。

此外，还有沟通问题、利益问题等。

(二) 团队冲突的处理

对冲突性质的认定，是我们确定对其态度和策略的前提。只有判定准确，真正把握冲突的性质，才能端正态度，采取行之有效的措施和政策，对破坏性的冲突有效的抑制、消除和排解；对建设性的冲突要展开和有效利用，从而达到调适冲突、实现既定目标的目的。

1. 共同愿景的建立

团队成员的价值观存在差异，导致他们可能具有不同的信仰、理解度和择优规则。因此，不同的价值观和观点可以导致对正确批评的误解，并引起不适当的反应。在这种情况下，通过培训、座谈、讨论等形式，增强团队成员对目标和价值的共有理解，可以起到减少情感性冲突的作用。

(1) 合作比竞争多。对于一个创业团队而言，内部竞争往往要比团队之间的竞争小得多，一个团队建立之初已经产生了共同的奋斗目标，但是在共同工作的过程中要有进步与突破，就必然会有矛盾冲突。有时不同的意见不仅不会妨碍团队工作的进程，而且有可能引发新的思路和创造力。进入冲突情景时，成员们必须相信他人的意见是有益的，并且愿意倾听。

(2) 每一个成员都可以信任。一个优秀的团队，每一个团队成员都应该相信对方，相信团队。负责人应该相信自己的成员，不隐瞒或是扭曲相关信息，也不害怕表达那些可能会使自己遭受攻击的事实、主张、结论和感想。负责人在与成员平时的沟通交流中，更应该注意成员之间的关系，注重培养成员的凝聚力，自由分享信息，努力建立高水平的互信。

(3) 可以找到彼此都接受的方案。团队每个成员都应该相信彼此接受的理想的解决方案是存在的、可以被找到的，并且愿意一起去寻找，一起为这个理想去努力。否则冲突可能会旷日持久、令人沮丧，发展成为一场永不停息的战争。

2. 解决冲突的措施

有了共同的信念，我们就应该对冲突的解决采取措施，控制局面，将可能的损失减到最小。

(1) 确立目标导向机制。团队成员应共同参与愿景和目标任务的设计与确认。调查显示，高效的管理团队总是能把工作重点放在与核心问题有关的难题和事情上，团队如果缺乏共同目标就容易把注意力放在竞争上，从而做出负面的决定。如果团队成员有了共同的目标，就会用更广阔的视野去讨论企业目标以及怎样取得更高的绩效，即使彼此在相关议题上有异议，本质也都是具有建设性的。

(2) 营造沟通氛围。如果在决策过程中仅仅是少数人发挥作用，那么创业团队的价值也将不复存在。所以，一定要培养一种既能提高效率又能促进全部成员积极参与、公开交流、团队协作的氛围。公开的交流可以使团队成员真诚参与决策，加强团队成员的共识。尽管这种公开、坦诚的交流可能会导致一些争论甚至冲突，但如果团队成员能够认识到冲突是以决策目标为导向的，是为了提高绩效，他们就能积极对待冲突，从而提高团队成员对决策的满意度。

(3) 鼓励成员开诚布公。若冲突双方不能坦白地说出自己的主观感受，例如失望、受委屈等感觉，解决冲突就没有希望。只有袒露感情，才能缓解积蓄已久的压力，使冲突恢复到具体的需求和利益上去。解决冲突时仅仅说出感觉还不够，双方都必须让对方明白，引起自己失意、失望和愤怒的具体情境或事情以及具体原因。只有做到这一点，双方才能明白自己在冲突中的角色，并且学会去承认这个事实，这也是冲突双方不再将对方视为冲突的唯一"责任者"的基本前提。

(4) 开展直接的交流。一般来说，团队中发生的冲突，必须由与冲突直接有关的双方亲自去解决。自行解决是指团队成员之间积极主动采取合作的方式来解决冲突，它是通过解决问题的方法而不是权利斗争的方法来解决冲突。然而，在发生冲突的初期双方不大可能进行直接沟通，这时，将双方拉到同一张谈判桌上成为第一要点。同时，要创建协调机会，在冲突双方进行沟通的时候有可能再度彼此误解，引发新的争吵。所以在解决冲突的第一个阶段有必要由一个中立的第三方密切监控冲突双方的双向行为。而第三方主要由团队权威领导或管理团队的核心成员组成，可以帮助解决成员之间的冲突。

(5) 共同商议双赢的解决办法。在取得双方可承受的初步解决办法并清除障碍以后，还应共同制定一个长远的解决办法，其关键是不允许出现"输方"。双方在这时最好的举措是，跳出自己的阴影去协商解决办法，照顾双方的利益。然而，即便在双方都抱有良好愿望的情形下仍然会出现沟通不畅，出现新的冲突危机，因此只有严格地遵守制定好的游戏规则才有助于避免新危机的产生，建立起新的合作双赢关系，直到这时，冲突才算真正地消除了。

本章回顾

成功的团队才能造就成功的个人。在创业的舞台上，一个人的力量是有限的，只有通过团队，使不同性格、不同特长的精英聚集在一处，资源共享、能力互补，汇聚集体的力量、团队的智慧，才能在创业过程中达成最初的目标，最终实现宏大目标。对比优秀的创业队伍，可以发现他们都有一个共性：十分注重团队的培养和建设。而其中的领导者、负责人，更是对团队的成功运行起到了关键的引导作用。本章关注团队中的重要角色——负责人，介绍了团队成员的基本素质要求和不同的管理风格带来的不同的效果。同时阐述了如何组建一支具有竞争力的创业团队，从建设原则和后备机制两方面保证团队的有效运行，并且从激励管理、冲突协调和研讨管理、后勤保障等几方面详细分析如何才能打造一支成功的团队，为创业团队提供了行之有效的建议。

讨论与思考

1. 团队与群体的区别？
2. 创业团队成员确定角色的重要性如何体现？
3. 团队计划的特性包括哪些？
4. 如何阐明计划制订的要素？
5. 团队激励的基本原则主要包括哪些？
6. 情感激励如何在实战中实施？
7. 团队会议中如何防止偏离主题？
8. 新成员如何尽快融入团队？

案例分析

小米创始人团队

小米公司由雷军创办，共计七名创始人，分别为创始人、董事长兼负责人雷军，联合创始人及总裁林斌，联合创始人及副总裁黎万强、周光平、黄江吉、刘德、洪锋。

雷军，金山软件有限公司非执行董事、董事会主席、薪酬委员会成员及联合创办人，同时担任小米集团执行董事、创始人、董事长及首席执行官。雷军于 1992 年加入金山软件。1998 年，出任金山软件首席执行官。2007 年，金山软件上市后，雷军卸任金山软件总裁兼首席执行官职务，担任副董事长。过去几年，雷军作为天使投资人，投资了凡客诚品、多玩、优视科技等多家创新型企业。2010 年 7 月 14 日，重返金山执掌网游与毒霸。2011 年 7 月 11 日，正式担任金山软件董事长一职。雷军之前表示，他四十岁前已经干了不少事：卓越卖了、金山上市了、天使投资也不错，但仍感到迷茫，因为 18 岁的理想一直没有实现，觉得心里不踏实。于是，在 2010 年 4 月 6 日，他选择重新创业，建立了小米公司。

林斌，小米人不叫他林总，而是亲切地称呼他英文名 Bin，林斌是小米科技的联合创始人，担任小米科技总裁的职务。1990 年毕业于中山大学，获电子工程学士学位。1992 在美国 Drexel 大学获得计算机科学硕士学位。1995 年至 2006 年历任微软亚洲工程院工程总监，微软亚洲研究院高级开发经理，微软公司开发主管等职务。先后参与了包括 Windows

Vista，IE7 等产品的研发工作。同时，他也带领团队为许多微软产品提供了包括语音合成与识别、视频、音频、图像处理与人脸识别等一系列研究技术。2006 年年底加入谷歌，任谷歌中国工程研究院副院长，工程总监、谷歌全球技术总监，全权负责谷歌在中国的移动搜索与服务的团队组建与工程研发工作。在谷歌期间，林斌先生带领团队发布了包括本地搜索、相关搜索、手机资讯、天气与股票信息、图片搜索、谷歌地图等一系列针对中国用户的移动产品。同时林斌还组建了谷歌工程研究院娱乐多媒体和桌面软件研发团队，参与了 YouTube 的本地化工作，并带领团队发布了包括视频搜索、谷歌拼音输入法、Toolbar、Linux Desktop 等一系列产品。林斌被称作李开复时期的四大副院长之首，主管最有潜力的移动和音乐两大业务。在谷歌中国工程研究院任职期间，林斌主要负责移动互联网领域的研究，曾负责开发过谷歌音乐搜索项目。林斌于 2010 年 11 月 16 日正式离开谷歌，公开小米科技总裁身份。

黎万强，小米科技联合创始人、副总裁。黎万强曾任金山词霸总经理，2000 年 7 月，西安科技工程学院工业设计专业毕业，进入国内知名软件公司金山软件的人机界面设计部。在 2000 年至 2003 年，参与了金山毒霸、金山词霸、WPS Office 等多个知名软件项目的不同版本的开发，主要完成其交互及界面设计的创作工作。历任金山人机界面设计部首席设计师、金山软件设计中心设计总监、互联网内容总监，还曾多次受邀到各地高校进行软件设计的讲课交流，是国内最早从事人机界面设计的专业人员之一。黎万强是小米科技创始人之一，也是 MIUI 手机操作系统项目的总裁，是 MIUI 负责人，目前主要负责 MIUI 的整体研发、设计、运营，MIUI 旗下的 http://MIUI.com 也是其运作项目之一，小米科技及 MIUI 初期尚无太多人手时，黎万强还曾创下 43 小时不睡觉，亲自设计主要交互及界面的记录。

周光平，1963 年 9 月生，1999 年获中国科学院声学研究所博士，乔治亚理工博士，小米科技联合创始人、副总裁，负责硬件团队及 BSP。周光平博士曾是摩托罗拉最畅销机型"明"的硬件研发负责人。1995 年加入摩托罗拉做手机，为全球技术委员会的专家，1999 年回国协助创办摩托罗拉中国的研发中心。曾任摩托罗拉北京研发中心高级总监、摩托罗拉个人通信事业部研发中心总工程师及硬件部总监，摩托罗拉中国研究院通信专利委员会副主席，摩托罗拉亚太区手机质量副主席。周光平曾获 2006 年北京科学技术委员会举办的第十届北京"金桥奖"个人二等奖，发明专利有几十项。

黄江吉，小米科技联合创始人、副总裁，在小米大家都称呼他昵称"KK"。KK 毕业于全美大学排名第 6 位的普渡大学(Purdue University)，1997 年至 2010 年就职于微软公司。先后负责微软商务服务器高性能数据分析系统、自动物流分布系统、微软中国 Windows Mobile、Windows Phone 7 多媒体、浏览器、即时通信等项目研发。原微软中国工程院开发总监，2010 年加入创业公司小米科技，担任公司副总裁。

刘德，小米科技的七位联合创始人、副总裁之一，目前负责小米手机项目的硬件工业设计业务。刘德毕业于艺术中心学院(Art Center College of Design，ACCD)，创办了北京科技大学工业设计系，并担任该系系主任。据雷军表示，ACCD 建校 80 多年来，只有 20 多位中国毕业生，刘德是其中之一。目前小米公司的工业设计部门有三位设计师来自 ACCD。建立于 1930 年的 Art Center College of Design 是美国的一所工业设计学院，坐落在加州洛杉矶地区的帕萨迪纳市。ACCD 是一所依托现代设计为基础，并且与艺术设计行业紧密相关的艺术学院，在全球的工业设计本科、研究生层次均排名第一，是世界最好的设计学院，也是所有设计师心中的终极梦想学府。

洪峰，小米科技联合创始人、副总裁，小米机器人之父。洪峰毕业于上海交通大学，取得计算机科学与工程学士学位，后取得美国普渡大学计算机科学硕士。2001—2005年，洪峰在甲骨文公司Siebel项目工作四年，是负责服务器性能和大型专业系统的可扩展性的Web应用程序的首席工程师。2005年进入谷歌美国，任高级软件工程师，是谷歌日历、谷歌地图3D街景项目的主要负责人，2006—2010年，回国后任谷歌中国垂直搜索产品经理、音乐搜索产品经理、谷歌中国高级产品经理，带领谷歌中国团队推出的音乐服务结合中国特色开创了中国商业模式。洪峰在谷歌中国领导的项目还有谷歌中文输入法和谷歌视频。

案例讨论题：

1. 从小米创始人团队的组成来分析小米公司成功的基本原因。

2. "小米刚起步时，雷军至少80%的时间都在找人，甚至为说服一个硬件工程师加盟，雷军和他的团队轮番上阵，整整12个小时，终于打动这位工程师，才得以组成一支超强战队。"如何评价小米公司对人力资源的管理？

参考文献

[1] 张振刚. "挑战杯"中国大学生创业计划竞赛指南[M]. 广州：华南理工大学出版社，2012.

[2] 田里. 大学生创业团队的构成要素分析[J]. 产业与科技论坛，2014，13(24)：241-242.

[3] 高效会议的"十个凡是"[EB/OL]. https://www.jianshu.com/p/3ec9b4a121ec.

[4] 王飞. 加强大学生创业团队科学管理的路径研究[J]. 现代教育科学，2013(6)：52-56.

[5] 孙卫，张颖超，尚福菊，等. 创业团队冲突管理、团队自省性与创业绩效的关系[J]. 科学学与科学技术管理，2014，35(6)：137-143.

[6] 任泽奇，廖晓磊. 基于心理契约理论的大学生创业团队管理创新探讨[J]. 科技创业月刊，2010，23(9)：39-40.

[7] 姜彦福，张帏. 创业管理学[M]. 北京：清华大学出版社，2005.

[8] https://www.jianshu.com/p/3c8000aee43d 设定团队目标.

[9] http://www.iheima.com/article-155128.html 致创业者们：十招教你应如何激励团队.

[10] https://www.jianshu.com/p/35ddb1839f37 浅谈期望管理对员工的激励作用.

[11] https://baike.baidu.com/item/%E6%A6%9C%E6%A0%B7%E6%BF%80%E5%8A%B1%E6%B3%95/ 12744465? fr=aladdin 榜样激励法.

[12] http://www.52huixiao.cn/hxwx/hyyx/14252.html 会销主持人技巧：会议现场的控制.

[13] http://www.5ucom.com/a-1782.html 初创企业的培训该如何着手.

第 三 章

中小企业创业机会管理

- 了解中小企业创业机会的含义
- 理解中小企业创业机会的来源
- 掌握中小企业创业机会的特征和发掘方式
- 了解中小企业创业机会识别的影响因素
- 掌握中小企业创业机会识别的过程和方法
- 了解中小企业创业机会评价的标准
- 理解中小企业创业机会评价的方法
- 掌握中小企业创业机会评价底线

知识结构图

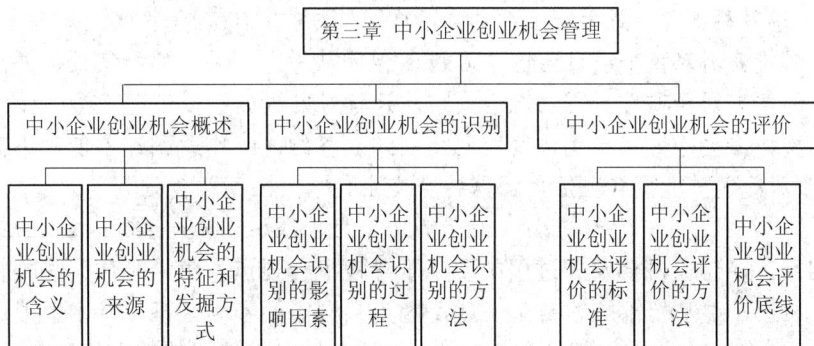

灵感来自女朋友抱怨没人送饭

扫一扫微信二维码，即可享受周边商店、酒店的大幅折扣，还可送货上门。这半年来，一个名为"吃喝茶山刘"的微信公众账号在武汉大学生中风靡起来。

该团队负责人，中南财经政法大学大四的邓超表示，项目团队主创人员 15 人，来自不同专业。最初萌生创业的念头是去年 10 月，主创成员都顺利拿到名企"Offer"后空余时间比较多，就想着利用大学的最后时光做一次创业实践。做什么呢?几个人想起去年找工作时，都有被女友抱怨无人送饭的经历。为安抚女友并免除当"外卖小哥"的痛苦，几个主创人便开始研发外卖系统并跟商家合作。

邓超介绍，"吃喝茶山刘"去年 11 月中旬正式上线，上线 3 天就有 6000 多名用户使用，目前已有 1.5 万余用户关注。业务范围主要是在折扣和外卖两个方面，已与周边的 100 多家饭店和商铺达成了优惠协议。

创业初期，邓超和几名主创为让更多商铺进驻"吃喝茶山刘"，曾在 3 天内跑遍了学校周边几百家商铺，最终有近百家商铺与他们达成合作协议。

一个泰国零食公司在中国一直找不到合适的经销商来开展在中国的业务，很偶然得知了"吃喝茶山刘"，便立即与邓超等人联系并达成协议，5 分钟内就卖出了上百包零食。最近女生节，团队打出了"啤酒配炸鸡"的套餐服务，不到 10 分钟便销售一空。

为了进一步拓展市场，去年年底便与中南民族大学的学生团队合作开展了在民大的项目，其他学校也在接洽中。

邓超告诉记者，前期他们先免费拉入合作商家，并同时免费向学生开放。通过产品上线前和上线后的营销，让公众号先积累关注度，之后他们就可以根据粉丝数向想入驻的商家收取入驻费用，还可以通过向用户推送某个商家新上线活动等信息来收取广告费用……

目前，"吃喝茶山刘"每天营业额约 4000 元，每月有 10 万元收入，知名度越来越大。年初，一个风投公司对整个项目估价 250 万，但团队考虑到项目的持续性，并想将项目做成一个持久的学生创业项目，所以婉拒收购，只与对方达成了投资近 10 万元的协议。

"不想卖，主要想锻炼自己，我们几个创始人签约的工作薪酬都不低，不需要通过此平台赚钱。"邓超说，他们毕业后，团队将会交由大二大三同学负责。

(资料来源：微信营销 10 个案例　https://www.u88.com/article/2160566.html)

案例启示：在创业机会发掘过程中要善于寻找机会要点，集中盯住某些顾客的需求就会有机会。机会不能从全部顾客身上去找，因为共同需要容易认识，基本上很难再找到突破口。而实际上每个人的需求都是有差异的，如果我们时常关注某些人的日常生活和工作，就会从中发现某些机会。因此，在寻找机会时，应习惯把顾客分类，如政府职员、菜农、大学讲师、杂志编辑、小学生、单身女性、退休职工等，认真研究各类人员的需求特点，则机会自见。

第一节　中小企业创业机会概述

个人投资创业要善于抓住好机会，把握住每个稍纵即逝的投资创业机会，就等于成功了一半。在很多创业故事中，机会的出现和识别似乎是瞬间完成的，这是一种错觉和误导。机会是创新的核心要素，创业离不开机会，但并不是所有的想法和创意都能适合创业而成为创业机会，不同的创业机会价值也各不相同，开发效果差异巨大。创业的实质是具有创业精神的创业者对具有价值的创业机会的认知和实践过程。

一、中小企业创业机会的含义

任何重要的行动最初都来自某种想法，创业活动也不例外，虽然创业机会和创意经常混合在一起使用，但创业机会与创意还是有所不同的。

(一) 创意

创意(Create New Meanings)是创造意识或创新意识的简称，亦作"刱意"。它是指对现实存在事物的理解以及认知，所衍生出的一种新的抽象思维和行为潜能。汉王充《论衡·超奇》："孔子得史记以作《春秋》，及其立义创意，褒贬赏诛，不复因史记者，眇思自出於胸中也。"宋程大昌《演繁露·纳粟拜爵》："秦始皇四年，令民纳粟千石，拜爵一级，按此即鼂错之所祖效，非错刱意也。"王国维《人间词话》："美成深远之致不及欧秦，唯言情体物，穷极工巧，故不失为第一流之作者。但恨创调之才多，创意之才少耳。"郭沫若《鼎》："文学家在自己的作品的创意和风格上，应该充分地表现出自己的个性。"

创意是一种通过创新思维意识，进一步挖掘和激活资源组合方式进而提升资源价值的方法。创意是具有创业指向，同时具有创新性的想法，机会源自创意，在创意没有产生之前，机会的存在与否意义并不大。有价值潜力的创意一般会具有以下基本特征：一是新颖独特性，创意的新颖性表现为新的技术和新的解决方案，表现为差异化的解决办法、更好的措施等。同时新颖性将为创业企业带来一定程度的领先性，加大竞争企业模仿的难度。二是客观真实性，创意必须是可以操作的，不能是幻想，要有一定的现实意义，创意绝对不会是幻想，而要有现实意义和实用价值，简单的判断标准就是创意能够有媒介(产品或服务)可以实现，而且市场上存在对产品或服务的真实需求，或可以找到让潜在消费者接受产品或服务的方法。三是价值性，好的创意要能给消费者和创业者都带来价值，当然，创意的价值要靠市场检验，一般创意需要进行市场测试来预估价值。

创意的产生有很多方法，其中头脑风暴法(Brainstorming)是最为人所熟悉的创意思维策略。该方法强调集体思考，着重互相激发，鼓励参加者于指定时间内，构想出大量的意念，并从中引发新颖的构思。头脑风暴法又可分为直接头脑风暴法(通常简称为头脑风暴法)和质疑头脑风暴法(也称反头脑风暴法)。前者是在专家群体决策中尽可能激发创造性，产生尽可能多的设想的方法；后者则是对前者提出的设想、方案逐一质疑，分析其现实可行性的方法。采用头脑风暴法应尽力创造融洽轻松的会议气氛，由专家们"自由"的提出尽可能多的方案。

此后的改良式脑力激荡法，是指运用脑力激荡法的精神或原则在团体中激发参加者的创意。脑力激荡法虽然主要以团体方式进行，但在个人思考问题和探索解决方法时，亦可运用此法激发思考。

创意的方法还有一种是旧元素的重新排列组合形成新元素。把已知的、原有的元素打乱并重新地进行各种形式的排列组合形成一个未知的、没有的新元素。这一理论是国际著名的广告大师詹姆斯·韦伯·杨在其著作《创意》一书中提出的。

产生创意后，创业者会把创意发展为可以在市场上进行检验的商业概念。商业概念(Business Concept)既体现了顾客正在经历的也是创业者试图解决的种种问题，又体现了解决问题所带来的顾客利益和获取利益所采取的手段。

产生创意并发展成清晰的商业概念，意味着创业者正在寻找解决问题的手段，是启动商业活动需要具备的必要前提。至于由创意而来的商业概念是否值得投入资源进行开发，是否最后能成为有价值的创业机会，还需要继续接受市场的论证。

(二) 创业机会的含义

创业因机会而存在。机会是具有时效性的有利情况，是未明确的市场需求，是未被充分使用的资源或能力。创业机会是可以为购买者或使用者创造或增加价值的产品或服务，它具有吸引力、持久性和适时性。创业机会是一种新的"目的-手段(Means-End)"关系，它能为经济活动引入新产品、新服务、新原材料、新市场或新组织方式，并最终使创业者获益。

创业机会可以依据"目的-手段"关系中的目的分为问题型、趋势型和组合型三种类别。

问题型创业机会是指由现实中存在的未被解决的问题所产生的一类机会，此类机会在实践中大量存在；趋势型创业机会是指在变化中看到未来的发展方向，预测到将来的潜力和价值，这种机会一般在时代变迁、环境动荡的时期容易产生，属于变革性的机会；组合型创业机会是指将现有的两种及以上的技术、产品、服务等因素组合起来，实现新的用途和价值而获得的创业机会，这种机会是对已经存在的多种因素进行重新组合，产生与过去不同的功能和效果，形成新的价值。

创业机会可以依据"目的-手段"关系的明确程度分为识别型、发现型和创造型三种类别。

识别型创业机会是指市场中的"目的-手段"关系十分明显，创业者可以通过"目的-手段"关系的链接来辨识机会，常见的"问题型机会"就是这样一类型；发现型创业机会是指当目的和手段任意一方的状况未知，等待创业者去发掘机会，常见的新技术出现但尚未形成明确的产品时的创业机会就是这一类型；创造型创业机会是指目的和手段都不明确，创业者具备预见性，创造出有价值的创业机会，这一类型的创业机会一旦成功会带来巨大的商业利润，但风险度也很高。

创业机会可以依据"目的-手段"关系中的运用手段分为复制型、改进型和突破型三种类别。这三种类型主要的区别在于创业机会中的创新点相对于现有的产品、服务、技术、商业模式等创业要素来说的创新程度不同，分别对应模仿性的创新、渐进性的创新或突破性的创新。

二、中小企业创业机会的来源

中小企业创业机会的来源主要包括新需求的出现、产业环境的变化、技术的变革、市场的空间等。

(一) 来源于新需求的出现

潜在的创业机会来自于新科技应用和人们需求的多样化等。成功的创业者能敏锐地感知社会大众需求的变化，并能够从中捕捉到市场机会。

需求的多样化源自于人的本性，人类的欲望是很难得到满足的。在细分市场里，可以发掘尚未满足的潜在的市场机会。一方面，根据消费潮流的变化，捕捉可能出现的市场机会；另一方面，根据消费者的心理，通过产品和服务的创新，发现需求并满足需求，从而创造一个全新的市场。

市场需求是不断变化的，创业的根本目的是满足顾客需求，不同阶段的社会和人口因素变化都会产生与之相应的不同的市场需求，而顾客需求没有被满足就形成了市场空白。寻找创业机会的一个重要途径是善于去发现和体会周围人群在需求方面难以满足的地方，倾听或留心人们对生活问题、难处的抱怨，倾听人们对需求的新的想法和要求，这些新需求的出现就产生了创业机会。比如，上海有一位大学毕业生发现远在郊区的本校师生往返市区交通十分不便，便创办了一家客运公司，这就是一个把问题转化为创业机会的成功案例。

(二) 来源于产业环境的变化

创业的机会大都产生于不断变化的环境，环境变化了，市场需求、市场结构必然发生变化。著名管理大师彼得·德鲁克将创业者定义为那些能"寻找变化，并积极反应，把它当作机会充分利用起来的人"。这种变化主要来自于产业结构的变动、消费结构升级、城市化加速、人口思想观念的变化、政府政策的变化、人口结构的变化、居民收入水平提高、全球化趋势等诸多方面。

因产业环境变化而衍生的创业机会来自于经济活动的多样化和产业结构的调整等方面。

1. 经济活动的多样化为创业拓展了新途径

一方面，第三产业的发展为中小企业提供了非常多的成长点。现代社会人们对信息情报、咨询、文化教育、金融、服务、修理、运输、娱乐等行业提出了更多更高的需求，从而使社会经济活动中的第三产业日益发展。由于第三产业一般不需要大规模的设备投资，它的发展为中小企业的经营和发展提供了广阔的空间。另一方面，社会需求的易变性、高级化、多样化和个性化，使产品向优质化、多品种、小批量、更新快等方面发展，也有力地刺激了中小企业的发展。

2. 产业结构的调整与国企改革为创业提供了新契机

要深化国有企业改革，进一步探索公有制特别是国有制的多种有效实现形式，大力推进企业的体制、技术和管理创新。除极少数必须有国家独资经营的企业外，大部分企业积极推进股份制，发展混合所有制经济。因此，随着国企改革的推进，民营中小企业除了涉足制造业、商贸餐饮服务业、房地产等传统业务领域外，中介服务、生物医药、大型制造、新兴产业等蕴含着更多创业机会。

此外，通过研究发现，创业者生成新企业的能力在不同的产业环境中有较大差异，形成这种差异的原因通常可能包括产业生命周期、知识条件、产业结构和产业的动态性。

对创业者而言，首先，新创企业在产业的成长期比处于成熟期时发展更有利；其次，研发投入初始规模小的产业对中小企业创业比较有利；最后，技术变革速度较快的产业更加容易创造出更多的创业机会，催生大量的新创企业。比如居民收入水平提高，私人轿车的拥有量将不断增加，这就会派生出汽车销售、修理、配件、清洁、装潢、二手车交易、陪驾等诸多创业机会。

(三) 来源于技术的变革

新科技应用可能会改变人们的工作和生活方式，出现新的市场机会。通信技术的发展，使人们在家里办公成为可能；互联网的出现，改变了人们工作、生活、交友的方式；网络游戏的出现，使成千上万的人痴迷其中，乐此不疲；网上购物、网络教育的快速发展，使信息的获取和共享日益重要。

技术的变革提供了新产品、新服务，更好地满足顾客需求，同时也带来了创业机会。比如随着电脑的诞生，电脑维修、软件开发、电脑操作的培训、图文制作、信息服务、网上开店等等创业机会随之而来，即使创业者不发明新的东西，也能成为销售和推广新产品的人，从而带来商机。

技术的变革带来的创业机会，主要源自于新的科技突破和社会经济的科技进步。一般来说，技术上的任何变化，或多种技术的组合，都可能给创业者或创业团队带来某种创业机会。技术变革的具体表现包括新技术替代旧技术、实现新功能、创造发明新产品或服务、新技术使用过程中产生的新的解决问题类技术。

(四) 来源于市场的空间

对创业者来说，在现有的市场中发现创业机会，是很自然和较经济的选择。一方面，它与我们的生活息息相关，能真实地感觉到市场机会的存在；另一方面，由于总有尚未全部满足的需求，在现有市场中创业，能减少机会的搜寻成本，降低创业风险，有利于成功创业。创业者可争夺的创业机会主要存在于不完全竞争下的市场空隙、规模经济下的市场空间、企业集群下的市场空缺等方面。

1. 不完全竞争下的市场空隙

不完全竞争理论或不完全市场理论认为，企业之间或者产业内部的不完全竞争状态，导致市场存在各种现实需求，大企业不可能完全满足市场需求，必然使中小企业具有市场生存空间。中小企业与大企业互补，满足市场上不同的需求。大中小企业在竞争中生存，市场对产品差异化的需求是大中小企业并存的理由，细分市场以及系列化生产使得小企业的存在更有价值。

2. 规模经济下的市场空间

规模经济理论认为，无论任何行业都存在企业的最佳规模或者最适度规模的问题，超越这个规模，必然导致效率低下和管理成本提升。产业不同，企业所需要的最经济、最优成本的规模也不同，企业从事的不同行业决定了企业的最佳规模，大小企业最终要适应这一规律，发展适合自身规模的产业。

3. 企业集群下的市场空缺

企业集群主要指地方企业集群，是一组在地理上靠近的相互联系的公司和关联的机构，它们同处在一个特定的产业领域，由于具有共性和互补性而联系在一起。集群内中小企业彼此间发展高效的竞争与合作关系，形成高度灵活专业化的生产协作网络，具有极强的内生发展动力，依靠不竭的创新能力保持地方产业的竞争优势。

三、中小企业创业机会的特征和发掘方式

(一) 中小企业创业机会的特征

1. 客观性和偶然性

创业机会是客观的，无论创业者是否能够捕捉到，它都存在于一定的市场环境中。然而，对于中小企业创业者来说，创业机会并不是每时每刻都显露在外的，机会的发掘具有一定的偶然性，创业者只有时刻保持敏感力和洞察力，才能从瞬息万变的市场环境中预测和寻找到创业机会。

2. 时效性和不确定性

创业机会具备很强的时效性，机会稍纵即逝，难以回返。创业者必须及时捕捉，否则迟到的机会毫无用处。此外，机会总是与风险同在，创业机会随环境变化而变化，亦会随着环境的变化发生性质上变化，有可能从机会变成危机，因此创业机会的商业结果很难预料，充满了不确定性。

3. 均等性和差异性

创业机会对所有创业者来说都是均等的，但是由于每个创业者拥有的资源不同，在创业机会识别、判定、利用过程中，创业者之间会产生极大的差异。"我之砒霜，彼之蜜糖"，甚至对有些创业者能带来丰厚回报的创业机会，对另一些创业者而言却是灾难性的。

此外，有的创业者认为自己有很好的想法和点子，对创业充满信心。有想法、有点子固然重要，但是并不是每个大胆的想法和新异的点子都能转化为创业机会的。许多创业者就是因为仅仅凭想法去创业而导致失败。

创业机会对创业者来说至关重要，好的创业机会必然能够对顾客产生吸引力，必然能够适应外部环境，必然能够快速商业化，能够符合创业者拥有的资源条件。

创业者对创业机会必须进行认真识别和判定，才有可能获得丰厚的投资回报。

阅读材料

好的商业机会的四大特征

如何判断一个好的商业机会呢？《21世纪创业》的作者杰弗里·蒂蒙斯教授提出，好

的商业机会有以下四个特征：第一，你必须有资源(人、财、物、信息、时间)和技能才能创立业务；第二，它很能吸引顾客；第三，它在你的商业环境中行得通；第四：它必须在机会之窗存在的期间被实施(注：机会之窗是指商业想法推广到市场上去所花的时间，若竞争者已经有了同样的思想，并把产品已推向市场，那么机会之窗也就关闭了)。

(二) 中小企业创业机会的发掘方式

创业者要善于发掘创业机会，根据创业机会的来源和特征，创业机会的发掘有以下七种方式：

1. 经由分析特殊事件来发掘创业机会

例如，美国一家高炉炼钢厂因为资金不足，不得不购置一座迷你型钢炉，而后竟然出现后者的获利率高于前者的意外结果。再经分析，才发现美国钢品市场结构已产生变化，因此，这家钢厂就将往后的投资重点放在能快速反应市场需求的迷你炼钢技术。

2. 经由分析矛盾现象来发掘创业机会

例如，金融机构提供的服务与产品大多只针对专业投资大户，但占有市场七成资金的一般投资大众却未受到应有的重视。这样的矛盾，显示出提供一般大众投资服务的产品市场必将极具潜力。

3. 经由分析作业程序来发掘创业机会

例如，在全球生产与运筹体系流程中，就可以发掘极多的信息服务与软件开发的创业机会。

4. 经由分析产业与市场结构变迁的趋势来发掘创业机会

例如，在国营事业民营化与公共部门产业开放市场自由竞争的趋势中，我们可以在交通、电信、能源产业中发掘极多的创业机会。在政府刚推出的知识经济方案中，也可以寻得许多新的创业机会。

5. 经由分析人口统计资料的变化趋势来发掘创业机会

例如，单亲家庭快速增加、妇女就业的风潮、老年化社会的现象、教育程度的变化、青少年国际观的扩展……必然提供许多新的市场机会。

6. 经由价值观与认知的变化来发掘创业机会

例如，人们对于饮食需求认知的改变，造就美食市场、健康食品市场等新兴行业。

7. 经由新知识的产生来发掘创业机会

例如，当人类基因图像获得完全解决，可以预期必然在生物科技与医疗服务等领域带来极多的新创业机会。虽然大量的创业机会可以经由有系统的研究来发掘，不过，最好的点子还是来自创业者长期的观察与生活体验。

案例 3-1

打工经历成就创业

在福建打了三年工的黄先生，返回家乡土湖，除了学到一手制作"豪华门"的手艺外，其他身外之物一无所有，他了解到土湖没有一家"豪华门"加工厂，知道这冷门行业一定赚钱，才赶回家乡创业的。但他既没有一分钱，也没有带来任何工具，却在两个月内成功的办起了"豪华门"加工厂。

原来，早在福建打工的他，每次回家并没有放过任何机会，他总是找这人谈谈，那人说说，终于找到一位愿出资与他合作的伙伴，他只以技术入股，在身无分文的情况下办起了"豪华门"加工厂。俗话说，"馈人千金不如授人一技"，只要拥有某种技术特长，并积极开发利用，你就可以靠着这个技术发财。

(资料来源：8个经典白手起家创业故事，白手起家经典案例分析

https://www.sohu.com/a/84209275_313427)

第二节　中小企业创业机会的识别

创业机会识别是创业的关键问题之一。从创业的角度来说，它是创业的起点。创业过程就是围绕着机会的识别、开发、利用的过程。识别正确的创业机会是创业者应当具备的重要技能。

一、中小企业创业机会识别的影响因素

创业机会以不同形式出现，许多好的商业机会并不是突然出现的，而是对于"一个有准备的头脑"的一种"回报"。在机会识别阶段，创业者面对具有相同期望值的创业机会，但并非所有潜在创业者都能把握。成功的机会识别是创业个体和创业环境等多因素综合作用的结果。

（一）个体因素

创业机会识别作为一种主动行为，带有浓厚的主观色彩，创业者及团队的个体因素起到了重要作用。

1. 创业愿望是机会识别的前提

创业愿望是创业的原动力，它推动创业者去发现和识别市场机会。没有创业意愿，再好的创业机会也会视而不见，或与之失之交臂。

2. 创业能力是机会识别的基础

识别创业机会在很大程度上取决于创业者的个人(团队)能力，这一点在《当代中国社会流动报告》中得到了部分佐证。报告通过对1993年以后私营企业主阶层变迁的分析发现，私营企业主的社会来源越来越多的以各领域精英为主，经济精英的转化尤为明显，而普通百姓转化为私营企业主的机会越来越少。

与创业机会识别相关的创业者能力主要表现为：远见与洞察能力、信息获取能力、模仿与创新能力、社会网络获取能力等。

(1) 远见与洞察能力。远见与洞察能力指创业者应具备持续关注、注意未被发觉的机会的能力。包括敏锐预见，指对机会的出现比较敏感，对商业前景做出前瞻性地预测的能

力；探求挖掘，指善于分析和挖掘商业情报和信息，从中离析出潜在的机会，以及隐含的利润的能力；重构框架，指善于打破既定的范式，赋予既有资源以新的价值和用途的能力。

(2) 信息获取能力。人们更容易注意到与自己已有知识相联系的刺激，对于创业者而言，丰富且广泛的生活阅历是识别潜在商机、捕捉信息的主要决定因素，它们帮助创业者识别新信息的潜在价值。每个个体都有自己独特的先前经验与先验知识，这就构成了其有别于他人的知识走廊，这种特异性就解释了为何有些人更容易发现一些特定的机会，而其他人则不能。创业者一般关注的信息包括特殊兴趣信息和产业知识信息两个方面。特殊兴趣信息指创业者感兴趣的某一领域及其相关知识信息；产业知识信息通常是创业者因工作原因关注的相关信息。一般来说创业者拥有的先验知识不仅被用来搜索机会，还能提高对信息的判断能力。

(3) 模仿与创新能力。模仿与创新能力最早与乐观、自我效能等因素一同被归为成功创业者性格特质中的一种。虽然近年来有关性格特质对创业过程的研究越来越少，但是创造性对创业的重要作用却日益显现。发散性思维和聚合性思维共同构成了创造力，研究发现，信息多样化与发散性思维存在交互作用，只有在信息多样化的条件下，发散性思维才对创业者的理念产生显著的影响，甚至可以说机会识别本身就是创造性活动。

(4) 社会网络获取能力。社会网络又称社会资本，是联系创业者和机会的纽带与桥梁，创业者需通过自己的社会网络获得有关创业机会的信息。创业者自身社会网络规模的大小、多样性、强度及密度将对机会识别产生重要的影响。创业者的社会网络不仅影响着创业者机会发现几率，更影响着创业者发现的机会质量，也就是说社会网络是影响创业者所识别的创业机会优劣的重要因素。如果创业者获取的社会网络规模越大，创新性的机会发现的可能性就越大。

(二) 环境因素

创业环境的支持是机会识别的关键，创业环境是创业过程中多种因素的组合，体现在政府政策、社会经济条件、创业和管理技能、创业资金和非资金支持、技术环境等方面。如果社会对创业失败比较宽容，有浓厚的创业氛围；国家对个人财富创造比较推崇，有各种渠道的金融支持和完善的创业服务体系；产业有公平、公正的竞争环境，那就会鼓励更多的人创业。总的来说，环境因素包括技术环境、市场环境和政策环境三个方面。

1. 技术环境因素

技术的进步难以预测，从某种意义上说，技术是变化最为剧烈的环境因素。因为技术的进步可以极大地影响企业的产品、服务、市场、供应商、分销商、竞争者、客户、工艺、营销方法及竞争地位等。因此，创业者应对所涉及行业的技术变化趋势有所了解和把握，应考虑一定时间和空间的技术需求。

技术进步意味着创业机会的不断涌现，技术进步是人类社会不可逆转的趋势，它又包括技术的变革、技术的重新组合，这些可能让中小企业创业者识别到某些创业机会。

2. 市场环境因素

在现有的市场中发现创业机会，往往是创业者最先做出的选择。这主要是因为现有市场是现实存在的，创业者能够通过自己的行动真实地感知和识别，从而使创业者有"逼真"

的感觉，减少创业行动的盲目性。同时对现有市场的深入分析和认识，能帮助创业者降低创业机会风险度，提高成功的概率。

市场环境的分析可以从市场开放程度和市场吸引力两个维度来进行。

3. 政策环境因素

政策环境主要指政府的政策、法律、法规、制度等相关因素，政府的政策规定、法律、法规等都可能直接或间接地对创业机会的识别过程造成影响。创业者可以从创业政策的角度对政策环境加以辨识。

创业政策的范畴涵盖从地方到中央的多级政府活动，支持创业意味着促进创造和创新。因此，创业政策对创业机会识别影响包含两层含义，一是定量方面，如激励更多的人创建企业、提高初创企业的存活率；二是定性方面，即塑造更好的创业环境、为新创企业提供更好的创业机会等。

二、中小企业创业机会识别的过程

对创业者而言，识别创业机会的过程可以分为准备阶段、感知孵化阶段、洞察发现阶段、评价成形阶段。

(一) 创业机会识别过程的总体框架

创业机会识别过程的总体框架如图 3-1 所示。机会识别是创业者与外部环境(机会来源)互动的过程，在这个过程中，创业者利用各种渠道和方法掌握并获得有关环境变化的信息，从而发现现有产品、服务、原材料、组织方式、技术等方面存在的差距或缺陷，找出改进或创造"目的-手段"关系的可能性，最终识别出可能带来新产品、新服务、新原料、新组织方式、新技术的创业机会。

信息
•环境变化、经济变化、社会人口变化、技术变化、政治与制度变化
•创业者特征

需求
•产品、服务、原材料、组织方式、技术层面的差距
•改进或创造的可能性

机会
•新产品
•新服务
•新原材料
•新组织方式
•新技术

图 3-1　创业者创业机会识别全过程

(二) 创业机会识别的各阶段

创业者在识别创业机会的过程中，如果在某个阶段停顿下来或没有足够的信息使识别过程继续下去，最佳选择就是返回到最初阶段，以便获得更多的信息和知识再次进行创业机会的识别。

1. 准备阶段

准备阶段主要指创业者带入机会识别过程中的背景、经验和知识。正如表演艺术家只有在舞台下勤于练习才能在舞台上有绝佳的表现，创业者需要足够的经验以识别机会。研究发现，50%~90%的初创企业创意，来自于个人的先前的工作经验。

2. 感知孵化阶段

感知是指感觉或认识到市场需求或未得到充分利用的资源。每种机会都有可能被一些人所识别。一些人对市场需求或问题很敏感，他们能够在自己所处的任何环境里不断认识到可能出现的新产品或提出解决问题的方法。但并不是每一个善于提出问题的人都同样善于解决问题，即认识到这些未利用资源的人并不一定能够指出这些资源应如何加以利用才能创造价值。

创业者在感知孵化阶段应仔细考虑创意或思考问题，这是对问题进行深思熟虑的阶段，有时感知孵化是有意识的行为，有时是出现在创业者从事其他活动的时候的无意识行为。

3. 洞察发现阶段

洞察发现是指识别或发现特定市场需求和专门资源间的配合。要感知市场需求和资源配合，前提条件是这些需求和资源可能在一个尚未运转的企业实现匹配。对已经匹配的市场需求和资源的感知，表现为探查并发现特定的地区和产品市场空间。根据 Kirzner 的理论，当创业者认为存在一个机会把现有的非最优配置的资源重新配置时，他们就会决定创建新的企业或开拓新的产品市场。Kirzner 指出："市场参与者任何时候都会参与到非均衡的经济体系中去"。

一般来说，在洞察发现阶段，创业者已经发现了问题的解决方法或创意已经产生，有时被称为"灵感"体验，是创业者识别出机会的显性阶段。在这个阶段，创业者通过判断有可能继续创业活动，也有可能返回最初阶段重新开始。

4. 评价成形阶段。

在评价成形阶段，创业者对创意仔细审查并分析可行性，同时将创意创造为最终形式。

创造是指以商业概念等形式创造一个独立的需求与资源间的新的配合。从逻辑上来说，创造商业概念紧随感知需求之后，使市场需求和资源相匹配。但是，创造又不仅仅是感知和发现。商业概念创造包括资源的重组和重新定位，这是为了创造和传递比现有情况更多的价值。商业概念等形式的创造不仅是调整现有资源和市场需求的配合，还可能导致对现有企业进行重组或彻底的改革。创造性的机会识别活动通常与机会利用活动结合在一起，涉及人力、物力资源的投入。

案例 3-2

"不安分者"眼中的商机

高中毕业后干起家电维修的小胡和小姜，每天都以修收录机、电视机为生，但前者是一个经营上的"不安分者"，后者则是一个循规蹈矩的"老实人"。不久前，小胡又突发奇想，寻找到新的商机：他发现当地的农民用上了自来水后，将来就有可能使用洗衣机，有洗衣机便会有维修洗衣机的业务。于是，他买回本地市场上常见品牌的洗衣机供周围的人使用，目的之一是让人们尝尝洗衣机的甜头，目的之二是学习洗衣机的结构、保养和维修。果不其然，一年后，一台台洗衣机进入农村，维修业务几乎全被小胡包揽了，而小姜只能眼睁睁看着自己失去一次扩大维修范围的机会。

一般人总是等机会从天而降，而不是通过努力工作来创造机会。殊不知，人们遇到的问题和未满足的需要总是在不断提供新的商机。优秀创业者的一个基本素质，就是善于从他人的问题中发现机会，主动把握机会。

(资料来源：浅析 8 个典型创业案例
https://wenku.baidu.com/view/ef13a5a08662caaedd3383c4bb4cf7ec4afeb693.html)

三、中小企业创业机会识别的方法

创业者识别创业机会的方法有的来自于启发或者经验，另一些则很复杂，需要市场研究专家或外部力量的支持。识别方法主要有"新视角"调查方法、系统分析方法、问题分析方法、创新需求方法等。

(一) "新视角"调查方法

当创业者阅读某人的发现和出版的作品时，实际上就是在进行调查。利用互联网搜索数据、查阅报纸杂志等都是调查的形式。创业者的调查强调一手资料获取与二手资料获取两个方面：一是通过与顾客、供应商、代理商等面对面的沟通，获取鲜活的一手资料与信息，了解现在发生了什么以及未来将要发生什么；二是通过各类媒体、出版物、数据库，获取想要的资料与信息，了解通过面对面沟通形式可能无法触及到的一些信息。获得这些一手资料与二手资料后，创业者要对这些资料进行分类并编码，便于自己随时查询、使用。

大量获取信息对发现问题以及更加快速地切入问题非常有帮助，在调查过程中学会问问题，尤其是针对自己的某个特定想法时，创业者通过现有的市场调研数据用"新视角"审视信息，发现可能的创业机会。

(二) 系统分析方法

市场经济发展日渐成熟，过去"野蛮生长"的方式亦能生存、处处是顾客与商机(市场不饱和)的时代已经一去不复返，现实中更多的企业往往是在"夹缝中求生存，变化中寻商机"。因此，现如今绝大多数的创业机会，都需要通过系统的分析才能够得以科学有效的发现。

实际上，多数机会都可以通过系统分析被发现。创业者可以从企业的宏观环境(政治、社会、法律、技术、人口等)与微观环境(细分市场、顾客、竞争对手、供应商等)的变化中找寻新的顾客需求、新的商机，这也已经成为当今时代创业机会识别中最常用、最有效的方法之一。借助市场调查，从环境变化中发现机会，这是机会发现的一般规律。

(三) 问题分析方法

问题分析方法要求创业者从一个组织或者个人面临的某个问题或者明确的需求出发识别创业机会，这恐怕是创业机会识别最快速、最精准、最有效的方法了。因为创业的根本目的就是为顾客创造新的价值，解决顾客面临的问题。

这些需求或问题有的非常明确，也有的非常含蓄，创业者在发现过程中，常用的方法就是不断地与顾客沟通，不断地汲取顾客的建议，基于顾客的需求，来创造性提出新的产品或者服务。当然，在此基础上进行市场调研、系统分析，就能做到有的放矢，显得更为科学、严谨。

不过，问题导向发现机会的过程中，要注意把控问题的难易度，不可不切实际的探寻问题解决方案，那样将会徒劳无获。问题分析可以首先问"什么是最好的"，一个有效并有回报的解决方法对创业者来说是识别机会的基础，这个分析需要全面了解顾客的需求，以及满足这些需求的手段。

(四) 创新需求方法

通过变革创新需求获得创业机会的方式在高新技术、互联网行业中最为常见。在这种创业机会识别过程中，通常是针对目前明确的或者未来潜在的市场需求，探索相应的新技术、新方法、新知识或新模式，或者利用已有的某项技术发明、商业创意来实现新的商业价值，而且一旦获得成功，创业者凭借其具有变革性、超额价值的新产品或者新服务很容易就能够在市场中处于压倒性的主导地位。

创新需求方法获得的创业机会实现难度大，风险系数也比较高。因为新技术或者新知识能否真正满足顾客的需求，尚需市场的考验，只有对其稳定性、先进性均有十足的把握，才能成为真正的创业机会，而且新技术的发明通常都需要大量持续的资金、人力与物资投入，这个过程也往往是极其漫长与艰难的。同时，如果获得成功，其回报也是非常丰厚，因为这种方式获得的创业机会显现出的创新往往会对人们生活产生重大影响。

案例 3-3

与其追随潮流，不如另辟蹊径

19 世纪末，美国加利福尼亚州发现了黄金，出现了淘金热。有一位 17 岁的少年来到加州，也想加入淘金者的队伍，可看到金子没那么好淘，而且淘金的人很野蛮，他很害怕。这时，他看到淘金人在炎热的天气下干活口渴难熬，因此他挖了一条沟，将远处的河水引来，经过三次过滤变成清水，然后卖给淘金人喝。金子不一定能淘到，而且有一定危险，卖水却十分保险。他很快就赚到了 6000 美元，回到家乡办起了罐头厂。这人就是后来被称为美国食品大王的亚尔默。

成功者往往都是有独到见解的人，他们总是从不同的角度看问题，从而能不断产生创意，发现新的需求。不仅要看到市场需要什么，还要注意事物间的联系。

(资料来源：浅析 8 个典型创业案例

https://wenku.baidu.com/view/ef13a5a08662caaedd3383c4bb4cf7ec4afeb693.html)

第三节 中小企业创业机会的评价

一、中小企业创业机会评价的标准

创业活动是一种高风险的活动，但是创业者如果能提前对创业机会进行理性评价后再决定创业活动的实施方案，那么创业失败的可能性就会降低，整个社会的创业信心会得到进一步加强。中小企业创业机会评价的标准主要分为市场层面、效益层面、创业团队层面、个人层面、竞争优势层面、策略特色层面的评价标准。

(一) 市场层面的评价标准

1. 市场基础

一个好的创业机会，必然是具有特定的市场基础，专注于满足顾客需求，同时能为顾客带来增值的效果。因此评估创业机会的时候，可由市场定位是否明确、顾客需求分析是否清晰、顾客接触途径是否流畅、产品线是否可以持续衍生等，来判断创业机会可能创造的市场价值。若能带给顾客越高的价值，则创业成功的机会也会越高。

2. 市场结构

针对创业机会的市场结构进行六方面分析，包括进入障碍、上游厂商、顾客、渠道商的谈判力量、替代性竞争产品的威胁、以及市场内部竞争的激烈程度。由市场结构分析可以得知新创企业未来在市场中的地位，以及可能遭遇竞争对手反击的程度。

3. 市场规模

市场规模大小与成长速度，也是影响新创企业成败的重要因素。一般而言，市场规模大者，进入障碍相对较低，市场竞争激烈程度也会略为下降。如果要进入的是一个十分成熟的市场，那么纵然市场规模很大，由于已经不再成长，利润空间必然很小，因此该创业项目就不值得投入。反之，一个正在成长中的市场，通常也会是一个充满商机的市场，所谓水涨船高，只要进入时机正确，必然会有获利的空间。

4. 市场渗透力

对于一个具有庞大市场潜力的创业机会，市场渗透力(市场机会实现的过程)评估将会是一项非常重要的影响因素。聪明的创业家知道选择在最适时机进入市场，也就是当市场需求正要大幅成长之际，你已经将产能备好，等着接单。

5. 市场占有率

由创业机会预期可达成的市场占有率目标，可以显示这家新创企业未来的市场竞争力。一般而言，要成为市场的领导厂商，最少需要拥有20%以上的市场占有率。但如果低于5%的市场占有率，则该新创企业的市场竞争力显然不高，自然也会影响未来企业上市的价值。尤其处在具有赢家通吃特质的高科技产业，新创企业必须要拥有能够成为市场前几名的能力，才比较具有被投资的价值。

6. 产品的成本结构

产品的成本结构，也可以反映出创业机会的前景是否亮丽。例如，通过对物料与人工成本所占比重之高低、变动成本与固定成本的比重、经济规模产量大小等的认知，可以判断该创业机会能够创造附加价值的幅度以及未来可能的获利空间。

(二) 效益层面的评价标准

1. 合理的税后净利

一般而言，具有吸引力的创业机会，至少需要能够创造15%以上税后净利。如果创业预期的税后净利是在 5%以下，那么这就不是一个好的投资机会。

2. 达到损益平衡所需的时间

合理的损益平衡时间应该能在两年以内达成，但如果三年还达不到，这恐怕就不是一个值得投入的创业机会。不过有的创业机会确实需要经过比较长的耕耘时间，并经由这些前期投入，创造进入障碍，并因此保证后期的持续获利。在这种情况下，可以将前期投入视为一种投资，而较长的损益平衡时间就可以被容忍。

3. ROI(投资报酬率)

考虑到创业机会开发可能面临的各项风险，合理的 ROI 应该在 25%以上。一般而言，15%以下的 ROI，将不是一个值得考虑的创业机会。

4. 资本需求

资金需求量较低的创业机会，一般会比较受到投资者的欢迎。事实上，许多个案显示，资本额过高其实并不利于创业成功，有时还会带来稀释投资报酬率的负面效果。通常，越是知识密集的创业机会，对于资金的需求量越低，投资报酬反而会越高。因此在创业开始的时候，不要募集太多的资金，最好透过盈余积累的方式来创造资金。此外比较低的资本额，还将有利于拉高 EPS(每股收益)，并且还可以进一步提高未来上市的价格。

5. 毛利率

毛利率高的创业机会，相对风险较低，也比较容易达成损益平衡。反之，毛利率低的创业机会，风险则较高，遇到决策失误或市场产生较大变化的时候，企业很容易就遭受损失。一般而言，理想的毛利率是 40%。当毛利率低于 20%的时候，这个新创业机会就不值得再予考虑。

6. 策略性价值

能否创造新创企业在市场上的策略性价值，也是一项重要的评价指标。一般而言，策略性价值与产业网络规模、利益机制、竞争程度密切相关，而创业机会对于产业价值链所能创造的增值效果，也与所采用的经营策略与经营模式密切相关。

7. 资本市场活力

当创业机会存在于一个具有高度活力的资本市场时，其获利回收机会相对也会比较高。不过资本市场的变化幅度极大，因此在市场高点时投入，资金成本较低，筹资相对容易。但在资本市场低点时，投资新创企业的诱因则较低，好的创业机会也相对较少。不过对投资者而言，市场低点的取得成本较低，有的时候反而投资报酬会更高。一般而言，新创企业在活络的资本市场比较容易创造增值效果，因此资本市场活力也是一项评价创业机会的外部环境指标。

8. 退出机制与策略

所有投资的目的都在于获利回收，因此退出机制与策略就成为一项评估创业机会的重要指标。企业的价值一般也要由具有客观鉴价能力的交易市场来决定，而这种交易机制的完善程度也会影响新创企业退出机制的弹性。由于退出的困难度普遍要高于进入，所以一个具有吸引力的创业机会，应该要为所有投资者考虑退出机制以及退出的策略规划。

(三) 创业团队层面的评价准则

1. 最佳团队组合

由声誉卓著的创业家领军，结合一群各具专业背景的成员所组成的创业团队，再加上紧密的组织内聚力与共同的价值观，这种所谓最佳团队组合可以被视为新创企业成功的最佳保证。因此评价创业机会，绝对不可忽视创业团队组合的成分以及团队整体能力能够对外发挥的程度。

2. 产业经验与专业背景

创业者与他的团队成员对于所要投入产业的相关经验与了解程度的多寡，也会影响新创企业获得成功的概率。一般可以经由产业内专家对于创业团队成员的背景经验与专业能力的评价来获得这项信息。再好的新创业机会，如果创业团队不具备相关产业经验或专业背景，则对于投资者来说就不会具有任何吸引力。

3. 诚信正直的人格

创业者的人格特质也是一项会影响新创企业成败的关键因素，尤其应关注创业者的人品与道德观。在业界具有良好声誉、重视诚信、正直、无私、公平等基本为人处世原则的创业者，对于创业机会的评价通常都具有显著加分的效果。许多绝佳的创业机会，最后都是因为内部争权夺利而导致功败垂成，这也突显领导者人格特质对于创业成功的重要性。

4. 专业坦诚

一个好的创业者与他的团队成员，在各项经营管理与技术专业工作上，通常能够以理性客观的态度，坦诚面对各项问题，不刻意欺骗客户与投资者，不逃避事实，不否认自己的不足，并且创业团队成员也知道应该如何去做，才能克服自己的缺失。在许多创业失败的个案中，都可以看到创业团队生怕别人看穿自己的缺失，因此强烈防御他人的质疑，一味掩饰问题，甚至有推诿责任的情况发生，其不但没有面对缺失的勇气，也没有解决问题的智能。精明的投资者经常通过访谈来判断创业团队的专业坦诚度，并作为是否支持该创业项目的重要决策参考。

(四) 个人层面的评价准则

1. 与个人目标契合程度

创业过程中遭遇的困难与风险极大，因此有必要了解创业者的创业动机，这有利于判断他愿意为创业活动付出代价的程度。一般认为，创业机会与个人目标的契合程度越高，则创业者投入与风险承受的意愿自然也会越大，创业目标最后获得实现的概率也相对较高。因此，一个具有吸引力的创业机会一定能充分与创业者个人目标相契合。

2. 机会成本

一个人一生的黄金岁月大约只有 30 年光景，期间可分为学习、发展与收获等不同阶段，而为了这项创业机会，创业者将需要放弃什么？可以由其中获得什么？得失的评价如何？在决定进行创业之前，所有参与创业的成员都需要仔细思考创业所要付出的机会成本。必须经由机会成本的客观判断，才可以得知创业机会是否真的对于个人生涯的发展具有吸引力。

3. 对于失败的底线

古人说，"留得青山在，不怕没材烧"。创业必然需要面对可能失败的风险，但创业者也不宜将个人声誉与全部资源都压在一次的创业活动上。理性的创业者必须要自己设定承认失败的底线，以便保留下次可以东山再起的机会。因此在评估创业机会的时候，也需要了解有关创业团队对于失败底线的看法。通常"铤而走险"与"成王败寇"的创业构想，是不会被投资者视为一个好的创业机会。

4. 个人偏好

评估创业机会的时候，也需要考虑创业的内容与进行的方式是否能够符合创业者个人的偏好，包括工作地点、生活习惯、个人嗜好等。

5. 风险承受度

由于每个人的风险承受度可能都不一样，因此这也将成为影响创业机会评估的重要因素。一般而言，风险承受度太高或太低均不利于创业。风险承受度太低的创业家，由于决策过于保守，相对拥有的创新机会也会比较少。但风险承受度太高的创业家，也会因为孤注一掷的举动，而经常使企业陷入险境。一个能以理性分析面对风险的人，才是比较理想的创业家，由他来执行的创业机会才相对会比较具有吸引力。

6. 负荷承受度

创业团队的耐压性与负荷承受度，也是评估创业机会的一项重要指标。负荷承受度与创业团队成员愿意为创业投入工作量的多寡，以及愿意忍受的辛苦程度密切相关。一般来说，由负荷承受度较低的创业团队所提出的创业构想，成功的概率也一定会较低。

◆ （五）竞争优势层面的评价准则

1. 成本竞争力

一个好的创业开发案，通常具有可以经由持续降低成本来创造竞争优势的能力。除了通过发挥经济规模来降低成本之外，良好的品质管理、高效率的生产管理、优越的采购能力、快速的产品设计、比较高的自制率等，也都是有助于降低成本的有效手段。因此一项具有吸引力的创业机会，应该能够对于物料成本、制造成本、营销成本等拥有掌控与持续降低的能力。总之，创业机会所呈现的成本竞争力，将是评价这项创业最后能否获得成功的重要指标。

2. 市场控制力

对于市场的产品价格、客户、渠道、零件价格的控制力，攸关企业的竞争优势，因此市场领导厂商通常都具有比较高的市场控制力。一个缺乏市场控制力的创业机会，其投资吸引力也一定会比较低。如果一个新创企业对于关键零件来源与价格缺乏控制力，对于经销渠道与经销商也缺乏控制力，同时订单几乎完全依赖一两个客户，那么这个新创企业面临的经营风险一定很高，要想持续获利也会非常困难。不过，如果创业机会具有持续推进产品创新的能力，那么就比较有机会摆脱这种为他人所控制的市场困局。

3. 进入障碍

高进入障碍的市场，对于创业机会开发相对不具有吸引力，同样的，新创企业如果无法制造进入障碍，也不是一个好的投资机会。制造进入障碍的方式，包括专利、核心能力、规模经济、商誉、高品质低成本、掌握稀有资源、掌握通路、快速创新缩短生命周期等等。在一个处处存在障碍的市场中，通常发掘好的创业机会比较困难。不过缺乏进入障碍的新市场，却往往容易吸引大量的竞争者，从而使毛利快速下降。因此具有吸引力的创业机会，进入的应该是一个障碍还不太高的新市场，但进去以后就需要具备制造进入障碍的能力，用来保护自身的市场利益。

(六) 策略特色层面的评价准则

一个具有吸引力的创业机会，通常都需要具有某些特色，而这些特色往往能够成为新创企业未来成功的策略性影响因子。以下列举可能影响创业机会成功的十个策略特色，而发掘新创企业是否具有这些特色，也是创业机会评估不可或缺的工作。

1. 创业模式组合

创业模式组合主要评估创业活动在创业者、创业团队、创业机会、创业资源四者间是否能够形成良好的搭配组合，也就是说这项创业活动是否能在因缘际会与天时地利人和的情况下，将人、资源与机会之间做最佳的结合。

2. 团队优势

团队优势主要评估创业团队的专业能力、产业经验、道德意识、管理能力、决策能力等等，也就是发掘创业团队组成与运作是否能够为新创业带来特定的优势。

3. 服务品质

由于顾客服务品质攸关企业的市场竞争力，因此新创企业的经营模式是否能在服务品质方面具有差异化特色，并且能够创造明显的竞争优势，也是创业机会评价时的重要考量标准。

4. 定价策略

一个好的定价策略是采取略低于市场领导厂商产品的价格，而不是以过低的价格进行市场竞争。以低价位低毛利抢占市场，通常不是一种可取的竞争策略。因此在进行创业机会评估时，也需要评估其定价策略是否具有能够创造优势的特色。

5. 策略弹性

成熟大型企业的最大弱点就是决策缓慢，尤其在需要调整策略方向的时候，往往要经过长期的内部折冲。反之，新创企业组织的包袱较少，决策速度与弹性相对较快，因此策略弹性将成为新创企业发展的竞争优势。对于一项创业机会的评估，应衡量在经营环境变化之际，其在经营决策方面能做出怎样快速弹性地应对。

6. 技术优势

新创企业拥有的技术领先程度、技术专利、技术授权、技术联盟关系等，都可能成为一种可以创造优势的策略特色。

7. 进入时机

能掌握市场机会窗口打开的时机，采取适当的进入策略，这项创业活动成功的概率自然也将会大幅提升。因此创业机会对于市场进入时机的判断水准，也将成为一项重要的策略特色。

8. 机会导向

一般而言，凡是自动上门的机会，品质通常不高，而自己主动发掘的机会，才比较有可能带来丰收。因此凡是能够密切注意市场变化，主动发掘并实时掌握创业机会的创业团队创业成功的概率相对会比较高。

9. 销售渠道

销售渠道经常是一个被忽略的议题，但销售渠道却可能是对新创企业发展产生致命影响的因素之一。技术背景创业者通常会有一种错误的认知，他们以为只要产品精良，顾客自然就会上门。但实际上，许多优秀的产品却从来没有接触消费者的机会，原因就是它们缺乏适当的销售渠道。所以新创企业是否在销售渠道规划方面具有一定程度的创新优势与策略特色，也应该是评估创业机会不可忽视的重点。

10. 误差承受力

由于所有的创业规划都属于预估，因此未来的实况必定与假设情境有极大的出入。所谓创业规划误差承受力是指，在实现创业目标前提下，执行创业计划的弹性，以及创业团队与创业资源能够承受变动的程度。因此，对于未来情境预测误差具有比较高的承受力，也应该被视为创业机会的策略特色之一。

二、中小企业创业机会评价的方法

成功识别创业机会，对创业机会进行科学、理性、系统的评价是创业活动成功的起点和基础。创业者对创业机会是否正确、是否可行、有多大价值进行评价，是创业过程中经常遇到且专业的问题。本节主要介绍蒂蒙斯创业机会评价方法、标准矩阵打分法、Baty 选择因素法、清华大学姜彦福简化蒂蒙斯创业机会评价体系法。

（一）蒂蒙斯创业机会评价体系

蒂蒙斯创业机会评价体系，给创业者提供了一套系统的评价框架和可量化的指标体系。这个工具可以帮助创业者科学深入地评价创业项目的可行性及其价值性。蒂蒙斯的创业机会评价框架，涉及行业和市场、经济因素、收获条件、竞争优势、管理团队、致命缺陷问题、个人标准、理想与现实的战略差异等八个方面的 53 项指标。通过定性或量化的方式，创业者可以利用这个体系模型对行业和市场问题、竞争优势、财务指标、管理团队和致命缺陷等做出判断，用以评价一个创业项目或创业企业的投资价值和机会。

1. 蒂蒙斯创业机会评价体系框架

具体见表 3-1。

表 3-1　Timmons 创业机会评价表

行业与市场	1. 市场容易识别，可以带来持续收入 2. 顾客可以接受产品或服务，愿意为此付费 3. 产品的附加价值高 4. 产品对市场的影响力高 5. 将要开发的产品生命长久 6. 项目所在的行业是新兴行业，竞争不完善 7. 市场规模大，销售潜力达到 1 千万～10 亿元 8. 市场成长率在 30%～50% 甚至更高 9. 现有厂商的生产能力几乎完全饱和 10. 在五年内能占据市场的领导地位，达到 20% 以上 11. 拥有低成本的供货商，具有成本优势
经济价值	1. 达到盈亏平衡点所需要的时间在 1.5～2 年以下 2. 盈亏平衡点不会逐渐提高 3. 投资回报率在 25% 以上 4. 项目对资金的要求不是很大，能够获得融资 5. 销售额的年增长率高于 15% 6. 有良好的现金流量，能占到销售额的 20%～30% 以上 7. 能获得持久的毛利，毛利率要达到 40% 以上 8. 能获得持久的税后利润，税后利润率要超过 10% 9. 资产集中程度低 10. 运营资金不多，需求量是逐渐增加的 11. 研究开发工作对资金的要求不高
收获条件	1. 项目带来的附加价值具有较高的战略意义 2. 存在现有的或可预料的退出方式 3. 资本市场环境有利，可以实现资本的流动
竞争优势	1. 固定成本和可变成本低 2. 对成本、价格和销售的控制较高 3. 已经获得或可以获得对专利所有权的保护 4. 竞争对手尚未觉醒，竞争较弱 5. 拥有专利或具有某种独占性 6. 拥有发展良好的网络关系，容易获得合同 7. 拥有杰出的关键人员和管理团队

管理团队	1. 创业者团队是一个优秀管理者的组合 2. 行业和技术经验达到了本行业内的最高水平 3. 管理团队的正直廉洁程度能达到最高水平 4. 管理团队知道自己缺乏哪方面的知识
致命缺陷	不存在任何致命缺陷
创业家的个人标准	1. 个人目标与创业活动相符合 2. 创业家可以做到在有限的风险下实现成功 3. 创业家能接受薪水减少等损失 4. 创业家渴望进行创业这种生活方式，而不只是为了赚大钱 5. 创业家可以承受适当的风险 6. 创业家在压力下状态依然良好
理想与现实的战略性差异	1. 理想与现实情况相吻合 2. 管理团队已经是最好的 3. 在客户服务管理方面有很好的服务理念 4. 所创办的事业顺应时代潮流 5. 所采取的技术具有突破性，不存在许多替代品或竞争对手 6. 具备灵活的适应能力，能快速地进行取舍 7. 始终在寻找新的机会 8. 定价与市场领先者几乎持平 9. 能够获得销售渠道，或已经拥有现成的网络 10. 能够允许失败

2. 蒂蒙斯评价体系使用前提

(1) 蒂蒙斯评价体系主要适用于具有行业经验的投资人或资深创业者对创业企业的整体评价。

(2) 蒂蒙斯指标体系必须运用创业机会评价的定性与定量方法才能得出创业机会的可行性及不同创业机会间的优劣排序。

(3) 蒂蒙斯指标体系涉及的项目比较多，在实际运用过程中可作为参考选项库，结合使用对象、创业机会所属行业特征及机会自身属性等进行重新分类、梳理简化，提高使用效能。

(4) 蒂蒙斯指标体系及其项目内容比较专业，创业导师在运用时一方面要多了解创业行业、企业管理和资源团队等方面的经验信息，一方面要掌握这50多项指标内容的具体涵义及评估技术。

3. 蒂蒙斯创业机会评价体系的局限性

(1) 评价主体要求比较高。蒂蒙斯的创业机会评价指标体系是目前为止最全面的评价指标体系，其主要是基于风险投资商的风险投资标准建立的，这与创业者的标准还是存在一定的差异。这些评价标准经常被风险投资家使用，创业家可以通过关注这些问题而受益。运用该评价体系，要求使用者具备敏锐的创业嗅觉、清晰的商业认知、丰富的管理经验和系统的行业信息，要求比较高。创业导师自己使用一般问题不大，而如果直接给初次创业者或大学生创业者来做创业机会自评，效果不会太好。即使如此，仍然不会影响该评价体系作为创业者的项目选择与评价的参考标准。

(2) 蒂蒙斯指标体系维度有交叉重复问题。蒂蒙斯指标体系的各维度划分不尽合理，存在交叉重叠现象。比如，在竞争优势、管理团队、创业家的个人标准和理想与现实的战略性差异这四个维度中，都存在"管理团队"的评价项目。维度划分标准不够统一。再比如，行业与市场维度中的第 11 项"拥有低成本的供货商，具有成本优势"，与竞争优势维度中的第 1 项"固定成本和可变成本低"存在包含关系与重叠问题。这会直接影响使用者的评价难度和考量权重，在一定程度上影响了机会评价指标的有效性。

(3) 指标体系缺乏主次，定性定量混合，影响效度。蒂蒙斯指标体系另外一个比较明显的缺点是：指标多而全，主次不够清晰；其指标内容既有定性评价项目，又有定量评价项目，而且这些项目中有交叉现象。一方面，评价指标太多，使用不够简便。另一方面，在运用其对创业机会进评价时，实际上难以做到对每个方面的指标进行准确量化并设置科学的权重，实践效果不够理想。

(二) 标准矩阵打分法

标准打分矩阵，是指将创业机会评价体系的每个指标设定为三个打分标准，比如设置最好 3 分，好 2 分，一般 1 分，形成的打分矩阵表。在打分后，求出每个指标的加权评价分。

这种方法简单易懂，易操作。该方法主要用于不同创业机会的对比评价，其量化结果可直接用于机会的优劣排序。只用于一个创业机会的评价时，则可采用多人打分后进行加权平均。如果其加权平均分越高，说明该创业机会越可能成功。一般来说，高于 100 分的创业机会可进一步规划，低于 100 分的创业机会，则需要考虑淘汰。

(三) Baty 选择因素法

该方法可以看作标准矩阵打分法的简化版。评价者通过对创业机会的认识和把握，按照蒂蒙斯创业机会评价体系的各项标准，看机会是否符合这些指标要求。如果统计符合指标数少于 30 个，说明该创业机会存在很大问题与风险；如果统计结果高于 30 个，则说明该创业机会比较有潜力，值得探索与尝试。应用该方法时需要注意一点，如果机会存在"致命缺陷"，需要一票否决。致命缺陷通常是指法律法规禁止、需要的关键技术不具备、创业者不具备匹配该创业机会的基本资源等方面的系统风险。

该方法比较适合于创业者对创业机会进行自评。

(四) 蒂蒙斯创业机会评价体系简化法

清华大学姜彦福通过实证研究总结的成果，筛选出符合国情环境、行业特征与评价者特质的精简化的蒂蒙斯指标体系，其中 10 项重要指标序列见表 3-2。

表 3-2　创业机会评价体系简化版

指标类别	具 体 指 标
管理团队	创业者团队是一个优秀管理者的结合
竞争优势	拥有优秀的员工和管理团队
行业与市场	顾客愿意接受该产品或服务
致命缺陷	不存在任何致命缺陷
个人标准	创业家在承担压力的状态下心态良好
收获条件	机会带来的附加价值具有较高的战略意义
管理团队	行业和技术经验达到了本行业内的最高水平
经济因素	能获得持久的税后利润，税后利润率要超过 10%
竞争优势	固定成本和可变成本低
个人标准	个人目标与创业活动相符合

三、中小企业创业机会评价底线

虽然前述针对创业机会提出了许多评估准则，但由于创业本身就是一件具有高度风险特质的活动，没有一个创业机会是完美的，因此是否决定投入创业，仍然是一件比较主观的决策。

纵然创业决策是主观的，但创业机会评估仍然应该是一种理性与客观的行为，除了要经由考察创业机会的缺失，来寻求改进之道，进而提升创业开发的成功概率，同时也希望避免投入具有致命瑕疵的创业机会。因此可以说，发掘创业机会所隐藏的致命瑕疵，并因此能够聪明的拒绝这种注定失败命运的创业，也是创业机会评估的主要目的之一。

所谓致命瑕疵的定义，一般会因创业机会的内涵与创业者风险承担能力高低而有所差异。不过当我们在评估一项创业机会的时候，如果发现以下八点致命瑕疵之一，则创业者与投资家都必须要戒慎恐惧，因为这项创业未来极有可能面临失败的后果，这也是创业机会评价时应坚守的底线原则。

(1) 创业者的动机不良，尤其在人格特质上具有明显的瑕疵。

(2) 创业团队缺乏相关产业经验与企业管理能力，创业测试期长，导致风险成本太高。

(3) 创业看不到市场基础，无法显示创造顾客价值的能力，在市场竞争中也不具有明显优势。

(4) 创业的市场机会不明显，市场规模不大或市场实现时间遥遥无期。

(5) 创业的资源能力有限，无法达到可以形成竞争优势的经济规模。

(6) 看不出来能够获得显著利润的机会，包括毛利率、投资报酬率、损益平衡时间等指标，都无法达到合理的底线目标。

(7) 创业无法具备市场控制能力，关键资源与通路均掌握在他人手中，随时都有陷入经营危机的风险。

(8) 创业缺乏策略特色与竞争优势，几乎不可能获得显著的成功，也不具备创造显著价值的条件，因此根本不值得投入。

案例 3-4

爱好——创业机会

欧阳×，男，湖南师范大学国际经济与贸易专业 2003 级学生，经营拥有自己品牌的轮滑专卖店——风火轮滑，主要经营成人轮滑装备，进行轮滑技术培训与咨询，并承接各类有关轮滑的商业表演。目前拥有三家连锁店，两家设在长沙，一家设在北京。

欧阳×本人酷爱轮滑运动，升入大学后，他发现很多同学也有同样的爱好，于是萌生了开创品牌轮滑店的想法，并进行了一定的市场调查，确定了创业方案。通过向朋友借款和自己的部分存款，欧阳×筹集了 8 万元资金，于 2005 年创办了"风火轮滑"专营店，开始了自己的创业历程。通过一个多月辛苦地筹备，"风火轮滑"诞生了。但初期的经营却令人不满意，少有人来问津，没什么人了解他的"风火轮滑"。为了改变这种局面，扩大品牌的知名度，推广轮滑运动，欧阳×频繁在长沙各大高校演出，结交志同道合的朋友，吸引更多热爱轮滑的人，推广自己的品牌，同时也培养了一批新的轮滑爱好者。经过两年的摸索，"风火轮滑"已经初具规模，拥有三家连锁店、500 余名会员，成为了轮滑协会的合作伙伴，"风火轮滑"是轮滑协会的推荐产品，为长沙高校大学生熟知。

今年上半年大学毕业后，欧阳×继续经营着壮大中的"风火轮滑"，并且有意其他体育运动装备的经营。

(资料来源：四个经典在校大学生创业案例分析　http://www.795.com.cn/wz/91746_2.html)

本章回顾

创意是一种通过创新思维意识，进一步挖掘和激活资源组合方式进而提升资源价值的方法。

创业机会主要是指具有较强吸引力的、较为持久的有利于创业的商业机会，创业者据此可以为客户提供有价值的产品或服务，并同时使创业者自身获益。

中小企业创业机会的来源主要包括新需求的出现、产业环境的变化、技术的变革、市场的空间等。

中小企业创业机会的特征包括客观性和偶然性、时效性和不确定性、均等性和差异性。创业机会对创业者来说至关重要，好的创业机会能够对顾客产生吸引力，能够适应外部环境，能够快速商业化，能够符合创业者拥有的资源条件。

中小企业创业机会的发掘方式包括经由分析特殊事件来发掘创业机会、经由分析矛盾现象来发掘创业机会、经由分析作业程序来发掘创业机会、经由分析产业与市场结构变迁的趋势来发掘创业机会、经由分析人口统计资料的变化趋势来发掘创业机会、经由价值观与认知的变化来发掘创业机会、经由新知识的产生来发掘创业机会。

创业者面对具有相同期望值的创业机会，并非所有潜在创业者都能把握。成功的机会识别是创业个体和创业环境等多因素综合作用的结果。

对创业者而言，识别创业机会的过程可以分为准备阶段、感知孵化阶段、洞察发现阶段、评价成形阶段。

创业活动是一种高风险的活动，但是创业者如果能提前对创业机会进行理性评价后再决定创业活动的实施方案，那么创业失败的可能性就会降低，整个社会的创业信心会得到进一步加强。中小企业创业机会评价的标准主要分为市场层面、效益层面、创业团队层面、个人层面、竞争优势层面、策略特色层面的评价标准。

成功识别创业机会，对创业机会进行科学、理性、系统的评价是创业活动成功的起点和基础。创业者对创业机会是否正确、是否可行、有多大价值进行评价，是创业过程中经常遇到且专业的问题。评价方法主要有蒂蒙斯创业机会评价方法、标准矩阵打分法、Baty选择因素法、清华大学姜彦福简化蒂蒙斯创业机会评价体系法。

讨论与思考

1. 什么是创意？什么是创业机会？
2. 中小企业创业机会的主要来源有哪些？
3. 创业机会具备哪些特征？可采用哪些方式发掘？
4. 识别中小企业创业机会受哪些因素的影响？
5. 中小企业创业机会识别的过程是什么？
6. 创业机会的致命瑕疵指的是什么？
7. 结合实际谈谈如何进行创业机会评价。

案例分析

彩色的面条

在南京著名的莫愁湖畔有一家著名的小面馆，面馆的主人名叫冯虹，原是南京铁路分局列车段的一名职工，后下岗回家。无事可做的冯虹在南京莫愁湖畔开起了现在这家面馆，经营手擀面，但生意十分不景气，行将倒闭。

她很想改变这种局面，可是讨教了很多人，听了很多人的主意，有些主意听起来真的不错，但一做起来就发现满不是那么回事。怎么办呢？正当冯虹苦思无计的时候，有一次，她为一位客人下面条，无意间发现锅内的白色高汤中漂着几点红色，仔细一看，才发现是自己擀面条时把几片胡萝卜片粘上去了。她看着在高汤中翻滚的面条，突发奇想：这白汤白面加上点红色的胡萝卜点缀还真好看，我能不能把我的手擀面干脆做成彩色的呢？说不定会受到一向喜欢追新猎奇的南京食客的欢迎。

这样想着，她就开始试验起来。首先，面条是入口食品，肯定不能用化学染色剂，必须采用天然、无污染和可食用的染色材料。她首先想到的是从蔬菜中提取汁液当染色剂。为此，她从菜市场买了一大堆芹菜、紫包菜之类的蔬菜，洗干净后分别将它们瓣碎，放到榨汁机里搅碎，然后兑上水，加上面粉搓揉，最后擀成面条。完了定睛一看，紫色的、绿色的面条流光溢彩，漂亮极了！

冯虹不禁喜形于色，但是，面条一下锅，她的高兴劲儿就没有了。原来用蔬菜汁擀出来的面条漂亮是漂亮，却非常不筋道，一碰就断，吃到嘴里也是一股烂糟糟的味道。这样的面条，连自己都不能接受，更别说让消费者接受了。后来通过请教专家，她才知道问题出在面粉上。因为她过去做面条一向使用精制面，这种面条的纤维较细，加上蔬菜汁等含"杂质"的成分就会比较易碎易断，如果换成粗面粉就不会有这个问题了。冯虹回家一试，果然像专家说的一样。

冯虹的彩色面条终于做出来了，后来专家又给她提供了一种全天然的添加剂，使她做出来的面条既好看又筋道，入口滑溜。冯虹给自己新推出的面条取名彩虹面，一语双关，既指面条，又指面条的发明人。彩虹面上市后，受到顾客的热烈追捧，冯虹的小面馆很快就扭转了经营颓势，开始迈上健康发展的道路。

此后，冯虹还发明出"复合型"的彩虹面，比如，蔬菜中没有灰色和蓝色，她就用白色的牛奶和紫色蔬菜中提取的紫色汁进行混合，调出灰色，然后再用灰色和绿色的蔬菜汁进行搭配，调出蓝色。至于红色，则是从血糯米中提取的，那是她查了许多书才查到的"秘方"。经过艰苦的摸索，冯虹做出了真正的彩虹面，像真正的彩虹一样，一种面条含有七种颜色，而且全部是天然调料，绝无污染，绿色环保。对于冯虹的匠心，许多顾客击节叹赏，说她不像是个开面馆的，简直就像是个艺术家。

（资料来源：创业成功案例分析　https://www.u88.com/article/2160635.html）

案例讨论题：
1. 模仿案例为某物品开发创业机会。
2. 结合案例谈谈如何从现有产品的改良中发现创业机会？

参考文献

[1] 张玉利，陈寒松，薛红志，等. 创业管理[M]. 北京：机械工业出版社，2017.

[2] 李家华，张玉利，雷家骕. 创业基础[M]. 北京：清华大学出版社，2015.

[3] 梅强. 创业基础[M]. 北京：清华大学出版社，2012.

[4] 吴何. 创业管理：创业者视角下的机会、能力与选择[M]. 北京：中国市场出版社，2017.

[5] 黄远征，陈劲，张有明. 创新与创业基础教程[M]. 北京：清华大学出版社，2017.

[6] 杨雪梅，王文亮，张红玉，等. 大学生创新创业教程[M]. 清华大学出版社，2017.

[7] 丁忠明，焦小波，郝喜玲. 大学生创业启程[M]. 北京：机械工业出版社，2018.

[8] 李笑来. 斯坦福大学创业成长课[M]. 天津：天津人民出版社，2016.

[9] 周冰. 创业机会识别：概念和影响因素[J]. 管理纵横，2014(9).17-18.

[10] https://baike.baidu.com/item/%E5%88%9B%E4%B8%9A%E6%9C%BA%E4%BC%9A/7686501?fr=aladdin 创业机会.

[11] https://wiki.mbalib.com/wiki/%E5%88%9B%E4%B8%9A%E6%9C%BA%E4%BC%9A 创业机会.

[12] https://baike.baidu.com/item/%E5%88%9B%E4%B8%9A%E6%84%8F/672349?fr=aladdin 创意.

[13] https://baijiahao.baidu.com/s?id=1581102367561180890&wfr=spider&for=pc 科技创业之简述创业机会识别的三个过程.

[14] http://www.docin.com/bcase/view.do?id=427 创业机会识别方法.

[15] https://wenku.baidu.com/view/d5963716767f5acfa1c7cddc.html 创业者该如何评估创业机会.

[16] https://wenku.baidu.com/view/cdaab608bed5b9f3f90f1cbd.html 评估新创业机会的六大要素.

第 四 章

中小企业创业资源管理

学习目标

- 理解中小企业创业资源的含义和分类
- 了解中小企业创业资源整合的作用
- 掌握中小企业创业资源获取的途径和模式
- 了解中小企业创业资源获取的技能和影响因素
- 掌握中小企业创业资源整合的方式
- 了解中小企业创业资源整合的机制
- 熟悉中小企业创业资源整合的要求

知识结构图

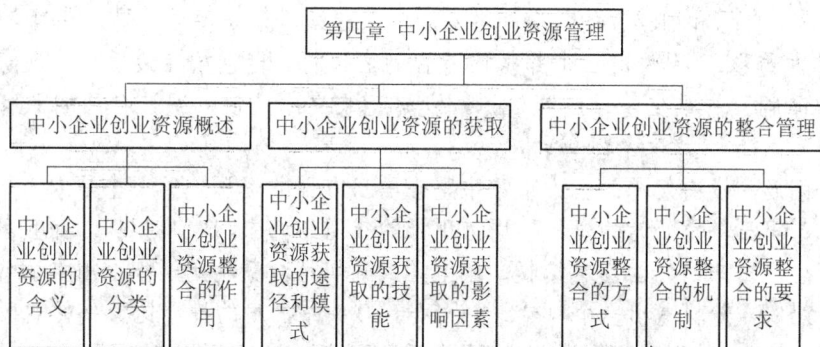

牛根生创业整合资源案例

没有任何资源，难道就不能做事情，不能创业，就不能赚大钱吗？我们不能被眼前的困难吓倒了，要明白一个道理，资源是可以整合的。没有工厂，可以借别人的工厂生产，没有品牌，就先做别人的品牌，然后积累了一定基础后，做自己的品牌，同时也可以整合其他品牌资源。比如说，"怕上火就喝王老吉"，你就说，"上火就喝'降火王'"，当别人喝王老吉的时候，同时也想到你。基本上企业的任何资源都可以整合。现在这个时代，靠一个企业独立经营，单打独斗，力量是十分有限的，一定要整合各方面的资源才能把一个企业做大。

牛根生是这方面的牛人。牛根生刚开始只是伊利的一个洗碗工，凭着自己的勤奋和聪明做到生产部门的总经理。后来因各种原因离开了伊利，但是他那个时候都40多岁了，去北京找工作，人家嫌弃他年纪大。没有办法又回到呼和浩特，邀请原来伊利几个同事一起出来创业。人有了，但是面对的是没有奶源、没有工厂、没有品牌，这些都是致命的问题。

牛根生马上开始资源整合。

第一个问题，没有工厂怎么办？牛根生通过人脉关系找到哈尔滨一家乳制品公司，这家公司的设备都是新的，但是生产的乳制品质量有问题，同时营销渠道这一块没有打通，所以产品一直滞销。牛根生马上找到这家公司的老板说："你来帮我们生产，我们这边都是伊利技术高层，帮忙技术把关，牛奶的销售铺货我们也承包了。"这位老板一听，马上答应下来，于是他们几个一起出来创业的伙伴也有了落脚的地方，解决了生存的问题。

第二个问题，没有品牌怎么办？在乳制品这个行业，没有品牌很难销售，因为品牌代表着安全可靠。借势，整合，打出口号："蒙牛甘居第二，向老大哥伊利学习！"口号一出，让伊利情何以堪，却又哭笑不得。一个不知名的品牌马上挤入全国前列。牛根生不只是盯着伊利，而是把自己和内蒙古的几个知名品牌联系起来，说："伊利，鄂尔多斯，宁城老窖，蒙牛为内蒙古喝彩！"因为前三个都是内蒙古驰名商标，自己放在最后，给人感觉就是内蒙古的第四品牌。牛根生整合品牌资源，没有花蒙牛一分钱，就让自己的品牌成为了知名品牌。

第三个问题，没有奶源怎么办？蒙牛整合了三方面的资源：第一个是农户，第二个是农村信用社，第三个是奶站的资源。用信用社的钱借给奶农，蒙牛担保，而且蒙牛承诺包销路；奶牛生产出来的奶由奶站接收，蒙牛又找到奶站；蒙牛定时把信用社的钱还了，把利润又给了奶农，趁机喊出一个口号："一年养10头牛，过的日子比蒙牛的老板还牛。"

（资料来源：牛根生创业资源整合案例　https://www.douban.com/note/608306843/）

案例启示： 很多事实都证明了当今企业的生存、发展和竞争，不再仅仅是资本的竞争，更加需要依靠对各种资源的整合能力。通过整合资源，创业者能发挥自己的长处，依托整合别人的优势为己所用，才能用更少的成本获得创业成功。

第一节　中小企业创业资源概述

创业就是对创业机会进行识别，并对各类创业资源进行获取和整合的有序活动，可以说，创业资源的获取和整合将伴随创业的全过程。因此，创业者需要了解创业过程中所需要资源的种类，明确各类资源在创业中的重要作用，才能大大降低创业者整合资源的难度。

一、中小企业创业资源的含义

《辞海》上关于资源的定义是生产资料和生活资料的天然来源。而经济学是把为了创造物质财富而投入于生产活动中的一切要素统称为资源，也就是一般意义上的商业资源。2005 年徐绪松教授提出 CSM 新资源理论，认为投入后能够产生效益，包括能够创造经济价值(创造财富)、产生经济增长、建立竞争优势、提高核心竞争力、实现人与自然的和谐、可以持续发展等的东西均称为资源。

创业离不开资源，按照资源基础理论(Resource-Based Theory，RBT)的观点，企业是一系列异质资源的集合体。资源就是任何一个主体，在向社会提供产品和服务的过程中，所拥有或者所能够支配的能够实现自己目标的各种要素以及要素组合(Bamey，1991；Bamey，2001)。创业资源是企业创立以及成长过程中所需要的各种生产要素和支撑条件(林强，2003；林篙，2005)。基于以上观点，本书认为中小企业创业资源是中小企业在新创过程中为获得生存与发展，可获取和利用的各类资源资产的总和，包括各类有形资源和无形资源。对创业企业来说，创业者也是其独特的资源之一。

二、中小企业创业资源的分类

创业是通过整合资源将机会转变为价值的过程，因此，对创业资源进行有效分类将有助于理解资源整合的过程。结合中小企业创业实际，根据创业资源性质，可将创业资源分为政策资源、人力资源、人脉资源、财务资源、技术资源、声誉资源、信息资源等。

(一) 创业政策资源

创业政策是政府制定的鼓励新企业创立、成长的政策和支持措施，目的是促进企业创新和创造。由于中小企业创业过程中较难产生足够的内部资源维持企业运营，因此，获取政府等外部主体的政策支持，可以大大扩展初创企业的生存和成长的空间，提高外部风险的抵御能力。

改革开放 40 余年以来，我国一直维持着快速的经济增长，为促使经济的可持续健康发展，就必须不断推动经济结构的改革，转变增长方式，提高中国企业的综合竞争力，其中的关键就是促进持续的创新和创业。发挥创新和创业精神已经成为全社会的共识。国家领导人多次强调转变经济增长方式和创新创业人才的重要性，确定了创新创业教育的全局性和战略性意义，从中央政府到地方政府，各相关部门出台了很多支持创新创业的政策。

特别是，从 2003 年以来，国家已经出台了一系列促进大学毕业生创业的优惠政策文件，为鼓励和支持高校毕业生自主创业，各省市也在行政审批、税收政策、金融贷款等方面出台了一系列的优惠政策，引导大学生进行专业型创业。

在创业伊始，创业者及其创业团队一方面应积极主动关注各级政府出台的创业政策，另一方面应选择适合自身创业条件、创业行业、创业类型的政策，利用创业政策为创业筹集资源，同时提高创业企业的社会地位。

荀子曰："君子性非异也，善假于物也。"对创业政策的善加利用，能大大提高创业成功的概率。

案例 4-1

不懂政策，怎能吃"螃蟹"

刚从学校毕业的小吴，是第一位从市工商局副局长手中接过"个人独资企业营业执照"的小老板。但是，就在他迈出第一步时，他几乎对国家大幅度放宽私营企业投资条件、降低投资门槛等鼓励政策一无所知，这无疑对跃跃欲试的小吴来说存在着一系列的创业风险。

充分了解国家的有关政策和法规，是对每一个创业者必不可少的要求。不懂规则，怎能行动，盲目出击，又怎会有希望。

(资料来源：浅析 8 个典型创业案例

https://wenku.baidu.com/view/ef13a5a08662caaedd3383c4bb4cf7ec4afeb693.html)

(二) 创业人力资源

彼得·德鲁克说："企业只有一项真正的资源，那就是人。"人力资源是中小企业创业中最为重要的资源。创业者通过努力创造凝聚的条件，可以为企业吸引和留住人才，以利用"外脑"整合人力资源，能使中小企业获得长期持续发展的力量。

创业人力资源包括创业者与创业团队的知识、训练、经验，同时也包括组织及其成员的专业智慧、判断力、视野、愿景等。创业者是新创企业中最重要的人力资源，因为创业者能从外部环境中敏锐地捕捉到市场机会并付诸创业行动。在企业初创过程中，创业者的价值观和信念更是企业的基石。

为实施创业战略，完成创业企业的生产经营目标，创业者或创业团队还需要根据创业环境和条件的变化，运用科学的方法对创业人力资源的需求和供给进行预测、供给、协调，以满足创业企业的需求。

在创业人力资源的利用过程中还需要警惕相关风险，包括因创业者自身特质或管理能力不足产生的风险、因团队建设和管理产生的风险、因群体决策产生的风险、因人力资源的短缺产生的风险等。

(三) 创业人脉资源

人脉资源是一种潜在的无形资产，是永不破产的银行，可以说，在创业过程中人脉资源是当之无愧的第一资源。常言道"一个好汉三个帮"，创业成功离不开人脉网络和人脉支持系统，人脉网络无法一蹴而就，需要长时间地用关心和耐心真诚对待他人，才能建立良好的人脉关系。

人脉资源与其他创业资源相比，具有长期投资性、可维护性和可拓展性、有限性和随机性、辐射性等特质，需要创业者给予高度关注。

人脉资源根据形成的过程可以分为血缘人脉、地缘人脉、学缘人脉和业缘人脉等。

血缘人脉是由家庭、宗族、种族形成的人脉关系。血缘人脉是创业者无法选择的与生俱来的人脉关系，也是创业者拥有的最朴实、最可靠的人脉关系，是第一人脉资源。地缘人脉是因居住地域形成的人脉关系，可以通过变更居住地发生变化。大城市的创业机会更多，大城市有更多的创业资源可供利用，就是指地缘人脉提供的机会和资源。学缘人脉是因共同学习而产生的人脉关系。学缘人脉不仅局限于相处时间较长的小学、中学、大学的同学关系，随着现代交际意识的不断提高，各种短期培训班甚至会议也蕴含了十分丰富的人脉关系资源。业缘人脉是因共同工作或处理事务而产生的人脉关系。业缘人脉不仅仅局限于工作中的同事、上司、下属，一段短暂的共事经历也能形成良好的人脉关系。

对创业者来说，效果最明显的人脉资源首推业缘人脉，即创业者在创业之前，为他人工作时建立的各种人脉资源，主要包括项目资源和人际资源。充分利用业缘人脉，从职业资源入手创业，符合创业活动不熟不做的信条。

(四) 创业财务资源

财务资源一般是指资金资源，是创业企业开展生产经营所必需的资源。资金企业初创需要的初始资本之一，可以说资金资源是企业创建和生存发展的必要条件，从最初建立到生存发展的整个过程都需要财务资源的支持。

财务资源包括资金、资产、股票等。对创业者来说，财务资源主要来自个人、家庭成员和朋友。由于缺乏抵押物等多方面的原因，创业者从外部获取大量财务资源比较困难。此外，创业者可以根据创业项目的特点对外进行融资，例如中小企业进行互联网金融融资，该部分内容详见本书第七章。

(五) 创业技术资源

技术资源是新创企业存在和发展的基石，是生产活动和生产秩序稳定的根本，包括关键技术、制造流程、作业系统、专用生产设备等。创业企业的技术水平往往对企业整体的资源配置方式产生决定性作用，这也是创业企业创新的核心所在。

在创业初期，创业资金需求基本满足的前提下，创业技术资源是最关键的资源。因此，在创业过程中积极寻找、引进具有商业价值的科技成果，加强和高校科研院所的产学研合作，加快产品的研发换代速度，将为创业企业赢得核心竞争力。

技术资源作为创业企业的创新关键资源，一方面需要从企业内部提供创造新技术的平台，另一方面需要对内外部技术加以合理的整合和管理，以便加快研发速度，保持技术的领先性。对中小企业创业来说，技术资源包括：根据自然科学和生产实践经验而获得的各种工艺流程、加工方法、劳动技能等技术；将各种技术付诸实施的生产工具和物资设备；

对生产系统中所有资源进行高效组织和管理的知识、经验与方法。

在中小企业创业过程中，技术资源可以通过自主研发、外购、合作研究等方式获得。但在获得和使用过程中，也需要不断降低技术资源带来的风险，包括战略决策和组织风险、研究开发风险、技术的应用风险、配套技术不确定风险、技术寿命不确定风险等。

(六) 其他创业资源

其他创业资源包括声誉资源、组织资源、信息资源等。

声誉资源和组织资源一般属于战略性资源，是创业企业在创办和经营过程中形成的，其他企业很难模仿，能够给企业带来核心竞争力。声誉资源属于无形资产，包括真诚、信任、尊严、同情和尊重等，是商业关系中商业运营成功的决定性因素。组织资源包括组织结构、作业流程、工作规范、质量系统，通常是指组织内部的正式管理系统，包括信息沟通、决策系统以及组织内正式或非正式的计划活动等。

环境资源对所有创业企业来说都有影响，一般来说创业者不能改变环境资源，只能在创业时更好地选择有利于自身创业的环境资源，尤其是软环境方面的资源。

信息资源对于创业者创业项目选择、团队组建、项目可行性论证等都有着极为重要的意义。创业者在决策之前一定要收集尽可能多的信息资源，利用信息资源进行分析判断，减少创业过程的决策失误。

三、中小企业创业资源整合的作用

创业者获取创业资源的最终目的是为了组织这些资源追逐并实现创业机会，提高创业绩效和获得创业的成功。无论是要素资源还是环境资源，无论它们是否直接参与企业的生产，它们的存在都会对创业绩效产生积极的影响，因此创业者对各项创业资源进行整合利用，将对创业成功起到重要作用。

(一) 有助于提高中小企业核心竞争力

从创业开始，创业者通过有效识别各种创业资源，并对创业资源进行组织和整合，促进创业成长。创业资源整合不仅仅局限在单纯的量的积累上，更应当是各类创业资源重新组合交融。资源整合是创业企业获取竞争力的主要源泉。市场竞争优势常常属于那些善于进行资源整合利用的企业，这种能力要求创业者及其团队能够在对未来发展趋势进行正确预测判断的基础上识别、选择、配置、融合企业内外部各类资源，使企业能最大化的捕捉市场机会，化解各类创业危机，最终获得整体市场优势。

(二) 有助于中小企业的可持续发展

创业之初，企业运营所需资源往往只能依靠创业者通过自身获取。但在创业成长期，由于规模扩张需要，仅仅通过创业者单打独斗获取资源远远不能支持企业发展所需，而外部环境却能为企业提供必需的养料。首先，政策资源能够帮助企业获得足够的人才、贷款、投资及税收优惠等。其次，信息资源能够帮助创业者更好地在广度和深度上加大对信息及时、准确地掌握，进而争取到更多的生产要素资源，把握市场动态趋势，为创业者的决策提供指导和参考。第三，财务资源能帮助新创中小企业更好地抓住海内外投资者的眼光，有效筹措资金。第四，人才资源，特别是对于技术型创业企业来说人才资源更为重要，创业企业要善于对员工进行培训，培养员工创新能力，挖掘员工潜力，为企业的发展奠定基础。第五，组织资源能使创业企业拥有一套完整而高效的管理制度，拥有合理的激励及保险制度，这就有利于企业构建独特的企业文化，培养员工归属感，为企业提供一个好的发展、创新氛围。最后，技术资源能帮助创业企业不断推出新品，吸引更多消费者，为企业提高竞争力。

(三) 有助于提高创业企业管理效率

创业企业对内外部资源进行整合有助于不断根据现有条件调整管理模式，提高企业内部管理的科学性、合理性，提高了创业企业的管理效率。与此同时，内外部资源的整合能帮助创业企业提高制定和实施战略的精准度，大幅提高创业企业生存和发展的概率。

第二节　中小企业创业资源的获取

创业资源的获取是在识别资源的基础上，得到所需资源并将其用于创业过程的行为。中小企业创业者应当了解创业资源的获取途径、模式，了解影响获取创业资源的因素，进而在适当的时间获得适合企业的创业资源。

一、中小企业创业资源获取的途径和模式

(一) 中小企业创业资源获取的途径

获取创业资源的途径可以分为市场途径和非市场途径两大类。市场途径是指通过支付全额费用在市场上购买相关资源；非市场途径则指通过社会关系，用最小的代价甚至是无偿获取资源。一般来说，创业者自有资源往往是非市场途径获取的。由于起步阶段的创业者及团队往往囊中羞涩，很难通过市场途径获取创业所需的各种外部资源，因而非市场途径——通过社会关系，用最小的代价获取创业资源成为创业者首选，甚至无偿获取创业资源也并非不可能。获取外部资源的关键在于拥有资源使用权或能控制和影响资源配置。对于特定的创业资源，应当根据创业项目及创业者、创业团队的实际情况综合考虑其获取的方法，包括多管齐下。创业资源获取的关键往往取决于软实力。无形资源往往是撬动有形资源的重要杠杆。

1. 通过市场途径获取创业资源

通过市场途径获取资源的方式包括购买、联盟和并购等。

购买是指利用财务资源通过市场购入的方式获取外部资源，主要包括购买厂房、装置、设备等物质资源，购买专利和技术，聘请有经验的员工等。需要注意的是，诸如知识尤其是隐形知识等资源虽然可能附着在非知识资源之上，通过购买物质资源(如机器设备等)得

到，但很难通过市场直接购买，因此，需要新创企业通过非市场途径去开发或积累。对创业者来说，购买资源可能是其最常用的资源获取方式。大部分资源，尤其是物质资源、技术资源、人力资源等都可以通过从市场上购买的方式得到。

联盟是指通过联合其他主体，对一些难以或无法自己开发的资源实行共同开发。这种方式不仅可汲取显性知识资源，还可汲取隐形知识资源。但联盟的前提是联盟双方的资源和能力互补且有共同的利益，而且能够对资源的价值及其使用达成共识。通过联盟的方式共同研究、开发、获取技术资源也是创业者经常采用的方式，尤其是对于高科技企业发展所需要的技术资源，是企业保持可持续发展的后劲。

资源并购是通过股权收购或资产收购，将企业外部资源内部化的一种交易方式。资源并购的前提是并购双方的资源，尤其是知识等新资源具有比较高的关联度。并购是一种资本经营方式，通过并购可以帮助创业者缩短进入一个新领域的时间，从而及时把握商机，实现创业目标。

2. 通过非市场途径获取创业资源

非市场途径获取创业资源的方式主要有资源吸引和资源积累等。

资源吸引指发挥无形资源的杠杆作用，利用新创企业的商业计划，通过对创业前景的描述，利用创业团队的声誉来获得或吸引物质资源(厂房、设备等)、技术资源(专利、技术等)、资金和人力资源(有经验的员工)。创业者在接触风险投资或技术拥有者的过程中，可以通过对创业前景的描述或团队良好声誉的展示，获得资源拥有者的信任和青睐，从而吸引其主动将拥有的资源投入到创业企业之中。

资源积累指利用现有资源在企业内部通过培育形成所需的资源，主要包括自建企业的厂房、装置、设备，在企业内部开发新技术，通过培训来增加员工的技能和知识，通过企业自我积累获取资金等。中小企业创业者通常会采用资源积累的方式来筹集企业所需的人力资源和技术资源。通过资源积累的方式获取人力资源可以作为一种激励方式，激发创业团队或企业员工的工作积极性，提高工作效率；通过资源积累的方式获取技术资源，则可以在获得核心技术优势的同时，保守商业秘密。

通过市场途径还是非市场途径取得创业资源，主要依赖于资源在市场的可用性和成本等因素。若证明快速进入市场能够带来成本优势，则外部购买可能就是获得创业资源的最佳方法。

获取资源贯穿创业的全过程，在中小企业创业的初始阶段，它具有更加重要的作用。对于多数新创企业来说，由于初始资源禀赋的不完整性，创业者需要花费更大的力气获得优秀资源拥有者的信任和认可，进而获得相应资源。

(二) 中小企业创业资源获取的模式

创业者开创企业的初始条件不同，其获取资源的模式也将有所不同。典型的创业资源获取模式有技术驱动型的资源获取模式、人力资本驱动型的资源获取模式以及资金驱动型的资源获取模式。

1. 技术驱动型的资源获取模式

技术驱动型的资源获取模式是指创业者利用拥有的技术资源带动其他资源向企业聚

集。在该模式下，创业者以拥有的核心技术为基础，根据技术开发的需要获取、整合和利用其他资源。大学生创业或新创高新技术企业大多采用这一模式。

2. 人力资本驱动型的资源获取模式

人力资本驱动型的资源获取模式是指创业者以所拥有的团体资源为基础，通过团队特长的发挥来获取、整合和利用其他资源。职业经理人的创业大多采用这一模式。此外，工作一段时间后再创业的创业活动很多也是利用在原工作单位的业缘资源及积累的工作技能为基础，组建一个志同道合的创业团队，然后再寻找合适的创业项目，促成创业成功。

3. 资金驱动型的资源获取模式

资金驱动型的资源获取模式是指创业者利用拥有的资金资源带动其他资源向企业聚集。在该模式下，创业者以拥有的资金为基础，通过寻找和资金匹配的项目，并获取、整合和利用开发该项目所需的各类资源。企业内部二次创业大多采用资金驱动型的资源获取模式，在资金充裕的情况下，通过发现新商机，进而通过新产品的研发或新技术的购买开始新一轮的创业活动。

二、中小企业创业资源获取的技能

为了保证创业企业及时有效获得适当的创业资源，创业者需要掌握一定的创业资源获取技能。

(一) 知人善任技能

管好"一群人"，用好"一群人"，需要创业者知人善用，而知人善用的前提条件是"容才"。在获取资源的过程中，光靠创业者一人是无法完成企业所需资源的获取以及整合工作的。创业者必须善于发现人才、善于培养人才、容纳爱惜人才，只有这样才能充分调动员工的聪明才智和积极主动精神，在创业资源的获取过程中愿意积极为企业谋取利益。知人善用，能使创业者的组织指挥能力得到充分发挥，能使各要素与环节准确无误地高效运转；知人善任，还必须建立起和谐的内外部环境，创业者要善于妥善安置、处理与协调内部的人际关系，树立起自身和企业的良好形象。只有管好了"一群人"，才能推动财务管理、质量管理、信息管理、合同管理等工作不断创新和良性发展，才能为获取资源提供组织保障。

(二) 平衡技能

创业资源对初创企业来说非常重要，但并不是所有的资源都是适合企业的资源。创业者在筹集资源时应坚持平衡原则，只有那些既能满足自己需求又是自己可以支配并使其充分发挥作用的资源，才是真正需要花费代价去筹集的资源。

此外，对创业者而言，应坚持平衡原则，把握付出与所获之间的合理尺度才能高效地利用企业有限的现有资源。因此，在筹集创业资源的时候应本着"够用"的原则，一方面，资源的有限性使创业者难以筹集过多的资源；另一方面，当使用资源的收益不能够弥补其成本时，资源的使用并不能给企业带来效益，反而会成为企业健康发展的负担。因此，掌握平衡技能，将企业需求和企业能力平衡匹配，将资源成本和资源收益平衡匹配才能真正发挥创业资源的最大效用。

(三) 沟通技能

所谓沟通技能，是指创业者具有收集和发送信息的能力，能通过书写、口头与肢体语言的媒介，有效、明确地向他人表达自己的想法、感受与态度，亦能较快、正确地解读他人的信息，从而了解他人的想法、感受与态度。

沟通技能涉及许多方面，如简化运用语言、积极倾听、重视反馈、控制情绪等等。虽然拥有沟通技能并不意味着创业者能够获取创业资源，但缺乏沟通技能又会使创业者在获取资源的过程中遭遇障碍。

在获取资源的过程中，与各方面沟通是必不可少的。因此创业者及其团队必须与各方建立顺畅的沟通机制，并培养和建设一支富有沟通能力的团队负责与各方面进行沟通，这是能否及时获得创业资源的关键因素之一。

(四) 信息获取与利用技能

所谓信息获取和利用技能是指创业者在社会生活或创业过程中捕捉、吸收和利用信息的一种潜在能力，包括信息接收、捕捉、判断、选择、加工、传递、吸收、利用、搜集与检索能力。

信息获取能力首先表现为创业者了解和熟悉各种信息源，掌握创业资源信息产生的动态和信息传输的渠道。特别是在信息爆炸的网络时代，关于创业资源的各类信息的发生源和传播途径非常复杂、广泛。例如，随着网络的快速发展，各个网站尤其是知名的网站也成为信息传播的重要渠道，成为创业者信息获取必须考虑的重要信息源之一。创业者如果能够快速、准确地判断自己所需创业资源的信息处于什么位置，可从什么渠道、采用什么方法、手段获取，就能够有的放矢地组织策划自己的信息获取方案，既能提高信息查找的速度，保证创业资源信息获取的全面、准确性，也能及时获取创业资源。

其次，信息获取能力表现为创业者能够掌握并应用多种信息检索工具。信息载体的多样性和信息渠道的复杂性，导致仅凭经验进行判断搜索的信息获取方式必然是低效率的，甚至是无效率的。创业者必须熟练运用各种信息检索工具，才能快速、准确地获取创业资源信息。无论是在浩如烟海的传统文献中，还是在错综复杂的网络信息中，不掌握必要的检索工具、搜索引擎及其运用的方法，查找稍纵即逝的创业信息无异于大海捞针，会不会有效利用信息工具往往成为创业者提高创业资源信息获取效率的关键因素。

第三，信息获取能力包括创业者熟练运用获取多种信息的技能。掌握一定的信息检索原理和方法，充分发挥逻辑思维分析和判断能力，能够准确、快速地构筑信息查找的策略，是创业资源信息获取能力的更高要求之所在。

第四，许多创业资源信息是隐藏在其他信息之中的，更有许多创业资源信息的真正价值是不易被发现和利用的，因此高端的信息获取能力还包括创业者信息挖掘能力，就是一种从无边无际的信息源中提取隐藏的、潜在的有效信息的能力。利用这种能力能够在创业资源信息价值尚未被他人所认识之前将其筛选、甄别、提炼出来，领先获得创业资源。

(五) 创业者资源整合技能

新创企业资源整合技能是指在创业过程中以人为载体，在资源整合过程中所表现出的对资源的识别、获取、配置和利用的主体能力。

创业资源在未整合之前大多是零散的、一般性的商业资源，要发挥其最大的效用，转化为竞争优势，为企业创造新的价值，就需要新创企业运用科学方法将不同来源、不同效用的资源进行优化配置，使有价值的资源充分整合起来，发挥"1+1>2"的放大效应。

资源整合能力在创业的各个阶段发挥着极为重要的作用。在创业起步阶段，资源整合能力影响并决定了创业者对创业机会的评估、识别与开发，同时帮助创业者摆脱资源约束，取得所需资源；生存与成长阶段新创企业需要筹措更多的资源来满足自身的发展，创业者资源整合能力会对新创企业成长过程的战略决策与运营能力产生重要影响，资源整合的深度与广度将保障组织运作的持续性，进而影响创业绩效。

(六) 杠杆技能

尽管存在资源约束，但创业者并不应被当前控制或支配的资源所限制。成功的创业者善于利用关键资源的杠杆效应，利用他人或者别的企业的资源来完成自己创业的目的：用一种资源补足另一种资源，产生更高的复合价值；或者利用一种资源撬动和获得其他资源。例如，腾讯众创空间这种平台也不只是一味地积累资源，他们更擅长于资源互换，进行资源结构更新和调整，积累战略性资源，这是创业者需要学习的经验。

三、中小企业创业资源获取的影响因素

资源获取是在确认并识别资源的基础上，得到所需资源并使之为创业服务的过程，创业资源的获取对于创业的成功非常重要。资源获取不仅决定着能否把创业设想转化为行动，而且决定着企业这一契约组织的形成方式。影响中小企业创业资源获取有创业导向、创业者的资源禀赋、外部环境条件和政府政策支持、资源配置方式、社会网络等因素。

(一) 创业导向

创业导向是创业者在经营、实践和决策的过程中所采取的创新、承担风险、抢先行动、主动竞争和追求机会的一种态度或意愿。这种态度或意愿会导致一系列的创业行为。创业导向会通过促进机会的识别和开发，进而促进对资源的获取。

创业导向强调如何行动，是创业精神的表现过程，即创业导向的企业能自主行动，具备创新和风险承担的态度，面对竞争对手时积极应战，面临市场机会时超前行动。企业追求机会所表现出的创业导向，驱使企业寻求与整合资源，并创造财富。

因此，创业者要注重创业导向的培育和实施，充分关注创业者特质、组织文化和组织激励等影响创业导向形成的重要因素。

(二) 创业者的资源禀赋

创业者的资源禀赋是指创业者所具有的与创业相关的自身素质和外在关系的总和，主要包括创业者的经济资本、社会资本和人力资本，它们能够为创业行为和新创企业生存与

成长提供有价值的资源。

企业家资源禀赋被认为在创业的过程中十分重要，是创业的关键资源，甚至在一定程度上决定新创企业的资源构成特征。

(三) 外部环境条件和政府政策支持

创业活跃程度的一个重要决定因素是创业的环境条件。创业环境与创业活跃程度呈很强的正相关关系。创业企业与创业环境有着密切的关系，而这种关系的核心是创业企业资源的需求和创业环境资源的供给所具有的有机联系。

创业水平和创业资源受到外部环境因素的影响极大，尤其政府的法规政策。创业环境好的地方一般会呈现较高的创业活动水平，而政府创业政策作为创业环境的重要内容是直接影响一个国家和地区创业活动水平的重要手段。

(四) 资源配置方式

资源配置是指人们对相对稀缺的资源在各种不同用途上加以比较做出的有利选择。在创业过程中，资源总是表现出相对稀缺性，创业者不可能获取到所有资源用以开发创业机会。因此要求创业者对相对有限的、稀缺的资源进行合理配置，充分利用好已有的资源、身边的资源、别人不予重视的资源，发挥资源的杠杆撬动作用。

资源的配置方式有市场交易与非市场交易两种。在市场经济条件下，大多数资源可以通过市场交易得到。但是，由于资源的异质性、效用的多样性和知识的分散性，人们对于同样资源往往具有不同的效用期望，有些期望难以依靠市场交易得到满足。因此，如果资源配置方式得以创新，将更好地满足资源所有者的期望，创业者就有可能从资源所有者手中获取资源使用权，得以开展生产经营活动。

(五) 社会网络

社会网络是多维度的，能够提供企业正常运转所需的各种资源，也是新创企业最重要的资源之一。社会网络是隐形知识传播的重要渠道，它能通过促进信息(包括技能、特定的方法或生产工艺等)的快速传递而协助组织学习，同时还可以大大降低企业的交易成本，帮助获取与企业需求相匹配的资源。因此社会网络对于创业资源的获取具有重要意义。

对于在社会网络中处于优势地位的创业者，依托较好的社会关系，可以选择了解不同对象的效用需求，有针对性地对不同对象传递商业创意的不同方面，有目的地获取不同资源所有者的理解和信任，最终成功地从不同网络成员处获取所需的不同资源，为自己的资源整合创新提供可能。

案例 4-2

没钱也可以开店

张××性格开朗，待人热情，头脑灵活，善于社交，有一定的管理能力。他酷爱电脑并且做着电脑的生意，兜里也有一些积蓄，身边又结识了众多的电脑爱好者。由于当今的网络已成为年轻人生活的一部分，因此张××就瞄准了一个挣钱的机会——开一家网吧。但是，自己积蓄的钱又不够，经过仔细分析和市场调研后，张××和几个朋友一起在一个交通便利又比较热闹的地段，开了一家规模较大的网吧。一年后，张××不仅收回了本钱，自己又开了一家分店。

张××的成功归功于他对自己有清醒的认识，对市场需求有充分的了解，同时借助于和朋友合作，既解决了资金问题，又壮大了个人的实力，将自己的优势有效地与外部条件结合起来，成为一个成功的创业者。

对于每一个创业者而言，永远要面对的困难，就是资源的匮乏，但是，成功的创业者总是能够利用自己仅有的资源，巧妙地与其他资源整合，张××不仅有勇，还有谋——资源整合的意识。

https://wenku.baidu.com/view/ef13a5a08662caaedd3383c4bb4cf7ec4afeb693.html）

第三节　中小企业创业资源的整合管理

在创业企业发展过程中，对各种资源进行有效的整合利用，对其发展有着重要作用。如果不能进行资源整合利用，企业拥有和获得的各种创业资源就无法发挥作用，还可能影响企业的形象。在激烈的竞争中，如果空有丰富资源却无法使其发挥效益，将使得外界质疑企业能力，并且会影响创业企业的发展。企业要学会对创业资源进行整合利用，使其发挥最大化作用，提高竞争力。同时，只有对企业内部资源进行整合利用，使内部运作合理化，没有资源闲置，才能推进企业发展。现今企业之间的竞争，就是看谁能用各类资源为自己的企业带来最大的利益，资源整合能力的较量已成为企业一个新的竞争视角。

一、中小企业创业资源整合的方式

现代企业制度能够将一切稀缺资源的价值用企业股权的形式表达出来，这种资源资本化的表达方式最有利于资源的优化配置。资本市场的运作过程就是资源达到优化配置的过程，因此在各类资源整合方式中，通过资本纽带进行的整合将是最牢固、最有效、最高级的整合方式。目前，中小企业创业资源整合方式主要有三大类。

（一）创业企业之间的资源整合

创业企业的产生，必然具备一定的核心能力，同时也不可避免地存在很多不足。因此，同行之间以及产业上下游创业企业之间通过策略联盟或者股权置换等方式进行资源互补型整合，可以实现彼此之间在人力资源、物质资源、财务资源、技术资源、信息资源等方面的优势互补，对内相互支持，对外协同发展，形成一定范围内的利益共同体，抱团发展企业。

（二）创业企业与产业资本之间的资源整合

在资本的循环运动中，依次采取货币资本、生产资本和商品资本形式，接着又放弃这些形式，并在每一种形式中完成着相应职能的资本，就是产业资本。通过创业企业与产业资本的整合可以形成产业群落。产业群落由一批创业企业和几个核心企业组成，以核心企业为中心，产业的上、中、下游企业之间彼此搭配、衔接，产供销联成一体，形成群体的竞争优势。同时通过产业群落内企业间的竞争合作，将促进大批企业的形成和发展，产业群落不断更新。在这样的产业群落中，创业企业依托产业群落涌现，一部分为核心企业提供产品和材料，扮演供应商的角色；一部分成为核心企业的客户，帮助核心企业销售产品，回收资金；一部分则能成功发展成为核心企业。创业企业可以在产业群落内实现创业资源的整合利用。

(三) 创业企业与金融资本之间的资源整合

创业企业可以通过与金融资本的整合，筹集发展资金，加快成长速度。创业企业与融资资本的整合方式理论上可以分为债务融资和股权融资两大类。对于中小创业企业来说，由于它们缺乏足够可抵押资产，通过债务方式融资困难较大。因此，股权融资是中小创业企业与金融资本整合的现实选择，而一个高效的资本市场是创业企业进行股权融资的必要条件。

二、中小企业创业资源整合的机制

创业者要有效地、长期地保证从创业过程中获得适当的创业资源，就需要建立以利益相关者为核心的资源整合机制。

(一) 利益相关者及利益的识别机制

利益相关者之间的利益关系有时是直接的，有时是间接的，有时是显性的，有时是隐性的，有时甚至还需要在没有的情况下创造出来。另外，有利益关系也并不意味着能够实现资源整合，还需要找到或发展共同的利益，或者说利益共同点。为此，识别到利益相关者后，逐一认真分析每一个利益相关者所关注的利益至关重要，多数情况下，将相对弱的利益关系变强，更有利于资源整合。因此，整合资源需要关注有利益关系的组织或个人，要尽可能多地找到利益相关者。同时，分析清楚这些组织或个体和自己以及自己想做的事情的利益关系，利益关系越强、越直接，整合到资源的可能性就越大，这是资源整合的基本前提。

(二) 与利益相关者的共赢机制

资源通常与利益相关，创业者之所以能够从家庭成员那里获得支持，就因为家庭成员之间不仅是利益相关者，更是利益整体。既然资源与利益相关，创业者在整合资源时，就一定要设计好有助于资源整合的利益机制，借助利益机制把包括潜在的和非直接的资源提供者整合起来，借力发展。因此，当创业企业与利益相关者有了共同的利益或利益共同点，并不意味着就可以顺利实现资源整合。资源整合是多方面的合作，切实的合作需要对各方面利益真正能够实现的预期加以保证，这就要求寻找和设计出多方共赢的机制。对于在长期合作中获益、彼此建立起信任关系的合作，双赢和共赢的机制已经形成，进一步的合作并不很难。但对于首次合作，建立共赢机制尤其需要智慧，要让对方看到潜在的收益，并为了获取收益而愿意投入资源。因此，创业者在设计共赢机制时，既要帮助对方扩大收益，也要帮助对方降低风险，降低风险本身也是扩大收益。

（三）与利益相关者的信任机制

资源整合以利益为基础，需要用沟通和信任来维持。信任是社会资本的重要因素，是维持合作的基本条件。当信任产生的时候，资源提供者和使用者双方才能形成相互交托的关系，后续的资源才会源源不断。

信任可以按照不同的标准进行分类，如按照信任的基础可以分为人际信任和制度信任。创业者必须认真区分不同的信任关系，认识信任在资源整合中的重要性，应尽快从早期的家族信任过渡到泛家族信任，建立更加宽泛的信任关系，以获取更大规模的社会资本。

信任关系建立起来以后，创业企业应建设与利益相关者的信任机制，完成信任保持和发展的任务。信任机制的建设主要包括：资源投入成果的透明化，给资源提供者一个明确的未来，让资源提供者能持续了解信息，增强投入信心；沟通的常规化，通过和资源提供者的互动，让对方了解企业资源使用的目的及方式，便于对方及时提供资源支持。

三、中小企业创业资源整合的要求

中小企业创业资源整合要求将各种优势资源进行集中与互补，是对各种市场要素的配置与重组，资源整合是创造价值的一种重要手段和支撑，是创新理念和创新战略的有效推进和实施。同时，创业企业资源整合还是新的发展战略的关键，如果整合得不好，其后果是难以预料的。况且，对于一般规模的现代企业来讲，资源总是有限的，这就要求企业必须对资源进行最优化的整合，达到事半功倍的效果。

（一）创业资源整合应理清"资源"范畴

1959 年潘罗斯(Edith Penrose)在《企业增长理论》提出"基于资源的企业理论"(Resource-Based View of the Firm)，随着"基于资源的企业理论"的发展，人们的注意力从对企业产出的研究引向对企业投入的研究，开始将企业的竞争优势和企业内部的因素挂钩，使企业理论在打开企业"黑箱"方面迈出了重要的一大步。但是由于潘罗斯将企业能力归于资源的最优配置和使用，而没有加以限制，因此，基于资源的企业理论往往把所有的东西，包括有形的和无形的，都往"资源"的概念里放，结果使企业在资源整合过程中往往因为概念边界模糊造成配置优化困难。

因此，在创业资源整合过程中，企业有必要对适合进行整合的"资源"进行分类和识别，弄清楚资源的概念和定义，以保证在整合过程中能对资源进行有效的可执行的优化配置。

（二）创业资源整合应加大"无形资产"配置

创业企业在进行资源整合时往往刻意追求有形资源的规模与档次，结果并未达到预期的目的。出现这类问题的根源就在于企业忽略了无形资源的内在重要作用，特别是企业所拥有的知识量。

与有形的资源不同，知识和技能不仅可以用于为创业企业赚取"李嘉图租金"和"张伯伦租金"，精心管理的组织学习还能够不断地创造"熊彼特租金"(Schumpeterian Rent)，即基于创新的经济租金(熊彼特租金主要是通过在一个不确定性很高或者非常复杂的环境中承担风险和形成独创性的洞察力来获得)。事实证明，生产过程中涉及的物理要素，比如机器、劳动力和原材料，即使是非常稀缺的，除非被拥有知识的人有意识地用于寻求经济租金，否则不可能产生任何生产力，唯有知识和技能是企业可持续竞争力的根本源泉。因此，创业企业获得的组织知识以及相应的企业能力将为企业带来丰厚的回报，是创业资源的重要组成部分。

(三) 创业资源整合应加大对内部资源的关注

很多初创企业在创业资源整合上重外不重内，导致企业内部与外部环境不能交互作用而缺乏动态适应性。此类问题在企业中比比皆是。不少企业在不断地思考如何将外部资源进行整合，并迅速取得某种成效，其结果往往表现出短期效应。产生这类问题的原因就在于企业在资源整合上并没有将企业内部过程作为基本分析单位。

企业在进行创业资源整合时研究企业内部资源，有利于综合考虑企业内部状态与市场竞争的交互作用，使资源整合成果能与企业状况相适应，有利于激发企业内部潜力，发挥资源融合的作用。

(四) 创业资源整合应强调"全局观"

企业在进行创业资源整合过程中，因受制于各种因素，往往希望通过某一局部优化，达到朝花夕果的快速效果。但是企业是"整体"，只有采用整体视角，在资源整合过程中涵盖与企业能力建立相关的整个过程，整合企业的内部知识、产品的生产过程、外部的交易过程所涉及的资源，企业才能获得整合、塑造和重组内部和外部竞争力以应对不断变化的环境的整体能力。

如果将企业割裂成不同"局部"，企业的创业资源的整合将无法适应企业的战略联盟、企业网络以及企业界面的不断变化，无法有效提升企业竞争力。

(五) 创业资源整合应符合企业自身需求

企业在进行创业资源整合时如果一味模仿他人的模式，或在此基础上加以改良成为自己的模式，将由于缺乏对本企业能力的透彻认识导致结果不尽如人意。

每个创业企业的运营过程往往都是内隐的和复杂的，企业的核心能力具有很强的异质性或企业专有性，难以分类。一些已有的企业能力分类，如配置能力、交易能力、管理能力等，都过于宽泛和理论化。创业资源的配置对每个企业来说都是创新活动，而创新是没有定式并且永无止境的，因而企业能力与具体时点不同的创新环境高度相关，具有很强的环境依赖性。

因此，企业创业资源整合应该结合企业自身特有的条件和特征进行整合模式的选择和创新，不断进行建设性学习，力求整合模式富有"创造力"，促进资源整合成果与企业发展的动态均衡。

案例 4-3

资源不足下的创业

谭×、陈×，湖南大学机械制造 05 级学生，拥有一家名为"星星"的碟店，从事影碟的出租和电脑软件及游戏碟的出售。

谭×、陈×于 2007 年 9 月盘下一家碟店，开始创业。星星碟店为两间小木屋，店内出租用的碟片大部分是以前经营者留下来的，租金是每月 330 元，水电费另算，目前经营正常，但经营业绩有下滑的趋势。两人都有较强的管理能力，曾做过一些保健产品的促销。两人最初的创业目标并不是经营碟店，而是食品及保健品的销售，但由于目前资金及人力资源的限制而选择经营碟店来积累资金和经验。谭×为加强创业能力，正在辅修工商管理和商务英语。碟店现阶段面临的困难主要是市场需求饱和，DVD-9 类影碟的出售逐渐取代了原有 DVD 影碟的出租，造成原有碟片的淘汰，损耗了较多成本。

(资料来源：四个经典在校大学生创业案例分析　http://www.795.com.cn/wz/91746_2.html)

本章回顾

中小企业创业资源是中小企业在新创过程中为获得生存与发展，可获取和利用的各类资源资产的总和，包括各类有形资源和无形资源。

创业是通过整合资源将机会转变为价值的过程，因此，对创业资源进行有效分类将有助于理解资源整合的过程。结合中小企业创业实际，根据创业资源性质可将创业资源分为政策资源、人力资源、人脉资源、财务资源、技术资源、声誉资源、信息资源等。无论是要素资源还是环境资源，创业者对各项创业资源进行整合利用将对创业成功起到重要作用。

获取创业资源的途径可以分为市场途径和非市场途径两大类。典型的创业融资获取模式有技术驱动型的资源获取模式、人力资本驱动型的资源获取模式以及资金驱动型的资源获取模式。

为了保证创业企业及时有效获得适当的创业资源，创业者需要掌握一定的创业资源获取技能，包括知人善任技能、平衡技能、沟通技能、信息获取与利用技能、创业者资源整合技能和杠杆技能。影响中小企业创业资源获取有创业导向、创业者的资源禀赋、外部环境条件和政府政策支持、资源配置方式、社会网络等因素。

因此在各类资源整合方式中，通过资本纽带进行的整合将是最牢固、最有效、最高级的整合方式。目前，中小企业创业资源整合方式主要有创业企业之间的资源整合、创业企业与产业资本之间的资源整合以及创业企业与金融资本之间的资源整合三类。

创业者要有效地、长期地保证创业过程中获得适当的创业资源，就需要建立以利益相关者为核心的资源整合机制，包括利益相关者及利益的识别机制、与利益相关者的共赢机制以及与利益相关者的信任机制。

中小企业创业资源整合要求创业资源整合应理清"资源"范畴、应加大"无形资产"的配置、应加大对内部资源的关注、应强调"全局观"、应符合企业自身需求。

讨论与思考

1. 什么是中小企业创业资源？有哪些种类？
2. 中小企业创业资源获取的途径有哪些？
3. 创业者获取创业资源需要具备什么技能？
4. 创业者获取创业资源的影响因素有哪些？试举例说明。
5. 举例说明中小企业创业资源整合的主要方式。
6. 简述中小企业创业资源整合的机制。
7. 结合实际谈谈中小企业创业资源整合的要求。

案例分析

"飞机"与"汽车"合璧

四川航空公司一次性从风行汽车订购了150台风行菱智MPV。四川航空公司此次采购风行菱智 MPV 主要是为了延伸服务空间，挑选高品质的商务车作为旅客航空服务班车来提高在陆地上航空服务的水平。为此，川航还专门制定了完整的选车流程。作为航空服务班车除了要具备可靠的品质和服务外，车型的外观、动力、内饰、节能环保、操控性和舒适性等方面都要能够达到服务航空客户的基本要求。

四川航空公司向风行汽车购买了150辆休旅车，用于提供上述免费的接送服务，其中还包含了一个有趣的商业模式！原价一台14.8万元人民币的休旅车，四川航空公司要求以9万元的价格购买150台，提供给风行汽车的条件是，四川航空公司令司机在载客的途中给乘客提供关于这台车子的详细介绍。简单地说，就是司机在车上帮车商销售汽车，在乘客的乘坐体验中顺道带出车子的优点和车商的服务。

那么去哪里找司机？

在四川有很多人想要当出租车司机，但是从事这行除了要先缴一笔可观的保证金，还要自备车辆，四川航空公司征召了这些人，以一台休旅车17.8万元的价钱出售给这些准司机，并告诉他们只要每载一个乘客，四川航空公司就会付给司机25元钱！

到目前为止，四川航空公司已经进账了1320万元，即(17.8万–9万)×150台车子=1320万元。但司机为什么要用更贵的价钱买车？因为对司机而言，比起一般出租车要在路上到处晃呀晃地找客人，四川航空提供了一条客源稳定的路线，这样的诱因当然能吸引到司机来应征!

接下来，四川航空推出了只要购买五折票价以上的机票，就送免费市区接驳的活动，一个资源整合的商业模式已经形成。

对乘客而言，不仅省下了 150 元的车费，也省下了解决机场到市区之间的交通问题，划算! 对风行汽车而言，虽然以低价出售车子，不过该公司却多出了 150 名业务员帮他卖车子，并省下了一笔广告预算，换得一个稳定的广告通路，划算! 对司机而言，与其把钱投资在自行开出租车营业上，不如成为四川航空的专线司机，获得稳定的收入来源，划算! 对四川航空公司而言，首先这 150 台印有"免费接送"字样的车子每天在市区到处跑来跑去，让这个优惠讯息传遍大街小巷; 其次与车商签约在期限过了之后就可以开始酌收广告费(包含出租车体广告); 最后，四川航空公司获得了 1320 万元，划算!

当这个商业模式形成后，根据统计四川航空平均每天多卖了 10000 张机票。回想一下，四川航空付出的成本有多少? 从这个案例可见，资源整合具有多么惊人的效益!

(资料来源: 企业资源整合案例 http://www.xspic.com/lizhi/chenggonganli/1658993_2.htm)

案例讨论题:

1. 该案例中资源整合涉及哪些主体?
2. 根据案例，你认为应该如何看待互利的"交换系统"式资源整合?

参考文献

[1] 王艳茹，王兵. 创业资源[M]. 北京: 清华大学出版社，2014.

[2] 张玉利，陈寒松，薛红志，等. 创业管理[M]. 北京: 机械工业出版社，2017.

[3] 李家华，张玉利，雷家骕. 创业基础[M]. 北京: 清华大学出版社，2015.

[4] 梅强. 创业基础[M]. 北京: 清华大学出版社，2012.

[5] 吴何. 创业管理: 创业者视角下的机会、能力与选择[M]. 北京: 中国市场出版社，2017.

[6] 黄远征，陈劲，张有明. 创新与创业基础教程[M]. 北京: 清华大学出版社， 2017.

[7] 杨雪梅，王文亮，张红玉，等. 大学生创新创业教程[M]. 北京: 清华大学出版社，2017.

[8] 丁忠明，焦小波，郝喜玲. 大学生创业启程[M]. 北京: 机械工业出版社，2018.

[9] 李笑来. 斯坦福大学创业成长课[M]. 天津: 天津人民出版社，2016.

[10] https://baike.baidu.com/item/%E4%BC%81%E4%B8%9A%E8%B5%84%E6%BA%90%E6%95%B4%E5%90%88/12742367 企业资源整合.

[11] https://wenku.baidu.com/view/9e5154d2227916888586d751.html 创业者就业者主要的素质和能力.

[12] https://wenku.baidu.com/view/912dff20a216147917112843.html 浅谈创业过程之资源整合重要性.

第 五 章

中小企业商业模式设计

学习目标

- 了解中小企业商业模式的含义
- 了解中小企业传统商业模式的弊端
- 掌握中小企业商业模式的构成要素和成功特征
- 了解中小企业商业模式设计的时代背景
- 熟悉中小企业商业模式设计的发展趋势及常见"互联网+"商业模式
- 熟悉中小企业商业模式的设计原则
- 掌握中小企业商业模式的设计方法
- 掌握中小企业商业模式的设计步骤

知识结构图

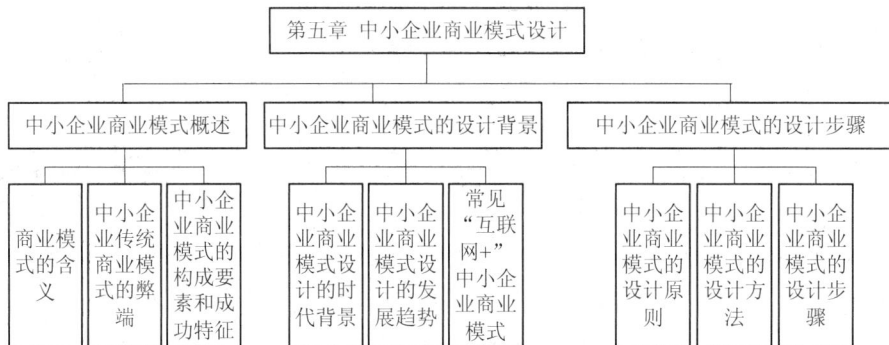

"好邦客"车行逻辑

1. 基本概况

"好邦客"是什么？在国内，有这么一家车行，将国外的汽车银行俱乐部与中国民间的互助会两种形式混合，凭借"比租车更便宜，比买车更方便"的理念，帮助工薪族实现了用车的梦想。这个车行开在长沙，名叫"好邦客"。

"好邦客"庞大的潜在消费群是想拥有座驾，无奈囊中羞涩的工薪族。他们只要办理入会手续，到指定银行缴纳 15000 元保证金并办理储蓄卡就可以成为会员，按正常程序享受租车服务并按使用时间、所付费用累计积分。积分达到一定程度就可从"好邦客"拿走一辆相应型号和相应新旧程度的车辆。"好邦客"还以托管、储蓄等方式吸纳二手车。二手车储户存入车辆后即为"好邦客"会员，并可以随时使用"好邦客"的任何车辆。托管车辆在托管期满后可以按约定取回车辆，不但享有托管收益，而且可获得车辆使用费 30% 的现金返还。

凭借 20 万元的启动资金，"好邦客"现已成为盈利 3000 万元的地方特色车行。它成功的关键就在于用少量的资金撬动了汽车租赁、汽车销售和二手车交易的联动消费市场。

2. "好邦客"模式如何搭建

1) 搞定银行

"好邦客"的成功在于首先搞定了商业银行。当它们仅仅有 20 万元钱的时候，就开始了与银行的谈判。"好邦客"给银行开出的诱惑条件是：第一，"好邦客"将 20 万元作为风险保证金，合作期内永远放在银行，不动用；第二，"好邦客"的会员开户时，每个会员交纳 15000 元开户保证金并存入银行，一直不动用；第三，"好邦客"的每个会员都在银行办一张储蓄卡，由银行在"好邦客"服务中心安装柜员机，委派两名工作人员在"好邦客"监督刷卡。"好邦客"会员租车消费后，会员的消费款刷卡转入"好邦客"的账户之后，由银行监控，未经银行同意，"好邦客"无权动用，该笔资金原则上用来偿还到期的银行开出的承兑汇票。"好邦客"只有一个条件：银行定期向"好邦客"的汽车供应商(即汽车工厂)开具半年至一年的银行承兑汇票。此模式能化解银行的风险。一切商业活动和资金流向均在银行的掌控之中，而且银行有两大收获：一是增加了银行的存款余额，二是开具承兑汇票有一定的手续费和利息收入。于是，银行成了"好邦客"模式的积极推动者。

2) 搞定汽车生产厂

"好邦客"开始了与上海大众、广州本田等汽车生产工厂的谈判。"好邦客"让银行开具 6 个月至 1 年的银行承兑汇票，并且银行承兑到期前的正常贷款利息由"好邦客"支付。汽车生产厂一算，也没吃亏，而且现在的生意也不好做，也就爽快地答应了。

3) 搞定消费者

就凭"比租车更便宜，比买车更方便"的理念，搞定消费者就相对要容易得多。没有大张旗鼓的宣传，"好邦客"在《长沙晚报》做了一个开业的广告，开业第一天就来了几千人，办好了 500 多个入会手续。

4) 搞定内部

"好邦客"搞定自己就是要制定从入会、租车、送车、验车、刷卡转账、过户手续办理等一整套的规章制度和服务手册，并在实践中加强流程控制。

通过以上四个步骤，"好邦客"形成了独具特色的商业模式，为企业创造了巨大的财富。

3. 模式解析

企业名称：好邦客车行。

主营业务：汽车俱乐部。

价值主张：比租车更便宜，比买车更方便。

赢利点：汽车租赁收入，二手车交易收入，增值服务收入。

模式核心：

(1) 模式的核心是资源的有效整合。它用少量的钱撬动了以资本为龙头的汽车生产、销售、投资、消费融合在一起的金融、销售、投资、租赁、二手车交易市场。

(2) 将汽车的整车销售以拆零的方式实现了租与售的有机结合，既符合了中国人的消费心理，又符合了中国人的消费习惯。

(3) 以储蓄的形式吸纳了大量二手车。"好邦客"从二手车的交易中获取了不少利润，成功地不用投资就将二手车作为"好邦客"的车辆蓄水池。

(4) 巧妙地应用了长尾理论，改变了过去的汽车营销主要面向少数强势群体的游戏规则，将80%的潜在群体推向前台，让他们提前实现了有车的梦想。

4. 案例启示

"好邦客"模式中最核心的逻辑是较好地利用了银行的信誉。银行的加入是"好邦客"成功的关键，因为银行为这个模式提供了信誉上的保障。汽车经销商通过银行信用作保证，把消费者和汽车生产厂家联结成一个链条，四者通过链条的转动达到互助、互惠、互利，同时又将四者的投资风险控制在最低限度，形成了相互依赖、相互制约的生产、经营、金融、消费链条。

"好邦客"模式创造了一种中国特色的信用消费，并且是一种可以大面积复制的商业模式。如果将"好邦客"商业模式在时间上和商品种类上广泛推广，建立电信、家电、房产、汽车、高尔夫、游艇等大众消费品和奢侈品的消费银行，对激活消费需求具有十分重要的意义。

"好邦客"商业模式变单纯的"储蓄未来"为"投资和消费未来"，变"未来潜在需求"为"现实需求"。

(资料来源：李天保：《"好邦客"车行逻辑》《商界：中国商业评论》，2007年第2期；最新商业模式100个案例 https://wenku.baidu.com/view/6f518205453610661ed9f49a.html)

第一节　中小企业商业模式概述

从创业实践中可以看出，尽管大量创业者识别到了绝佳的创业机会，形成了新颖的创业思路并组建了才干超群的创业团队，但仍然很难获得投资人的认可，导致成长乏力或快速失败。其中一个可能的重要原因就是没有建立健康的、正确的商业模式。因此创业者的一个主要任务就是探索并建立与机会相匹配的商业模式。

一、商业模式的含义

商业模式(Business Model)是创业者的创意,商业创意来自于机会的丰富和逻辑化,并有可能最终演变为商业模式。有一个好的商业模式,成功就有了一半的保证。商业模式就是公司通过什么途径或方式来赚钱。简言之,饮料公司通过卖饮料来赚钱,快递公司通过送快递来赚钱,网络公司通过点击率来赚钱,通信公司通过收话费来赚钱,超市通过平台和仓储来赚钱,等等。只要有赚钱的地方,就有商业模式存在。

随着市场需求日益清晰以及资源日益得到准确界定,机会将超脱其基本形式,逐渐演变为创意(商业概念),包括如何满足市场需求或者如何配置资源等核心计划。

随着商业概念的自身提升,它变得更加复杂,包括产品/服务概念、市场概念、供应链/营销/运作概念(Cardozo,1996),进而这个准确并差异化的创意(商业概念)逐渐成熟,最终演变为完善的商业模式,从而形成一个将市场需求与资源结合起来的系统。

商业模式是一种包含了一系列要素及其关系的概念性工具,用以阐明某个特定实体的商业逻辑。它描述了公司所能为客户提供的价值以及公司的内部结构、合作伙伴网络和关系资本(Relationship Capital)等用以实现(创造、推销和交付)这一价值并产生可持续盈利收入的要素。

在文献中使用"商业模式"这一名词的时候,往往模糊了两种不同的含义:一类作者简单地用它来指公司如何从事商业的具体方法和途径,另一类作者则更强调模型方面的意义。这两者实质上是有所不同的:前者泛指一个公司从事商业的方式,而后者指的是这种方式的概念化。后一观点的支持者们提出了一些由要素及其之间关系构成的参考模型(Reference Model),用以描述公司的商业模式。表 5-1 列出了一些代表性的观点。

表 5-1　商业模式的定义

学者(时间)	定 义 或 解 释
Timmers(1998)	商业模式是产品、服务、信息流的一个总体框架,包括说明各种不同的参与者以及他们的角色、各种参与者的潜在利益以及企业收入的来源
Amit & Zott(2001)	商业模式描述了交易的内容、结构和规则,用以通过开发商业机会创造价值
Joan Magretta(2002)	商业模式是用以说明企业如何运营一组故事的概念,它必须回答管理者关心的一些基本问题:谁是顾客、顾客价值何在、如何在这个领域中获得收入以及如何以合适的成本为顾客提供价值
S.C.Voelpel et al(2004)	商业模式表现为一定的业务领域中顾客的核心价值主张和价值网络配置,包括企业的战略能力、价值网络、其他成员的能力以及对这些能力的领导和管理,以持续不断地改造自己来满足各种利益相关者的目的
Seddon & Lewis(2004)	商业模式是对一组活动在组织单位中的配置,这些单位通过在企业内部和外部的活动,在特定的产品—市场上创造价值
Osterwalder et al.(2005)	商业模式是一个概念性的工具,它借助一组要素以及要素之间的联系,用以说明一个企业的商业逻辑。它描述了企业向一个或多个顾客群提供的价值,企业为产生持续的盈利性收入所建立的框架以及移交价值所运用的合作网络与关系资本

综上，商业模式是一个企业满足消费者需求的系统，这个系统组织管理企业的各种资源(资金、原材料、人力资源、作业方式、销售方式、信息、品牌和知识产权、企业所处的环境、创新力，又称输入变量)，形成能够提供给消费者无法自理而必须购买的产品和服务(输出变量)，因而具有自己能复制且别人不能复制，或者自己在复制中占据市场优势地位的特性。

二、中小企业传统商业模式的弊端

中小企业传统的商业模式通常是先投入，后赚钱，即原料采购—制造加工—物流库存—市场投入—渠道建设—客户成交—赚取利润—循环投入/破产关门。

传统的商业模式主要关注企业与客户、供应商及其他合作伙伴之间的关系，其中最主要关注的重点是物流、信息流和资金流。传统的商业模式中为了将商品销售出去，批发商和零售商是必不可少的环节，商品从生产商到达消费者的手中，必然要经过批发商和零售商。交易一般表现为实体交易，交易透明，因此也被称为有形市场。但这种商业模式有很大的局限性，一般只能在固定地点进行交易，并且营业时间十分有限，企业成本大幅增加。

随着全球经济一体化的到来，市场竞争更加激烈，各行业都是供大于求，产品同质化程度非常严重。并且随着互联网技术的不断渗透，传统商业模式已经严重制约了中小企业的发展，在生产运营、经营成本、销售服务等方面都存在弊端。

传统商业模式的弊端有以下三个方面：

(一) 在生产运营方面的弊端

由于传统商业模式中消费者直接面对的是中间商或零售商，彼此并不直面，消费者及客户对产品或企业的评价、建议，难以第一时间反馈到制造商；同样，企业直接面对的并不是消费者而是中间商、零售商，所以企业往往滞后掌握消费者对于产品的评价、建议及要求，甚至会对消费者和客户的评价信息进行曲解或误解。这就不可避免地使企业无法根据消费者和客户的需求来对产品或服务进行及时创新改良，长此以往，企业和消费者脱节严重，势必无法获得长远的客户群，市场效率受到较大影响。

同时，在物流方面，从生产商到中间商到零售商最后到消费者的售货模式明显不能再满足现代生活的需要，因为这种传统的模式与生产商直接到消费者的无店铺模式相比较，物流复杂，造成了产品流转速度的迟滞。

(二) 在经营成本方面的弊端

由于传统的商业模式在广告宣传、产品推广、生产运输及代理环节上的不足，使其交易成本大幅增加，由于产品价格高，导致竞争力下降，这都不利于企业的发展。

(三) 在销售服务方面的弊端

一方面，传统的商业模式都是在固定地点进行交易，商品直接与消费者对接，不能像当下的互联网商业模式那样进行线上交易。另外，店铺内交易存在时间、地点的局限性，无法随时随地交易，这也是传统商业模式与互联网商业模式之间的最大区别。

另一方面，随着人们的时间观念的增强及社会老龄化的趋势，越来越多的人不愿意采用传统的购物方式买东西。因为传统的购物方式既花费时间又花费精力，而且并不一定能够买到中意的商品。传统的销售不仅在消费者方面不讨好而且销售商还要雇佣一大批销售人员，这无疑又增加了销售成本。

三、中小企业商业模式的构成要素和成功特征

未来企业的竞争将是商业模式的竞争，商业模式是企业发展的顶级设计，是"企业战略的重点"。中小企业创业过程中对商业模式进行精心设计创新，企业就可能获得"十倍利润，十年成长"，就有可能对接风险投资、登陆资本市场。商业模式应包括价值定位、目标市场、销售和营销等方面的基本元素，同时具备一定的成功特征。

(一) 中小企业商业模式的构成要素

1. 价值定位

创业企业所要填补的需求是什么或者说要解决什么样的问题？价值定位必须清楚地定义目标客户、客户的问题和痛点、独特的解决方案以及从客户的角度来看这种解决方案的净效益。

2. 目标市场

目标市场是创业企业打算通过营销来吸引的客户群，并向他们出售产品或服务。这个细分市场应该有具体的人数统计以及购买产品的方式。

3. 销售和营销

如何接触到客户？口头演讲和病毒式营销是目前最流行的方式，但是用来启动一项新业务还是远远不够的。创业企业在销售渠道和营销提案上要做得具体一些。

4. 生产

创业企业是如何做产品或服务的？常规的做法包括家庭制作、外包或直接买现成的部件。其关键问题是进入市场的时间和成本。

5. 分销

创业企业如何销售产品或服务？有些产品和服务可以在网上销售，有些产品需要多层次的分销商、合作伙伴或增值零售商。创业企业要规划好自己的产品是只在当地销售还是在全球范围内销售。

6. 收入模式

创业企业是如何赚钱的？关键要向自己和投资人解释清楚如何定价，收入现金流是否会满足所有的花费，包括日常开支和售后支持费用，除此之外还要有很好的回报。

7. 成本结构

创业企业的成本有哪些？新手创业者只关注直接成本，低估了营销和销售成本、日常开支和售后成本。在计算成本时，可以把预估的成本与同类企业发布出来的报告对比一下。

8. 竞争

创业企业面临多少竞争者？没有竞争者很可能意味着没有市场。有 10 个以上的竞争者表明市场已经饱和。

9. 市场大小、增长情况和份额

创业企业产品的市场有多大，是在增长还是在缩小，能获得多少份额？例如，VC 风投寻找的项目所在的市场每年要有两位数的增长率，市场容量在 10 亿美金以上，创业公司要有 10% 以上市场占有率的计划。

一个可行、有投资价值的商业模式是创业者需要在商业计划书中强调的首要内容之一。事实上，没有商业模式，创业就只是一个梦想。

案例 5-1

e 袋洗——力图用一袋衣服撬动一个生态

企业介绍：e 袋洗是由 20 余年洗衣历程的荣昌转型而来的 O2O 品牌，采取众包业务模式，以社区为单位进行线下物流团队建设，即在每个社区招聘本社区中 40、50、60 个人员作为物流取送人员。

创新性：e 袋洗是第一个以洗衣为切入点进入整个家政领域的平台。

e 袋洗的顾客主要是 80 后，洗衣按袋计费：99 元按袋洗，装多少洗多少。

e 袋洗致力于将幸福感作为商业模式的核心和主导，推出了新品小 e 管家，通过邻里互助去解决用户需求，满足居民幸福感。小 e 管家在小 e 管洗、小 e 管饭的基础上，计划推出小 e 管接送小孩、小 e 管养老等服务，以单品带动平台，从垂直生活服务平台转向社区生活共享服务平台，以保证 C2C 两端供给充足。

点评：e 袋洗在搭建成熟的共享经济平台后，不断延伸出更多的家庭服务生态链，打造一种邻里互动服务的共享经济生态圈。集合社会上已有的线下资源，通过移动互联网实现标准化、品质化转变，帮助人们在生活中获得更便利、个性的服务。

(资料来源：十大创新型商业模式经典案例

https://wenku.baidu.com/view/918cc4f5f021dd36a32d7375a417866fb84ac0a3.html)

(二) 中小企业商业模式的成功特征

长期从事商业模式研究和咨询的公司认为，成功的商业模式具有以下三个特征。

1. 成功的商业模式要能提供独特价值

有时候这个独特的价值可能是新的思想，而更多的时候，它往往是产品和服务独特性的组合。这种组合要么可以向客户提供额外的价值，要么使得客户能用更低的价格获得同样的利益，或者用同样的价格获得更多的利益。

2. 商业模式是难以模仿的

创业企业通过确立自己的与众不同，如对客户的悉心照顾、无与伦比的实施能力等，来提高行业的进入门槛，从而保证利润来源不受侵犯。比如，戴尔的直销模式(仅凭"直销"一点，还不能称其为一个商业模式)，人人都知道其如何运作，也都知道戴尔公司是直销的标杆，但很难复制戴尔的模式，原因在于"直销"的背后，是一整套完整的、极难复制的资源和生产流程。

3. 成功的商业模式是脚踏实地的

企业要做到量入为出、收支平衡。这个看似不言而喻的道理，要想日复一日、年复一年地做到，却并不容易。现实当中的很多企业，不管是传统企业还是新型企业，对于自己的钱从何处赚来，为什么客户看中自己企业的产品和服务，乃至有多少客户实际上不能为企业带来利润反而在侵蚀企业的收入等关键问题，都不甚了解。

第二节　中小企业商业模式的设计背景

创业企业在进行商业模式的设计过程中必须提前将一只脚迈进明天，赢在未来，并发展独特的组织能力，培植深厚的绩效底蕴。中小企业在设计商业模式时应充分考虑外部影响因素和商业模式的发展趋势，并对现有的先进商业模式进行分析，才能使企业商业模式的设计符合社会整体发展的潮流。

一、中小企业商业模式设计的时代背景

中国主要靠低成本和出口驱动的快速增长时代正接近尾声；高能耗、低产值、生态破坏、地区间失衡等一系列问题长期积累，已经到了严重威胁中国经济未来可持续发展的程度；原材料、土地和劳动力等核心生产力要素成本上升；气候变化、全球贸易失衡和汇率等问题相互交织；……这些均对政府的宏观调控政策以及企业的战略选择和决策构成了新的挑战。与此同时，世界范围的新技术兴起和应用缩小了竞争鸿沟，自主创新能力和人才竞争也为创业企业创造了全新机遇。

结合相关文献资料和研究成果，全球化、城镇化、新技术、绿色经济、平衡发展将影响未来中国的经济和产业结构。企业运营无法脱离时代背景，创业企业在战略和运营层面临很多挑战，必须对当今时代背景有全新理解，并在这个框架之下进行商业模式的设计。

(一) 全球化

全球化是当今企业面临的经济发展最大的背景。在这一背景下，发达市场的跨国公司依然占据全球化商业体系的制高点，拥有左右全球产业整合和价值链的能力，在研发能力、技术创新、人才、品牌和营销等方面的核心能力依然是世界的主导，中国企业任重而道远。

任何企业都有不断成长的梦想，初创的中小企业同样不得不考虑全球化的竞争问题。初创企业需要构建一套可成长的运营模式来为未来全球化战略的实施提供支撑。可成长的全球化运营模式应包括五个要素：领导力、人员素质、组织架构、流程和技术以及绩效考核体系。一个成功的全球化运营模式需要以上五个要素彼此协同运作，在软性要素和硬性要素之间取得平衡。同时，创业企业的全球化战略要和当地市场环境相符，实现在本地化

基础上的全球化。

全球化能为中国中小型企业提供更大的发展空间，也带来更多竞争挑战和市场风险。只有当更多中国企业融入到全球化的进程中，经受住全球化的考验而真正成为全球化运营的企业，中国经济才能在整体上提高承受和应对各种不确定性的能力，成为全球化的主角。中国中小型企业同样必须深刻理解当今全球化的内涵和发展趋势，在全球化战略上做出正确的选择，不断提升产业布局、资源配置和运营管理的能力，最终使自己有机会成长为一家全球化运营的企业，在世界经济舞台上基业长青。

(二) 城镇化

创造一个庞大而繁荣的国内消费市场是中国实现经济发展模式转型的关键。推进城镇化将直接促进扩大内需，改变需求结构，成为中国经济持续增长的新动力。与发达国家 80% 左右的城镇化率相比，中国的城镇化率还有较大的差距。从世界城镇化的进程来看，城镇化率从 36% 提高到 60% 的阶段是城镇化的加速期。如果国家制定的到 2030 年实现 65% 的城镇化率的目标得以实现，那就意味着每年平均将有 3000 万人从农村落户城镇。如此大规模的城镇化进程，不仅对中国的经济发展，而且对中国人的生活方式和文明发展形态有着深刻意义。

首先，城镇化将会激发新一轮对城镇基础建设和居民服务设施的巨大需求；其次，城镇化把数量庞大的农村居民变为城镇居民，这必然导致大量的农村劳动力向第二、第三产业转移，这意味着产业结构的大规模调整；第三，由于工作环境、生活环境和生活方式都发生了变化，进入城镇的亿万新居民的消费内容也会随之改变，其潜在的消费需求会得到空前释放。

企业将成为和谐城镇化进程中的重要利益相关者，如何在创造商业价值的同时兼顾社会效益，创业者的商业模式设计中的战略考量应该包含三个方面：首先，企业自身应当在低碳化运营方面身体力行，通过创新优化生产经营流程，并借助新技术做好节能减排，成为将可持续发展理念贯穿于运营的企业；其次，认识和谐城镇化对行业趋势的影响，通过积极的创新和研发，向低碳产品、服务和解决方案提供商转型，通过服务创造价值；第三，深刻分析和了解新兴的城市中产阶层，研究这个群体的消费行为和需求特点，创造性地满足他们的消费需求。

(三) 新技术

中国已将技术创新确定为国家发展战略目标。中国政府把增强自主创新能力作为发展科学技术的战略基点，力图大幅度降低对外国技术的依赖。到 2020 年，中国在研发方面的投入占 GDP 的份额预计将超过欧盟。

新技术和创新是保持未来经济持续增长的必要条件。得益于政府和企业的持续投入和努力，中国在某些行业已具备国际竞争力的研发、创新系统，也涌现出了世界级的企业，多年的基础设施投资使之具备了一流的供应链基础设施，中国制造业的多元化和规模以及新兴的庞大中产消费市场为创新提出了内在需求。未来，全球技术创新和产业革命将继续推动新兴产业的崛起发展以及全球产业结构的变革。

在这样的宏观背景下，中国创业企业应当尤其关注那些会对整个经济格局、企业运营环境与游戏规则带来深远影响的新技术的发展和推广：① 信息技术，以云计算、社交网络、移动技术、远程传感器技术等为代表的信息技术的发展和应用，将会对企业运营的诸多方面产生重大影响；② 新能源与环保技术，包括可再生能源、智能电网、清洁水、常规清洁能源、清洁交通能源和绿色建筑等，发展自主的新能源技术在商业上有巨大潜力；③ 新材料技术，如新型能源信息生物材料、纳米材料和仿生材料催生新的行业和商业机会；④ 生物技术，为未来新能源和新材料、农业及食品、营养及健康、生态及环境领域发展提供科技支撑。

新技术创新要求企业必须在组织内创建一套切实有效的技术研发与创新管理的流程和机制。

(四) 绿色经济

在资源供应日益紧张、生态环境约束日趋严重的情况下，如何从高能耗、高污染向资源节约、环境友好的绿色经济模式转变，是中国政府和企业面临的重大挑战。

绿色经济在本质上是一种新发展模式，是建立在生态环境和资源承载力的约束条件下，将可持续性作为重要支柱的一种新型的发展模式。要求企业将环境资源作为社会经济发展的内在要素，把实现经济、社会和环境的可持续发展作为绿色经济的目标，把经济活动过程和结果的"绿色化""生态化"作为绿色经济的主要内容和途径。

对于创业企业来说，绿色经济既是一种挑战和必须承担的社会责任，也是开拓新的利润来源的机会。如果能够把绿色经济和可持续性理念真正融入到企业商业模式战略设计和运营过程之中，企业就会收获新的商机和竞争优势。

(五) 平衡发展

中国长期以来的经济发展模式，一方面促进了经济规模迅速增长，另一方面却导致了中国经济处于一种近于失衡的状态。中国政府已将包容性增长理念纳入未来五年及更长远时期的经济发展战略当中，旨在解决发展失衡问题。可以预见，在调整失衡过程中，生产要素和资源价格亦将面临调整，并对宏观经济和企业运营产生重大的影响。

未来很长一段时间，生产要素和资源价格的调整势必会进一步展开。这种调整会导致企业投资经营环境的变化，成本和利润会在不同产业以及在价值链的不同环节点上进行重新分配。例如：平衡投资和消费的关系，将会导致资金成本的提升和对投资回报预期的改变；可持续发展，要求政府、企业和相关方增加对影响可持续发展的因素，如风险管理、企业信誉、社会责任等方面的投入；平衡经济发展和环境保护，就必须改变目前扭曲了的资源价格体系，对比如水、土地、能源等资源的价格要重新进行规范和调整。同时，对经济活动给环境造成的影响，如碳排放进行重新定价。这些生产要素和资源价格的调整和重新平衡，都将会对经济格局和产业布局，对政府、企业和经济活动的其他相关方带来深远的影响。

创业企业要认识到，经济关系的平衡以及生产要素和资源价格的调整，将导致金融、财政和其他经济政策的变化，还会改变资本和资源市场的流动方向，这些变化都必然会影响到企业的战略和运营。

创业企业正身处一个内外环境迅速变化的时代，因此应当意识到，新的环境需要企业具备新的能力，辨析主流发展趋势，不断适应环境的变化，合理设计企业商业模式和发展战略，才有可能在未来的市场竞争中树立优势，确保实现企业的健康和可持续发展。

二、中小企业商业模式设计的发展趋势

当今时代中小企业面临的商业模式演进发展有四大趋势：智能制造推动生产模式向智能预测型升级；智能 O2O 模式；基于云计算架构下社交化、本地化、移动化的商业模式；人机智能一体化承载未来"社群"商业生态叠加的全新商业模式。

(一) 智能制造推动生产模式向智能预测型升级

在传统的生产模式下，只有机器出现故障以后才进行维修，这种"反应型"生产方式在当前生产工序复杂、产量激增的状态下，将带来巨大的经济损失。"预测型"生产是基于对生产数据的分析，通过制造环节的透明化，使生产管理者能够实时获取生产设备的动态信息从而做出准确评估的生产方式。"预测型"制造系统的核心是智能运算单元，通过收集和分析设备运行数据，如振动频率、压力、温度和能源消耗等信号，对设备状态做出智能判断，从而使生产过程中的不可见、不确定的因素得以揭示和量化，提升生产效率和产品质量。基于"预测型"制造系统，企业将高效、灵活、批量地生产客户所需的个性化定制产品，提高市场竞争力。

未来，智能化制造将完成现实与虚拟两个世界的融合，彻底颠覆传统的"反应型"生产方式，以及基于传统生产方式建立起来的商业模式。随着大数据、云计算、移动互联网和物联网的新技术逐渐成熟，智能制造中的设备、工厂和人三者无缝对接，并通过传感器与实时监控系统拾取分散在全球各地的智能工厂的生产数据与设备情况，使传统生产方式中不可见的因素完全"透明化"。例如，生产设备的性能下降、零部件磨损程度和能源耗损等不可见因素的"透明化"和"数字化"，使生产管理者准确掌握生产设备的动态信息并做出合理决策，从而达到改善生产设备的运行效率，提升产品质量的目的。

(二) 智能 O2O 模式

实现虚拟与现实的闭环，最终形成"厂家—终端—消费者"的三维模式。从营销层面上看，连接是关键，即将传统产业价值链中的营销或服务环节与互联网相互融合，也就是O2O 模式(Online To Offline)。目前的 O2O 模式包括：一是线上传播，线下销售；二是线上销售，线下消费；三是线上销售，线上供给；四是线上销售，线上消费。这些不同的 O2O模式，在未来智能化时代的共同特征是，突破线上和线下的边界，实现线上线下、虚实之间的深度融合与无缝连接，通过精准的社交传播渠道，使产品或服务更贴近消费者，让消费者获得更好的消费体验，在体验中实现消费，从而凭借其完美的体验式交互功能，颠覆非特定区域的平台电商。

因此，未来的智能 O2O 模式的核心是基于平等、开放、互动、迭代、共享的互联网思维，利用高效率、低成本的互联网信息技术和智能计算系统，改造传统产业链中的低效率

环节，使产品或服务在线上线下融为一体，大幅度提升用户体验。

智能O2O商业模式，可以实现线上线下之间的高度融合，渠道维度将减少到最低。现有的中介、渠道、分销等中间环节将逐步消失，最终将形成"厂家—终端—消费者"为主体的三维模式。个性化定制产品将成为主流，商家将用户体验放在首位，为用户提供更多增值服务，深度服务于用户。未来商店以线上移动商城和线下智能商店为平台，基于云计算、用户大数据、用户行为偏好分析、智能补货管理、移动支付等先进信息技术，全方位跟踪分析用户，精准推送偏好信息，重塑厂商、终端与消费者之间的关系，进而真正融入智能O2O时代。因此，随着O2O模式的不断演进，其将完全突破线上线下的虚实界限，实现无缝连接，最终实现智能化、深度融合的O2O闭环。

(三) 基于云计算架构下社交化、本地化、移动化的商业模式

从技术层面上看，在未来，无论是基于PC端的社区、平台，还是基于移动端的应用程序，以及基于车载、楼宇、住宅、商超的智能电视或媒体，都将与大数据、云计算无缝连接，通过智能计算技术，为消费者提供所需产品或服务信息。云计算将成为未来商业模式或生态的基本技术单元。社交化、移动化、本地化将成为智能时代商业模式的三大特征。可以想象，在云社会中，云计算、大数据、物联网、传感器、一云多屏、智能设备、智能工程将成为基本构成要素，连接这些要素的是各类智能O2O商业模式的集合。

1. 社交化(Social)

社交平台逐渐转变为网络基础设施，其他互联网企业的商业模式则基于类似FaceBook的网络社交平台所产生的大数据进行创新，从而精准定位目标客户群体，为消费者提供产品或服务。

2. 移动化(Mobile)

随着智能终端的发展，处理信息的能力逐步提升，其便携性特征能够满足人们随时随地获取即时信息的需求。基于智能终端和移动定位功能，企业可以塑造全新的商业模式。

3. 本地化(Local)

本地化趋势是互联网不断下沉，线上虚拟世界与线下现实世界不断融合的结果。由于人们的活动范围受地理位置的限制，某一地区的目标客户群体有共同的文化、消费行为、价值取向等特征。为了精准定位并满足某一地区目标客户群体的需求，地理位置服务与其他行业的结合形成了独特的商业模式。

(四) 人机智能一体化承载未来"社群"商业生态叠加全新商业模式

人机智能是指对应"互联网"的全新技术趋势，其中包括四个核心技术：交通工具Vehicle(滴滴、无人驾驶飞机、无人驾驶汽车等)、虚拟现实VR、人工智能AI、机器人Robot。人机智能是未来人类本身智能提升和超越的技术，是人类智慧的延伸。例如，Uber等应用软件，利用人与机器交互的方式，由终端用户(人)发起需求，机器进行响应。这种商业模式是以人类为中心的"人机对话模式"和"需求呼叫模式"，从信息交互的视角来看，其超越了大数据和可穿戴设备。Uber等应用程序通过互联网的方式正在快速完成数据积累，机器

正在快速地理解人类，人类和人工智能之间将进入一个全新的连接时代。此外，无论是滴滴打车软件还是无人机或无人驾驶汽车，都与以往的工业革命提高动力系统不同，这次技术革命是从提升和延伸人的智慧和能力出发的。从这个角度上说，智能交通更能够体现人机智能的深度交互与融合。

作为人脑的延伸，人机智能一体化商业模式创新的核心是"社群生态"。目前全球范围内的领先企业已经开始以"社群生态"的思维模式对人机智能一体化进行布局，构建"社群"为载体的商业生态。谷歌、小米、滴滴打车等公司，通过人工智能承载下一代智能计算(大计算)的功能，这将会改变企业对客户的组织形式。也就是说，人工智能技术将会完成人与机器的重构，而且将改变社会主体的构成。因此，要想在未来智能时代占得先机，创业企业利用"社群"重塑商业生态的任务变得尤为迫切。

案例 5-2

实惠 APP——团购不彻底，直接免费

企业介绍："实惠 APP"是一款基于移动端，主打社区的生活服务类 APP。用户通过入驻实惠 APP 上自己工作的写字楼或居住的社区，可以领取实惠或商家提供的优惠礼品，享用身边的生活服务和便利商品，同时进行邻里间的社交，让用户生活更便捷更实惠。

创新性：实惠商业模式的创新之处是做免费的团购——颠覆团购低价模式，直接 0 元团购。通过平台将商家提供的免费福利派发给参与中奖的用户。它以城市的上班族为主要对象，可以在写字楼或者社区的位置信息中录入其位置附近的商家名称和商品的福利活动，并通过附近福利、免费抢福利、幸运老虎机、品牌大乐透等趣味方式推送给用户，使用户既能得到实惠，又能得到良好的游戏体验。

(资料来源：十大创新型商业模式经典案例

https://wenku.baidu.com/view/918cc4f5f021dd36a32d7375a417866fb84ac0a3.html)

三、常见"互联网+"中小企业商业模式

当下，所有行业都与互联网发生了千丝万缕的联系，虽然传统产业多年积累了牢固的商业本质、产业链优势、供应链资源，但互联网的飞速发展所带来的颠覆力量已经使其无法继续保持过往的稳固地位，互联网的"轻模式"正在侵蚀所有企业，对中小企业创业者来说亦是如此。本书选取若干常见的"互联网+"商业模式，如 OMO 商业模式、O2O 模式、C2M 模式进行介绍，为中小企业更好地设计出符合自身需求的商业模式提供借鉴。

(一) OMO(Online-Merge-Offline)商业模式

伴随着云计算逐步成熟、移动计算技术的惊人发展，具有访问互联网功能的移动网络正发生着翻天覆地的革命，且已与社交网络的扩展汇聚在一起，相互促进、彼此共生，这为终端用户提供了更为丰富的消费体验载体。移动网络的迅速拓展将为实体商品和实体场

所带来颠覆性的变化，商业公司利用这一趋势，准确定义，并定时、定点交付高度精准、高度个性化的服务，使用户体验得到提升，这无疑将实现商业模式的重大突破。而能否抓住这一新机遇，将决定未来企业的生存状况。

在此背景下，商务中国频道运营方，中科聚盟(北京)信息技术研究院院长赵鹏提出了OMO商业模式这一概念。其主要特点是：一种模式，统一平台型商业模式；两种消费需求载体，满足了客户的购买需求和线上社交分享需求；三位一体，线上—移动—线下三位一体全时空的体验店营销系统；四维企业经营战略，云计算和云存储技术打破时空限制，创建"四维"商铺；五大专属价值，降低经营成本、拓宽收益渠道、增加客户黏性、整合经营资源、促进产业升级。

(二) O2O 模式

2013 年 O2O 进入高速发展阶段，开始了本地化及移动设备的整合和完善，于是 O2P 商业模式横空出世，成为 O2O 模式的本地化分支。O2O 电子商务模式需具备五大要素：独立网上商城、国家级权威行业可信网站认证、在线网络广告营销推广、全面社交媒体与客户在线互动、线上线下一体化的会员营销系统。主流商业管理课程均对 O2O 这种新型的商业模式有所介绍及关注。

实现 O2O 营销模式的核心是在线支付。这不仅仅是因为线上的服务不能装箱运送，更重要的是快递本身无法传递社交体验所带来的快乐。但如果能通过 O2O 模式，将线下商品及服务进行展示，并提供在线支付"预约消费"，这对于消费者来说，不仅拓宽了选择的余地，还可以通过线上对比选择最令人期待的服务，以及依照消费者的区域享受商家提供的更适合的服务。但如果没有线上展示，也许消费者会很难知晓商家信息，更不用提消费了。另外，目前正在运用 O2O 摸索前行的商家们，也常会使用比线下支付更为优惠的手段吸引客户进行在线支付，这也为消费者节约了不少的支出。

从表面上看，O2O 的关键似乎是网络上的信息发布，因为只有互联网才能把商家信息传播得更快、更远、更广，可以瞬间聚集强大的消费能力。但实际上，O2O 的核心在于在线支付。

(三) C2M(Customer-to-Manufactory) 模式

C2M 模式是在"工业互联网"背景下产生的，它的提出源于德国政府在 2011 年汉诺威工业博览会上提出的工业 4.0 概念，是指现代工业的自动化、智能化、网络化、定制化和节能化。它的终极目标是通过互联网将不同的生产线连接在一起，运用庞大的计算机系统随时进行数据交换，按照客户对产品订单的要求，设定供应商和生产工序，最终生产出个性化产品的工业化定制模式。这也被称为继蒸汽机、电气化、自动化之后人类的第四次科技革命。

2015 年 7 月，全球首个 C2M 电子商务平台上线。这是 C2M 模式(短路经济模式)首次应用在互联网电子商务中。它一头连着制造商，一头连着消费者，短路掉库存、物流、总销、分销等一切可以短路掉的中间环节，砍掉了包括库存在内的所有不必要的成本，让用户以超低价格购买到超高品质的产品。

C2M 实现了用户到工厂的直连，去除所有中间流通加价环节，连接设计师、制造商，为用户提供顶级品质、平民价格、个性且专属的商品。C2M 模式还颠覆了从工厂到用户的传统零售思维，由用户需求驱动生产制造，通过电子商务平台反向订购，用户订多少，工厂就生产多少，彻底消灭了工厂的库存成本，工厂的成本降低了，用户购买产品的成本自然也随之下降。

C2M 的延伸应用为 C2M 定制，这是近年来随着技术发展兴起的新型定制模式，指的是将客户需求直接反馈到工厂，省去所有中间渠道，实现按需求进行定制生产的过程。其核心是具有移动互联网和大数据思维，以顾客为中心、以数字化为基础、以设计为方向。

案例 5-3

"三位一体"商业模式"智"造者

北京郊区有一家三流旅馆，生意一直不是很景气，老板无计可施，只等着关门了事。后来，有人利用旅馆后面一块空旷的平地给老板出了个主意。次日，旅馆贴出了一张广告："亲爱的顾客，您好！本旅馆山后有一块空地专门用于旅客种植纪念果树之用。树上可留下木牌，刻上您的大名和种植日期。本店只收取果树苗费 20 元。"广告打出后，立即吸引了不少人前来，旅馆应接不暇。几年后，后山树木葱郁，已经成了一个小型果树森林公园，环境优雅，酒店的房租也涨上去了。一批旅客栽下了一批小树，一批小树又带回一批回头客，旅馆自然也就顾客盈门了。

原本种树不需要酒店安排，现在却成了聚拢人气的重要方式。通过案例可以看出，借助资源整合的方式，将看似没有任何关系的两件事物紧紧联系在一起，为顾客提供全新的增值服务，就产生了崭新的商业模式，赚钱也就轻而易举了。

(资料来源：设计独一无二的商业模式难吗？告诉你简单的方法
http://www.sohu.com/a/140368472_580790)

第三节　中小企业商业模式的设计步骤

新型的商业模式以前所未有的规模和速度改变着创业企业的格局，为企业、客户、社会创造新的价值，全新的商业模式将会取代陈旧的商业模式。

一、中小企业商业模式的设计原则

成功的中小企业商业模式在设计时应遵循持续盈利、客户价值最大化、资源整合、创新、融资有效性、组织管理高效率、风险控制等原则。

(一) 持续盈利原则

企业能否持续盈利是判断其商业模式是否成功的唯一的外在标准。因此，在设计商业模式时，能盈利和如何盈利也就自然成为重要的原则。当然，这里指的是在阳光下的持续盈利。持续盈利是指既要能"盈利"，又要能有发展后劲，具有可持续性，而不是一时的偶然盈利。持续盈利是对一个企业是否具有可持续发展能力的最有效的考量标准，盈利模式越隐蔽，越有出人意料的好效果。

（二）客户价值最大化原则

一个商业模式能否持续盈利，是与该模式能否使客户价值最大化有必然关系的。一个不能满足客户价值的商业模式，即使盈利也一定是暂时的、偶然的，是不具有持续性的。反之，一个能使客户价值最大化的商业模式，即使暂时不盈利，但终究也会走向盈利。所以创业者把对客户价值的实现再实现、满足再满足，作为企业应该始终追求的主观目标。

（三）资源整合原则

整合就是要优化资源配置，就是要有进有退、有取有舍，就是要获得整体的最优。

(1) 优化企业内部价值链，获得专业化集中优势。企业集中于产业链的一个或几个环节，不断优化内部价值链，获得专业化优势和核心竞争力，同时以多种方式与产业链中其他环节的专业性企业进行高度协同和紧密合作。

(2) 深化与产业价值链上下游企业的协同关系、整体化。通过投资、协同、合作等战略手段，深化与产业价值链上下游企业的关系，在开发、生产和营销等环节上进行密切协作，使自身的产品和服务进一步融入到客户企业的价值链运行当中，提高产业链的整体竞争能力。

(3) 强化产业价值链的薄弱环节，释放整体效能。具体的做法包括，由强势的高效率企业对低效率企业进行控制，或建立战略合作伙伴关系，或由产业链主导环节的领袖企业对产业链进行系统整合，如蒙牛对上游奶站的收购、上市公司湘火炬对上游国外经销商的收购等等。

(4) 把握关键环节，重新组织产业价值链。企业必须识别和发展所在产业价值链的核心价值环节，即高利润区，并将企业资源集中于此环节，培育核心能力，构建集中的竞争优势，然后借助这种关键环节的竞争优势，获得对其他环节协同的主动性和资源整合的杠杆效益，使企业成为产业链的主导，获得其他环节的利润或价值的转移，构建起基于产业链协同的竞争优势。

(5) 构建管理型产业价值链，不断提高系统协同效率。作为行业领袖的领先企业，不能仅仅满足于已取得的行业内的竞争优势和领先地位，还需要通过对以上几种产业链竞争模式的动态运用，去应对产业价值链上价值重心的不断转移和变化，使自己始终处在高价值的关键环节中，保持竞争优势。同时还要密切关注所在行业的发展和演进，主动承担起管理整个产业链的责任，这样才能使产业链结构合理、协同效率高，引领整个行业去应对其他相关行业的竞争冲击或发展要求，以保持整个行业的竞争力，谋求产业链的利益最大化。

（四）创新原则

时代华纳前首席执行官迈克尔·邓恩说："在经营企业的过程中，商业模式比高技术更重要，因为前者是企业能够立足的先决条件。"一个成功的商业模式不一定是在技术上的突破，而是对某一个环节的改造，或是对原有模式的重组、创新，甚至是对整个游戏规则的颠覆。商业模式的创新形式贯穿于企业经营的整个过程之中，贯穿于企业资源开发、研发模式、制造方式、营销体系、市场流通等各个环节，也就是说，在企业经营的每一个环节上的创新都可能变成一种成功的商业模式。

(五) 融资有效性原则

融资模式的打造对企业有着特殊的意义，尤其是对中国广大的中小企业来说更是如此。我们知道，企业生存需要资金，企业发展需要资金，企业快速成长更是需要资金。资金已经成为所有企业发展中绕不过的障碍和很难突破的瓶颈。谁能解决资金问题，谁就能赢得企业发展的先机，也就掌握了市场的主动权。从一些已成功的企业发展过程来看，无论其表面上对外阐述的成功理由是什么，但都不能回避和掩盖资金对其成功的重要作用，许多企业就是因为没有建立有效的融资模式而失败了。

如"巨人"集团，仅仅因为近千万的资金缺口而轰然倒下；曾经与国美不相上下的国通电器，拥有过30多亿元的销售额，也仅仅因为几百万元的资金缺口而销声匿迹。所以说，商业模式的设计很重要的一环就是要考虑融资模式。甚至可以说，能够融到资并能用对地方的商业模式已经是成功了一半的商业模式了。据公开披露的资料分析发现，蒙牛创建之初，缺乏必需的资源要素，他们提出了通过"先建市场，再建工厂"的"虚拟经营"模式，以联营、联盟、托管、外包和租赁等形式整合所需的资源。以前，公司都是力求自己拥有资源，并对业务进行中的大多数资源实施控制。然而现在公司发现，一些由他们控制的资源还不如从外部获得的资源运营效果好。

(六) 组织管理高效率原则

高效率是每个企业管理者都梦寐以求的境界，也是企业管理模式追求的最高目标。用经济学的眼光衡量，决定一个国家富裕或贫穷的砝码是效率；决定企业是否有盈利能力的也是效率。按现代管理学理论来看，一个企业要想高效率地运行，首先要解决的是企业的愿景、使命和核心价值观，这是企业生存、成长的动力，也是员工干好的理由；其次是要有一套科学的、实用的运营和管理系统，解决的是系统协同、计划、组织和约束问题；最后还要有科学的奖励、激励方案，解决的是如何让员工分享企业的成长果实的问题，也就是向心力的问题。

(七) 风险控制原则

设计再好的商业模式，如果抵御风险的能力很差，就会像在沙丘上建立的大厦一样，经不起任何风浪。这个风险指的是系统外的风险，如政策、法律和行业风险，也指的是系统内的风险，如产品的变化、人员的变更、资金的不继等。

创业企业在设计自己的商业模式时都要从本企业的实际出发，从解决本企业的发展瓶颈着手，整体考虑，整体安排，从而找到一条适合本企业发展的商业模式。同时，不单新建的企业需要一个好的商业模式，一个运行中的企业也必须对自己的商业模式有清晰的认识。从某种意义上说，只有了解了自己的商业模式，才知道公司为什么会作为一个独立的企业而存在，从而清楚地知道自己企业的商业模式，并能在管理层和员工中达成共识，对企业经营产生的巨大效益是不可估量的。

二、中小企业商业模式的设计方法

中小企业在创业过程中应致力于将富有远见的想法转变为商业模式，使企业充满活力，可以采取聚焦客户愿望、发散思维构思创意、情境演绎等方法对商业模式进行设计。

(一) 通过聚焦客户愿望进行设计

创业企业在目标市场调研中通常投入了大量的人力、物力、财力，但是在商业模式的设计过程中往往会不自觉地忽略客户的愿望。正确的商业模式设计应该避免这个问题，应仔细研究客户数据，加深对客户需求和愿望的理解，包括对客户真实意图的探查。

由于客户数据非常繁杂，创业者在聚焦客户愿望的时候需要明确应该听取哪些客户和忽略哪些客户的意见。未来企业增长领域往往存在于潜在市场，因此商业模式创新对客户信息的探查应该避免过于聚焦现有客户群体，而应该瞄准新的和未被满足的客户细分群体。

该设计的一般步骤包括：找出创业企业可提供服务的所有客户细分群体—选择其中 3 个备选客户—依次对这些客户的人口统计特征进行详细描述—依次提出系列问题(包括客户看到什么，客户听到什么，客户真正的想法和感觉是什么，客户说些什么和想些什么，客户的痛苦是什么，客户想得到什么)—找出客户的真实愿望。

(二) 通过发散思维构思创意进行设计

讨论和分析一个已经存在的商业模式是一回事，而设计一个新的商业模式是另外一回事。设计新的商业模式需要产生大量商业模式创意，并筛选出最好的创意，这是一个富有创造性的过程，这个收集和筛选的过程被称做创意构思。

当设计新的商业模式时，真正的全新创意要求创业者忽略现状，同时不参考过去的经验、不参照竞争对手、不复制标杆企业，而是要设计全新的机制来创造价值并获取收入。更确切地说，商业模式构思创意要求满足未被满足的、新的或潜在的客户需求。

该设计的一般步骤包括：第一，提出创意，要求创业者发散思维，尽可能多地生成创意并记录下来，注重数量的积累；第二，创意选择组合，要求创业者对生成的所有创意进行拆解组合，使创意数量缩减到少量可行的可选方案。这些可选的创新方案既可能代表颠覆性的商业模式，也可能仅仅对现有的商业模式略作扩展。

在使用发散思维提出创意的时候，创业者可以分别从企业运营目标及"不可能完成事项"的角度进行。从企业运营目标角度可从资源驱动、产品/服务驱动、客户驱动和财务驱动四个目标出发考虑变化的可能；从"不可能完成事项"角度出发可借助假设性提问来提出商业模式的创意。

(三) 通过情境演绎进行设计

在新商业模型的设计和原有模型的创新上，情境演绎把抽象的概念变成具体的模型。它的主要作用就是通过细化设计环境，帮助创业者熟悉商业模型设计流程。一般来说，情境演绎主要集中在两个方面。

第一，客户使用全过程情境演绎。该情境主要预测客户是如何使用产品和服务的，不同类型的客户在使用产品和服务时，客户的顾虑、愿望和目的分别是什么。

第二，企业市场竞争全过程情境演绎。该情境主要预测创业企业使用商业模式参与竞争的未来场景，未来情境的推测作为一种思维工具，帮助创业者提前反思未来的商业模式。

和其他企业一样，创业者面临着如何设计出变革型商业模式的巨大压力。空荡的新产品线和随时可能消失的收入来源，这两大难题是困扰创业企业隐患所在。在动荡的竞争环境中，结合一系列的情境演绎进行商业模式的头脑风暴，是一种有效的尝试，情境演绎有助于激发出一些打破常规的想法。

通过情境演绎进行商业模式设计的过程中，一旦设计好了情境，应将参与者投射到未来情境之中。为了取得最佳效果，创业者最好基于两个或者多个考量标准，设计出两种或者多种不同的情境推测，每种设计的情境都应该加上标题，并用简短而形象的描述性词语将主要元素加以突出，以保证对商业模式的运行能进行全方位的观察。

案例 5-4

人人车——"九死一生"的 C2C 坚挺地活了下来

企业介绍："人人车"是用 C2C 的方式来卖二手车，为个人车主和买家提供诚信、专业、便捷、有保障的优质二手车交易。

创新性：它首创了二手车 C2C 虚拟寄售模式，直接对接个人车主和买家，砍掉中间环节。该平台仅上线车龄为六年且在 10 万公里内的无事故个人二手车，卖家可以将爱车卖到公道价，买家也可以买到经专业评估师检测的真实车况的放心车。

点评：C2C 虚拟寄售的模式被描述为"九死一生"，这是因为：第一，二手车属非标品；第二，卖车人和买车人两端需求是对立的；第三，国内一直缺乏第三方中立的车辆评估，鱼龙混杂。因此二手车 C2C 交易困难重重、想法大胆又天真。"人人车"不被看好却能逃过"C 轮死"的魔咒，是因为其省去所有中间环节，将利润返还与消费者。创始人李健说："如果我能成功，B2C 都要失业了。"

(资料来源：十大创新型商业模式经典案例
https://wenku.baidu.com/view/918cc4f5f021dd36a32d7375a417866fb84ac0a3.html)

三、中小企业商业模式的设计步骤

中小企业商业模式的设计犹如建筑的规划图纸，是一个系统工程，是企业运营成功的前提和基础，因此商业模式的设计质量将直接决定企业的发展。商业模式设计总结归纳为五大步骤，即定位目标客户、整合现有资源、实现价值主张、设计盈利模式、进行流程控制。这五个步骤相互影响相互依存，构成了一个正向前进、生态循环的有效系统。

(一) 定位目标客户

首先，创业企业必须先明确为哪部分人服务，锁定一个相对狭窄的市场，进行市场调研和客户消费心理研究，把有限的资源用在刀刃上。其次，企业要花时间去研究这部分目标客户目前存在什么问题。再次，创业企业必须把客户需求分层：是重要而且迫切、重要但不迫切、迫切但不重要、既不重要也不迫切。如果能把握住客户既重要又迫切的需求，就容易成功。

企业还需考虑的是客户的购买动机，通常说来，温饱型客户最关心经济因素(即价格)，小康型客户最关心功能(实用价值)，而富裕型客户最关心心理因素(面子)。因此，小众化群体所处的社会阶层会影响他们对各种解决方案的价值评估。

企业可以从四个方面考虑给客户提供独到的价值：第一，强化了什么要素？即那些比现有解决方案更好的方面；第二，弱化了什么要素？即把那些客户并不在意的、费力不讨好的东西尽量减少，或降低标准；第三，去掉了什么要素？即把那些客户用不到的功能去掉；第四，创新了什么要素？即那些独创的方面。

有了初步的产品创新设想后，企业必须与目标客户进行沟通，检验自己的想法是否有实际意义。同时，还必须了解客户是否愿意支付一定的代价来消费这个产品，他们的切换成本有多高，这是商业模式市场调研时最容易忽视的一点。

(二) 整合现有资源

中小企业创业者要能用最简单的语言把自己要干的事说清楚，把客户、供应商、合作伙伴等相关者的关系描述出来。说清楚最好的办法就是画图，把自己的想法用一张图表现出来，这就是图形化思考、沟通。之后，企业必须去整合相应的外部资源，把商业模式图上涉及的核心单元、上下游企业、各种合作伙伴、各种外围资源都考虑进来。接下来要考虑的是价值链上各个利益相关者如何受益，这是每个参与者一定会考虑的问题。

商业模式的设计有三条途径：一是借鉴国外已经成功的商业模式；二是借鉴国外的成功模式，并根据中国国情和行业特征加以改进和创新；三是自己发明一套商业模式。根据市场调研的结果及寻找到的产品创新的源泉，用全新的思维去改变目前市场上的游戏规则，甚至颠覆行业多年来形成的游戏规则。企业要根据自身实力与行业竞争状况，选择适合自己的商业模式设计方法。

整合现有资源环节还要求企业分析竞争的状况，包括对竞争对手和潜在竞争对手的分析。中小企业一般都缺少资本积累，直接向大企业、品牌发起进攻是不可取的，应尽量利用现有资源考虑错位竞争，用有独到价值的产品去开辟新市场，设计适合自己的商业模式。

(三) 实现价值主张

实现价值主张是指核心能力和价值整合。要明确企业需要什么样的核心能力来实现客户价值，应该进行什么样的价值整合。

价值主张是商业模式的基础，它说明了创业者向选定的目标客户传递什么样的价值或者帮助顾客完成了什么样的任务。任何类型的企业都有价值主张，企业通过提供产品或服务来满足其目标顾客需要完成的任务。创业团队可以利用头脑风暴方法思考可能的价值主张。

创业团队提出价值主张后，需要进一步检验价值主张是否可行，可从真实性、可行性、与顾客的关联性三个方面进行。

如果创业企业的产品概念已经形成，此时应对产品概念进行浓缩，即在 30 秒内能将产品的价值定位说清楚，让目标客户理解产品的价值和作用。利用产品表达价值主张可以采取很多方法。例如 FAB 分析法：F(Features)是指这个产品有哪些特点，主要是产品本身固有的一些点；A(Advantages)是说这个产品比同类产品好在哪里，有什么优点，强调与众不同之处，是一个相对的比较优势概念；B(Benefits)是说这个产品给目标客户带来了什么利益和价值，侧重于客户的"买点"和消费动机。

应该明确的是不同层次的消费者在选择产品或服务时关注的重点不同，任何产品都很难在价格、实用价值和面子三个方面同时实现突破。企业要根据目标客户群的层次，确定自己的产品或服务在哪个方面必须超越竞争对手，这样才能让客户明了自己的价值主张，给客户一个选择你的理由。

(四) 设计盈利模式

盈利模式是指盈利模型和成本结构。要知道企业提供什么样的价值客户才愿意购买，企业如何在系统中有效控制成本，在此基础上设计可能的收费来源、收费模式及定价。

设计盈利模式的第一步在于确认此商业模式所有的营收来源，以及了解此商业模式如何创造营收及营收模式如何。

第二步在于根据营收状况确定未来一年或若干年的资源分配计划，落实人、财、物三方面的资源。指标高的部门配套资源就多，反之则少，管理层运用利益驱动的办法来激励员工是一条非常有效的途径。将人、财、物这些固定成本落实，剩卜的就是运营费用等可变成本。有了销售指标、固定成本和可变成本的预算，一年的财务分析就出来了，衡量企业管理水平的运营利润也就可以算出来，所有的参数都可以量化。

对于风险投资者来说，在审核一个创业项目时，最关心的问题是如何实现销量倍增，也就是关注这样的产品、商业模式是否存在倍增的机制。对于那些希望得到风险投资的新项目来说，必须把产品和商业模式的倍增机制表达清楚。

(五) 进行流程控制

在目标客户、价值主张、现有资源及盈利模式确定后，创业企业就需要考虑必须有哪些要素才能支撑商业模式的运行。通常创业企业应考虑设计运营流程管控关键活动、关键资源和关键伙伴。

因此，创业企业仅有好的产品、商业模式和财务分析还不够，企业的组织设计也要合理，必须将人员、品牌、供应商、技术、渠道、研发、制造、人资、信息等各要素都组合在一起，为企业目标的实现提供组织保障。对于创业项目来说，一定要说清楚发起人和核心团队成员的优势，让投资者看后感到放心。此外，企业要向投资者展示未来的组织架构是怎么设计的,最好能用一张图来描述;同时,还要把股权结构展示给投资者看。

案例 5-5

大疆——消费级无人机市场的霸主

企业介绍:深圳市大疆创新科技有限公司(DJI-Innovations,DJI)成立于 20××年,是全球领先的无人飞行器控制系统及无人机解决方案的研发和生产商,客户遍布全球 100 多个国家。它占据着全球 70%的无人机市场份额。

创新性:无人机以前主要是应用在军事方面,而大疆是第一个将无人机应用在商业领域并获得成功的企业。大疆无人机如今已被应用在军事、农业、记者报道等方面,是可以"飞行的照相机"。

点评:这家公司将目标受众从业余爱好者变成主流用户,而且它在这一过程中还能占据市场的主导地位,这种成功的案例在科技行业发展史上实属罕见。

创新指数:5 颗星。

(资料来源:十大创新型商业模式经典案例
https://wenku.baidu.com/view/918cc4f5f021dd36a32d7375a417866fb84ac0a3.html)

本章回顾

商业模式(Business Model):企业与企业之间、企业的部门之间乃至与顾客之间、与渠道之间都存在的各种各样的交易关系和联结方式。

随着全球经济一体化的到来,市场竞争更加激烈,各行业都是供大于求,产品同质化程度非常严重。并且随着互联网技术的不断渗透,传统商业模式已经严重制约了中小企业的发展,在生产运营、经营成本、销售服务等方面都存在弊端。

商业模式应包括价值定位、目标市场、销售和营销等方面的基本元素,同时具备一定的成功特征。

结合相关文献资料和研究成果,全球化、城镇化、新技术、绿色经济、平衡发展将影响未来中国的经济和产业结构。企业运营无法脱离时代背景,创业企业在战略和运营层面面临很多挑战,必须对当今时代背景有全新理解,并在这个框架之下设计商业模式。

当今时代中小企业面临的商业模式演进发展有四大趋势:智能制造推动生产模式向智能预测型升级;智能 O2O 模式;基于云计算架构下社交化、本地化、移动化的商业模式;人机智能一体化承载未来"社群"商业生态叠加的全新商业模式。

当下,所有行业都与互联网发生了千丝万缕的联系,虽然传统产业多年积累了牢固的商业本质、产业链优势、供应链资源,但互联网的飞速发展所带来的颠覆力量已经使其无法继续保持过往的稳固地位,互联网的"轻模式"正在侵蚀所有企业,对中小企业创业者来说亦是如此。常见的"互联网+"商业模式如 OMO 商业模式、O2O 模式、C2M 模式,为中小企业更好地设计出符合自身需求的商业模式提供借鉴。

成功的中小企业商业模式在设计时应遵循持续盈利、客户价值最大化、资源整合、创新、融资有效性、组织管理高效率、风险控制等原则。

中小企业在创业过程中应致力于将富有远见的想法转变为商业模式，使企业充满活力，可以采取聚焦客户愿望、发散思维构思创意、情境演绎等方法对商业模式进行设计。

商业模式设计总结归纳为五大步骤，即定位目标客户、整合现有资源、实现价值主张、设计盈利模式、进行流程控制。这五个步骤相互影响相互依存，构成了一个正向前进、生态循环的有效系统。

讨论与思考

1. 简述中小企业商业模式的含义。
2. 中小企业传统商业模式的弊端有哪些？
3. 中小企业商业模式构成要素及成功特征是什么？
4. 结合实际谈谈中小企业商业模式发展趋势对其有何影响。
5. 简述中小企业商业模式的设计原则。
6. 结合实例说说中小企业商业模式的设计方法。
7. 简述中小企业商业模式的设计步骤。

案例分析

晋亿螺丝：垂直整合与超级库存的高效互动

螺丝又称为"工业之米"，就如同经营粮食一样，螺丝制造行业也面临着规模和利润的两难选择：一来螺丝的单位利润微薄，必须依靠规模实现效益；二来又因为螺丝种类繁多，扩大规模必将带来大量库存，这样会占用大量周转资金，进一步拉低利润率。为了突破这个瓶颈，晋亿螺丝采取了与众不同的商业模式：垂直整合与超级库存。

1. 垂直整合的成本优势

螺丝的成本结构主要由原材料、模具、运输和管理四项因素组成，为了提高利润率，必须降低成本。因此，晋亿螺丝的降低成本之路是从整合角度出发。在上游原材料供应方面，投资上游工厂设备，整合钢铁材料与材质处理，其中光是建造钢材再加工处理设备，投资金额就高达上亿元；在下游运输环节方面，因为运输成本约占总成本的 25%～30%，晋亿螺丝从一开始就对运输环节加以系统规划，晋亿螺丝首先选址位于沪杭铁路、302 国道和大运河三线"交汇"的浙江嘉善，其有高速公路直通，离火车站不到 5 分钟车程，并且为了利用运河水运的成本优势，晋亿螺丝将自己的原料库与大运河河岸直接相通，且自建三座私人码头接驳货物。

2. 规模库存的效率之争

成本优势仅仅是企业撬动市场的一个杠杆。要使企业获得快速发展，就必须通过扩大规模来实现成本优势的迅速放大和倍增，而要做到这点，首要之务就是要克服库存管理瓶颈。

为了解决库存管理的困难，晋亿螺丝建立了自动化立体仓库。自动化立体仓库采用开放式立体储存结构，其存放高度达 18 米，可存放 15 层，存放空间相当于传统仓库的 5 倍。其中内部又按照半成品、模具和成品分为 3 个子仓库，分别设计了 4968 个、14400 个和 41488 个库位单元。这样区分不仅提高了进出效率，同时也解决了空间的有序利用问题。仅就空间而言，晋亿螺丝 3 个自动仓库相比于传统仓库节省了 6 万平方米，相当于 4 个足球场的面积。并且，晋亿的自动仓库与制造系统构成了一个一体化的物流体系，其中半成品与模具自动仓库相配合提高了制造工序的作业效率，而成品自动仓库成为实现企业内、外产品转移的物流中心。

3. 信息平台让"大象"翩翩起舞

由于螺丝产品的种类繁多，要实现产、贮、运、销的同步、高效运转，必然对企业的信息处理能力提出苛刻要求。晋亿的信息管理系统包括业务、生产、技术、成本、采购、材料及成品等相互关联的子系统，晋亿借此实现生产、采购、配置库存和交货。在灵活的信息化手段支持下，晋亿的超级库存这只"大象"不仅没有成为包袱，反而成为企业规模发展的不二利器，使企业在瞬息万变的市场中从容起舞。晋亿的目标并不止于制造业，更重要的战略升级是运用其成熟的物流管理技术，做中国第一家五金行业的专业第三方物流公司。螺丝产业不再是制造业，而是变成另一套管理与服务模式。

（资料来源：最新商业模式 100 个案例
https://wenku.baidu.com/view/6f518205453610661ed9f49a.html）

案例讨论题：

1. 该公司商业模式核心和价值主张是什么？
2. 该公司商业模式有何优势？

参考答案

[1] 张雷. 商业模式转换定制方案[M]. 北京：台海版社，2018.

[2] 张玉利，陈寒松，薛红志，等. 创业管理[M]. 北京：机械工业出版社，2017.

[3] 李家华，张玉利，雷家骕. 创业基础[M]. 北京：清华大学出版社，2015.

[4] 梅强. 创业基础[M]. 北京：清华大学出版社，2012.

[5] 吴何. 创业管理：创业者视角下的机会、能力与选择[M]. 北京：中国市场出版社，2017.

[6] 黄远征，陈劲，张有明. 创新与创业基础教程[M]. 北京：清华大学出版社，2017.

[7] 杨雪梅，王文亮，张红玉，等. 大学生创新创业教程[M]. 北京：清华大学出版社，2017.

[8] 丁忠明，焦小波，郝喜玲. 大学生创业启程[M]. 北京：机械工业出版社，2018.

[9] 李笑来. 斯坦福大学创业成长课[M]. 天津：天津人民出版社，2016.

[10] 李鸿磊. 工业 4.0 时代商业模式的特征与趋势[J]. 现代管理科学，2017，(5)：60-62.

[11] http://k.sina.com.cn/article_5397275761_141b3e471001004dhh.html?from=edu 商业模式分享：洞察中国未来商业模式发展前景.

[12]　https://www.meipian.cn/z1kbt14 商业模式设计八大重要原则.

[13]　石泽杰. 商业模式创新设计路线图：互联网+战略重构[M]. 北京：中国经济出版社，2016.

[14]　http://www.sohu.com/a/157992537_99924722 商业模式设计六个步骤.

[15]　https://wenku.baidu.com/view/8ad7dffd0912a21615792973.html 商业模式创新的 6 种方法.

[16]　https://baike.baidu.com/item/%E5%95%86%E4%B8%9A%E6%A8%A1%E5%BC%8F/4851231?fr=aladdin 商业模式.

[17]　https://baike.baidu.com/item/OMO/10960818?fr=aladdin OMO(行业平台型商业模式).

[18]　https://baike.baidu.com/item/O2O/8564117?fromtitle=oto&fromid=6635029 O2O (电子商务名词).

[19]　https://baike.baidu.com/item/C2M/9858878 C2M.

第二篇

中小企业创新管理

第 六 章

中小企业管理创新

学习目标

- 了解"互联网+"时代企业管理创新的必要性
- 理解"互联网+"时代企业管理创新的内容
- 理解不同生命周期阶段的中小企业管理创新策略
- 了解合伙人模式
- 理解塞氏企业组织模式的特征
- 理解指数型组织的 11 个最强属性
- 理解激活个体的时代意义和如何激活个体
- 了解教练式管理的四步曲
- 了解长青企业的四种动物性格

知识结构图

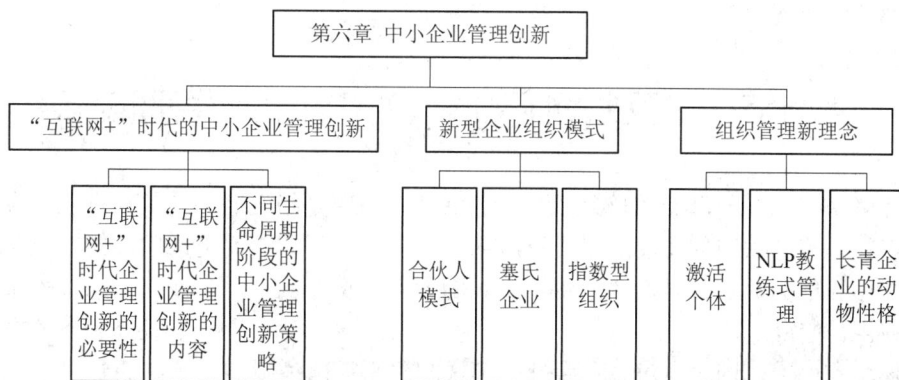

小米的管理扁平化

2010 年，一个小创业公司拿着三千万人民币做手机，进入了全球竞争最激烈的行业。3 年时间，小米销售收入突破百亿。2014 年，小米一举超过三星，成为中国智能手机销量第一品牌。在小米取得一系列成就的同时，人们也思考小米公司成功的原因，其中管理创新给小米的高速发展提供了充沛的助力。

小米相信优秀的人本身就有很强的驱动力和自我管理的能力，因此奉行管理扁平化的理念。小米的组织结构从纵向上看只有三级：七个核心创始人—部门领导—员工；横向划分成四种业务：产品、营销、硬件和电商，每种业务由一名创始人坐镇，能一竿子插到底的执行。大家互不干涉，都希望能够在各自分管的领域表现给力，一起把事情做好。小米公司除七个创始人有职位，其他人都没有职位，都是工程师，晋升的唯一奖励就是涨薪。因此员工不需要考虑太多杂事，没有什么团队利益，一心扑在做好事情上。

这样的管理制度减少了层级之间互相汇报浪费的时间。小米现在有 2500 多人，除每周一的 1 小时公司级例会之外很少开会，也没什么季度总结会、半年总结会。成立 3 年多，七个合伙人只开过三次集体大会。2012 年 815 电商大战，从策划、设计、开发、供应链仅用了不到 24 小时准备，上线后微博转发量近 10 万次，销售量近 20 万台。

小米 CEO 雷军的第一定位不是 CEO，而是首席产品经理。他将 80% 的时间用来参加各种产品会，每周定期和 MIUI、米聊、硬件和营销部门的基层同事坐下来，举行产品层面的讨论会。很多小米公司的产品细节，就是在这样的会议当中和相关业务一线产品经理、工程师一起讨论决定的。

（资料来源：案例分析——小米的管理创新 http://hrclub.jxrcw.com/array/news_view.asp?newsid=9232）

◆ **案例启示**：短短 5 年时间，小米从最初的十几个人发展成为拥有 8000 名员工的大型公司。如此庞大的团队，小米公司认为自己成功的秘诀就在于"轻管理"，极度扁平化，不设 KPI 考核指标。这种管理创新模式使得小米团队把 80% 的精力都集中在产品上，而不是耗费在内部的团队管理上。

第一节 "互联网+"时代的中小企业管理创新

"互联网+"这一概念最早可以追溯到 2012 年，它是指互联网和其他行业和领域的结合，或者说是将互联网的发展成果广泛应用于各领域和行业中而形成的，能够充分提升经济发展和创新能力的一种全新的经济形态。随着大数据、云计算、网络信息技术等的迅速发展和应用，使得"互联网+"这一经济形态应运而生，"互联网+"不仅为企业的发展带来了新的环境和助力，同时也对企业管理的模式和水平提出了新的、更高的要求。

企业管理包括对企业的组织结构、人力资源、财务、营销等多方面的计划、组织、协调和控制，而创新本身就是一个企业生存和发展的灵魂，且每一次创新都是随着时代和市场的变化而展开的。企业的创新就是对企业的内部组织、观念、运营、人员和财务状况等方面的优化。因此，企业管理创新就包含了管理观念创新、组织形式和模式的创新以及人力和财务管理等方面的创新。"互联网+"企业的新形态，是企业进行全面管理创新的助力。同样，企业要适应新时代下的新市场和满足客户新的需求，提高自身的竞争实力和发展潜力，也必须不断创新管理方式，解决时代背景下自身管理存在的问题。

一、"互联网+"时代企业管理创新的必要性

(一) 适应消费者需求变化的需要

互联网时代的信息传递速度较快，社交化网络的广泛使用，消费者和产品、服务提供者之间的关系也随之发生了变化，以往的信息不对称问题逐渐弱化，且消费者在同一服务中面临多种选择，逐渐掌握了主动权，而其消费行为也不再受时间和空间的限制。这种变化下，一方面企业所面向的消费者群体在不断扩大，同时面对消费者的多重选择，企业之间的竞争也随之激烈；另一方面消费者已经处于市场营销活动中的主体地位，想要在这种市场环境中抓住机遇，赢得对手，就需要利用好网络技术和平台，线上线下相结合，快速、精准、充分地把握和满足消费者需求，进行营销模式和服务的管理创新。

(二) 提高信息反应能力的需要

"互联网+"时代不仅数据和信息量大而且传递速度较快，企业需要在瞬息万变的市场中，快速收集相关的信息，并做出高效且准确的判断和决策。然而传统的企业组织往往更局限于自身的领域和内部生产，对内部管理效率的关注远大于对外部环境的关注，对外部信息的搜集和反应灵敏度不够；企业经过多年的发展后，在组织架构上日趋庞大，层级较多，在信息传递中速度也较慢。因此，在飞速变化的生存发展环境中，企业必须做出变革，进行组织结构的创新，提高信息反应能力，从而适应新的时代发展需要。

(三) 人力资源管理出现新的趋势

人力资源是企业最重要的资源，人力资源的有效管理对企业有着重要意义。"互联网+"时代的社交平台传播能力和交互性较强，员工在社交平台上塑造的形象很容易就会和企业挂钩，对企业产生相应的影响；同时，企业员工也在不断趋于年轻化和个性化，以往那种自上而下的管理已经不再适用，而更倾向于"平行"的管理方式；在人员招聘、培训方面，现在更多的人倾向于通过网络平台来寻找工作机会，通过网络视频等方式就可以进行应聘和培训，而且网上的学习资源更加丰富。互联网也为企业内部带来了很多新的元素，以往的考核评价指标和薪酬结构也需要进一步地调整。总的来说，企业必须在人力资源管理方面进行创新，以满足新的变化趋势。

(四) 以往财务管理模式存在弊端

在"互联网+"时代，计算机和网络技术趋于成熟，财务管理的主体开始虚拟化，财务管理目标也在发生变化。而随着电子商务的盛行，企业很多交易和支付行为也都是通过网

络进行的，这种限制较少的交易方式，为企业工作效率的提高起到了重要的作用。但问题是，由于企业传统的财务管理模式反应慢、程序复杂，更适用于传统的交易和资金往来方式，在一定程度上对网络化的财务管理造成反馈延迟和效率降低问题。在以往，财务管理更趋向于基础性工作，而"互联网+"时代下，财务信息对企业的意义变得更为重要，通过对这些财务数据进行整理和分析可以对企业的资金运作、纳税筹划以及投资方向的预测提供支持。在这一系列的情况下，财务管理创新也是企业管理创新的必要任务之一，对企业的发展非常重要。

(五) 缺乏"互联网+"思维的管理理念

当今很多企业都在积极应用互联网技术，但普遍的做法都是将先进的技术用于传统的企业管理中，而没有对两方面进行有效的融合，形成具有"互联网+"思维的企业管理理念。而且以往的企业管理理念中，更多的是以自我为中心进行生产经营和管理活动，而"互联网+"时代的到来，要求企业必须更多地去围绕客户的需求，转向以用户为中心的管理理念。没有创新的、符合时代需要的管理理念，就不能领导企业在管理中进行全面创新，满足企业的发展需求。

案例 6-1

华为的消灭工程师文化

华为认为技术不是核心竞争力、人才也不是核心竞争力，核心的问题是对人才的管理，在此基础上华为提出要消灭工程师文化。工程师文化提倡只为研究成果负责，工程师负责研发新产品，确保做到创新，但能否卖得出去是公司的事，工程师在研发时完全不考虑这个环节。而工程商人则必须面向客户，为市场的成功负责，而不是仅为研究成果负责。华为的管理创新就是要把这些人由工程师变成工程商人，消灭工程师文化。

二、"互联网+"时代企业管理创新的内容

(一) 凸显消费者为主导的营销模式创新

企业的经济效益大多数都来源于消费者，消费者需求的满足关系着企业利润的实现，而营销就是为了寻找和满足消费者的需求，以达到企业盈利的目的。在"互联网+"时代，消费者的需求更加多样化，而且满足其需求的途径也更加多样化，这对企业来说既是机遇又是挑战。想要获得更多的盈利和发展，就需要以消费者的需求和意愿为中心，通过互联网和数据挖掘与分析技术的应用，多渠道掌握客户的消费信息并加以分类和筛选，进行精准营销、催化营销和新型业务及服务的开发，并通过对企业市场营销活动的优化和升级，不断提高消费者的忠诚度和满意度，培养和形成固定的消费群体，为企业的经济效益和发展提供保证；同时，最大限度地占有客户和市场，也大大提升了企业的市场竞争力，使企业在长期发展中获得竞争优势。

(二) 实现组织结构的扁平化和信息化

复杂的管理层级和封闭的管理组织结构，会使得企业对外界的信息和变化反应变慢，不能对变化莫测的市场和外部环境做出及时应对，以及对稍纵即逝的机会进行把握。因此，必须对企业的组织结构进行创新，实现"网状扁平化管理"。所谓的网状扁平化管理，就是将企业划分为一个个小的单元，每个单元自主运行和管理，但是单元之间又建立紧密的联系，彼此互相影响并向外扩散成网状结构。

首先，在互联网时代，采用这种组织结构，可以使企业各部分直接与市场和消费者对接，便于对市场和消费者各种信息的收集、整理以及分析处理，使企业最快的掌握市场和消费者的需求与变化，快速做出决策和行动；其次，这种组织结构与以往的组织结构的最大区别就是其结构更加简单，消除了复杂的层级结构，每个员工都可以和企业高层进行沟通反馈，传递信息，不再受到原来所有信息、决策以及请示和汇报都要经过层层上传和下达的约束和限制，大大加快了企业的反馈和决策速度；最后，由于每个单元都有着较强的自主性和灵活性，都可以自主进行与外界信息的交互并及时做出反应，增加了企业成员的参与和利润分配机会，也使他们更容易进行创新，也更加符合互联网具有的平等、开放以及协作的本质。

(三) 人力资源管理创新

人才就是企业的核心竞争力，人力资源创新可以说是企业管理创新的重中之重，有着不可替代的作用。在当前"互联网+"时代的竞争中，企业人力资源管理面临着新的变革，必须进行管理创新来适应新的发展趋势。

人力资源管理创新策略主要包括：

(1) 采用智能化的招聘手段，根据企业不同部门的不同要求，在互联网上进行模块分类招聘；

(2) 加强网络培训，让员工能够自主选择培训时间，也为企业节省了培训成本；

(3) 构建网络沟通平台，增加员工线上互动，提升工作效率；

(4) 建立新型人才激励机制，提升员工荣誉感和使命感；

(5) 去中心化，由雇佣关系变为联盟关系，员工与领导之间不再只是依附的关系，员工也可参与企业更多的决策，并能够和领导及时分享有关建设性的问题；

(6) 充分利用大数据的优势，在当今知识经济发展的影响下，员工与员工、员工与客户、员工与领导者之间的相互交流，都产生了大量复杂的数据，这些数据对企业的发展有着重要的影响，企业相关人员可通过对大数据的管理和利用，预测到未来的发展方向和趋势。

阅读材料

"互联网+"时代90后员工的管理

90后这个群体在职场上越来越重要。随着越来越多的80后进入领导层，90后已经能够逐渐替代 80 后成为职场中的中坚力量。职场中的 90 后，也处处体现着与前代人的不同。很多人眼中，90 后以自我为中心、个性十足。90 后崇尚发展自我、展现自我、成就自我的信念。

一家权威人力资源机构的调查显示：在 90 后员工中，工作的最主要目的是为了实现理想、展现个人价值、满足个人兴趣。另一方面，影响 90 后作出辞职决策的最重要原因是薪资福利、工作氛围和个人的成长和发展空间。

所以"管理"90 可能是一个伪命题。因为你根本就"管不住"90 后。吸引 90 后来入职，是不是能给他规划出最适合他的个人发展通道？有没有办法让他在这份工作中认可自己的价值？为了留住 90 后，企业文化是否有足够的向心力？公司福利是不是能够实在地提升他的幸福水平，而不只是"看起来很美"？

跟 90 后愉快的相处，最起码应该做到：

➢ 发自内心地去尊重他们；

➢ 发现他的优点，让他找到最适合自己的职业发展道路；

➢ 让他感受到自身价值的实现；

➢ 提供有竞争力、能确实提升他生活水平的薪资福利。

(资料来源：公司 90 后员工越来越多，怎么管理？ https://www.douban.com/note/596528611/)

(四) 财务管理创新

网络技术为财务管理方法和手段的创新提供了技术上的可能，企业通过网络可以进行动态的和实时的财务管理，电子货币作为主要的流通方式以及网上银行的发展提供了资金周转保障。这些变化都是"互联网+"为企业财务管理带来的变化，因此企业的财务管理工作需要创新。综合来说，企业必须借助计算机和网络及网络技术，建立健全财务预算管理体系，全力构建大数据平台，优化财务管理工作流程，推动财务管理模式的数字化、平台化，进行全方位的变革和创新，使财务管理能够为企业创造更大的价值。

三、不同生命周期阶段的中小企业管理创新策略

根据企业的生命周期理论，可以将企业的发展过程划分为三个阶段：初创期、快速成长期和成熟期(衰老期)。由于在每个阶段企业的规模和目标存在显著差异，因此需要根据每一个阶段的特点来制定相应的管理创新策略。下文将管理创新策略分解为"管理模式—管理技术—企业文化"三方面来进行阐述。

(一) 初创期的管理创新策略

对于初创期的中小企业，无论是企业所有者还是员工都是所在领域的新手，所面临的风险较大，再加上企业的规模较小，业务较为简单，因此企业所有者应当同时担任企业的管理者和决策者，对企业进行全面管理，采用所有者与管理者结合的管理模式。在管理技术方面，应该实行基本的信息化管理。包括构建企业门户网站，企业内部网络、企业电子信箱和即时通信系统的建设，企业现金流管理系统以及 CAD 系统的构建等，通过这些基本的管理技术来打造基于互联网的产品推广平台，并实现员工之间的有效沟通，从而为企业

全面信息化打下基础。在企业文化建设方面，应以调动员工积极性为主，实现管理者与员工和平相处、互信互利，达成上下一气、和谐一致的企业文化氛围。

（二）快速成长期的管理创新策略

对于快速成长期的中小企业，企业所有者已经对所在领域有了相当了解，积累了较多的经验，而最初的员工也已经能够独当一面，成为某一方面的业务能手，再加上企业的规模持续扩大，业务不断分化，此时企业所有者已经不能够事必躬亲，而且在某些方面与员工或者其他专业人士相比并不占优势，此时企业所有者可以考虑将部分日常管理权交给表现突出的员工或者职业经理人，而自身专注于其他更加重要的工作和事情。因此在企业的快速成长期应采用部分委托代理的管理模式。在管理技术上，此时应实施较为全面的信息化建设，即信息深化应用工程，包括企业运营管理系统、ERP 系统、条码技术应用以及PDM(产品数据管理)系统等。在企业文化建设方面，此时正是企业用人之际，应该推进领导与员工之间的和谐相处，使员工的个人利益与个人发展和企业的利益与企业的发展紧密相连，并重用德才兼备之士。

（三）成熟期(衰老期)的管理创新策略

当企业步入成熟期，各方面的经营活动都已经步入正轨，可以按部就班地进行，企业的规模达到最大，业务也趋于复杂和完善，企业的所有者积累了足够的经验，也有了充分的人才储备，因此应该将经营权完全下放，交给合格的职业经理人，而自身专注于企业长远发展的战略决策，此时企业将形成所有权与经营权完全分离的现代公司制管理模式。在管理技术上，企业应实施信息化战略支撑工程，将企业信息化应用延伸到车间与供应链，实现企业信息化系统的闭环和全面集成，从而最大限度地实现科学决策。在企业文化建设方面，由于企业已经完全步入正轨，企业如何实现持续有序运行便成为头等大事，因此企业应该结合现代企业制度制定全新的规范的企业文化。

此外，在管理创新的过程中，中小企业所有者要特别注意处理好家族成员和职业经理人的利益冲突，坚持任人唯贤、任人唯德和任人唯能，以吸引人才和留住人才，还要注意积极利用社会力量，比如专业的咨询机构来解决经营过程所遇到的管理问题。

第二节　新型企业组织模式

一、合伙人模式

"互联网+"时代的到来，使人与组织的关系、人与组织的力量对比发生了改变。与原先金字塔式的层级结构相比，组织结构变得更加扁平化和网状化。在这样的组织结构中，不再有绝对的命令者和指挥者，每个个体都能高度自治，并创造出巨大的价值。正如海尔总裁张瑞敏提出的"企业无边界、管理无领导、供应链无尺度、员工自主经营"的组织管理思维，只要个体能够发挥出巨大的效能，就能拥有话语权。实际上，已经有很多企业将合伙人制度和合伙人理念应用到企业管理中，颠覆传统的组织架构。马云曾说："下一轮竞争，不是人才而是合伙制度的竞争。"毫无疑问，"互联网+"时代，合伙制是一种更具有生命力和活力的新型企业组织模式，是管理难题的解决之道。如果说，以往的管理方式仅凭个人能力或雇佣员工就可以成功，那么在"互联网+"时代要成功就必须找对合伙人，共同谋划、共同筹资、集思广益，减轻创业压力。正所谓小生意靠单干，大事业靠合伙。

(一) 合伙人机制

大部分公司的合伙人机制是出于激励的目的，但是也有很多公司的合伙人机制是出于其他的目的，比如对公司的控制权。目前来看，合伙人机制有三大模式。

第一，公司制的合伙人(股权控制型)。除了激励之外，合伙人还要把握公司的控制权，要么是控制其上市，要么实现权益的平移。

第二，联合创业模式(平台型)。这是一个被大量的创业公司，大量需要在原有业务体系上孵化新业务的公司所采用的模式。典型的案例包括新希望集团所孵化出来的新业务。

第三，泛合伙人模式。当公司在所谓的股权激励之外又加入了合伙人的定义，或者是增加一些类似于合伙人机制的激励，这就是泛合伙人制。比如，根据阿里公开的招股说明书，马云和蔡崇信是两个永久性的湖畔合伙人，其他的合伙人大约还有 30 名左右。

(二) 合伙人制度的本质和优势

小米有七个联合创始人，雷军称："小米公司有一个理念，就是要和员工一起分享利益，尽可能多地分享利益。"小米刚成立的时候，就推行了全员持股、全员投资的计划。万科总裁郁亮也曾说过，通过合伙制，形成共担、共创、共享的机制。其实，这些企业家的说法都表达了一个意思：合伙制的本质就是共享共创。

合伙制已经逐渐成为一种创业的新模式。因为无论从资金、人力还是渠道等方面来看，合伙制都能发挥出 1+1>2 的效果，让企业获得快速发展。同时,合伙制还能赋予人们激情，让员工不再以单纯的雇员身份为雇主工作，而是以合伙人的身份为自己工作。2014 年，万科的职业经理人制度升级为合伙制，这也是中国企业职业经理人制度走向合伙制的标志性事件。随后，碧桂园等纷纷推行合伙制，众多 A 股上市公司也纷纷推出了自己的员工持股计划。

合伙制是对传统雇佣制的巨大颠覆：从资本雇佣劳动，变为资本与劳动的合作；员工从单纯的打工者，变为拥有股权的合伙人；由于股权结构优化，股东之间的权力相对更均衡，员工的话语权更大；员工之间更多体现为平等的合伙关系，而非传统的上下级关系；利益分配更公平，员工获利空间更大。合伙制可以较好地克服传统雇佣制权力和利益在资本方和员工之间严重失衡，导致人才流失严重的弊端。不论传统企业还是互联网新型企业都可以根据自身情况尝试是否采用合伙制模式。

(三) 寻找合伙人的条件

1. 技能互补

创业者必须找一个能够在不擅长的领域帮助自己的人，这样可以使创业团队更完美。

比如自己没有技术，就要去找一个技术型的联合创始人。拥有不同的技能，可以帮助创业伙伴们更快投入到属于自己的角色中，分工更明确。当用不同的专业领域角度来分析问题时，得到的答案会更有说服力，也会使整个公司更强。不同气场，即专业技能(开发者，设计师，沟通者)和气质(乐观，悲观，热情，理性)之间的平衡也很重要。

2. 彼此尊重

选择的合作伙伴必须尊重你，而且和你一样聪明勤奋。虽然来自不同的专业领域，有着不同的工作经验和专业背景，但是你们得彼此尊重，懂得欣赏对方的工作。这种彼此欣赏能够促进合作伙伴之间的频繁交流，并且会使得相互之间更加尊重对方。

3. 相同的使命和激情

你要确定你和你的合伙人有着相同的目标。一般来说，合伙人在一起创业，就是因为有相同的爱好，想做一样的事情。但是你要确定你们对公司未来的规划也基本一致。通常创业初始团队解散，就是因为他们最后想从公司得到的东西不同：一个想很早就把公司卖掉，而另一个却想继续发展成为一家大公司。好的团队会有很多分歧，但是到关键时刻，共同的价值观能帮助这个团队获得成就。所以，在创业之前，要把所有的事情都放到桌面上讨论，与合伙人一起确定公司的短期和长期目标，以确保你和合伙人步调一致，这非常重要。

4. 开放性和灵活性

在工作中，一些突发情况是不可避免的，如果你的合作伙伴能够很好地解决这些障碍，那无疑会让你轻松很多。从长远看，和一个不用让你为小事担心，还能知道灵活解决问题的同伴共事，是再好不过的。

5. 人格匹配

你要确保你们在工作之外也能很好地相处。从无到有建立一个公司是非常累的，工作压力会迅速积累，和一个真诚且能和睦相处的人共事，无疑会让你事半功倍。

二、塞氏企业

塞氏企业是巴西一家制造上千种产品的大型跨国企业。虽然巴西通货膨胀严重，经济政策混乱，塞氏企业却逆流而上，生产率提高了近 7 倍，利润翻了 5 番。根据调查，这家公司是巴西年轻人最想去的公司。塞氏企业的成功缘于近年来创新大胆的管理方式。塞氏原是家族企业，做的是工业机械的传统产业，不像是能容许太多自由度的公司，但是现任总裁(他个人不承认这头衔)李卡多·赛姆勒(Ricardo Semler)从父亲手中接下这家公司之后，大胆进行了一连串组织模式方面的管理创新。

塞氏企业的成功秘籍就是，企业就像一辆汽车，让不合适的员工及时下车腾出位置，让合适的员工上车一起快乐成长，把企业的人员精简到极致。还有一个基本管理原则就是，让员工成长就是让企业发展。塞氏企业的新型组织模式可以概括为以下四个特征。

(一) 偏向自由的管理模式

塞氏企业曾经尝试制定新的规章制度，但最终认为有些部门不设立更好，有些规章制度没有写出来更好。塞氏企业相信所有的员工都可以根据常识来做出适当的行为，员工的决策往往比他们主管的决策更好。塞姆勒上任的第一条规定是：晚上 7 点之前，所有人必须离开办公室；第二条规定是给他自己的，即"给员工最大限度的自由和权利"。在这些规定的指引下，塞姆勒审视所有规章，大把大把地扔掉它们，他消除了所有代表压迫的规章制度，包括取消了门卫例行检查、取消了考勤制度、取消了着装规定。最终，经理们拆掉了办公室，进行"走动管理"(管理者到员工中去传达管理意图)；为公司高层保留车位的做法也消失了，没有谁真的比别人更重要，谁先来谁就把车停在那里；名片、办公室家具、地毯上的区别也被取消了。

在塞氏企业，员工享有充分的自由与权利，例如工资自己定，上班时间自己定，随意着装，在会议室举办生日聚会，为了思考和创新给自己放假，自由地查看公司的账簿，利用公司的资助自立门户等等。从来没有一家企业对员工有如此高度的信任。从没有一个企业家，如此自由地让员工管理自己的企业。

(二) 构建"圆环"形组织结构

传统的"金字塔"式组织结构的问题是，越向上走越狭窄，奖励了少数人，却打击了绝大多数人的士气。头衔和层级充斥的公司，许多管理者的时间都用在处理不可避免的冲突、嫉妒和困惑上。即使在提倡扁平化的时代，六七个层级在公司中也很常见。传统组织结构导致的结果是，少数高管享受着豪华办公室和跑车，多数人只能在年终时得到一声"谢谢"。

塞氏企业设计了一个以流动的同心圆为基础的组织结构，取代了僵化的等级森严的金字塔结构。塞氏企业的"圆环"形组织结构中，官僚体系由 12 层减为 3 层，所有的员工只有四种头衔：顾问、合伙人、伙伴和协调人，如图 6-1 所示。第一个圆环包括传统公司中类似副总裁一级和级别更高的人，被称为"顾问"，在公司中的地位要高一些，负责协调公司的整体战略；第二个圆环包含 7～10 个业务部门的领导，被称为"合伙人"；第三个圆环包括所有其他人——机器操作员、食堂员工、看门人、销售员、保安等等，他们被称为"伙伴"。最小的圆环将成为公司的润滑剂，激励第二个圆环的人决策和行动，实际上是第二个圆环的人在经营公司。协调人是各个部分或特定工作的领导，包括关键的一线管理层人员，如营销、销售、生产主管或者工程和装配领域的工头在他们各自的领域里指导 5～20 个伙伴。在这些圆环上，"伙伴"挣的钱可能比"合伙人"还多，因此，无论想在低职位上饱览风景的人、野心勃勃想要开拓未来的人，还是技术天才，都有了自己的方向，大家不必一起涌向"企业金字塔"狭窄的塔顶。当有人晋升时，塞姆勒就递给他一张空白名片："想一个最能说明你的领域和职责的头衔，然后把它印上去。"

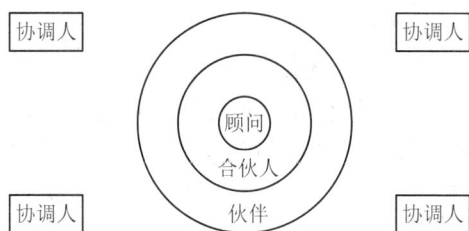

图 6-1 塞氏企业的"圆环"形组织结构

(三) 信息共享、平均分配的利润分享计划

塞氏公司采用了一种新型利润共享计划，不仅能让员工充分理解，而且还由他们来控制。在分享财富之前，塞氏公司共享了一种更有价值的东西——信息。公司公布了各级员工的薪水以及公司的各种财务业绩信息。传统的利润分享计划只是公司把钱拿出来分享，而员工完全不了解这个数目是如何得到的，而且许多公司只是提取一个百分比，然后把它运用于员工工资，使得利润分享计划对高层人物更有价值，这就破坏了利润共享计划的激励效果。

通过与工厂委员会和工会领导人多次协商，从塞氏企业的总利润算起，然后扣除 40% 的税金，25% 的股东分红，12% 的再投资，剩余的 23% 的利润被用来与员工共享。具体的利润分享计划如下：每个季度，计算出每个自治单位所赚的利润，并将其中的 23% 平均分配给该单位的员工，也就是说所有员工都将拿到相同数额的金钱，而不是工资的相同百分比。塞氏企业意识到要奖励那些虽然没有特别学位却尽心尽力为公司作出贡献的"伙伴"。

(四) 员工自己设定工资

让员工自己设定工资不可避免地会带来一些担忧，例如，一些人如果觉得有机可乘，那他们奖励给自己的奖金是否会不恰当甚至高得离谱？同事之间工资的差异是否会引起麻烦和冲突？如果有人因为缺乏经验而无法正确评价自己的工作贡献，设定了较高或较低工资怎么办？如果有人给自己工资设定太低引起别人轻视怎么办？等等。

但塞式企业经过实践调查，发现大部分员工的工资设定都是合理的，主要包括三个原因。首先，每个人都知道其他人的工资，透明的制度起了很大的作用，公开的工资制度对制止贪婪很有效果。其次，高层人员在工资设定上是谨慎的。作为一种企业理念，塞氏企业努力把高层人员的工资保持在最低工资的 10 倍以内。最后，塞氏企业的经营预算只有 6 个月，而不是通常的 12 个月，由于预期外增加的支出必须在短期内抵消，使得可支配用来超发工资的利润很少。自我设定工资的制度促使员工更加关心公司的长期发展，同时也消除了员工对工资的抱怨。

阅读材料

塞氏企业的小手册

塞氏企业印发了一个类似公司说明书的小手册，是企业唯一的规章制度，内容主要包括：

(1) 传统企业组织结构图：塞氏企业没有明文规定的组织结构图，被领导者的尊重造就了领导者。

(2) 雇佣：在雇佣或提升某人前，他所在部门的其他人有机会对他进行评价。

(3) 工作时间：实行灵活的工作时间，每个员工设定自己的时间表。

(4) 工作环境：所有员工都能自由改变其工作区环境，使自己觉得舒服。

(5) 着装：每个人按喜好和需要穿衣服，穿什么都行。

(6) 权力：决不容忍滥用权力、压迫下属，或令人因恐惧而工作，任何对他人的不尊敬都会被严肃对待。

(7) 工会：工人可以自由组织工会，公司坚持对工会的尊重，并和工会对话。

(8) 罢工：罢工被认为是正常的。

(9) 评价上级：你有权力评价上级，公司全力保障开诚布公。

(资料来源：[巴西]里卡多·塞姆勒.塞氏企业——设计未来组织新模式[M].杭州：浙江人民出版社，2016.)

三、指数型组织

人类社会由于新技术发明推动一个时代进入另一个时代，狩猎采集时代由于发现种子而进入农业时代，由于发明蒸汽机而进入工业时代，由于发明计算机而进入信息时代。时代更迭都使生产力提高 50 倍以上，更迭期的一些组织及时运用了新技术和新的组织模式，使产出呈现指数增长，成为指数型组织。目前深受投资界青睐的独角兽公司就是指数型组织成长后的优质形态。

(一) 建立指数型组织的意义

线性组织是过去及当前很多企业的一种状态，通过资源和资本的扩大，逐步形成规模化的线性业绩增长，从小企业变成大企业。原来的世界 500 强企业需要花 20 年达到估值 10 亿美元，但是互联网信息时代出现了一种指数型组织，只需短短数年就能达到，如谷歌用了 8 年，Facebook 用了 5 年，Uber 用了 2 年，还有更短的，这些公司的业绩都是指数级增长，远远超过线性增长。究其原因在于，"互联网+"时代以信息为基础的环境带来了根本性的颠覆性机遇。

为什么有这么多的线性组织？其实是线性思维造就线性组织。线性思维往往希望"拥有"稀缺资源，这是保障相对可预测的稳定环境的一种常见做法，其结果是拥有越来越多的员工、设备、厂房、土地等。而大企业往往采取矩阵结构的组织形式，采用产品开发与管理的集成产品开发(Integrated Product Development，IPD)流程体系，从而造成规模和灵活的不可调和。

指数型组织会使用更多的外部资源来实现自己的目标，比如通过租赁云计算资源快速获得 IT 能力，通过开发外包快速开发新的系统，通过社群的用户口碑自传播获得品牌和销量，通过供应链合作获得高效的生产与供货。指数型组织是一种很有希望的组织形态，创业企业要想获得成功，建立与业务匹配的指数型组织是非常必要的。

(二) 指数型组织的 11 个最强属性

指数型组织需要具备的 11 个最强属性，也就是打造独角兽的 11 个最强属性包括：一个宏大变革目标、五大外部属性及五大内部属性，见下图 6-2 所示。

1. 拥有一个宏大变革目标(MTP)

指数型组织都有一个崇高而热切的目标，这个目标就是"宏大变革目标"(Massive Transformative Purpose，MTP)。足够鼓舞人心的 MTP，本身就是一种竞争优势，它会激励

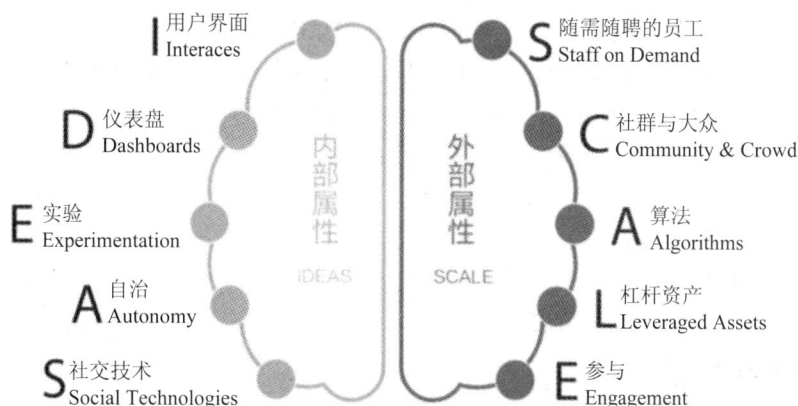

MTP指数型组织的最重要属性

图 6-2　指数型组织的 11 个最强属性

(资料来源：指数型组织的 11 个最强属性　https://image.baidu.com 百度图片)

人们创造出社区、群体和文化。一些企业的 MTP 让人激动，比如：TED——值得传播的思想；谷歌——管理全世界的信息；Airbnb——让全世界所有的空房发挥作用。宏大变革目标很好地描述了一个企业之所以能存在，它的缘起是怎么样的？它的理想是怎么样的？它今后要为这个世界带来的更美好的改变是怎么样的？所以宏大变革目标可以说是一个企业得以产生飞速发展最重要的引擎，也是指数型组织发展的 11 个最强属性的基石。

2. 五大外部属性(SCALE)

企业如果明确了自己的宏大变革目标，还需要建立企业发展的左右脑。五大外部属性构成了一个指数型组织的右脑，它突破组织自身的界限向外扩张，实现性能的改进。五大外部属性包括：

(1) 随需随聘的员工(Staff on Demand)：员工随需随聘，取代传统的岗位聘任制。随需随聘的员工可以为组织带来最新的观念，使组织变得更加敏捷，让核心团队之间形成更强烈的联系。

(2) 社群与大众(Community & Crowd)：社群就是由核心团队成员、前任团队成员、合伙人、经销商、顾客、用户和粉丝组成的。组织还可以把一大群充满热情、愿意奉献时间和专业技能的爱好者组建成社群，并吸引更多的大众。组织可以在创意、创新、验证乃至众筹等方面借助于大众。发展社群与大众可以提高指数型组织的忠诚度，驱动指数型增长，验证新的想法，学习新的内容，使组织具备敏捷的特点和快速实现的能力。

(3) 算法(Algorithms)：获取海量数据并确立自己独特的算法。目前有两种类型的算法走在了新世界的最前沿：机器学习(Machine Learning)和深度学习(Deep Learning)。在未来几年内，还会出现更多专注于算法的指数型组织。尤里·范吉斯特总结了大数据的 5P 优势：生产(Productivity)、防御(Prevention)、参与(Participation)、个性化(Personalization)和预测(Prediction)。未来将会有更多的指数型组织将这 5P 优势发挥出来。算法为组织实现规模完全可控的产品和服务，帮助利用联网的设备和传感器，降低出错率和提高增长的稳定性。

(4) 杠杆资产(Leveraged Assets)：用杠杆资产取代实体资产。非资产业务(Non-asset

Business)的最新一波潮流是协作消费(Collaborative Consumption)，协作消费指的是并不拥有物品的所有权，而以分享、交换、交易和租赁等方式共同使用某一物品的商业模式。当资产是稀有或极度稀缺的东西时，拥有就成了更好的策略。但如果资产是以信息为基础的，或者本质上是日用品，那么使用就比拥有更好。杠杆资产帮助组织让产品规模可控，降低原料的边际成本，省去了管理资产的麻烦，提高了敏捷性和适应性。

(5) 参与(Engagement)：采取巧妙方法让用户参与进来。参与是让协作式人类行为(即社交行为)发生的一种方法。"互联网+"时代，连接起来的个体能够做到曾经只有大型中央集权式组织才能做到的事情。在适当的情况下，参与会创造出超大范围的网络效应和积极的反馈回路，受参与影响最深的是顾客和整个外部生态系统。这些方法也可以用于内部员工，借以提升协作程度、创新力度和忠诚度。

3. 五大内部属性(IDEAS)

五大内部属性构成了一个指数型组织的左脑，它实现了命令控制和稳定功能，能够帮助企业加强信息化和灵活性，让企业具备一个良好的控制机制。五大内部属性(IDEAS)包括：

(1) 用户界面(Interfaces)。良好的用户界面，是组织实现扩张的重要条件。用户界面可以过滤外部冗余，使之变成内部价值，在外部增长的驱动力和内部稳定的因素之间搭建桥梁，通过自动化实现规模可控。

(2) 仪表盘(Dashboards)。适应力强的实时仪表盘，让组织内的每一个人都能了解关键量化指标。组织的高速前进必然需要这样的度量体系，实时地集成并归纳个人和团队的评估结果，这避免了微小的失误迅速演变成严重的后果。

(3) 实验(Experimentation)。通过实验实现快速迭代。精益创业的核心思想是，先在市场中投入一个极简的原型产品，然后通过不断的学习和有价值的用户反馈，对产品进行快速迭代优化，以期适应市场。其方法可被归纳成一种供创业公司、大型公司甚至政府采纳的新型的、科学的、以数据为驱动的、迭代的，且很大程度上以顾客为动力的实践性创新方法。将实验融为一种核心价值，并采取像精益创业这样的方法之后，企业的失败(作为风险的必然产物而被接受)就可以变得短暂，几乎没有负面影响，且能带来更多的经验教训。

(4) 自治(Autonomy)。在遵循公司 MTP 的前提下，实现员工高度自治。组织设计专家史蒂夫·丹宁(Steve Denning)曾经说过："让知道情况的人负责，而非仅凭职位来分配责任。这是对管理者职责的改变，而非将职能摒弃。"员工自治可以提高员工士气，使组织具备更快的反应速度和更短的学习时间，在顾客看来更具责任心。

(5) 社交技术(Social Technologies)。用社交工具创造透明性和联通性，消除信息延迟。普里斯特利的社交商业等式是：联通+参与＝信赖+透明。在加速已有业务方面，Salesforce的首席科学家 J.P.兰加斯瓦米(J.P.Rangaswami)认为，社交技术具有 3 个关键目标：缩短获取(和处理)信息和决策之间的距离；从必须查询资料转变为让资料自己流入你的大脑；利用社群开展创意。社交技术使组织实现更快的对话、更短的决策周期、更快的学习速度和在高速增长时稳定团队。

(三) 建立指数型组织的步骤

从指数型组织的 11 个属性，我们了解了成功创业公司的典型特征，那怎么打造一个指数型组织呢？创建指数型组织包含以下 12 个关键步骤。

第 1 步：选择一个 MTP。首先问自己，我想要解决的最大问题是什么，找到问题领域，然后构思一个相对应的 MTP，保证自己对准备攻克的问题领域有强烈的热情和激情。

第 2 步：加入或创建与 MTP 相关的社群。无论你从事什么行业，为目标拼搏的人组成的社群，都会为相同的目标倾力投入。

第 3 步：建立一支团队。在任何一家创业公司，初创团队的慎重构建都是性命攸关的事情。组建成功的指数型组织初创团队的关键就在于每个人都拥有朝 MTP 奋发的热情。

第 4 步：突破性创意。可以利用社群或大众来发现突破性创意或新的实现模式。

第 5 步：建立商业模式蓝图。一旦找到了核心创意或突破性想法，下一步就是详细计划该如何让它走向市场。

第 6 步：寻找商业模式。寻找新的商业模式，使它在长期战略上与特定行业的关系密切的其他指数型组织合作。

第 7 步：建立 MVP。MVP 就是一种应用性质的实验，用来确定一个最简单的产品能否闯入市场，以及能获得怎样的用户反馈(同时也有助于在下一轮开发中寻找投资者)。随后，你就可以在反馈回路中快速更新和优化产品，实现开发路线。

第 8 步：验证市场和销售。一旦产品得到了目标市场的使用，那么就需要建立起客户获取渠道来促使新的访问者发现你的产品。

第 9 步：实现 SCALE 和 IDEAS。好的指数型组织并不意味着实现所有 11 项的内部和外部属性。好的 MTP 加上三四项其他属性，通常就足以带来成功了。关键在于确定你应执行的是哪些属性。

第 10 步：塑造文化。在高速扩张的组织中，文化、MTP 和社交技术就是在指数型组织的两边条约中保持团队凝聚力的胶水。要做到这一点需建立目标和关键成果(Objectives and Key Results，OKR)系统，然后让团队习惯于透明、责任、执行、高效风格，并不断持续深化。

第 11 步：定期回顾关键问题。在建立创业公司时，你需要思考八个关键性问题，而且要定期回顾这些问题。每一个能获得满意回答的问题，都会让你一步步接近目标。① 你的顾客是谁？② 你解决的顾客问题是什么？③ 你的解决方案是什么？至少比现状改善了 10 倍吗？④ 你会如何为产品或服务进行市场销售？⑤ 你的产品或服务的销售情况如何？⑥ 你如何利用病毒效应和净推荐值将顾客转变为宣传者，从而降低需求的边际成本？⑦ 你如何扩大客户群体？⑧ 你如何将供应的边际成本降至零。

第 12 步：建立和维护平台。建立一个成功的平台，需要四个步骤：① 找出某个消费用例的"痛点"；② 找出生产者与消费者之间任何互动当中的核心价值单元或社交对象；③ 设计出一个促进这种交互的方法；④ 决定如何围绕这一交互建立一个网络。

阅读材料

中国独角兽公司分布的行业

中国的独角兽公司都分布在哪些行业呢？天风证券刘晨明团队报告认为，中国独角兽企业可以分成三类：

第一类是互联网与生活的融合，这类独角兽企业多为特点是基于互联网的生活性服务企业，几乎可以涵盖我们生活的方方面面。金融理财有陆金所、蚂蚁金服，手机支付有微信、支付宝，外卖有美团点评、饿了么，旅行服务有携程，交通出行有滴滴、摩拜、OFO，看电影有猫眼、格瓦拉……

第二类是互联网、人工智能等因素与制造业的融合，这类企业有一些已经具有较高的知名度。小米、魅族等利用中国在智能手机制造上的优势，采取互联网销售模式快速成长，并积累了众多的粉丝。大疆、蔚来汽车分别在无人机、智能汽车等领域构建起一定的品牌影响力，也是利用了其在人工智能方面的优势，与中国制造优势相融合取得的成就。

第三类是在人工智能、大数据、生物科技等核心技术领域具备竞争优势的独角兽，在所处领域已经具有非常强的竞争实力，但还不为社会大众所熟知。在人工智能方面，Face++、商汤科技、寒武纪科技分别在人脸识别、图像识别、智能芯片等领域构建起声誉。在大数据方面，数梦工场、金山云、腾云天下等依托关联方优势分别在政务、企业、视频等领域构建起云计算和大数据服务模式。在生物科技方面，复宏汉霖、信达生物、上市前的华大基因分别在单抗药物、高端生物制药等领域形成了较强的竞争力。

（资料来源：中国到底有哪些独角兽公司？(附 2018 中国独角兽 TOP100)

https://www.sohu.com/a/230012653_465947)

第三节　组织管理新理念

一、激活个体

◆ （一）互联网时代组织管理重在激活个体

1. 人的管理面临新挑战

因为互联网技术的出现，人们的选择不再局限于一个地区或者一个组织，而更加愿意尝试新的行业、新的组织、新的工作以及新的生活挑战，这些都会导致员工忠诚度下降。随着不断涌现的机会和可能性，人们越来越觉得，雇佣关系会伤害到人们创造力的发挥。所以，对于管理者来讲，原来是雇员需要了解组织的需求，现在是组织必须了解雇员的需求，原来是成员依赖于组织才可以创造价值，而今天其实是组织要依赖于成员才可以创造价值。所以，你就会发现组织跟成员之间的关系有变化：不再是服从和雇佣的关系，而是平等跟合作的关系。面对这样的情况，一方面要求组织管理者理解人们自身的需求特征，同时也要求管理者有能力留住员工，提升组织的凝聚力，获得员工对组织的认同。

2. 个体价值的崛起

处在"互联网+"时代的组织需要意识到知识和信息是个人和整个经济的主要资源，土地、劳动力和资本等经济学家认定的生产要素依然在起作用，但是已经不再是核心要素，因为拥有知识的人让这些传统的生产要素可以转移和聚合。"互联网+"时代的环境变化使个体价值开始崛起，组织管理需要面对的叫创意精英。创意精英的出现，使得组织具有更大的创造力，而组织首先要做的，是为创意精英提供一个非常好的组织形态。什么样的组织最受欢迎呢？答案是：更加重视工作挑战和多样性的学习方式；没有等级、层级结构或者系统的僵化；每个人都觉得自己可以贡献价值，随时可以看到最终结果；能够迅速地学习、运用更广泛的一系列的技能。新兴的成功企业，无论是腾讯，还是 Google，都是非常好玩的工作体验场所，目的就是为了让个体更自由地发挥。

案例 6-2

创意精英成就"谷歌范儿"

谷歌无疑是当今最成功的互联网公司之一。抛开技术、意识形态、商业土壤等因素，谷歌厉害几何，伟大何在？曾任谷歌高级副总裁的乔纳森·罗森伯格和现任谷歌执行董事长埃里克·施密特的结论是：每一个变化，都是由一小撮坚定不移、自动自发的创意精英促成的。创意精英是什么模样？两位大咖给出的画像是这样的：过硬的专业知识、分析头脑、商业头脑、竞争头脑、用户头脑、原创构想、充满好奇心、喜爱冒险、自动自发、心态开放、一丝不苟、善于沟通。

正是拥有一大批这样的创意精英，"谷歌范儿"跃然于世。上进心和抱负、团队精神、服务精神、倾听及沟通能力、行动力、效率、人际交往技巧、创造力以及品行等特质，构成"谷歌范儿"的面貌。

(资料来源：创意精英成就"谷歌范儿"——读《重新定义公司》
http://blog.sina.com.cn/s/blog_4b0cd37c0102xhzf.html)

3. 个体价值转化为整体价值需要激活个体

"互联网+"时代组织管理中呈现出三个最重要的趋势：第一，整个社会环境都在关注可持续性和创造力；第二，技术的发展会让更多的商业模式创新出现，所以组织必须催生很多新的形态；第三，人们的价值观演变。这三种趋势要求企业解决一个问题：怎么能够让我变成我们，从个体价值变成整体价值。因为，在新的发展环境中，是先有个体，才会转化成整体，是先有个体价值，才会转化成为整体价值。所以，在一个极为动荡和混乱的时代当中，组织需要强大的领导力去激活个体，将个体价值转化为整体价值，去统领每一个个体实现整体目标。

(二) 激活个体的四项工作

1. 管理期望

员工与组织之间存在一种"心理契约"的特殊关联，在组织和成员之间会形成一种默契，这种默契是相互信任所延伸的双向期望，既包含着员工对组织的期望，也涵盖了组织对员工的期望。当二者之间的期望达成共识的时候，组织与员工的共同成长便成为一件自然而然的事情。

然而，"心理契约"的形成并非简单的过程，尤其是在个体价值崛起的当下。随着技术的进步和完善，员工个体获取信息的渠道变得越来越宽，整合资源的速度越来越快，以往需要依赖组织完成的商业行为，现在个体可以独立完成。在个体能力提升的同时，员工的自我认知也发生着显著的改变，个体价值的创造不再依赖于僵化的组织，而是依赖于自己的知识与能力。在这种改变下，组织和员工的期望容易产生错位，这时便容易导致违背心理契约的问题产生，进而影响组织和成员间信任的建立。对组织而言，构建稳定、牢固的心理契约关系已经成为必须解决的命题。

(1) 尊重员工的个性化和差异化是管理员工期望的基础。随着新一代年轻成员进入职场，组织成员的个性化日益凸显，他们思想开放、自我意识较强，具有极高的成就导向和自我导向，呈现出注重平等及漠视权威、追求工作与生活的平衡等工作价值观特征。2016年，福布斯中文网的一项调查发现，47%的85后、90后年轻人选择在规模不足百人的公司工作，很大一部分人到初创公司工作，是因为他们认为初创公司"没有以等级职位划分的层级结构，没有庞大组织的僵化与内耗，可以涉及范围更广泛的技能。"更重要的是，在初创公司年轻人可以感受到个人的能力得到了尊重和重视。与之相反，大型的公司组织层级复杂而严谨，内部壁垒重重，每一位新进入的员工都需要经过一段长期的艰苦历练，才有机会展现自己的才华，这让具有创新精神的年轻员工望而却步。

(2) 在尊重员工的基础上，给予员工组织支持同样重要。随着个体对自我需求认知的加深，简单的激励措施已经无法实现良好的效果。对此，美国社会心理学家埃森伯格在20世纪80年代中期，根据"社会交换理论"与"互惠原则"，提出了组织支持和组织支持感理论，认为组织的支持能够满足员工的社会情感需求，如果员工感受到组织愿意并且能够对他们的工作付出进行回报，员工就会为组织的利益付出努力。员工如果得到重要的资源，他们也会随之产生义务感，并且会更加积极地提升绩效以帮助组织达成目标。所以，借用"组织支持感"理论，组织管理者需要给员工提供一系列的奖励，使员工感受到组织对他们的支持，而这种支持不仅来自物质的激励，而且更多的来自精神和自我成就的奖励，它们将会促进员工实现工作目标，增加员工的组织认同感。

2. 共享共生

在以互联网技术为特点的商业环境下，随着互通互联运作逻辑的持续演绎与扩散，加之个体对自我认知的改变，组织从线性、确定的形态，逐渐向非线性、不确定的状态改变，开放化、柔性化成为组织的最大特点。虽然系统中的任何一个成员都是独立的个体，但是他们的活动都是非个人性质的，依存于整个组织，与组织的其他成员相互联系、相互影响、休戚相关，这些新的范式与机遇推动商业并且催生了很多新的组织形态，也自然要求新的协作模式与之匹配。

当今社会的主流已经明显地向互联互通、合作共赢进行转移，在这样的时代主旋律和趋势下，任何一个组织的发展都无法离开行业内、行业间组织的合作，更无法脱离员工的价值参与。现实的选择让组织和成员之间形成了紧密的共享共生的协同关系，它摒弃了传统的单线传递的线性思维，打破了组织和成员之间价值分离的机械模式，真正围绕组织和成员的共同价值创造开展，将理解和创造共同价值作为组织的核心，进而使创造价值的各个环节以及不同的流程按照整体价值最优的原则相互衔接、融合以及有机互动。

日本企业家稻盛和夫运用阿米巴经营模式，创造了企业管理上的神话；美国全食超市的发展也给出了验证；中国海尔"人人是创客"的组织变革实践，把 6 万多名员工转变为 2000 多个自主经营体，并使每一个经营体就像一家自主经营的企业，每个人变成自己的 CEO。这些领先企业的实践表明，今天的组织发展需要遵循"共享共生"的逻辑，其带来的核心变化，就是独立个体的价值创造。

3. 幸福感驱动

随着个体对独立性的强调，传统的人力资源管理方式已经逐渐对员工频繁跳槽、人际间冲突、工作倦怠等问题失去了效力，激发员工的积极性和主动性成为所有企业管理者需要思考的问题。实际上，管理者只有了解了员工的需求及工作动机，才有可能采取合适的管理措施。"工作不创造幸福，但有助于得到幸福"，博德罗与戈拉克将工作解释为员工获得幸福的一种媒介，为了获得赖以生存的工资收入、获得自身的充分发展，人们选择了工作。但是，人们选择工作还存在另外一个更加重要的动机，就是希望从中获得幸福感。

研究表明，幸福的员工比不幸福的员工有更多的工作成效，更具稳定性，也更有生机活力。员工幸福感在今天已经成为影响员工工作热情和积极性的重要指标。同时，也有越来越多的企业开始关注员工幸福感并着手打造幸福组织。自 2009 年开始，中国最佳雇主调查已经显示，与幸福相关的话题成为企业的热点，员工的幸福感指数也与满意度、敬业度等指标共同被认定为评判最佳雇主的标准。

概括而言，如果组织管理者能够充分发挥员工的智慧和优势，协调组织资源帮助员工获得发展、不断地追求生存优越和快乐，以满足员工不断提升的物质和精神需求，并促进组织利益相关者的幸福最大化，这样的组织便可成为幸福感驱动的组织。

4. 赋能成长

领导一个组织集群是一个极具挑战的事情，组织管理中领导者个人有着巨大的作用，但是在实践中这种作用常常与权力行使等同，而权力带来的更多的是领导者的居高临下和唯我独尊，以及日趋严重的等级差异和随之而来的沟通障碍。激活个体的重要任务，便是要摒弃组织固化的权力带来的既有概念的桎梏，将权力下沉至每个组织成员。通过赋能，组织可以整合团队智慧以迅速对复杂多变的外部环境做出反应，更重要的是，组织成员的内在动力获得了持续激发。

德鲁克曾经讲过，管理就是激发善意，在激活个体的过程中，这一点显得尤为重要。组织不仅需要为成员的自我激发提供理由，而且需要为其导入催化剂。在此过程中，组织领导者必须由控制者转变为赋能者，通过激起组织成员自身的动力，激发持续的创造力，让组织成员的自主性、创造性和灵活性更好地与组织进行匹配，从而更好地实现组织的创新发展。华为创始人任正非认为，华为有今天的成绩是"15 万员工，以及客户的宽容与牵引"，而他不过是"用利益分享的方式，将他们的才智黏合在一起。"作为企业的创始人，任正非没有将自己放在组织的顶部，而更多的是通过赋能和放权，托起整个组织，并利用组织的整体力量成就华为。

万科的用人原则

在万科寻找人才及其对人才吸引的法宝中，首推的是公司本身的发展所能给员工提供的众多机会，但最重要的一点是："万科充满理想主义色彩的企业文化是职业经理人难于抵挡的诱惑"。万科的企业文化主张对内平等、对外开放，致力于建设"阳光照亮的体制"，把人才视为资本，倡导"健康丰盛的人生"，把以人为本的管理思想逐步渗透到日常的管理工作中，重视工作与生活的平衡；为员工提供可持续发展的空间和机会；倡导简单人际关系，致力于营造能充分发挥员工才干的工作氛围。通过不断地探索和努力，万科建立了一支富有激情、忠于职守、精于专业、勤于工作的职业经理团队，形成了追求创新、不断进取、蓬勃向上的公司氛围以及有自我特色的用人之道。实践证明，万科的企业文化所展现的用人原则是万科多年来稳步发展的动因。

(资料来源：周彬. 万科企业文化精髓解析　https://www.douban.com/group/topic/23786169/)

二、NLP 教练式管理

（一）NLP 教练式管理的起源及核心思想

"互联网+"时代，大众创业、万众创新，人人都想当老板，机会多了，人心散了，队伍不好带了，怎么办？面对新生代的员工，企业怎样才能满足他们更高层次的需求？NLP教练式管理可能是答案之一。

神经语言程序学(Neuro-Linguistic Programming，NLP)是心理学中一门专门研究人的语言与神经关系的学问，在帮助人们改变缺点、处理伤痛、发掘潜能、实现梦想方面，快速而有效。上世纪八、九十年代，将 NLP 结合教练技术应用于企业管理领域，取得了轰动性效果。NLP 教练式管理遵循人性的法则，以员工的成长为导向，把工作当成一场训练，让员工感到充分的支持，让员工在"自我实现"的道路上，顺便把企业的目标实现。教练式管理以尊重人性为前提，把原来的"指挥"与"控制"，换成"共创"与"教练"，变"被动"为"主动"，让员工在组织中获得充分的成就感，发挥自己的天赋，实现其人生梦想！

（二）NLP 教练式管理四步曲

1. 第一步：接纳

从心理学角度来说，一个人永远不可能和一个不接受他的人进行有效的交流。事情的结果已经产生，不管如何懊悔、抱怨和指责都不可能改变结果，所以对结果要接纳。同时，对造成这个结果的直接责任人也要接纳，才可能有后面的有效沟通。接纳是让当事人在感觉到没有被指责的安全情况下，会客观地陈述情况，这有助于教练掌握相对真实的资讯；在陈述的过程中，同时也给了当事人一个宣泄情绪，整理思路的氛围和机会。当事人在陈述的时候，教练要认真倾听，避免破坏亲和感。

2. 第二步：调整焦点，聚焦方法

当把注意力放在一个人的缺点时，他的缺点会越来越明显；当把注意力放在一个人的强项时，他的强项就会得到发挥。问话是教练聚焦的最简单方法，如果问："为什么搞成这样呢？"，焦点一下子就去到了问题上。如果问："你觉得还有什么办法补救？"焦点一下子就落在了方法上。在这一步里，核心是：把焦点放在你想要的，而不是你所不要的！

3. 第三步：选择

人只会为他自己选择的事情负责任。当我们去要求一个人做一件事时，对他来说，那是一件"不得不做"的事，基于人自我保护的意识，一般人的反应是抵触，甚至反抗。在管理中如果发生这样的情况，只会耗费掉大量的能量，降低工作效率。所以，在这一步里，教练让当事人自己做一个选择，他就会为他的选择负起责任。如：你认为刚才探讨的方法中，哪些是最有效的呢？在你看来，哪个办法最棒？

4. 第四步：推动与承诺

当一个人向另外一个人做出承诺时，他通常会为这个承诺采取行动。在这里，教练所做的推动并不是给当事人压力，因为如果由教练施加压力，往往会引起逆反心理。教练所要做的是让当事人自己给自己施加压力。最好的方法是通过独特的语言模式，让当事人向教练作出承诺。如：你接下来打算怎么做？我怎么知道你已经做了呢？

通过上面这四个步骤，就可以化情绪为动力，充分调动当事人的潜能，让当事人以最佳状态去开展下一步的工作。

阅读材料

接纳与聚焦方法的语言模式

一、接纳的语言模式

1. 能描述一下事情发生的过程吗？

2. 你能回顾一下当时的细节吗？

3. 当时的情况是怎样的？

4. 我可以知道更多吗？

要求：问题是开放式的问话；不带有任何评判色彩；避免使用"为什么？""怎么搞的？""不会吧？！""你负了什么责任？"等刺激对方防护意识的词句。

二、调整焦点、聚焦方法的语言模式

1. 有哪些办法可以达到目标呢？

2. 还有呢？

3. 除了以上这些，还有吗？

4. 假设还有的话，会是什么呢？

注意：相信当事人是解决他自己问题的专家，不可越俎代庖；教练者如果是直接主管，确认自己可以给出解决问题的最好方法，也要在问话的最后给出，以语言模式："我朋友也曾经遇到过这样的问题，当时他是这样处理，我不知道是不是也适合你……""我在想，如果是这样……，是不是也会有效果呢？"，转化成当事人的自己的方法。

（资料来源：NLP 教练式管理四步曲[EB/OL] https://www.hrloo.com/rz/4050.html）

三、长青企业的动物性格

基业长青是所有企业的终极梦想，正是最为突出的企业文化性格对它的生命延续产生了重大影响。持续成长的公司，尽管战略和运营总在不断适应变化的外部世界，但始终是相对稳定的核心理念在决定其命运。这犹如在自然界，各种动物长期形成的秉性决定了它将具有怎样的挑战自然的能力，"物竞天择"就意味着只承认"竞争力"。新华信正略钧策管理咨询推出的《2007：中国企业长青文化研究报告》，第一次将挑选出来的 34 家中国优秀企业，依据它们的公司氛围、领导人、管理重心、价值取向等四方面的文化特征，类比动物界生灵的运动特性而呈现出了具有自然崇拜的四种文化：象文化、狼文化、鹰文化、羚羊文化。

（一）象文化

象文化为人本型企业文化。象文化企业的工作环境是友好的，领导者的形象犹如一位导师，企业的管理重心在于强调"以人为本"，企业的成功则意味着人力资源获得了充分重视和开发，代表企业有万科、青岛啤酒、长虹、海信、远东、雅戈尔、红塔、格兰仕、三九和波司登。其中万科的综合评分最高，对于创始人王石来说，他和万科的文化魅力是公司始终倡导了一种理想主义的价值观与社会责任，推出了"培养专业经理阶层，鼓励优秀人才为企业长期服务，提倡健康丰盛的人生和培养正确的职业操守"这样充满人本主义精神的企业人文纲领。

（二）狼文化

狼文化为活力型企业文化。狼文化特征的企业里，充满活力，有着富于创造性的工作环境；领导者往往以革新者和敢于冒险的形象出现；企业最为看重的是在行业的领先位置；而企业的成功就在于能获取独特的产品和服务。华为、国美、格力、娃哈哈、李宁、比亚迪、复星、吉利，都是中国企业狼文化的典型代表。华为十多年奋斗所取得的骄人业绩，堪为中国企业史上独一无二的例子。华为人俨然是一群善于"拼命"的狼。公司有一种强烈的扩张欲望，一旦找到突破口，不惜任何代价也要有所斩获；群狼"胜则举杯相庆，败则拼死相救"，研发队伍超过万人，营销人员更是每次出征都给自己立下军令状，破釜沉舟，不达目的誓不罢休。华为不断强调危机意识，总把自己放在一个攻击者位置，正是这种狼性让华为至今仍在国际化的险途攀登。

（三）鹰文化

鹰文化为市场型企业文化。具有鹰文化的企业氛围是结果导向型的组织，领导以推动者和出奇制胜的竞争者形象出现，企业靠强调胜出来凝聚员工，企业的成功也就意味着高市场份额和拥有市场领先地位。这类公司以联想、伊利、TCL、平安、光明、春兰、喜之郎、小天鹅、雨润、思念等公司为代表。联想文化是典型的目标导向。柳传志时期，以强力执行，极大地支持了以客户为中心的目标导向；以出奇制胜的创新，实现了企业绩效和市场份额的高增长。当杨元庆从柳传志手中接过"联想未来"的旗帜后，虽然联想文化在不断调整，但管理风格始终建筑在绩效导向的基础上，仍然是以做到一个目标再奔向另一个目标的扑捉动作，去获取要跳一下才够得着的高目标。

(四) 羚羊文化

羚羊文化为稳健型企业文化。羚羊的品性是在温和中见敏捷，能快速反应但绝不失稳健。由于以追求稳健发展为最大特征，因此羚羊文化企业的工作环境规范，靠规则凝聚员工，强调运营的有效性加稳定性，企业的成功是凭借可靠的服务、良好的运行和低成本来实现的。这类文化的代表性企业有海尔、中兴、苏宁、美的、汇源、燕啤等企业。海尔的每一步都伴随着创新突破、追求卓越，但是它在实现创新中也强调和合，行王道而非诡道，走稳招而不走险招。当其他家电企业注重抓生产促销售时，海尔砸了冰箱，提出质量口号；当其他家电企业渠道为王，大力发展批发网络时，海尔提出"真诚到永远"，建立了全国服务体系；当某些家电企业试图行业垄断时，海尔走了多元化的路子；向海外发展，海尔选择了自创品牌而非加工制造。稳健发展在海尔文化中，就是靠执行力强作为保障，高层决策可以不走样地落实到最基层；而执行工作的效率是"迅速反应、马上行动"，"日事日毕、日清日高"。国际上成功率很低的流程再造，海尔在3万多名员工、200多亿销售收入规模的基础上，不借助咨询公司，只靠自己的力量就进行了以市场链为内容的全面流程再造，并取得了应有的效果。

本章回顾

"互联网+"时代的企业管理为了适应消费者需求的变化，提高信息反应能力，跟上人力资源管理的新趋势，解决传统财务管理弊端，弥补"互联网+"思维理念的缺乏，必须进行营销模式、组织结构、人力资源管理和财务管理创新。不同生命周期阶段的中小企业应从管理模式、管理技术、企业文化三方面制定管理创新策略。

"互联网+"时代呼唤新型组织模式。合伙制是一种更具有生命力和活力的新型企业组织模式。塞氏企业模式的基本管理原则是：让员工成长就是让企业发展。指数型组织模式需要具备的11个最强属性，包括一个宏大变革目标、五大外部属性及五大内部属性。

互联网时代的组织管理需要新理念的引导。激活个体才能让员工价值转化为整体价值。实施教练式管理是激活个体的有效方法。中小企业想成为长青企业，可以借鉴被比喻为象、狼、鹰和羚羊四种动物的成功企业的文化。

1. 如何理解"互联网+"时代企业管理创新的必要性？
2. "互联网+"时代企业管理创新的内容有哪些？
3. 不同生命周期阶段的中小企业管理创新策略是什么？
4. 合伙人模式的机制及优势如何？怎样寻找合伙人？
5. 塞氏企业的组织模式体现为哪些特征？
6. 指数型组织的 11 个最强属性是什么？
7. 建立指数型组织的步骤有哪些？
8. 互联网时代，激活个体为什么重要？如何激活个体？
9. 教练式管理的四个步骤是什么？
10. 长青企业体现出来哪四种动物性格文化，分别具有哪些特征？

案例分析

顺丰如何让员工认同

顺丰员工以年轻人居多，员工平均年龄不到三十岁，其中大部分都是 90 后，在人员平均流动率高达 70% 的快递行业，顺丰的人员流失率却可以保持低于 30% 的水平。顺丰是如何让这些年轻的一线员工在重复枯燥的工作中找到乐趣、肯定自己的价值、对企业产生认同的呢？

一、清晰规划每个员工的发展通道

基于员工的意愿和性格特点，顺丰为员工建立了清晰的职业发展通道，包括专业发展和管理发展路线。同时，在薪酬、激励制度、招培管评、职业生涯等方面都为员工做了长远的考虑。

顺丰有个"千里马"人才培养机制，坚持内部培养人才，员工经过内部选拔、培养、考核，能够从最底层的收派员一步步晋升为 VP。通过这种管理方法，员工们可以有明确的预期，知道自己在什么时间，通过怎样的努力，能达到什么样的成果。员工心里既踏实，又充满动力。

二、给予每个员工充足而多样的福利保障

明确了员工的前行方向，也要解决他们的后顾之忧。顺丰从员工的基本生活需求出发，增加"医食住教"等关怀措施，让人文关怀落到了实处。最明显的例子是，顺丰员工凭借工牌就能享受到很多确确实实的优惠。

1. 医，保障健康

为了解决员工就医难的问题，各地顺丰与当地医院合作为员工的体检或重病救助等建立快速通道。在个别城市，顺丰员工的家属都能享受到连带福利。

2. 住，保障安身

快递员一度被认为是高薪职业，但是新入职的员工薪水相对不高，一般无力应对高昂的住房成本。顺丰积极与当地政府沟通，为员工谋得更多住房政策支持，让员工通过廉租房等手段在城市中能有较好的安身之地。顺丰北京还与自如有家达成合作，凡是顺丰员工凭工牌就能享受到租房费用上的折扣。

3. 教，保障发展

顺丰与各地教育部门、学校都有教育合作项目，帮助顺丰为外聘关键人才、高层管理人才和基层员工发展解决后顾之忧。顺丰各区分别与北京科技大学、华中师范大学、北京外国语大学、南京邮电大学等高校合作开设了中专升大专、大专升本科等课程，学费都对顺丰员工有相应的优惠；顺丰上海区还正在积极解决外来务工子女的入学问题。

4. 食，保障生活质量

一方面顺丰把自己的电商平台"顺丰优选"作为员工的福利平台，员工可以以优惠的价格买到放心的大米、食油；另一方面顺丰也搭建了十分完整的餐饮福利体系。没想到，一家做物流的企业，员工餐饮搞得也蛮好。吃饭问题是头等大事，能提供集体用餐福利，又能保证员工自主选择吃什么、怎么吃，能不俘虏90后员工？

总部位于深圳的顺丰速运集团，与绝大部分集中办公的大企业一样，面临着一个事关重大的烦恼，那就是吃饭问题。园区食堂无论是饭量还是营养都无法满足员工的用餐需求；外卖订餐听起来高大上，但实际上都是夫妻店，选择少也就罢了，基本的食品安全问题都无法保障，每天中午大堂取餐的场面更是混乱，经常出现送错或漏送的情况。

看看顺丰如何解决这个问题吧：

(1) 一张卡走天下，园区内外都能花。顺丰员工都有一张员工就餐卡，这张卡接入了美餐的用餐管理系统。无论在园区食堂就餐、在线订餐还是外出到餐厅用餐，都能使用这张卡片消费。员工每天都有一定数额的用餐补助，不够花，自己也能充值。

(2) 早餐晚餐加班餐，每一餐都不凑合。无论是总部职员还是分拨货物的工人，一日三餐都能吃上热乎又可口的饭菜。想在午后放松一下紧绷的神经，没问题，还有下午茶服务。

(3) 集体订餐，也能保证井然有序。顺丰总部的办公区内，有一片区域专门开辟出来用于员工领取三餐。通过美餐订餐的员工，凭借餐架编号快速找到自己的美食。之前公司大厅混乱的取餐场面再也见不到了。

顺丰的管理十分受员工认可。想拉拢住90后员工的心，必须要让其在公司看到自己的前途，学到自己想学的东西，得到自己应得的报酬。90后属于任性的一代，但是责任感，正义感是很强烈的。在公司看到正能量，他才会全身心回报公司。

(资料来源：公司90后员工越来越多，怎么管理？ https://www.douban.com/note/596528611/，2016-12)

案例讨论题：

1. 顺丰的管理为什么能够得到90后员工的认同？
2. 顺丰的管理如何做到激活员工个体价值？

参考文献

[1] 吴宜纯. 浅析"互联网+"时代下的企业管理创新[J]. 现代经济信息，2017(10)：25-26.

[2] 众包智库. 互联网时代的人力资源管理变革与创新. http://wemedia.ifeng.com/73932093/wemedia.shtml.

[3] 陈茵，史诗德. 互联网+时代企业财务管理的创新策略研究[J]. 现代营销，2017(06)：183-183.

[4] 齐春薇. 新常态下中小企业管理创新路径分析[J]. 商业经济研究，2016(4)：120-121.

[5] 李振勇. 合伙制：互联网时代的高效企业组织模式[M]. 北京：人民邮电出版社，2016,09.

[6] 依文. 寻找合伙人的五大条件[J]. 销售与市场(第一营销网). http://www.cmmo.cn/article-152364-1.html.

[7] 塞氏企业. https://wenku.baidu.com/view/34845eebeefdc8d377ee327a.html 百度文库.

[8] [巴西]里卡多·塞姆勒. 塞氏企业：设计未来组织新模式[M]. 杭州：浙江人民出版社，2016.

[9] [加] 萨利姆·伊斯梅尔，[美]迈克尔. 指数型组织：打造独角兽公司的 11 个最强属性[M]. 杭州：浙江人民出版社，2015.

[10] 指数型组织的 11 个最强属性. https://www.douban.com/note/609052071.

[11] 《指数型组织》内容简介. http://blog.sina.com.cn/s/blog_6b7671e10102xulr.html.

[12] 陈春花. 激活个体：互联时代的组织管理新范式[M]. 北京：机械工业出版社，2015.

[13] 陈春花. 激活个体的四项工作. http://wemedia.ifeng.com/72411479/wemedia.shtml.

[14] 正略钧策管理咨询. 2007：中国企业长青文化研究报告[R]. 百度文库.

第 七 章

中小企业融资创新

- 理解互联网金融与中小企业融资创新的关系
- 了解大数据及大数据金融融资的含义
- 掌握网络小额信用贷款的融资模式
- 了解P2P网络借贷的起源与发展
- 掌握P2P网络借贷的运行模式与融资条件
- 了解网络众筹的分类与特征
- 掌握股权众筹融资的运营模式与成功因素

知识结构图

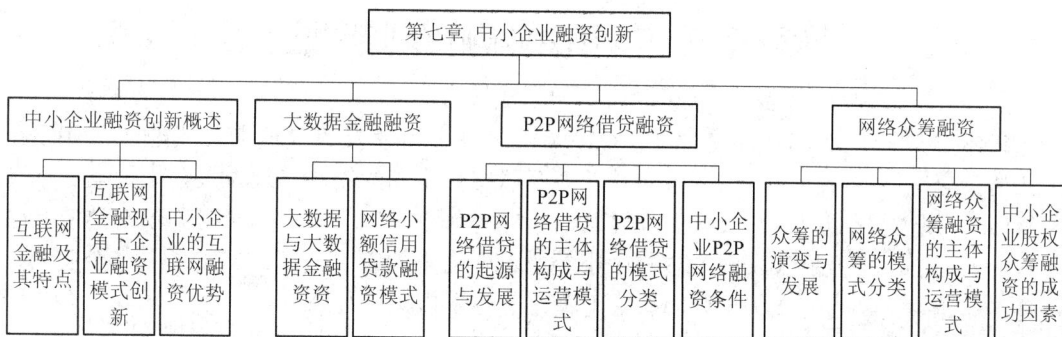

招商银行"小企业 e 家"

2013 年 4 月，招商银行推出了为小微企业提供融资的平台"小企业 e 家"，专门针对小微企业"更快、更好、更方便"的融资需求。只要注册为小企业 e 家的客户，就可以通过网络平台线上向招商银行联系说明有融资的需求，并借助网络进行融资申请和相关资料传递的事项，最快 15 个工作日内就可以获得不低于 500 万元人民币融资额度。2013 年 9 月，招行推出"e+稳健融资项目"，投资人可向此申请放贷，最低只需 1 万元。该项目具有便捷性和安全性优势，一个月后该项业务交易量达到 1.4391 亿元。

"小企业 e 家"开发了在线信用评估、网贷易、我要理财、惠结算等产品，互联网金融特性十分明显。同时，"小企业 e 家"还与银行原来就有的中后台信贷管理系统和客户关系管理系统对接，从而初步形成从接触客户—跟进营销—发掘商机—销售商品—在线办理业务的全链条 O2O 经营模式。通过和第三方机构开展异业的合作，研发出了 e+账户、企业云服务、在线财管、投融资等创新的应用，满足了小企业的各类融资需求。

相对于其他互联网金融运作方式，"小企业 e 家"的项目运行过程中，招商银行作为项目提供人、信息提供方，会非常明确地向投资者说明投资的风险，而且不承担各种形式的担保。银行的口碑信誉和强大的信用评估体系使其在互联网金融的借贷混战中优势凸显。

(资料来源：倪向丽，陈姝妙. 商业银行互联网金融支持小微企业创业融资的新思考——基于招商银行"小企业 e 家"案例的研究[J]. 中国国际财经(中英文)，2017(16).)

案例启示：商业银行可通过互联网金融实现与小微企业的优势互补。互联网金融为小企业提供了更广阔的融资渠道，可以把整个社会的资金、资本投向需要融资的小微企业，帮助小微企业度过创业风险期和发展期；而商业银行发展互联网金融也可实现在众多小企业的相关信息中筛选有用的信息资源，寻找合适的发展商机，促进自身业务发展。

第一节　中小企业融资创新概述

2010 年阿里金融成立小额信贷公司，2011 年央行开始发放第三方支付牌照，2013 年天弘基金与支付宝合作推出余额宝……随着互联网技术和应用的飞速发展，大数据、云计算、移动互联、社交网络持续升温，互联网金融正风生水起。互联网金融不仅对传统金融业产生了冲击，也激活了民间资本与中小企业融资需求的有效配比，拓宽了中小企业融资渠道，提高了资金的流通、资源的有效配置以及资本市场运行效率。

一、互联网金融及其特点

(一) 互联网金融的概念

目前，对于互联网金融尚没有一个严格准确的定义。国内较早提出互联网金融概念的是谢平(2012)，他认为在互联网金融模式下，支付便捷，市场信息不对称程度非常低，资金供需双方直接交易，银行、券商和交易所等金融中介都不起作用，可以达到与现在直接与间接融资一样的资源配置效率，并在促进经济增长的同时，大幅度减少交易成本。也有银行从业者认为，互联网金融是指银行等金融机构利用信息技术为客户服务的一种新的经营模式(徐细雄等，2014)。罗明雄等(2013)在《互联网金融》一书中集合各方观点，定义互联网金融是利用互联网技术和移动通信技术等一系列现代信息科学技术实现资金融通的一种新兴金融服务模式。

互联网"开放、平等、协作、分享"的精神渗透到传统金融业态，对原有的金融模式产生根本影响，进而衍生出新的金融服务模式。互联网金融的资金跨时空流动与分配的本质与传统金融模式并无差异，但其凭借先进的技术优势，改变了传统金融结构及运行方式，使金融业务透明度更强、参与度更高，流通和交易便捷化，在数据收集与分析方面更有成效。理论上讲，任何涉及广义金融的互联网应用，都应该是互联网金融。

(二) 互联网金融的特点

1. 金融服务基于大数据的运用

在互联网金融时代，数据是金融的核心资产，基于大数据的运用可以实现高频交易、社交情绪分析和信贷风险分析三大金融创新，将撼动传统客户关系和抵质押品在金融业务中的地位。如阿里小贷依托电商积累的信用及行为数据都被引入网络数据模型和资信调查中，经过大数据分析对数据进行挖掘和分析，就可以对用户的信用进行可靠的判断。

2. 金融服务趋向于长尾理论

与银行的金融服务偏向"二八定律"里的20%客户不同，互联网金融争取的更多是80%的"长尾"小客户。这些小微客户的金融需求既小额又个性化，在传统金融体系中往往得不到满足，而互联网金融在服务小微客户方面有着先天的优势，可以高效率地满足用户的个性化需求。如众筹模式打破了空间和时间上的距离，全方位满足小微客户的金融服务需求。

3. 金融服务高效、便捷化

互联网金融业务主要由计算机处理，操作流程完全标准化，业务处理速度快，可以为客户提供方便、高效和便捷化的金融服务。如阿里小贷依托电商积累的信用数据库，经过数据挖掘和分析，引入风险分析和资信调查模型，商户从申请贷款到发放最快只需几秒，成为真正的"信贷工厂"。

4. 金融服务低成本化

互联网金融模式下，资金供求双方可以通过网络平台自行完成信息甄别、匹配、定价和交易，无传统中介、无交易成本、无垄断利润。一方面，金融机构可以减少开设营业网点的资金投入和运营成本；另一方面，消费者可以在开放透明的平台上快速找到适合自己的金融产品，减少信息的不对称。互联网降低了金融服务的显性成本和隐性成本。

虽然由于长尾理论、互联网和大数据等新技术革命，服务的普惠化、个性化和碎片化本身就是金融服务的一些质变，但金融本身的特质并没有因互联网化而改变，还具有风险管理的功能、专业化的金融投融资服务、组织支付功能等。

长尾效应(Long Tail Effect)

2004 年，美国《连线》杂志的主编克里斯·安德森(Chris Anderson)第一次提出长尾(Long Tail)理论。他告诉读者：商业和文化的未来不在热门产品，不在传统需求曲线的头部，而在于需求曲线中那条无穷长的尾巴。"头"(Head)和"尾"(Tail)是两个统计学名词。正态曲线中间的突起部分叫"头"；两边相对平缓的部分叫"尾"。从人们需求的角度来看，大多数的需求会集中在头部，这部分可以称之为流行，而分布在尾部的需求是个性化的、零散的、小量的需求。这部分差异化的、少量的需求会在需求曲线上面形成一条长长的"尾巴"。所谓长尾效应就在于它的数量上，将所有非流行的市场累加起来就会形成一个比流行市场还大的市场。

二、互联网金融视角下企业融资模式创新

随着互联网技术与传统金融的紧密结合，结合大数据与云计算优势，我国互联网金融进入迅猛发展阶段，呈现出多业态模式(见表 7-1)。从融资资金的供求关系角度看，作为资金供给的互联网金融与资金需求的企业融资应该达到资金的相互匹配，以融资双方的供需对接为标准，可把互联网金融与企业融资模式具体划分为以下三种主要模式。

表 7-1　互联网金融的模式

类别	模式名称		模式实质	代表机构
互联网金融	互联网支付/移动支付		F2C2D	Paypal，支付宝，财付通，银联商务，我的银行卡(微信支付)
	众筹	P2P 借贷众筹	C2C	Lending Club，人人贷，宜信宜农贷
		奖赏众筹	C2B	KickStarter，点名时间
		股权众筹	C2B	AngelList，MicroVentures，CrowdCube，ASSOB，天使汇
		捐赠众筹		Kiva，GlobalGiving
	电商供应链金融		F2C	阿里金融，Kabbage
	支持体系：大数据智能征信		C2D	ZestFinance，Wonga，聚信立
金融互联网	互联网银行		F2C/F2B	Discover，微信银行
	网络证券		F2C	InteractiveBrokers，方正证券天猫泉友会，佣金宝，零拥通
	互联网财富管理		F2C	Paypal，Mint，余额宝，众禄现金宝
	互联网保险		F2C/C2F	Ditzo，众安在线，阳光产险"网游账号装备保险"
其他	垂直金融搜索		F2D	融360

注：表中 C 指 Customer，即个体客户；F 指 Financial Institution，即金融机构；B 指 Business，即融资商户和企业；D 指 Data，即形成一个具有信息含义的数据点或者根据数据集合提供一个测算结果。

(一) 大数据金融融资模式

大数据金融是依托于海量、非结构化的数据，通过互联网和云计算等信息化方式对其数据进行专业化的挖掘和分析，并与传统金融服务相结合，创新性地开展相关资金融通工作的统称。其中，基于大数据的网络小额信用贷款融资模式主要是指由电商发起设立的小额贷款公司，为满足电子商务领域企业的融资需求，经审核向其进行融资贷款的模式，如阿里小贷、京东贝等。

(二) P2P 网络借贷融资模式

P2P 网络借贷(Peer-to-Peer Lending)是指个人或企业通过独立的第三方网络平台进行资金借贷双方的匹配，借款人在平台发放借款标的，投资者进行竞标向借款人放贷的一种个人对个人的直接信贷模式，如拍拍贷和宜信等。企业通过此模式进行融资，可自主择优选择利己的贷款利率从而降低交易成本，而多个贷款方也可通过共同出借融资资金以降低所需承担的风险。

(三) 网络众筹融资模式

众筹即大众筹资，指的是资金借款人利用互联网众筹平台发布融资需求，包括其投资项目、项目所需资金、借款的偿还方式等信息，出借方根据其项目可行性和市场预期，以及企业的信用水平等信息为参考选择贷款与否。经过近几年的发展，我国网络众筹已逐步形成奖励制、股份制、募捐制和借贷制众筹等多种运营模式，典型平台包括点名时间和众筹网等。

三、中小企业的互联网融资优势

中小企业融资难问题，一直制约着企业的生存与发展。受制于中小企业规模小、可抵押质押的固定资产比例低、财务制度不健全等内部因素，以及征信体系缺失造成的信息不对称、信贷配给与直接融资市场欠发达等外部因素的限制，中小企业融资主要呈现融资渠道窄、融资门槛高、融资额度低等问题。互联网金融相对传统金融的优势，为中小企业融资难的发展困境带来了转机。

(一) 缓解信息不对称

中小企业融资困难的一大原因就是银企之间信息不对称，并且为获取信息付出的成本太高。互联网金融所具备的大数据、低成本优势，使得中小企业融资过程中信息不对称问题的解决成为可能。通过对平台企业信息的大数据收集、处理和公开，中小企业在借贷过程中留下的"痕迹"很容易被捕获，从而能够在不经意间"主动"披露诸如经营信息、财务信息以及信用信息等。互联网移动通信技术的发展可以实现大数据的低成本获取和有效利用。

(二) 降低信用风险

中小企业融资困难的另一大原因是中小企业信用风险较高，存在着融资贷款违约可能，进而产生信贷配比问题，即金融机构为了降低风险一般会缩减贷款规模，或提高贷款利率，或对资金使用设定限制条件。互联网金融通过融资平台可以有效降低企业部分信用风险，放贷者可以根据自己的风险偏好和期望报酬率并结合融资平台上的大数据信息选择多个适合投资的中小企业，进行投资放贷组合。中小企业的信贷配给问题也因此可以有效解决。

（三）促进直接融资

目前，中小企业融资存在过度依赖间接融资的问题，而且主要是依靠银行贷款，直接融资额占比极低，使得中小企业资本结构严重不合理，存在着严重的财务危机。互联网金融的发展打破了中小企业仅仅依赖于间接融资的局限性。尽管现存的各种互联网金融业态因存在互金平台而并不完全符合直接融资市场的定义，但就其本质而言，互金平台只是提供了一个实现供给与需求无缝对接的有效工具，在一定程度上为资金供需双方提供了直接接触的机会，能够有效促进中小企业的直接融资。

第二节　大数据金融融资

随着互联网、物联网、智能手机、可穿戴设备、电子商务、社交网站等的兴起和发展，社会的数据总量呈现"爆炸式"增长，积累起丰富的"数据资产"，而大数据及其相关技术的发展则为"开发"这些"资产"提供了可能。大数据时代的到来，使得中国金融业传统的"经验依靠型"经营管理模式必须向更为精细、可靠的"数据依靠型"转变，大数据金融也正在并将持续对传统金融业产生深远的颠覆性影响。

一、大数据与大数据金融融资

（一）大数据及其时代特征

1. 大数据的概念

尽管大数据的历史已有六十余年，但 2009 年起大数据才引起互联网信息技术行业专业人士的广泛关注。两年以后，麦肯锡全球研究院发布了《大数据：创新、竞争和生产力的下一个前沿领域》的报告，正式提出了大数据的概念。2013 年被称为"大数据元年"，标志着我们已经进入大数据时代。

麦肯锡对大数据的定义是：无法在有限的时间内用传统数据库软件工具对其内容进行抓取、管理和处理的数据集合。赵国栋(2013)通过调研将大数据定义为：在多样的或者大量数据中，迅速获取信息的能力。该定义更关心大数据的功用，认为大数据的核心能力是发现规律和预测未来。赵勇(2014)认为，虽然大数据定义不统一，但其具有的 4V 特征却是公认的，即海量的数据规模(Volume)，数据产生、处理和分析速度持续加快(Velocity)，多样的数据类型(Variety)以及巨大的数据价值(Value)。因此，大数据是指规模巨大、处理快速、类型繁多及蕴含潜在价值的数据集合。

2. 大数据时代下思维模式的主要特征

大数据时代的预言家维克托·迈尔·舍恩伯格经过长期深刻地对大数据研究后认为，大数据时代将带给我们探索世界的新思想和新方法。

（1）注重相关关系研究。在大数据时代，人们关注点逐渐从探求捉摸不定的因果关系转向关注事物的相关关系。让数据自己"说话"，开发数据中蕴含的有用价值比关心现象背后的原因显得更加现实和重要。只要能够找到某个现象的紧密相关物，相关关系就能帮助我们把握现在并且预测未来。

（2）不要只见树木不见森林。在大数据时代，大数据来源广泛，规模巨大，形式多样，优劣掺杂，存储在全球多个服务器上，如果一再追求微观层面上的精确度必然出现"盲人摸象"的主观错误，如果适当地忽视微观层面上的精确性，反而会在宏观层面获得意想不到的结果。

（3）不是精确性而是混杂性。在大数据时代，用来分析事物的数据是与某事物相关的所有数据，包括不同来源不同样式的所有数据，而不再仅仅依靠少量的典型数据样本分析事物。大数据是通过对海量数据的价值提取和规律找寻，找到一种迹象或趋势。

（二）大数据时代下的互联网融资

金融服务实体经济最基本的功能就是融通资金，即将资金从储蓄者转到融资者手中。在传统的金融模式下，融资分为资本市场直接融资和银行间接融资两种。伴随着互联网金融的出现，第三种融资模式成为可能：资金供需双方通过互联网平台直接交易。这也是一种金融市场，是利用大数据开展金融服务的市场。

广义的大数据金融包括整个互联网金融在内的所有需要依靠发掘和处理海量信息的线上金融服务。也就是说，不管是P2P还是众筹等互联网金融行为，其核心都是大数据金融，因为互联网金融如果没有大数据的支撑，就成了一个单纯意义上的平台。狭义上的大数据金融指的是依靠对商家和企业在网络上历史数据的分析，对其进行线上资金融通和信用评估的行为。

从资金需求方来讲，狭义的大数据金融融资就是基于大数据的网络小额信用贷款，即以电商平台为基础，以大数据、云计算等专业化技术为手段，以电商平台上买卖双方的交易数据和行为数据为载体，进行数据的收集、处置和分析，为电商平台上的买家和卖家提供小额信用贷款的"电商+小贷"的模式。

二、网络小额信用贷款融资模式

（一）网络小额信用贷款融资分类

按照运营方式不同，网络小额信用贷款分为以阿里巴巴为代表的平台模式贷款和以京东、苏宁为代表的供应链金融模式贷款两种。这两种模式将传统金融的抵押贷款模式转化为信用贷款模式，即不需要抵押或拥有银行授信额度，而是根据在平台或者供应链中的信用行为便可获得融资。这不仅降低了融资门槛和融资成本，而且加速了资金周转，提高了资金使用效率。

1. 平台模式网络小额信用贷款

平台模式网络小额信用贷款主要是指企业基于互联网电子商务平台提供资金融通的金融服务，或企业通过在平台上凝聚、积累的交易额、次数、履约情况等资金流、物流、信息流信息，组成以大数据为基础的平台来分析整合所形成的金融服务。企业可以通过在互联网平台上运营多年的经营或交易数据累积，利用互联网技术为平台上的企业或者个人提供金融服务。该模式的经典代表是阿里小额信贷方式，其以"封闭流程+大数据"的方式开展金融服务，凭借电子化系统对贷款人的信用状况进行分析、审核，发放 5 万元以内的无抵押信用贷款及应收账款抵押贷款，与商业银行的规模借贷形成互补。

案例 7-1

阿 里 小 贷

阿里小贷从 2010 年开始成立，发展至今已经相当成熟，规模迅速增长。面对旗下电商平台客户，阿里小贷开展针对 B2B 会员的阿里贷款、针对天猫 B2C 和淘宝 C2C 的淘宝贷款，以及针对航旅商家的保理业务。其中，淘宝贷款主要包括淘宝(天猫)订单贷款、淘宝(天猫)信用贷款等。阿里小贷的产品一般额度较小，申请条件基本围绕店铺在阿里巴巴旗下电商平台的经营情况设置，这也得益于阿里小贷背后大数据平台的支撑。贷款期限一般控制在 12 个月以内，且除聚划算专项贷款以外，其余类型的小贷产品均支持提前还款，体现灵活性，但是需要收取 2%～3% 不等的手续费。阿里小贷自身的资金成本在 8% 左右，对外贷款利息为 12%～18%，年化收益率为 6%～7%。商户的平均占款时间仅在 123 天，有些短的甚至仅在 10 天左右，客户可以随借随还，户均贷款余额约为 4 万元，平均不良率仅为0.52%，从真正意义上满足了小微企业"短、快、小"的贷款需求特点。

(资料来源：邹丽. 基于大数据的小微企业融资模式研究——以阿里金融为例[J]. 财会通讯，2016(32).)

2. 供应链金融模式网络小额信用贷款

供应链金融模式网络小额信用贷款用所处产业链上下游位置优势，充分整合供应链资源和客户资源而为其他供应链参与方提供融资渠道的金融模式。该模式是在海量交易的大数据基础上，以行业龙头企业为主导，主要以信息提供方身份或以担保方的方式，与银行等金融机构合作，对产业链上下游的企业提供融资。该模式的经典代表是京东商城、苏宁的供应链金融方式，其以未来收益的现金流作为担保，获得银行的授信，为供应商提供一定数量的小额贷款。

案例 7-2

京东供应链金融服务平台

2012 年 11 月，京东商城与中国银行北京分行签署了战略合作协议，上线京东供应链金融服务平台，金融服务包括 B2B 和 B2C 两部分。B2B 主要是针对供应商提供融资和投资服务。融资服务包括订单融资、入库单融资、应收账款融资、委托贷款融资；投资服务包括协议投资信托计划、资产包转移计划等。在融资过程中，京东扮演的是供应商和银行之间的授信角色，资金的发放由银行完成。B2C 主要是京东计划面向普通用户推出的金融服务通道，包括面向普通消费者的保险、理财、黄金、信用交易等，京东白条、京东金融 APP 等都是明证。

(资料来源：元明，徐宁. 互联网金融3.0：股权融资新时代[M]. 中华工商联合出版社，2016.)

(二) 网络小额信用贷款融资运行模式

目前，电商、电信运营商、互联网企业、产业链核心企业等均已涉足大数据金融服务，可以根据在其平台交易或供应链上的小微企业的个性化融资需求提供金融服务，具有快速、高效率、成本低、精准、灵活等特征。

基于大数据的小额贷款融资模式的流程一般包括以下几个步骤(见图7-1)：

第一步，贷前考察企业还贷能力。企业向小额贷款公司提出贷款申请，小额贷款公司通过引入网络数据模型和在线视频资信调查的方式，交叉检验企业电子商务经营及第三方认证数据，考察企业的营业现状及财务的真实性，评估其还贷能力。

第二步，贷后监控企业状况。小额贷款公司通过电子商务平台监控已贷款企业的经营行为、现金流等财务情况与交易状况，将企业在电子商务网络上的行为数据换算为信用评价，以控制贷款风险。

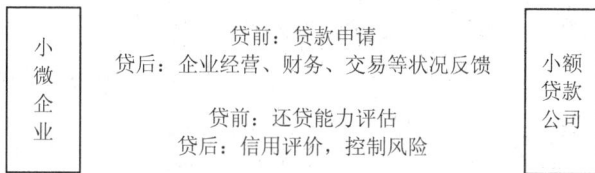

图 7-1　网络小额信用贷款融资运行模式

(三) 网络小额信用贷款发展趋势

虽然现阶段网络小额信用贷款还存在政策不清、资金供给不足、内外部风险隐患等缺点，但是网络小额信用贷款经过长期的发展，这些问题都能够解决。首先，多渠道获取融资资金。第一，通过电商企业业务的壮大，资金不断积累，形成资金池；第二，电商企业提供担保，从银行或资本市场获取资金；第三，采取P2P形式，向投资人募集资金；第四，电商企业获取银行牌照，向公众吸收存款。其次，国家互联网金融政策将出台。随着中央对互联网金融的重视，相关监管部门正在研究相关政策，各地方政府出台支持互联网金融的发展意见，互联网金融自身行业自律公约已经初步形成等。最后，电商企业的繁荣会加大安全设施的投入力度。电商平台网络技术越来越完善，灾备中心相继成立，管理手段先进，信贷风险的控制措施越来越健全等。电商网络小额信用贷款将持续规范化发展，成为未来中小企业融资的主流。

第三节　P2P网络借贷融资

在理想的互联网金融环境下，交易主体间的信息是透明的，彼此间的资金流通是自由、直接的状态，金融机构不再发挥金融中介的作用。P2P 网络借贷作为互联网金融的一种业务模式，与第三方支付、阿里金融、众筹等其他业务模式相比，与互联网金融这种去中介化的理想效果最吻合。自 2007 年国外 P2P 网络借贷的理念在我国得到实践后，我国 P2P 网络借贷逐渐成长起来，为中小企业的融资拓宽了渠道。

一、P2P 网络借贷的起源与发展

（一）P2P 网络借贷的起源

P2P(Peer-to-Peer)网络借贷的出现要追溯到孟加拉国尤努斯 1979 年创办的"穷人银行"——格莱珉银行的小额借贷。小额借贷是一种将非常小额度的资金聚集起来借贷给有资金需求的人群的一种商业模式。它的社会价值主要体现在满足个人资金需求、发展个人信用体系和提高社会闲散资金利用率三个方面，由 2006 年"诺贝尔和平奖"得主穆罕默德·尤努斯首创。格莱珉银行根据普惠金融的思想创办，主要侧重扶贫功能，并且主要是通过"线下"进行资金借贷活动。

P2P 网络借贷的发源地在英国。英国是银行业相当集中的国家，五家大型银行几乎垄断了整个行业，这种垄断增加了个人和中小企业贷款的难度。随着互联网用户的普及和技术的进步，2005 年 3 月，一家名为 Zopa 的网站在英国伦敦开始运营，提供 P2P 社区贷款服务。其创立者先是组建了英国最大的网上银行，因看到网络借贷的巨大商机，转而创立 Zopa 网络借贷平台。

在英国首创 P2P 网络借贷之后，欧洲的德国和法国等国家，也都各自有一些不错的 P2P 网络借贷平台，但成交量较小，与英国差距较大。2005 年 11 月开始，美国也陆续成立了几家 P2P 网络借贷公司，包括成立最早、发展势头迅猛的 Prosper、非盈利公益性质的 Kiva 和现在已经是全球最大网络借贷公司的 Lending Club。其中，Lending Club 于 2014 年年底成功在纽约证券交易所挂牌上市，引起业内的巨大关注。

（二）中国 P2P 网络借贷的兴起与发展

在 P2P 网贷出现以前，P2P 借贷是中国民间借贷的最主流方式。简而言之，就是 A 从 B 手上借一笔资金，过一段时间后，B 将资金还给 A，并支付给 A 一定的利息。这种借贷方式的局限性在于，它是基于强关系的前提下进行的。借贷双方必须是熟人或者有熟人引荐，否则这种借贷关系很难建立。对于那些急需融资的企业主来说，如果不认识那些有放贷意愿的人就难以实现融资目的。民间借贷的金融风险较大，抑制了借贷市场的良性发展。

随着互联网技术的发展和网络环境的日益成熟，"互联网+"时代强势开启。当互联网遇到 P2P 借贷后，P2P 网络借贷模式就应运而生。因为它非常契合互联网金融时代的普惠金融特性，所以成了互联网金融的重要支脉之一。在欧美 P2P 网络平台快速发展的启示下，中国第一家 P2P 网络借贷平台——拍拍贷于 2007 年 6 月正式上线运营，拉开了中国 P2P 发展的大幕。在 2012 至 2015 年间，中国 P2P 网络借贷行业在平台数量、全年成交量、贷款余额等方面，均呈现爆发式增长态势。

2015 年 3 月，《政府工作报告》指出"互联网金融异军突起"，在这之后几乎整整一年的政府相关文件中，都是对互联网金融持鼓励、扶持的态度。然而，2015 年 12 月 28 日，《网络借贷信息中介机构业务活动管理暂行办法(征求意见稿)》出台之后，开始对互联网金融进行严格管理，对违规 P2P 平台进行严查打击。究其原因，P2P 网络借贷的发展虽然产生了较大的社会效益，但是也带来了一些问题，潜伏着较多风险，亟待规范和管控。监管政策的陆续出台落地必将促进我国 P2P 网络借贷行业在经历洗牌之后告别野蛮生长，持续健康发展。

二、P2P 网络借贷的主体构成与运营模式

(一) P2P 网络借贷的主体构成

P2P 网络借贷的主体一般由五部分组成。第一是网络借贷平台。在中国，根据《关于促进互联网金融健康发展的指导意见》的规则，网络借贷平台是一种纯粹的信息中介，即扮演借款人与出借人之间的中介，为投融资双方提供信息交互、撮合和资信评估等服务。第二是借入方。借入方即融资方，借入方可以是自然人、法人和组织，但是必须达到平台的最低信用要求。第三是出借方即投资方，出借方可以是自然人、法人和组织。第四是资金存(托)管机构。世界各国都要求网络借贷平台与投融资双方的资金实行分账管理。因此，平台会与一个第三方资金机构进行合作，对借贷双方的资金进行存管或托管。欧美的借贷平台都将借贷双方的资金存管在银行，中国目前的多数平台则托管于第三方支付机构。第五是增信合作机构。信用是金融活动的基础和生命线，多数网络借贷平台与其他金融机构合作，以便对自身进行增信，从而增强投资者的信心，比如与银行、保险、担保公司或其他资产管理公司进行合作。

在上述五个主体中，借款人、出借人、P2P 网贷平台这三者是 P2P 网贷过程的主要参与方，它们是确保 P2P 网贷顺利进行的必要保障，缺少任何一方，P2P 网贷都无法进行下去。在整个 P2P 网贷过程中，任何一方都必须完成自己分内的"任务"，这些"任务"是确保 P2P 网贷过程有序进行的保障，任何一方如果不能按时按量按质地完成自己的"任务"都会造成 P2P 网贷过程的中断，情况严重时还会引发各种资金风险。

(二) P2P 网络借贷的运行模式

企业通过 P2P 网络借贷方式进行融资，需要通过第三方互联网中介平台寻求有相应贷款能力并能满足其融资需求的一个或多个贷款方，以达到借贷双方资金的匹配。通过此模式进行融资可自主择优选择利己的贷款利率从而降低交易成本，而多个贷款方也可通过共同出借融资资金以降低所需承担的风险。

P2P 网络借贷融资运营模式如图 7-2 所示。首先，小微企业在互联网金融平台自主选择对其有吸引力的利率条件进行比对，双方进行初步借贷合作双向筛选工作，达成初步合作意向；然后，通过互联网平台(以"合力贷"为代表)以视频、网络认证等方式对小微企业进行线上资格、信用、还款能力等审核，包括确认企业营业执照、银行流水账单等贷款资格材料。

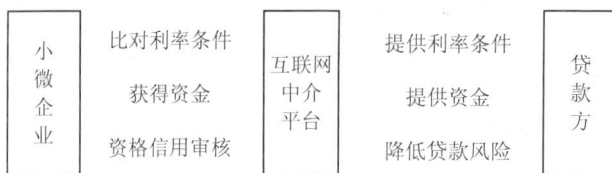

图 7-2　P2P 网络借贷融资运行模式

一般来说，在 P2P 网贷的过程中，借款人、出借人、P2P 网贷平台三方需要经历五个步骤，见表 7-2。

表 7-2　P2P 网贷中各方经历的五个步骤

步骤	P2P 网络借贷平台	借款人	出借人
第一步	制定一定的规则	登录 P2P 网贷平台，提交信用审核材料,明确借款需求要素	登录 P2P 网贷平台
第二步	审核信用，发布需求	等待资金对接	筛选符合自己风险收益、偏好的借款需求
第三步	确定借款利率	签订电子合同	签订电子合同
第四步	收到款项	办理放款手续，签订电子合同并收取相关费用	投资成功，等待还款
第五步	监督还款及各类费用支付，追讨违约项目	分期偿还或者到期偿还	收回本金和利息

无论是借款人还是出借人，要想参与到 P2P 网贷过程中，首要条件便是注册成为该 P2P 网贷平台的会员。如果不注册成为会员，就没有资格参与到网络借贷的过程中。

注册成 P2P 网贷平台的会员后，借款人需要按平台管理者的要求提供各种证件、资料等。比如身份凭证、资金用途、金额、接受利息率幅度、还款方式和借款时间等信息，然后等待平台审核。审核通过后，借款人的相关信息即可在平台上公布，接下来的就是等待出借人出资了。而投资者在注册成会员后接下来的操作就简单得多，投资者只需根据平台上发布的借款人项目列表自行选择借款人项目，自行决定借出金额即可轻松实现自助式借贷。

资料 7-2

P2P 网贷平台对于贷款利率的确定模式

我国的 P2P 网贷平台对于贷款利率的确定一般有三种模式：一种是平台给出利率指导范围，由贷款人自行决定比例；一种是平台根据借款人的信用水平决定其借款利率，信用等级越高，借款人获得的利率优惠就越大，即需要支付的利率水平越低，而信用等级越低，借款人获得的利率优惠就越小，即需要支付的利率水平越高；还有一种是贷款利率的确定是根据出借人投标利率的范围而确定的，投标利率最低者获得签订借贷合同的资格。

三、P2P 网络借贷的模式分类

P2P 网络借贷在中国经过几年的发展，已经对最初引进的国外的运作模式进行了改良，有的引入了担保机制，有的引入了线下模式，有的已经介入了借贷交易过程，不仅仅作为一个中介平台，而是作为一个借贷资金流转的中转站。2015 年以来，随着政府相关部门监管政策的陆续出台，对各种 P2P 网络借贷模式进行了规范和约束。

(一) 直接投资模式

直接投资模式即一个 P2P 借款人在平台上发布一个项目，P2P 投资者在平台上直接挑选自己希望投资的项目，从而建立借款人和投资者"一对一"、"一对多"的直接借贷关系。在这一模式下，网贷平台得以严格遵守信息中介的身份，不介入交易。这是目前 P2P 行业最符合政策要求的业务模式。

直接投资模式下，P2P 平台负责审核借款人信息、展示借款信息及招标等工作，投资者根据平台显示的信息自行选择借款人和借款金额，平台收取账户管理费和服务费作为收益。这种模式业务流程简单，运营成本低，借贷双方直接接触，能够减少平台自身代偿风险，但也存在明显的缺点，即投资人的资金损失风险较高。其典型代表如拍拍贷。

(二) 间接投资模式

间接投资模式是指 P2P 平台先行放款给借款人形成债权，或者承包其他债权人的债权，然后将不同的债权进行组合打包变成理财产品，因此借款人和投资者不直接形成债务债权关系。投资者在网站上只能见到理财产品本身的信息，看不到实际借款人的信息。

在实际操作中，每个理财项目里面包含多个债权项目，且可能是以每个债权项目分出一部分加入到理财项目中，其结果便是 P2P 借贷关系从原有的"一对一"、"一对多"变为"多对一"、"多对多"。

这种模式的好处在于，单个借款人如果发生风险，由于其只占理财产品额度的一部分，因此有利于分散风险。此外，网贷平台通过拆分组合原有的债权，可以向投资者提供各个档次的投资风险、期限和回报率的理财项目。

资料 7-3

国内多家 P2P 同贷平台开始关闭或缩小活期理财的业务

自从中国银监会 2015 年年底发布《网络借贷信息中介机构业务活动管理暂行办法(征求意见稿)》以来，由于当时业内预期其会在 2016 年"两会"之后正式推出，并在 2016 年下半年开始实施，因此国内多家 P2P 同贷平台开始关闭或缩小活期理财的业务。

(资料来源：中国银监会)

(三) 债权转让模式

债权转让又称"债权让与"，是指在维持原有合同条款的前提下，(原)资权人通过第三人将债权的全部或部分转给新投资者。P2P 平台的债权转让除了有平台自身投资者转让在平台上投资的项目外，也可能有线下其他金融机构将自己的贷款放到 P2P 平台上转手这种情况。债权转让模式和间接投资模式的一个差别在于投资者能够看到自己的资金借给了谁。这种模式在新的监管政策出台后不被纳入 P2P 网络信贷范畴。

从商业逻辑来看，债权转让模式能够更好地连接借款者的资金需求和出借人的投资需求，主动地、批量化开展业务，而不是被动地等待各自匹配，从而实现了规模的快速扩张。但是，由于信用链条的拉长，以及网络借贷平台与第三方个人的高度关联性，债权转让 P2P 网络信贷模式受到很多质疑。同时，由于平台存在资金池，容易陷入非法集资的法律风险。

四、中小企业 P2P 网贷融资条件

在 P2P 网贷平台融资，简单的只是融资过程，但有难度的却是融资前的准备工作。P2P 网贷平台的融资服务只提供给那些符合条件的中小企业，融资企业要想在 P2P 网贷平台融到资需要具备一些基本条件。

(一) 信用条件

融资企业必须具备良好的公司治理结构，资产权属清晰，无不良信用记录，这些是 P2P 网贷平台衡量企业是否具备融资资格的首要条件。如果这一点不过关，那就不可能融到资。除了企业无不良信用记录外，公司的法人及重要股东同样不可以具有不良信用记录和重大违法违规行为，如果网站在核查过程中发现具有不良记录，企业的融资资格就会被取消。

(二) 资质条件

一般来说，P2P 网贷平台对融资企业的成立年限都有要求，就是成立年限越长越好，因为这样的企业在组织结构、客户资源、市场规模等方面都比较稳定，发生经营风险或倒闭风险的概率较低，还款能力强。所以，P2P 网贷平台在原则上会要求融资企业的成立年限超过一年，且经济效益良好，能持续盈利。当然，对于某些刚成立几个月但是很有潜力和盈利可能性大的企业，P2P 网贷平台也会同意其贷款的。

(三) 授信额度

P2P 网贷平台会对融资企业的融资额度有一个限制，不可能说该企业想融资多少就给其多少，即便贷款企业的经济效益良好也不行，因为可能会存在圈钱或金融诈骗的风险。所以，P2P 网贷平台一般会在原则上规定企业融资额度不超过公司净资产的 60%。

(四) 融资计划

融资企业要想顺利融到资，还需要将所筹资金的明确使用计划告知 P2P 网贷平台，只

有 P2P 网贷平台确定了企业所筹资金用途符合国家产业政策和行业发展规划时，才会答应其借款。

（五）偿债能力

P2P 网贷平台为企业提供融资服务，其最终的目的是要确保贷款能够顺利收回。所以，P2P 网贷平台会要求企业现金流状况良好，具有较强的还款付息能力。同时，企业的资产负债率不宜过高，原则上一般不超过 60%，如果资产负债率超过这一比例，企业的贷款难度就会增加。

企业具备了上述条件后，基本上就可以顺利地在 P2P 网贷平台融到资了。有些企业或许会抱有侥幸心理，通过伪造一些资料和证明来"证实"自己具备贷款资格，一时或许可以蒙混过关，但在 P2P 网贷发展越来越规范的将来，这种做法是根本行不通的。

如今，越来越多的 P2P 网贷平台都在往正规化方向发展，它们为了筛选出不够融资资格的企业，往往会建立严格的风控体系。比如有的 P2P 网贷平台会专门建立一个数据部门，这个数据部门会尽可能全面地搜集融资企业的信息，确保平台上的贷款企业经营情况和信用记录良好。有的 P2P 网贷平台的客户经理除了查看企业的营业资料外，还会利用移动客户端在现场采集企业的各类信息，包括办公环境、厂房、库房、存货、原材料等。有的客户经理还会陪同企业主去银行打印流水信息，以便全面了解融资企业的真实状况。最后，数据部门会将收集到的所有资料和信息在平台系统中进行严密的分析，最终形成报告，这个报告就是是否放款给企业的依据。

总之，对于 P2P 网贷平台来说，它们的第一任务就是做好风险防控工作，减少不良贷款。对于借款人资料不全者、借款人信息有疑问者、借款人各项指标不符合平台要求者，一律取消贷款资格。所以，小微企业要想顺利从 P2P 网贷平台融到资，还需要认真参考 P2P 网贷平台提出的各种要求。只有使自己的条件符合其要求，才能顺利融到资。

第四节　网络众筹融资

众筹是私募的阳光化，它是借助现代互联网和信息数据技术对传统资本市场的有益补充，能够对我国现阶段多层次资本市场未尽全功之处进行有益的弥合。尤其对于中小企业、初创期企业，由于轻资产而面临资本配给少、融资周期长、融资成本高等融资问题，用网络众筹来解决我国中小企业发展中遇到的融资瓶颈，可以促进中小企业快速成长。

一、众筹的演变与发展

（一）国外众筹的演变与发展

众筹的雏形最早可追溯到 18 世纪欧洲文艺作品的订购。1713 年，英国诗人亚历山大·蒲柏着手将《伊利亚特》15693 行的古希腊诗歌翻译成英语。启动翻译计划之前，蒲柏即承诺在完成翻译后向每位订阅者提供一本六卷四开本的早期英文版的《伊利亚特》，这一创造性的承诺带来了 575 名用户的支持，总共筹集了 4000 多几尼(旧时英国的黄金货币)去帮助他完成翻译工作，这些支持者(订阅者)的名字也被列在了早期翻译版的《伊利亚特》上。这一案例突出了传统众筹的一些典型特点：主要集中于文学、艺术等创意类领域；项目发起人具有较高的声誉或拥有较强的信息传播途径；投资兼具商业与慈善目的。

众筹真正作为一种融资的商业模式起源于美国。早在 2001 年，世界上最早建立的众筹网站 ArtistShare 开始运营，被称为"众筹金融的先锋"。与西方众筹的历史渊源相吻合，这家最早的众筹平台主要面向音乐界的艺术家及其粉丝。2006 年，美国学者迈克尔·萨利文致力于建立一个名为 Fundavlog 的融资平台，第一次使用 Crowdfunding(众筹)一词解释了 Fundavlog 的核心理念，即允许发起人采用播放视频的方式在互联网上吸引潜在投资者进行项目融资。2009 年，世界最负盛名的众筹平台 Kickstarter 网站正式上线，网络众筹这一融资模式引起了社会的广泛关注。

经过多年的发展，美国作为众筹模式的来源国，其众多的众筹平台相对成熟和多样化。在欧洲市场上，众筹与小微企业发展和重振市场密切相关。欧盟已将众筹纳入"2020 战略"，将之视作提升就业水平和欧洲企业发展的新型而重要的途径，通过大力推广和发展众筹平台，来实现欧盟到 2020 年的发展目标。2012 年以来，众筹行业快速发展，并逐步从欧美蔓延到亚洲、中南美洲和非洲。

(二) 中国网络众筹的兴起与发展

在中国历史上，"凑份子"可以说也是一种典型的众筹现象。人们在参加婚丧嫁娶红白喜事时，会进行随礼凑份子。收到礼金的人会在以后对方举办红白喜事时再去"还礼"。这种礼尚往来的"凑份子"实际上就是有借有还的债权众筹。这种融资方式支持了古人生活中遇到的各种各样的融资需求。

网络众筹在中国兴起于 2011 年，国内第一家产品众筹平台"点名时间"和第一家股权众筹平台"天使汇"均在当年上线。"点名时间"上线不满两年便孵化了两个破百万元的众筹项目，在当时国内产品众筹领域独树一帜。"天使汇"上线两年内，成功孵化的项目包括"滴滴打车"，其于 2012 年发起众筹，成功募集 1500 万元。2014 年，是网络众筹爆发的一年，行业龙头淘宝众筹和京东众筹先后开张业务覆盖产品众筹和股权众筹，并逐渐占领市场。2014 年被业界称为中国的"众筹元年"。

经过几年的发展，众筹平台已经遍布全国。但众筹平台地区发展参差不齐，形成了北京、广东、江浙沪为主的格局，三地平台数站到全国平台总量的 80%。回报式众筹在过去几年率先崛起，股权众筹进入快速发展期。2015 年 1 月 21 日，首批八家股权众筹企业正式成为中国证券协会认证会员，此举标志着股权众筹规范化取得了实质性进展。

二、网络众筹的模式分类

关于众筹的种类划分有多重标准，如根据众筹运作的行业领域不同，可以细分为科技众筹、影视众筹、体育众筹等。我国的众筹模式按照投资回报形式不同分为四种类型：奖励制众筹、募捐制众筹、借贷制众筹、股权制众筹。

(一) 奖励制众筹

奖励制众筹是目前最受支持者欢迎的众筹模式。它是指支持者向项目发起人提供一定的资金支持，发起人会在一定的时间内给予支持者合适的物质回报。奖励制众筹不仅可以帮助发起人融到资，还能提前收到真实的市场反馈(支持者在参与众筹的过程中对预期产品会提出个人意见)，这不仅能帮助发起人更好地了解市场对产品的反响，还可以有效规避发起人因盲目生产所带来的风险和资源浪费，但也经常存在失败的风险。这一模式适用于很难利用传统融资渠道在熟人圈子里获得充足启动资金的项目，鼓励了个人和小型创业团队的创意和创新行为。

(二) 募捐制众筹

募捐制众筹是一种带有公益性质的众筹类型，即支持者在进行了资金支持后并不会得到相应的物质回报，所以，募捐制众筹中的支持者其实是在进行一场公益行为。通过众筹平台筹集善款，将慈善项目或弱势群体的困难进行宣传，以引起社会上的热心人士关注和无偿募捐。募捐制众筹既可以通过网络平台的宣传扩大慈善项目的影响，也可以通过增加账目的透明度吸引大量投资人员。募捐制众筹是对传统慈善机构的一种补充。

(三) 借贷制众筹

借贷制众筹其实就是债权式众筹，是指投资者对项目或公司进行投资，而项目发起人要将公司一定比例的债权回报给投资者，投资者利用这些债权在未来获取利息并收回本金。简单一点说就是：我给你提供资金支持，你以后还我本金和利息。一般来说，这种众筹模式适合那些具备良好发展前途的项目发起人的企业，因为这类企业的盈利性较强，投资者将来收回本金和利息的可能性较大。债权型众筹包括 P2P、P2B 以及购买 P2P 公司发行的债券。

(四) 股权制众筹

股权制众筹是指支持者对项目发起人提供资金支持，而发起人要将公司一定比例的股权作为回报赠送给支持者。可以说，这是一种钱与"权"交易的模式，相比前几种，股权制众筹更为复杂，主要适用于初创企业、创新企业。从众筹在我国出现以来，股权制众筹一直在争议中发展。前期我国法律法规曾明文规定，任何企业不得在众筹平台上以股权的形式进行众筹，这一政令严重限制了股权制众筹在我国的发展。随着这两年我国互联网金融环境的日益成熟，股权制众筹也慢慢开始被政府接纳和支持。

当然，不管是哪种类型的众筹模式(见表 7-3)，它们遵循的规则都是一样的，就是每个项目都必须在设定的时间段内达到或超过筹资目标，项目发起人才可以拿到资金；如果达不到筹资目标，众筹平台则要将已经获得的资金悉数退还给支持者。

表7-3　四种众筹模式的比较

类别	奖励制众筹	募捐制众筹	借贷制众筹	股权制众筹
众筹发起人	初创企业或个人	非政府组织	企业	初创企业
投资者	社会大众	社会大众	主要为投资者	主要为投资者
融资金额	较小	较小	较大	较大
回报	与投资金额价值相对应的实物产品或虚拟服务	无回报或象征性回报(感谢信等)	还款及利息	股东权利
风险	较低	低	较高	高

总之，这四种众筹模式代表了目前我国众筹的发展现状，不管哪种模式都是融资的重要方式，都能帮助很多有资金需求的企业或个人达到融资目的。未来，随着众筹的进一步发展，它们的价值和力量将会更加全面地展现出来。

三、网络众筹融资的主体构成与运营模式

(一) 网络众筹融资的主体构成

网络众筹有三个主要主体，即项目发起人(融资者)、众筹平台和项目支持者(出资者)。网络众筹在我国之所以能在短短几年内就获得了长足的进步，和其自身的低门槛、多样性、依靠大众力量、注重创意等特征分不开。

1. 项目发起人

项目发起人通常是指需要解决资金问题的创意者或小微企业创业者。也有个别企业为了加强用户交流和体验，并强化众筹模式的市场调研、产品预售和宣传推广等延伸功能，号召公众介入企业产品研发、试制和推广，以期获得更好的市场响应。

2. 项目支持者

项目支持者往往是数量庞大的互联网用户，他们利用在线支付方式对自己感兴趣的创意项目进行小额投资，每个出资者都成为"天使投资人"。公众投资的项目成功后，出资者会得到相应的回报，可能是资金回报，也可能是一个产品的样品。

3. 众筹平台

众筹平台是连接项目发起人和资金支持者的互联网平台，是项目发起人的监督者和辅导者，也是出资人的利益维护者。因此，众筹平台不仅要对整个众筹项目提供网络技术支持，在项目筹资成功后还要监督、辅导和把控项目的顺利展开，当项目无法执行时众筹平台有责任和义务督促项目发起人退款给出资人。

(二) 网络众筹融资的运行模式

企业采用网络众筹方式融资可以选择两种方式，分别是股权众筹和创新项目众筹(见图7-3)。其一，股权众筹融资模式的流程特点在于，企业融资是在股权众筹平台(以"创投圈"等为代表)进行股权融资信息发布，其实质是以互联网金融创新在传统资本市场直接融资之

外，开辟一条中小企业网络融资的新道路。其二，创新项目众筹模式的流程特点在于，企业融资是在市场宣传平台(以"众筹网"等为代表)进行创新产品的提前预售或者是在梦想实现平台(以"淘梦网"等为代表)进行创新性项目的发布。

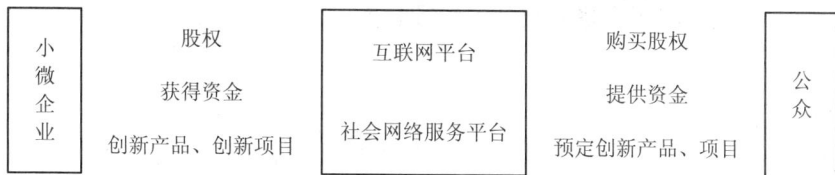

图7-3　网络众筹融资模式流程

一般而言，只要掌握了网络众筹融资的几个关键环节，整个融资流程就会变得简单得多。具体包括：注册会员、提交项目策划书、等待审核、开始融资、达标入账、回报支持者。

1. 注册会员

每一个想在众筹平台进行融资的企业都必须在该平台进行注册，只有注册成为该平台的会员，企业才有资格在该平台进行融资。注册会员时，融资企业一定要严格按照平台的提示进行操作，填写的相关信息一定要真实有效，弄虚作假会妨碍后期的融资。支持者要想参与平台的众筹活动也要先注册为该平台的会员。

2. 提交项目策划书

每一个要在众筹平台融资的企业都必须制作一份项目策划书，并将策划书交给平台后台的负责人进行审核。在整个融资流程中，项目策划书是极其重要的一个环节，因为它在很大程度上决定了该众筹是否能成功。后台负责人是否同意一个项目在平台上线，支持者是否愿意为一个项目提供资金支持，都是首先看项目策划书做得如何。如果项目策划书无法打动后台负责人和支持者，那么项目就难以在平台上出现。也就是说，融资项目的价值是通过项目策划书来体现的。项目策划书写得越好、越有价值，融资项目就越有价值、越容易成功。

3. 等待审核

审核的过程也是决定项目是否可以在平台上线的过程。一般来说，对于不符合平台要求或理念的融资项目，首先会被平台封杀。同时，审核的过程也是完善项目的过程。当平台认为该项目有融资价值但在某些方面还需要完善时，就会与项目发起人接洽、交谈，如有必要，后台还会对项目进行包装、指导，以保证项目以最好的姿态出现在平台上。如果项目审核通过，项目发起人就可以在平台网站上建立属于自己的页面，把自己渴望实现的创意或梦想介绍给公众，请求他们的支持。

4. 开始融资

项目审核通过后就进入了融资阶段。融资阶段最重要的是要多做宣传，让更多的人知道你的项目，这样才能获得更多的融资。融资的金额、期限一定要明确，同时要多分几个支持档次，这样可以让每个阶层的支持者都有参与的机会，也更容易获得更多融资。

5. 达标入账

如果在规定的期限内能实现融资目标，那么这个项目就算成功了，项目发起人就可以得到众筹平台筹得的资金。当然，为了避免项目发起人拿钱后不兑现承诺的现象发生，众筹平台一般不会一次性将所有账款全部打给项目发起人，当项目发起人履行了部分义务后才会分阶段地拿到所有融资款。

6. 回报支持者

项目发起人在拿到融资后必须遵守当初的承诺，及时回报支持者确保支持者的权益不受侵犯。同时，负责任的众筹平台也会对项目发起人进行监督，督促其按时回报支持者。如果项目发起人违约，将会被众筹平台拉入黑名单，情况严重的还会被追究法律责任。

完成了以上六个环节后，融资事宜就算彻底结束了。不要轻视每个看似简单的环节，只有每个环节都尽可能地做到完美，才能使融资过程更加顺利。

案例 7-3

大可乐手机众筹的失败

2014 年，大可乐手机登录京东众筹平台，打出"一次众筹，终身每年免费换新"的口号，即投资者只要花费千余元参与众筹项目，就可以免费获得一台高配置的大可乐 3 手机，并可以每年以旧换新。这一营销思路引发了投资者的追捧，不到 25 分钟就吸引了 1650 万元的投资。然而，在随后的一年里大可乐手机的问题频频曝光，先是涉嫌虚假宣传，然后又爆出公司面临破产清算消息。直至 2016 年 3 月，创始人丁秀洪正式发博宣告大可乐手机的失败，投资者已经无法享受当初众筹之时的美好承诺。

(资料来源：赵紫剑.互联网金融[M]. 北京：中国金融出版社，2016.)

四、中小企业股权众筹融资的成功因素

在四种众筹模式中，股权众筹融资对中小企业最具吸引力。随着政府对股权众筹的逐步接纳和正视，很多企业试图通过股权众筹来解决自己的资金难题。但股权众筹融资看似简单，实则不易。要想顺利地通过股权众筹获得融资，必须满足四个条件，即有价值的融资项目、保障投资者的权益、明确的股权众筹规则、能迅速撮合投融资双方的意向。

(一) 有价值的融资项目

不管通过哪种方式进行融资，融资项目都必须是有价值的、能带给投资者信心的项目，这是融资成功的首要条件。股权众筹融资同样要遵循这一原理，有价值的融资项目才能提高融资成功的可能性。衡量项目是否有融资价值，可以从四个维度来衡量：

1. 该项目是否具有发展前景

如果项目具有很好的发展前景和发展优势，未来盈利的概率会增大，自然会获得很多投资者的青睐。

2. 该项目的商业模式是否有创新或可行

基于陈旧的商业模式或不具备可行性的商业模式，项目本身都难以获得成功，想获得投资人认可更是难上加难。只有当项目的商业模式有创新或可行性时，才会吸引投资者的投资支持。

3. 创业团队是否可靠

再好的项目，如果没有一个可靠的团队来操作，也难以实现良性运转。所以，好的项目必须有一个优秀的团队来操作，这样才能提高项目的成功率，进而获取投资者信任。

4. 该项目的估值是否合理

真正可靠的项目既要有发展前景，又要和自身的估值相差无几。如果一个项目很有发展前景，但估值太高也会显得不切实际，会让投资者打消投资念头。

(二) 保障投资者的权益

在股权众筹融资过程中，保障投资者的权益显得尤为重要。融资项目要想成功，必须有投资者的资金支持；众筹平台要想促成交易，就必须有大量的投资者参与。因此，股权众筹平台应当是以投资者为核心的平台。为保障投资者的权益，众筹平台应该做到以下几点：

1. 对投资者进行认证和审核

在投资者的群体中，往往会有一些不具备投资经验和能力的个人或机构，他们的存在势必会影响到整个投资过程的质量和效率。所以，平台应该对投资者进行认证和审核，筛选掉不合格的投资者，这样才能使投资过程顺利、高效，而不要只追求投资者的数量而忽视质量。

2. 做好投资者的资金保障与服务

投资者是否会对项目进行投资，不仅会考虑项目是否可靠，还会考虑自己的资金是否安全。这就要求众筹平台必须做好投资者的资金保障与服务，杜绝投资者资金被挪用、套取的风险，并为投资者制定好投资后管理以及权益保障机制，留住优质投资者。

案例7-4

蚂蚁金服的投资者认证

2015 年 11 月 21 日，作为国内公募股权众筹试点平台之一的蚂蚁金服，以一句"梦想还是要有的，万一实现了呢"带来了蚂蚁达客测试版。与之前许多报道预测的一样，蚂蚁达客毫无例外地接入了支付宝系统，支付宝账号经过实名认证到 V2 级别后，系统会识别申请人的金融资产，包括余额宝、招财宝、聚宝基金、支付宝账户余额，如果合计超过 100 万元即可成为合格投资人。倘若低于 100 万元，申请人可充值至 100 万元或绑定一张额度为 5 万元以上的信用卡后继续进行认证。

(资料来源：邱勋. P2P 与股权众筹[M]. 北京：中国金融出版社，2016.)

(三) 明确的股权众筹规则

在进行股权众筹融资时，如果没有明确的众筹规则，就必然导致整个融资过程陷入混乱、无序的状态中。所以，众筹平台一定要制定严谨的众筹规则，让所有参与者有章可循。并且，规则一旦制定就不可随意更改。制定的规则必须囊括众筹融资过程中的每个环节，如明确的领投人要求、领投人权利义务、领投规则等。只有每个环节都有规则做保障，才能确保整个流程有序进行。

(四) 能迅速撮合投融资双方的意向

股权众筹同其他融资方式不同的是，股权众筹的投资者往往数量众多，且彼此之间互不熟悉，人数一多面对分歧时就容易意见不合。并且，投资方和融资方也往往会在某些问题上存在不同的意见。所以，这就需要众筹平台有强大的沟通能力和撮合能力，能够迅速、准确地完成投资方内部意向的统一和投融资双方的合作匹配。

以上是决定股权众筹融资是否成功的四个条件，我们可以发现这四个条件主要取决于项目发起人和众筹平台。所以，要想使自己的股权众筹获得成功，企业不仅要有可靠的项目，还要去选择正规的众筹平台，这样才能保证股权众筹融资获得成功。

本章回顾

随着互联网和移动通讯等技术的发展，互联网逐渐与传统金融相结合，产生了新生物——互联网金融，互联网融资激活了民间资本与中小企业融资需求的有效配比，促进了中小企业融资创新。

互联网金融视角下中小企业融资模式创新类型包括：大数据金融融资模式、P2P 网络借贷融资模式和网络众筹融资模式。这些模式可以缓解信息不对称、降低信用风险、促进直接融资，为中小企业融资难的发展困境带来了转机。

大数据金融指的是依靠对商家和企业在网络上历史数据的分析，对其进行线上资金融通和信用评估的行为。目前，电商、电信运营商、互联网企业、产业链核心企业等均已涉足大数据金融服务，根据在其平台交易或供应链上的小微企业的个性化融资需求，提供网络小额信用贷款融资服务。

P2P 网络借贷与互联网金融这种去中介化的理想效果最吻合。企业通过 P2P 网络借贷方式进行融资，需要通过第三方互联网中介平台寻求有相应贷款能力并能满足其融资需求的一个或多个贷款方，以达到借贷双方资金的匹配。中小企业要想在 P2P 网贷平台融到资需要具备一些基本条件。

众筹真正作为一种融资的商业模式起源于美国。我国的众筹模式按照投资回报形式不同分为四种类型：奖励制众筹、募捐制众筹、借贷制众筹和股权制众筹。中小企业顺利地通过股权众筹获得融资，必须满足四个条件，即有价值的融资项目、保障投资者的权益、明确的股权众筹规则和能迅速撮合投融资双方的意向。

1. 什么是互联网金融？有哪些特点？
2. 互联网金融对中小企业融资有哪些影响？
3. 大数据金融产生的背景及其与传统金融的差异是什么？
4. 举例说明大数据金融的主要运营模式。
5. P2P 网络借贷相比传统银行借贷，有哪些自身的特点？
6. 举例说明 P2P 网络借贷的主要运营模式。
7. 简述众筹的种类和特征。
8. 中小企业股权众筹融资的成功因素有哪些？

案例分析

国内首家大数据征信平台 Wecash 闪银

Wecash 闪银作为国内第一家互联网信用评估公司，自 2014 年成立以来，便以新颖的业务模式获得了国内、国际的广泛关注。2014 年度，由毕马威澳大利亚和澳洲金融服务委员会(FSC)联合发布的首届"全球 50 强新金融科技"名单中，Wecash 闪银位居 32 名，是上榜机构中唯一一家中国公司，也标志着中国的金融科技公司进入了全球视野。2015 年 Fintech100 中，Wecash 闪银依然上榜。

截至 2016 年 3 月，Wecash 闪银已拥有 4000 万激活用户，覆盖了大部分线上用户群体，由此产生了海量数据库信息积累。闪银通过用户对教育信息、金融数据、社交网络、运营商电商数据和合作机构数据的授权，获得百万级带标记实名样本、千万级非标记实名样本、亿级匿名样本、千万级黑名单数据及亿级电话号码数据。同时闪银采用 4000 多条风控维度的机器学习模型和 2000 多条专家规则系统，实现极速自动评估，并且通过自动化的监控，实现分析模型每月的迭代更新，是当前大数据信用评估领域的典型应用。在世界银行征信业国际委员会的工作会议中，与会者将其称为"闪银模式"，给予了高度评价。

2016 年，互联网金融正式进入监管年，在行业准入进一步提高的同时，现有互联网金融平台的业务梳理也是重中之重。闪银作为大数据征信服务机构，联通出资方和借款人，运用大数据征信方式，始终保持自身坏账在极低水平之内，同时以其"3 分钟授信、极速提现"的业务模式，更加快捷便利地满足大众资金需求，是真正能够可持续运作的普惠金融产品。

(资料来源：赵紫剑. 互联网金融[M]. 重庆：重庆大学出版社，2016.)

案例讨论题：

1. 大数据征信平台的作用有哪些？
2. 根据案例，你认为应该如何客观看待大数据征信？

参考文献

[1] 王在全. 互联网金融与中小企业融资[M]. 北京：中国经济出版社，2015.

[2] 黄明刚. 互联网金融与中小企业融资模式创新[M]. 北京：中国金融出版社，2016.

[3] 赵紫剑. 互联网金融[M]. 北京：中国金融出版社，2016.

[4] 徐细雄，林丁健. 基于互联网金融的小微企业融资模式创新研究[J]. 经济体制改革，2014(6)：144-148.

[5] 张其明，黄丹. 基于互联网金融的中小企业融资概述及政策研究[J]. 经济视角，2016(5)：88-95.

[6] 徐洁，傀斌贤，揭筱纹. 互联网金融与小微企业融资模式创新研究[J]. 商业经济与管理，2014(4)：92-96.

[7] 郝恩成. 互联网金融模式研究：以大数据金融为例[J]. 现代营销，2016 (6)：116-118.

[8] 元明，徐宁. 互联网金融 3.0：股权融资新时代[M]. 北京：中华工商联合出版社，2016.

[9] 张玉明. 小微企业互联网金融融资模式研究[J]. 会计之友，2014(18)：2-5.

[10] 邱勋. P2P 与股权众筹[M]. 北京：中国金融出版社，2016.

[11] 果怀恩. 互联网金融：概念、体系、案例[M]. 北京：人民邮电出版社，2016.

第 八 章

中小企业营销创新

学习目标

- 理解中小企业营销创新的含义、背景、分类和途径
- 了解生态营销的产生背景与理论基础
- 了解绿色营销的含义与特点
- 掌握低碳营销的基本策略
- 了解微营销的含义与特征
- 掌握微博营销、微信营销的常用策略
- 了解关系营销的含义与原则
- 掌握顾客关系营销及其策略

知识结构图

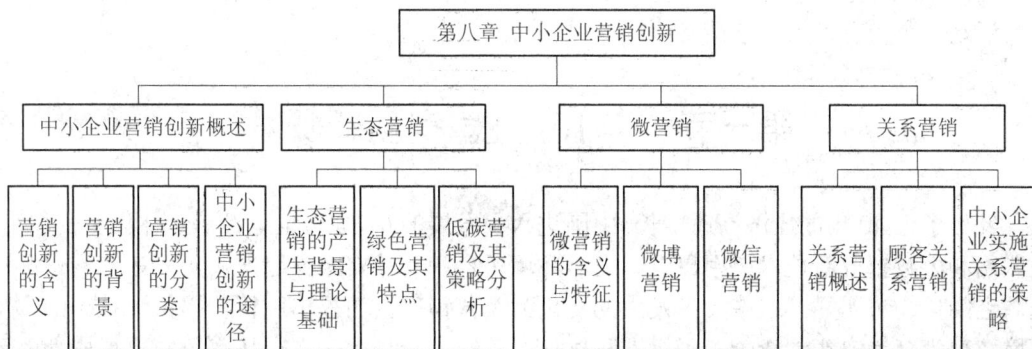

星巴克"自然醒"微信营销

一直以来，星巴克致力于提供最优质的咖啡和服务，营造独特的星巴克体验，将遍布全球各地的星巴克门店打造成家和办公室之外最宜居的生活空间。2012 既是微博营销的爆发年，也是企业入驻微信的一个开始。在星巴克看来，微信代表着一种生活方式，不但为人们提供丰富的聊天模式，更拉近了人和人之间的距离，让新时代的社交变得更自由。星巴克企业发展战略向来注重数字媒体与社交媒体，走在科技与时尚的前沿，身体力行，打造新鲜时尚空间。星巴克建立官方微信平台，就是企业数字化战略中重要而坚实的一步。

2012 年 8 月 28 日至 9 月 30 日，用户登录微信，通过扫描二维码，即可将"星巴克中国?"加为好友。用户只需要向"星巴克中国"发送一个表情符号，星巴克将即时回复用户的心情，即刻享有星巴克《自然醒》音乐专辑，获得专为用户心情调配的曲目，感受《自然醒》的超能力，和星巴克一同点燃生活的热情和灵感。在活动结束的时候，星巴克的微信账号获得了 19.3 万名好友。一共有超过 32.3 万个心情被分享。同时，微博的粉丝数也增加了 15%，相关微博产生了共计 2.6 万次的评论和 4.5 万次的转发。按照业内计算，通过微博产生的媒体价值相当于 93.1 万元人民币。

星巴克微信账号是秉承星巴克"连接彼此"企业文化内涵、促进人们真诚交流，并随时随地带来美好生活新体验和"星"乐趣的最好方式。同时，依靠腾讯强大的账号体系、PC 与手机产品入口，可以使更多线下与线上用户享受移动互联网的便捷，获得生活实惠和特权。

(资料来源：技术驱动的营销革命——2012 年度创新营销十大杰出案例
http://www.businessvalue.com.cn)

◆　**案例启示：**微信与星巴克合作不仅破除了传统商业经营模式辐射面积小、用户参与度不高、受时间地点等制约的弊端，还具有轻松时尚、趣味性高、商家与用户互动性强等优势，让用户能尽享移动互联带来的轻松、惬意。作为最早的微信合作伙伴，星巴克《自然醒》活动被誉为微信第一营销案例。

第一节　中小企业营销创新概述

经历了近 40 年的经济高速增长，中国进入了发展的新时期。全球经济一体化步伐加快，互联网和大数据等新技术应用日益普及，环境污染和食品安全日趋严峻，人口红利逐渐消失，老龄化趋势明显。这些集中发生的变化为新营销理论的提出和检验提供了难得的实验环境，也为营销实践创新带来了机遇和挑战。营销创新是企业在市场竞争中取得成功的重要组成部分，新时期中小企业结合自身的经济实力和市场环境的变化，寻找营销创新关键点，可以促进企业价值的实现和企业的长久发展。

一、营销创新的含义

营销创新是由"创新"的概念发展起来的。熊彼特在 1912 年发表的《经济发展理论》中首次提出：创新是一个经济范畴，而非纯粹性的技术范畴，所谓创新就是把一种从来没有的关于生产要素和生产条件的新组合引进生产体系中去。德鲁克为营销创新的研究开启方向，他在 1986 年提出：从供给的角度说，创新是改变了厂商资源的输出；而从需求的角度说，创新则是改变资源所给予消费者的价值和满足。营销创新应填补企业所提供的产品和市场需求之间的鸿沟。以市场需求为导向，注重消费者的需求是营销创新的基本出发点。

我国台湾地区的学者蔡明达(2001)将营销创新定义为"组织创造新颖的产品和营销程序，以此作为具有市场新颖性与满足顾客潜在需求的价值"。该定义将营销创新界定为具体的、外显的组织创造行为。大陆学者张文贤(2002)认为市场营销创新是对生产要素的重新组合，表现为营销观念创新、产品创新、方法创新。彭本红等(2008)认为，营销创新是指改变传统的市场营销模式，确立以市场需求为中心的营销观念、手段和方法，用新思想、新技术、新方法对营销管理系统进行重新评价、设计、改造与重构，达到不断提高组织管理效能的目标的活动。赵红(2015)强调营销创新是围绕消费者进行的，即如何通过新的方式向消费者传递产品或企业的新理念、如何应用新的方式识别并满足消费者的潜在需求。而其他种类如产品、技术或服务的创新则围绕产品等本身进行。

可见，营销创新的宗旨仍是满足市场需求以获得利润，但营销创新强调改变传统营销中的某一要素或者推翻原有的营销活动组织，这些改变可能需要依靠产品、服务或技术的创新，只有产品、服务或技术的创新才能够在功用上满足消费者的需求。而营销创新则要实现这些创新与消费者需求的对接，即通过新的营销方式识别消费者需求，引导消费者认识、感知并满意于产品提供的创新性价值，进而使其忠诚于某种产品或服务。

因此，实现营销创新不能仅依靠营销部门自身，还需要与产品设计、企业文化等多个部门相互协作，共同达成满足消费者需求的目标，进而实现企业经营目标。成功的营销创新并不能仅依靠营销者的灵光一现，而是需要营销者对企业有能力满足的消费者需求的准确识别，甚至是创造市场。

综上所述，营销创新是经营者以获取商业利益为目标，以消费者为中心，重新组织营销各个要素，建立起市场竞争力更强的市场营销系统，从而推出新产品、开辟新市场的综合经营活动过程。

二、营销创新的背景

营销创新是在一定经济、技术、社会环境下产生和发展的，营销创新成果也因地域间的经济发展水平和文化制度因素差异而具有不同程度的适用性。在中国特色社会主义进入了新时代背景下，企业应当关注经济发展、互联网技术和消费者因素对营销创新的影响。

(一) 经济发展状况

从经济背景来看，经济繁荣发展的标志之一便是企业之间的广泛竞争，消费者选择多样化。企业为吸引与留住消费者所进行的竞争不仅集中在人力、研发与产品等方面，更体现在营销层面，企业通过"营销竞争"向消费者传达自身的价值定位，体现企业的独特品质，这个过程催生了很多营销创新成果。

改革开放以来，我国经济以惊人的速度迅速地发展。我国向各个领域不断开放，日渐成为世界经济新发展的中心，中国企业和西方企业一样也在不断地调整管理模式以适应全球化新经济发展的需要。在这些巨变中，市场营销作为影响企业发展最活跃的因素之一，一直在不断地协调着企业和市场的关系，其演变和发展也最为引人注目。比如，越来越多的企业建立了"满足客户需求"及与竞争对手合作的营销理念，注重提升产品的社会价值与品牌认可度，塑造良好的企业形象等。

图 8-1 为 2006～2017 年中国国内生产总值季度增长率，图 8-2 为中国居民消费者价格指数变化。结合图 8-1 和图 8-2 可见，中国近年来经济增长保持在一个较稳定的水平，在这样的宏观背景下企业竞争日益增加，但市场需求也有所扩大，对于企业营销而言，更是求新求变的时刻。

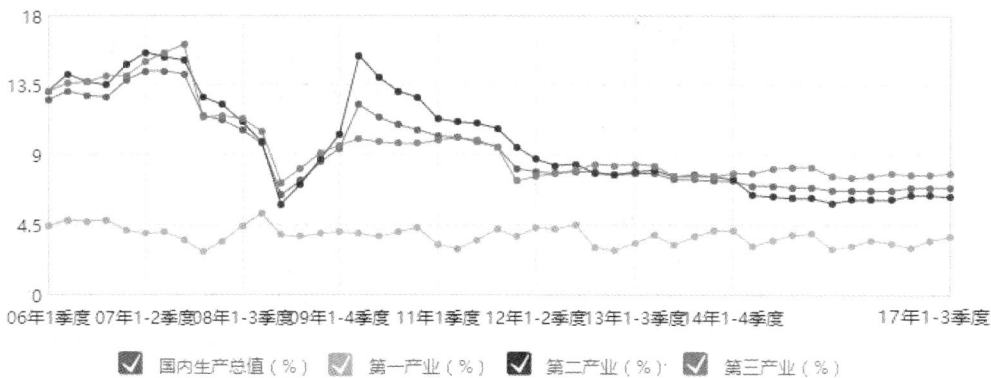

图 8-1　2006～2017 年中国国内生产总值季度增长率

(资料来源：中国国家统计局)

图 8-2　中国居民消费者价格指数变化

(资料来源：中国国家统计局)

(二) 互联网技术水平

从技术背景来看，近年来互联网技术的发展和移动互联网的兴起已经彻底改变了消费者接受处理信息的方式，企业营销也面临着新变化与新趋势，其管理也面临着新挑战。

2017 年 8 月 4 日，中国互联网络信息中心(CNNIC)在京发布第 40 次《中国互联网络发展状况统计报告》(以下简称为《报告》)。《报告》显示，截至 2017 年 6 月，中国网民规模达到 7.51 亿，占全球网民总数的五分之一。互联网普及率为 54.3%，超过全球平均水平 4.6 个百分点。其中，手机网民规模达 7.24 亿，较 2016 年底增加 2830 万人。网民使用手机上网的比例由 2016 年底的 95.1%提升至 96.3%。

统计数据显示(见图 8-3)，截至 2017 年 6 月，我国网络购物用户规模达到 5.14 亿，相较 2016 年底增长 10.2%。其中，手机网络购物用户规模达到 4.80 亿，半年增长率为 9.0%，使用比例由 63.4%增至 66.4%。

2016.12-2017.06 网络购物/手机网络购物用户规模及使用率 单位:万人

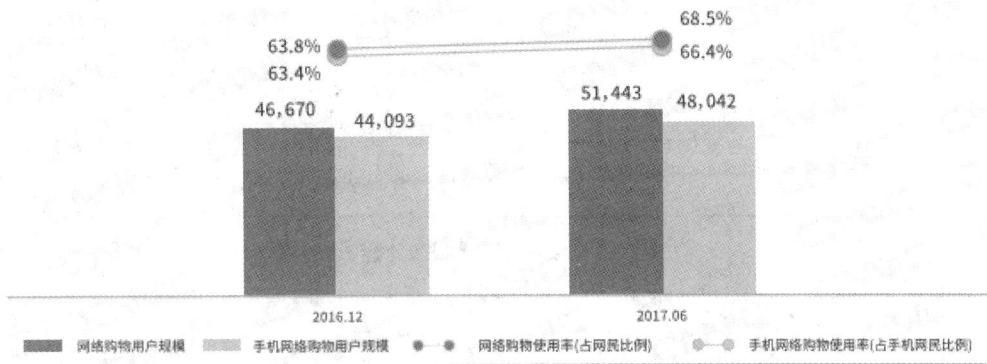

图 8-3　中国手机网络购物情况

(资料来源：中国产业信息网)

这些数字让我们不得不承认移动互联网正在改变我们的接受与处理信息的方式，而基于移动网络平台的创新也应成为公司的重要营销方式。微信、微博等社交网络的出现更使得用户原创内容在网络上的力量不可忽视，对于企业而言，这可能意味着另一种营销创新途径。大数据概念的引入，使得关系营销等创新模式得以在新兴技术下更好地实现。

(三) 消费者需求变化

从消费者层面来看，营销创新发生的推动力之一是不断变化的消费者需求。著名心理学家马斯洛认为，人的需求可以分为五个层次(见图 8-4)：生理上的需求、安全上的需求、情感和归属的需求、尊重的需求以及自我实现的需求，另外两种介于尊重需求与自我实现需求之间的需要是求知需要与审美需要。

这些需求按层次逐级递升，当经济发展到能够支撑消费者的基本生存和安全需要后，消费者对于产品的需要便不再是基本的功能性效用。面对多样化的选择，他们通过消费来表达自己的价值观念，选择那些他们认为与他们价值观、审美观相近的消费品，一些消费者甚至将对某种品牌的消费赋予精神层面的意义。面对消费者需求发生的这些变化，传统的营销方式显然不足以传递消费者所关注的价值，因此营销者需要寻求新的方式来传递产品的价值，影响消费者感知。

例如，随着我国经济的发展和居民消费水平的提高，消费者的思想认识与环保意识逐渐由低层次向高层次转变，越来越多的消费者具备了绿色、环保消费意识，且正逐步养成低碳、健康的生活方式。企业应在充分认识绿色营销、低碳营销的内涵与意义的基础上，积极应对政策环境与消费需求的转变，不断优化营销组合策略，以降低营销环节及其相关环节的能耗与排放。

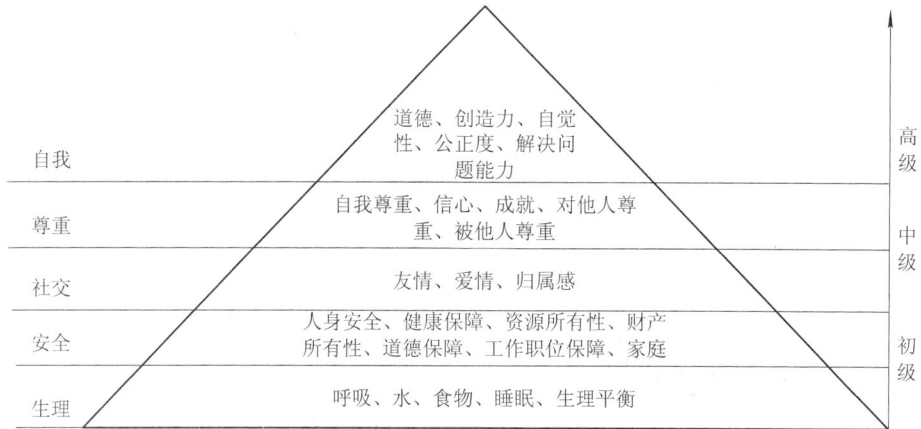

图 8-4 马斯洛需求层次分解图

三、营销创新的分类

营销创新有狭义和广义之分，狭义的营销创新主体主要指企业，属于企业创新的一部分；但广义的营销创新则应该是在整个营销界的层面上，是营销理论在理念和实践等方面的全面创新。从广义视角看，当前的营销创新分为三个营销层面：理念层创新、技术层创新和应用层创新，如图 8-5 所示。

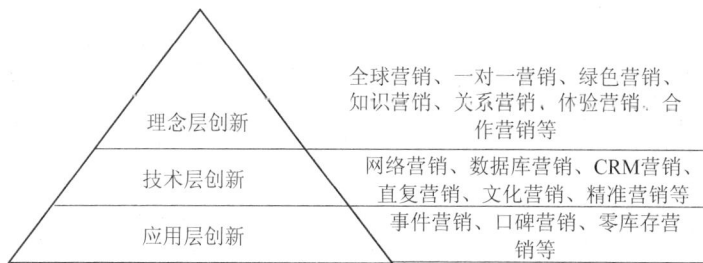

图 8-5 营销创新层次模式

(资料来源：赵红.营销创新——理论、方法、案例[M]. 北京：高等教育出版社，2015.)

理念层营销创新主要指在营销观念和思想方面的创新，属于这个层面的创新思想可以包括全球营销、绿色营销、知识营销、关系营销等。技术层营销创新，也可以称为技术实现层营销创新，主要指的是借助新兴相关技术帮助更好地实现营销运作，比如网络营销、数据库营销等。有学者将文化营销和精准营销归入这一层面中，也有学者将关系营销作为一种营销方式创新，归入技术层营销创新。应用层营销创新，又可称为实践应用层营销创新，相对来说就是如何进行具体的营销工作的方法，比如事件营销、口碑营销、营销策略创新等。

借鉴创新的理论框架，可以将营销创新分为：营销自主创新、营销合作创新以及营销模仿创新。营销自主创新是指企业以自身的研究开发为基础，实现营销能力的提升以及营销模式的创新。营销合作创新是指以两个或两个以上合作伙伴的共同利益为基础，以资源共享或优势互补为前提，合作各方在营销创新的全过程或某些环节共同投入，以获得最大的市场营销效果。营销模仿创新是指企业通过学习模仿率先创新者的营销创新思路和方法，吸取其成功的营销经验和失败的营销教训，并在此基础上改进和完善，进一步研发更适合企业本身的营销模式，以达到追求最大市场营销效果的目的。营销模仿创新不等同于简单的跟随抄袭，而是在此基础上投入研发资源，进一步改进完善。

案例8-1

联想与抖音的合作营销

凭借出色的创意及效果，抖音与联想合作的整合营销案例"#放肆show真我# 粉丝节挑战赛"荣获"2017年度行业最佳创新营销案例奖"金奖。主题挑战赛调动了用户主动创作符合"联想粉丝节"主张的短视频超过1.3万支，且视频内容极其优质，最终实现超过8500万的视频总播放量，数据效果令人惊喜，也进一步提升了联想的年轻化形象。本次抖音与联想的合作，无论是从创新性、互动性还是影响力而言，均备受行业与品牌认可，也受到了用户的喜爱。

四、中小企业营销创新的途径

(一)中小企业营销管理存在的问题

中小企业参与市场竞争的成败不仅取决于科技创新和市场占有，从更高的层次上来看还取决于"顾客占有率"。因此，营销创新对于中小企业的生存与发展事关重大，也是企业走向强大的必然选择。随着国民经济的不断发展和综合国力的不断增强，我国的中小企业在营销管理方面取得了长足的进步，但仍存在许多欠缺。除了营销组织落后，营销人才缺乏，营销战略不够理性，忽视品牌资产管理等问题外，在营销创新方面的问题主要表现为：

1. 营销观念较为落后

事实上，中小企业普遍重视营销，但传统营销观念至今仍占主导地位，企业的营销理念有待改进和创新。同时，由于中小企业对营销的认识还比较片面，真正运用营销战略来指导各项经营活动的企业还很少。还有一些中小企业营销道德水准偏低，为了片面追逐利润最大化，置广大消费者及社会利益于不顾等现象还普遍存在。

2. 营销手段有待改进

一些中小企业虽已学会用先进的营销方式来武装自己，但往往存在市场开拓力度不大、信息反馈机制不灵、市场需求趋势把握欠准等问题。许多中小企业借助互联网、专业信息机构、相关科研单位等渠道获取所需信息的能力欠缺，营销创新动力缺乏，所采取的营销组合策略老套落伍，很难树立良好的市场形象。

3. 营销创新中价值创造力度不够

营销创新中价值创造力度不够：一方面表现为企业自身经济价值的创造力度不够，即营销创新活动给企业带来的利润有限；另一方面表现为顾客价值的创造力度不够，即未能为顾客创造较高的满意度。这种状况不仅会造成企业营销创新的投入难以为继，还会造成消费者和顾客对于企业的抱怨增多。

4. 系统的营销创新不足

尽管有些中小企业进行了营销创新，但大多是从某一点进行创新，或者说是企业对市场的一个直觉反应。大部分中小企业还不能从整体上系统地进行营销创新，没有长期的战略规划，系统性的营销创新能力不足，势必会随着企业的发展壮大而影响到企业的整体发展。

(二) 中小企业营销创新的途径

1. 推进营销观念创新

由于我国中小企业中传统产业占有较大比重，而且有些中小企业为了获取超额利润，而忽视了对环境和社会的影响。因此，应当树立绿色营销、低碳营销观念，将企业营销战略由产品导向转变为客户导向，注重客户需求及其满意度。对于服务营销、品牌营销、整合营销、口碑营销、体验营销等先进的营销观念，中小企业都要密切关注，并根据自己的实际情况加以利用。

2. 拓展网络营销方式

网络营销是企业营销实践与现代化通讯技术、计算机网络技术相结合的产物。它具有范围广、速度快、成本低、不受规模限制，任何企业都能平等地获取世界信息及平等地展示自己的优点。这种营销方式为中小企业创造了极好的发展空间，企业应充分利用互联网这一营销渠道。考虑到当前以微博、微信和米聊为代表的社交平台迅猛发展，中小企业还应当积极布局微营销平台战略，提升企业有限营销资源的运作效率。

3. 提升营销价值创造

企业开展营销创新活动的目的就是在给客户创造价值的基础上为企业自身带来更高的经济价值，否则营销创新活动本身就失去了意义也失去了动力和依据。因此，企业营销创新的活动必须遵循价值创造的原则，在给消费者和顾客创造产品的核心价值以及其他附加价值的同时，实现公司的经济价值，为股东和投资者创造价值。

4. 综合多种手段方法

营销创新特别是在复杂多变的新经济形势下的营销创新，单靠一种手段和方法很难收到预期的效果。随着营销活动的频繁开展和宣传，消费者对于企业的营销活动产生了审美上的疲劳感和免疫力，从而企业的营销创新活动无法激起顾客的互动，就更谈不上影响顾客的消费需求和购买行为，因此，必须综合运用多种手段来应对顾客对于企业营销创新的审美疲劳。

第二节 生态营销

作为企业经营活动指导思想的企业营销观念，在经历了生产观念、产品观念、推销观念、市场营销观念后，20世纪60年代又萌发了"生态营销"、"绿色营销"、"低碳营销"等观念。其后，随着环境问题日益突出，人们的环保意识不断增强，"生态营销"观念将成为21世纪世界市场营销的主潮流。中小企业应当制定和实施有力的措施，积极推行生态营销。

一、生态营销的产生背景与理论基础

(一) 生态营销产生的时代背景

1. 生态经济的发展

生态经济是指在生态系统承载能力范围内，运用生态经济学原理和系统工程方法改变生产和消费的方式，挖掘一切可以利用的资源潜力，发展经济发达、生态高效的产业，建设体制合理、社会和谐的文化以及生态健康、景观适宜的环境，是实现经济腾飞与环境保护、物质文明与精神文明、自然生态与人类生态的高度统一和可持续发展的经济发展模式。

在过去近五十年的研究中，环境保护与经济发展的关系经历了从排斥到融合的发展历程。早期的环境保护一直致力于研究人对环境的责任与义务，而忽视环境保护与现实实践(特别是经济发展)相互结合的问题，这使得人们在对于环境保护形成日益强烈共识的同时，以市场为基础的人类经济发展不仅依然以破坏和污染环境为代价，而且在许多方面还呈现出日益加剧的态势，认识与实际行为之间出现了脱节的现象。

1980年，联合国环境规划署召开了以"人口、资源、环境和发展"为主题的会议，确定将"环境经济"作为1981年《环境状况报告》的第一项主题，这使生态经济学成为一门既有理化性又有应用性的新兴科学，并开始为世人所瞩目。

目前，生态经济学的基本思想包括：地球的生态资源决定了人类经济发展的最大限度，经济发展需要与地球生态系统的整体结构、功能和演变规律相协调；产业生态化、服务生态化与消费的生态化是生态经济系统的显著特征；生态技术为生态经济时代提供重要物质保障。生态经济学理论为生态营销的产生和发展提供了经济学理论的支撑。

2. 生态文明的需要

生态文明是人类文明发展的一个新的阶段，即工业文明之后的世界伦理社会化的文明形态；生态文明是人类遵循人、自然、社会和谐发展这一客观规律而取得的物质与精神成果的总和；生态文明是以人与自然，人与人，人与社会和谐共生、良性循环、全面发展、持续繁荣为基本宗旨的文化伦理形态。从人与自然和谐的角度讲，生态文明是人类为保护和建设美好生态环境而取得的物质成果、精神成果和制度成果的总和，是贯穿于经济建设、政治建设、文化建设、社会建设全过程和各方面的系统工程，反映了一个社会的文明进步状态。

2007年党的十七大报告提出："要建设生态文明，基本形成节约能源资源和保护生态环境的产业结构、增长方式、消费模式。"十八大报告指出："建设生态文明，是关系人民福祉、关乎民族未来的长远大计。"面对资源约束趋紧、环境污染严重、生态系统退化的严峻形势，十九大报告明确指出："我们要建设的现代化是人与自然和谐共生的现代化，既要创造更多物质财富和精神财富以满足人民日益增长的美好生活需要，也要提供更多优质生态产品以满足人民日益增长的优美生态环境需要。"

生态文明是中华文明、社会主义文明的重要组成部分，关系到我国长远、可持续的发展。因此，生态文明要求营销具有生态性，兼顾企业、消费者、生态效益等多个方面，做到全面、协调、可持续的发展，助推中国生态梦想的实现。

3. 生态消费的兴起

生态消费是指人类的消费活动与自然相和谐，取之于自然而不破坏自然，作用于自然而不损害自然，在提高生活质量的同时保持自然生态平衡，保持社会永续、和谐发展的消费模式。从内容上看，生态消费能够实现人与自然，人与环境，人与经济社会发展三者的和谐共生，是社会和谐发展的重要体现；从理念上讲，生态消费思想是可持续发展思想在消费领域的具体体现，是构建和谐社会的消费指导思想；从原则上看，生态消费体现了物际公平、人际公平、国际公平的原则，成为和谐社会发展的重要条件；从目的上看，生态消费满足了人们的生态需要，实现了消费从工具到目的的转换，是人类和社会和谐发展的内部驱动力。

生态消费是国际消费发展的大趋势，在美国、德国、意大利、荷兰分别有77%、82%、94%、67%的消费者在选购商品时会考虑生态环境因素。经调查，我国消费者愿意购买生态消费品种类较多(依次为食品、日用品、保健品、家电、化妆品、建材、服装、礼品、照明用品)，这预示着生态消费从利己型生态商品向公益型生态商品推及的趋势，生态消费需求层次已超越以食品等基本生活资料为主的起步阶段，正随着消费的升级而进入多样化发展时期。然而调查也显示，我国生态消费品市场还存在一定问题，如生态消费比例不高，缺乏科学的生态消费政策引导等。

消费作为再生产四环节的重要一环，对于社会文明的进步有着巨大的反作用。未来人类消费模式的选择必然是生态消费，因为生态消费符合人类生态文明的发展方向，是和谐社会发展的内驱动力、内在要求、重要条件。企业要想更好地生存发展，必须把握住消费者生态消费的方向，开展行之有效的营销活动。所以说，生态消费的兴起从根本上对生态营销的发展起到了推动作用。

(二) 生态营销的理论基础

1. 基础营销学

生态营销是20世纪70年代以后建立的新兴学科，是21世纪的重要营销方式，但仍然隶属于营销学，是营销学科发展中的一支新兴的分支学科。传统营销学是以消费者的消费需求为基本宗旨，强调在市场调研和市场分析的基础上制定和实施营销战略、营销策略，其中的营销组合策略以4Ps为中心，这些都在生态营销的实施和开展中得到了充分的体现和运用。

2. 生态经济学

生态经济学是以生态系统和经济系统相互作用、相互结合而形成的生态经济系统，强调生态营销作为经济系统中的基本要素，研究企业在生产经营活动中实施生态营销来实现人与自然、社会经济和环境的协调发展，认为社会经济增长必须与环境质量的改善相协调，保护环境与资源。因此，要制定社会发展与自然环境相适应的增长战略，合理开发和利用各种资源，全力维护生态潜力，推行自然资源有偿性使用的政策，采用排污收费。设立环境标准，促使企业选择对环境友好的技术，开展生态营销，实现企业经济效益和生态效益的统一。

3. 可持续发展理论

可持续发展理论认为，人类社会应该跳出"追求经济单纯的增长，忽略生态环境保护"的传统发展模式，通过产业结构调整、升级、转移和合理布局，发展高新技术，实行清洁生产和文明消费，协调环境和发展的关系。让社会发展既能满足当代人的需要，又不对后人的需求满足构成危害，最好达成经济、资源、社会、环境的协调发展。在可持续发展理论中，生态持续是前提，经济持续是基础，社会持续是目的，三者相互依存、相互发展、相互促进，共同构成一个完整的系统整体。一个社会的可持续发展落实下来，要求以企业实施可持续发展战略相配合为保证；可持续发展的落脚点是可持续生产和可持续消费，所以要有一个企业、消费者、政府、公众来共同参与、建立和维护的可持续发展的市场来满足生态需求。

4. 生态伦理学

生态伦理学是一门以"生态伦理"或"生态道德"为研究对象的应用伦理学。它是从伦理学的视角审视和研究人与自然的关系。"生态伦理"不仅要求人类将其道德关怀从社会延伸到非人的自然存在物或自然环境，而且呼吁人类把人与自然的关系确立为一种道德关系。根据生态伦理的要求，人类应放弃算计、盘剥和掠夺自然的传统价值观，转而追求与自然同生共荣、协同进步的可持续发展价值观。生态伦理学对伦理学理论建设的贡献，主要在于它打破了仅仅关注如何协调人际利益关系的人类道德文化传统，使人与自然的关系被赋予了真正的道德意义和道德价值，这也是生态营销学的伦理学理论基础。

二、绿色营销及其特点

(一) 绿色营销的含义

"绿色营销"这一概念直接地来源于"社会营销"观念，是"社会营销"的具体深化和发展，甚至可以认为是"社会营销"观念的一个分支。美国著名学者菲利浦·科特勒指出，所谓"社会营销"观念，是指要求营销者在制订营销政策时能够权衡三方面的利益，即公司利润、消费者需要的满足和社会利益。组织的任务是确定目标市场的需要、欲望和利益，并以保护消费者和提高社会福利的方式，比竞争者更有效、更便利地向目标市场提供所期待的满足。

20 世纪 90 年代，联合国环境与发展会议通过了全球《21 世纪议程》，要求各国根据本国的情况，制定各自的可持续发展战略、计划和对策。许多国家纷纷推出以环保为主题的"绿色计划"，要求企业营销活动中必须体现社会价值观、伦理道德观，充分考虑社会效益，自觉维护自然生态平衡，注重企业利益与环境利益的协调，既要充分满足消费者的需求，实现企业利润目标，也要充分注意自然生态平衡，即推行"绿色营销"。

所谓"绿色营销"是指在权衡和统一消费者需求、企业自身经济利益和保护环境资源的前提下，在局部利益服从整体利益、眼前利益服从长远利益的原则下，在产品、定价、分销、促销等市场营销组合方面以保护环境、反对污染、变废为宝、充分利用资源为根本出发点，倡导绿色消费，满足消费者的绿色需求，从而实现企业的社会营销目标。

可见，企业采取绿色营销战略实际上顺应了社会可持续发展的要求，通过注重地球生态环境保护促进经济与生态环境协调发展，来实现企业利益、消费者利益、社会利益及生态环境利益的协调统一。正如英国威尔士大学肯·毕提(Ken Peattie)教授指出：绿色营销作为一种永续经营的管理模式，具备可盈利性和可持续性的特征，可以识别、预期并满足消费者和社会的需求。该战略在一定程度上超越了企业"个体价值最大化"的传统目标，力求以满足消费者和经营者的共同利益为目标，具有经济、社会和环境的三重积极影响。

(二) 绿色营销的特点

作为一种极具市场吸引力和发展潜力的营销战略模式，绿色营销是对传统营销的延伸和拓展，既有一般市场营销的共性，又有其自身的特殊性，其基本特征表现为：

1. 绿色性

绿色营销具有生态环境友好和社会环境友好的属性，即反对环境污染，充分利用资源，强调生态意识；倡导文明消费，净化社会风气，促进企业的可持续发展，实现人类社会、经济、人口、资源、环境等各方面的"共赢"。这是绿色营销的本质特征，也是绿色营销其他特征的基础。

2. 持续性

正是由于绿色营销的绿色特性，企业的营销资源才能得到有效、合理的配置，营销活动才能得以持续进行，产品、企业的自然寿命才能得以延长，整个社会才能实现可持续发展。这就是绿色营销的持续性。

3. 外部经济性

绿色营销的外部经济性是指某企业实施绿色营销给其他经济主体带来的正面影响，包括对生态环境的保护，对其他企业的导向作用，给消费者带来的福利和对健康的社会文化、伦理以及可持续发展的推动作用等，这源于绿色营销的绿色性。

4. 国际性

虽然目前各国绿色产品的标准和标志不尽相同，但是随着经济全球化发展，绿色产品的标准总体上趋同，都是要求产品质量、产品生产及使用消费及处置等方面符合环境保护要求，对生态环境和人体健康无损害。绿色产品的标志也呈现统一化和跨国相互认可的趋势。

5. 双向性

绿色营销实际上同时对企业和消费者提出要求，不仅要求企业树立绿色观念、生产绿色产品、开发绿色产业，同时也要求广大消费者购买绿色产品，对有害产品进行自觉抵制，树立绿色消费观念。

(三) 中小企业开展绿色营销的必要性

当今世界，随着人类环境保护意识的提高，绿色运动在世界各国兴起，绿色消费成为新的消费热点，也成为 21 世纪一种主要的营销方式。在此背景下，开展绿色营销也成为必然。

1. 人们绿色消费观的形成为企业开展绿色营销奠定了思维基础

二战后世界经济的高速增长导致一系列严重的环境问题，威胁着人类的生存和健康，人们要求改善生存环境质量的呼声不断高涨。在这一背景下，人们的消费观念发生了重大变化，已由重视商品物质价值的传统消费观向强调以非物质价值为特征的绿色消费观转变。在这一观念的指导下，绿色产品备受青睐。面对消费者的"绿色"意识，中小企业必须转变观念，积极采取绿色营销策略。

2. 国际贸易中的"绿色壁垒"成为企业开展跨国绿色营销的客观要求

尽管当前国际贸易正向自由化发展，以关税壁垒为特征的传统贸易保护主义相对削弱，但一种新型的非关税壁垒——"绿色壁垒"却在国际贸易中突起。目前发展中国家普遍生产的是环保水平比较低的产品，这些产品很难达到发达国家的环保技术标准。因此随着"绿色壁垒"的发展，发展中国家的出口将会受到很大冲击。面对"绿色壁垒"对企业出口的严峻挑战，必然要求中小企业生产高标准的绿色产品，开展绿色营销。

三、低碳营销及其策略分析

由于全球气候变暖，人们越来越关注碳排放量，2009 年 12 月的哥本哈根气候大会更是把这种关注推向了高潮。此后"低碳"概念一时风靡全球，可持续的低碳和绿色经济，成为中国企业寻求发展的方向。中小企业如何顺应这一时代的变化，在市场营销组合策略上进行创新，在获取经济效益的同时兼顾社会效益，适应低碳的需求，是市场营销能否成功的关键。

(一) 低碳营销的内涵和优势

目前，关于"低碳营销"的概念尚无定论，但综合国内外研究成果，认为低碳营销模式是相对于传统营销模式与绿色营销模式的又一进步，其核心在于"低碳"。在此基础上，可将低碳营销定义为，在企业生产经营过程中，从产品设计、生产、加工、运营、包装和售后等多个环节向低碳管理倾斜，在营销的各个环节倡导和推行低碳理念，主动引导客户的低碳需求的一种营销模式。

总体上来说，企业开展低碳营销能够产生以下竞争优势：

1. 符合低碳经济时代的客观要求

从贯彻落实科学发展观，推动节能减排的战略高度出发，我国经济从"高碳"向"低碳"的转变势在必行。企业作为国民经济的组成细胞，其经营理念、营销模式均对国家经济发展模式有着深远的影响。低碳营销模式对于适应国家低碳发展政策和迎合低碳经济时代的客观要求有着重要的意义。

2. 体现了企业社会责任价值

企业发展低碳经济模式无疑是在积极承担环境保护责任，完成国家节能降耗指标的要求。现代营销体系中越来越多的企业将社会责任放在重要的地位，低碳营销体现出的是企业的社会责任感。一般认为，优秀的企业往往承担较多的社会责任，一个承担高社会责任的企业更有可能是一个优秀的企业。

3. 适应了消费者的需求变化

随着我国经济的发展和居民消费水平的提高，消费者的思想认识与环保意识逐渐由低层次向高层次转变，越来越多的消费者具备了绿色、环保消费意识，且正逐步养成低碳、健康的生活方式。企业若能转变经营观念，开展以低碳生产、低碳消费为中心的低碳营销战略，为消费者提供低碳产品，将有利于树立良好的环保形象，进而赢得消费者认同。

4. 以企业中长期利益为目标

当前，企业由高碳经营向低碳经营转化已经成为不可逆转的趋势。因此，现代企业长期的低碳营销导向，既能给社会各方利益相关者减少不必要浪费，增加消费者满足感，又有助于能耗低、排放少、经营理念先进的企业脱颖而出，给企业带来可观的经济和社会效益。

案例 8-2

汽车行业的低碳营销

低碳营销在汽车行业的发展是一个典型范例。2010 年年初，丰田汽车的全球召回加剧了全球汽车行业的竞争，并使汽车行业重新洗牌。随着 2010 年各大汽车公司的新款车型上市，路虎宣布正式启动"碳减排计划"，并在中国市场予以补贴。随后，通用汽车也发布了名为"低碳迎新年"的公益活动，旨在让消费者选择一种低碳生活方式迎接新年的到来。中国长安汽车在官网上发布一条关于推出长安"奔奔车身油漆竞赛"的消息，主题为"引领低碳生活新风尚"。

（二）低碳营销的 4P 组合策略

1. 低碳营销的产品策略

低碳产品是指低能耗、低污染、低排放的产品。低碳化的产品策略指的是将低碳理念渗透到产品创意、研发、投资、生产、销售、售后服务和回收的各个环节，力求降低产品从生产到回收的各个环节的能源消耗和碳排放。为此，企业应强化技术攻关，积极推出低碳产品，并以低碳概念作为投放市场的亮点，引起人们对低碳产品、低碳技术的关注，以吸引大批环保意识较强的消费者。同时，低碳产品的研发必须将品牌内涵作为重要考虑因素纳入研发策略中，将低碳产品与企业品牌高度结合，从而实现低碳营销对产品和品牌的高度协同性。

2. 低碳营销的价格策略

在产品定价时，企业应树立"污染者付费"、"环境有偿使用"的理念，在满足消费者需求和迎合目标消费群体消费能力的基础上，将企业低碳技术、产品的研发成本适当转嫁到消费者身上，以促进低碳技术、低碳产品的可持续发展。实践中，定价低碳产品应考虑所有内部和外部的因素。根据生产成本、目标市场、生命周期和政策因素，企业应在市场渗透定价策略的基础上，考虑在不同阶段针对不同区域适时地调整价格策略，采用折扣定价、分段定价、地理定价、政策定价等方式，确保市场的稳定性。

3. 低碳营销的渠道策略

传统的营销渠道层级复杂，并需要大量的人力、物力的支持，因此销售过程中的碳排放势必较高。而低碳营销模式下，必须减少分销层级，提高分销效率，以真正减少渠道成本和相应的碳排放。信息时代下，互联网营销成为一种效率最高、覆盖面最广的营销渠道，且这种营销渠道无需众多人力的支持，不论是营销成本还是碳排放都较低，现代企业应充分利用这一低碳化、高效率的分销渠道。实践中，企业应根据自身情况和低碳产品的属性，制定渠道策略，并且在营销过程中树立渠道成员的低碳意识。

4. 低碳营销的促销策略

从产品生命周期的各阶段看，由于低碳产品现在正处于导入期，因此，企业的促销策略应首先树立营销人员的低碳意识，然后通过开展一系列活动，挖掘、培养消费者的低碳意识，引导消费者了解低碳产品、接受低碳产品，并进行合理的消费。实践中，企业应将消费者教育和促销进行有机结合，强化低碳政策、文化宣传，向消费者传递企业研发低碳技术、产品的决心，树立良好的企业形象，以感染消费者，引导消费者按需选购符合自己消费理念与需求的低碳产品。

第三节 微 营 销

伴随着智能移动终端的更新，传统购买方式的转变以及信息化程度的加深，以微博、微信为代表的低成本、高传播性的新媒体营销方式开始出现并被普及，并且在企业营销体系中的作用和地位越来越重要。中小企业应当积极借助微网络平台来积极推广其微营销业务，加强与客户的互动性交流，提升企业有限营销资源的运作效率。

一、微营销的含义与特征

（一）微营销的含义

近年来，移动互联网络技术的快速发展推动了社交媒体的不断演变，从早期 BBS、

BLOG 到豆瓣网、开心网、人人网等 SNS 社交网站，再到现今炙手可热的微博、微信、微视频。结合智能手机、平板电脑等移动终端的更新升级，社交媒体将触角渗透到人们生活的每一个角落，其拥有的得天独厚的营销传播载体属性受到极大关注，微营销也因此诞生。

所谓微营销是指企业或非盈利组织利用微博、微信等新兴社会化媒体影响其受众，通过在微介质上进行信息的快速传播、分享、反馈、互动，从而实现市场调研、产品推广、客户关系管理、品牌传播、危机公关等功能的营销行为。

(二) 新媒体环境下企业微营销的特征

与传统的广告媒体等营销渠道相比，以微博、微信、微视频为主的微营销有其自身的特点：

1. 营销成本较低

原来企业的媒体营销主要使用的是电视台和报纸杂志等，通过在这些媒体上投放广告、购买通稿版面等方式来进行媒体营销，通常成本较高。新媒体环境下企业仅仅需要在这些新媒体平台上注册账号，对于账号进行运营即可，同样可以将营销的信息传播给受众，这样可以用低廉的成本获得良好的营销效果。

2. 营销具有平等性

在传统媒体营销平台的营销传播具有不平等的特点，主要的问题是企业在市场营销的过程中主观性比较强，往往并不知道目前消费者的需求情况。通过新媒体，企业的营销账号无论是在微博上还是在微信上都可以和消费者进行平等的交流，如果消费者对于企业发送的消息感兴趣或者是认同，就会通过点赞或者转发的方式认同，这样也有利于扩大企业的产品推广范围。

3. 营销具有时效性

传统市场营销具有滞后性，表现为人们在观看电视或者是报纸杂志的时候会进行选择性注意，这些营销信息不一定能够及时传达给真正的消费者。在新媒体环境下，企业的营销信息消费者可以第一时间获取，很多市场营销的内容也可以通过转发的形式被及时的获知。这种时效性能够使得企业的信息可以迅速地传播并且能够得到及时的反馈。

4. 营销具有广泛性

因为互联网的特点是碎片化和大量化，信息的传播已经由原来金字塔式的方式转变成了现在平面化、扁平化的传播方式，这样容易使得信息在短时间内被大量的传播，而且互联网的传播没有地域的限制，无论消费者处在何地，只要联网后都可以进行互联网的传播。这是传统媒体无法实现的功能。

二、微博营销

(一) 微博营销的产生与发展

微博，即微型博客(Micro-Blog)，是一种允许用户及时更新简短文本并公开发布的博客形式。用户基于有线和无线互联网终端组建个人社区，以 140 字左右的文字更新信息，并实现即时分享。微博营销，就是借助微博这一平台进行的包括品牌推广、产品宣传、活动策划、个人形象包装、市场信息搜集等一系列的营销活动。

2006 年，博客技术的先驱埃文·威廉姆斯(Evan Eilliams)创建的新兴公司 Obvious 推出了微博服务。在最初阶段，这项服务只是用于向好友的手机发送文本信息。2006 年年底，Obvious 对服务进行了升级，用户不再需要输入手机号码，而可以直接通过即时信息服务和个性化 Twitter 网站来接收和发送信息，Twitter 因此成为最早也是最著名的微博服务网站。2009 年 8 月份中国最大的门户网站新浪网推出"新浪微博"内测版，成为门户网站中第一家提供微博服务的网站，微博正式进入中文上网主流人群的视野。

伴随着用户数量的不断累积，微博作为公共话语空间的获取、传播、分享信息的平台这一角色也在悄然转变。越来越多的企业和机构开始把微博作为企业营销的一种工具，微博在企业的网络营销方面崭露头角。企业若能通过微博这个拥有强大信息量的交流平台发布自己的产品及品牌信息等相关内容，即能在最短的时间内让众多网民用户关注到本企业产品的最新动态，这相对于传统的营销手段来说无疑是一种既简单快捷又降低成本的营销手段，由此微博营销作为一种新的网络应用形式应运而生。

案例 8-3

戴尔的微博营销

戴尔注册了一个名为"Delloutlet"的账号；2008 年圣诞节期间，戴尔通过这个账号向其粉丝发出了"购买笔记本电脑七折优惠"的打折信息：凡是在 Twitter 上成为戴尔粉丝的人，都可以在戴尔的官方网站上享受七折购机的优惠。这一举措在 Twitter 用户中掀起了一场购机热潮，不到七天，戴尔通过 Twitter 获得的销售额就突破了 100 万美元。戴尔在 Twitter 上的不同账号已达 35 个，而且这一数字还在不断增加。目前，戴尔在新浪微博上的账号也达到了六个，分别是：@戴尔中国、@戴尔中小企业、@戴尔促销、@戴尔技术支持、@戴尔技术中心社区、@戴尔解决方案专家。正是通过这些针对不同用户的微博账号，戴尔可以随时与其消费者保持有效地沟通。戴尔公司已经在微博营销方面走在了其他公司的前列。公司首席执行官迈克尔·戴尔(Michael Dell)宣称：以微博为代表的社会化媒体营销将成为戴尔未来营销的战略之一。

（二）微博营销策略

尽管目前有很多企业对社会化媒体营销不够了解，微博营销在国内还处于起步阶段，但有些企业已经开始根据传统营销策略，结合微博平台的特性，创造性地采取一些微博营销方法，丰富和补充了传统的营销策略体系，摸索出了一些手段和经验。

1. 事件营销策略

事件营销主要是通过发布具有公众吸引力的事件来聚焦公众的关注，吸引公众的目光，引导公众对热点事件进行评论和分析，促使公众发表自己的看法和见解。企业若想使用该策略，就必须关注近期热门事件，并找出该事件与本企业之间的联系，发掘一切可以利用的资源，精心策划，以达到宣传的目的。这就要求企业微博团队必须具备犀利的眼光、丰富的想象力、及时的策划能力，才能完成有效的事件营销。

2. 植入营销策略

微博植入营销是将产品或品牌及其他相关信息融入到微博内容中，通过微博的快速传播、深度影响，让用户对企业产品或品牌产生印象，从而达到营销目的。需要注意的是发布植入广告的微博，最好不要是企业的官方微博，避免引起反感。企业可以利用普通微博ID发布微博，对植入广告的微博进行人为的转发引爆，在到达一定的转发数之后，就可能自行产生"链式反应"，企业植入信息得到大量曝光，知名度自然就得到提升。

3. 代言营销策略

代言营销，指以代言人的方式为企业进行微博营销。这种方式可以吸引大批粉丝，提高微博的关注度。企业通常选择名人作为形象代言人，粉丝们非常乐于参与与名人之间的平等对话和交流。企业可以把自己的品牌或者产品转化为朗朗上口的网络流行语，并通过名人之口进行推广和传播，粉丝之间会转发和效仿，从而实现了一到多的裂变式传播。

除了上述几种微博营销策略外，病毒营销策略、个性化营销策略、公关营销策略、内容营销策略、创意营销策略等营销手段，还有一些线下传统营销手法，也被搬到微博上来。有些企业的微博营销同时包含好几种策略，互补互融，达到不错的效果。

(三) 中小企业微博营销的技巧

目前，同一类型的企业之间微博营销的竞争越来越激烈，同质化已成为微博营销需要解决的突出问题之一。中小企业的资源占有与大型企业无法相比，即使是同样开展微博营销，中小企业也无法像大型企业那样通过加大投入来取得令人满意的效果。对于缺乏人才与资金的中小企业而言，利用微博进行市场营销应更多地注重细节，提高微博营销的效率。

1. 要注重微博营销的独特性

微博营销的独特性来自于企业品牌、产品、文化等各个方面，突出的独特性可以有效地提高粉丝的关注度，增强粉丝的黏度。中小企业突出微博营销的独特性，重在以更加健康积极向上的内容，或是更贴近用户实际生活的内容，给微博用户带来知识，以开阔用户的视野，加深用户对产品和服务的了解。要杜绝无价值信息的发布，更多地传播可以更好引起用户共鸣的信息。

2. 注重挖掘意见领袖

拥有相同意见或爱好的粉丝很容易形成一个个小团体，而那些拥有更多见地、对产品和服务有更多发言权的人员就会被人们认同为意见领袖。微博意见领袖对其他微博用户的影响巨大，掌握着绝对的话语权。中小型企业的微博营销要注重挖掘这些意见领袖，通过加强与其交流，引导意见领袖去讨论产品、传播广告信息。

3. 提高危机公关水平

危机公关水平可以体现在危机出现时的应对之策，也可以体现在针对一些社会热点的参与上。对于前者，企业应建立应急机制，对企业发布的微博信息进行严格管制，由企业经理或是企业负责人进行权威信息发布，在第一时间响应粉丝的呼声。同时，及时进行话题转移，减少消费者对负面信息的关注热度。而对于后者，则应该加大对热点问题的关注与研判，敏锐地发现商机，通过抢占先机的热点话题转播，提高粉丝对企业微博的关注。

三、微信营销

(一) 微信与微信营销

微信(WeChat)是腾讯公司于 2011 年 1 月推出的一个为智能终端提供即时通讯服务的免费应用程序，经过几年的快速发展，在国内已经成为普及范围最广的主流社交工具。一方面，微信快速积累起了庞大的用户群体。根据腾讯官方发布的《2017 微信数据报告》，微信日登录用户超 9 亿，日发送消息 380 亿条，日发送语音 61 亿次，日成功通话次数超 2 亿，平台活跃性极高；另一方面，微信平台已经完成了对于金融支付、企业账号、多平台同步以及第三方插件生态的全面整合。借助于移动互联体系和扁平化社交体系的成熟，微信迅速具备了平台营销的基础条件。

微信不存在距离的限制，用户注册微信后，可与周围同样注册的"朋友"形成一种联系。用户订阅自己所需信息，商家则通过提供用户需要的信息，推广自己产品的点对点方式进行营销。微信营销是基于微信这个平台向用户推广企业产品及公司品牌的一种现代化营销模式。随着互联网技术的不断发展和升级，微信营销正逐渐成为一种潮流营销方式。

(二) 微信营销的基本模式

企业在基于微信平台实施营销行为的过程中，结合传统营销理论思维，综合利用互联网进行创新，逐渐形成了多种营销模式。

1. LBS 定位——广告植入式营销

基于位置的服务(Location Based Service，LBS)是指通过移动运营商的无线电通讯网络或外部定位方式，获取移动终端用户的位置信息，在 GIS 平台的支持下，为用户提供相应服务的一种增值业务。LBS 定位在微信营销中的应用就是"朋友圈"内容下方的定位和"查看附近的人"功能，这个功能具有非常广阔的群众交流基础，可以很好地挖掘潜在客户群。因此这个功能往往会被企业开发出来，从而可以当成他们的免费广告位。每当节假日的时候，企业或营销人员又可以通过这个媒介来发布节假日优惠活动信息，从而将企业更快的推向广大群众，使整个企业的受众面更广。

2. "二维码"——O2O 折扣式营销

O2O(Online to Offline)就是在移动互联网时代，生活消费领域通过线上(虚拟世界)和线下(现实世界)互动的一种新型商业模式，简单地说 O2O 就是生活消费领域中虚实互动的新商业模式。微信 O2O+"二维码扫描"功能，是近几年新兴的功能，可以极大地推动产品以病毒式的传播方式进行传播，这种用途在商业上的应用也日益广泛，微信也因此在大众普遍的需求下实现了对此更深层次的应用。利用二维码来进行营销的具体方法有很多，但商家大多是利用折扣吸引用户关注企业公众账号，以便维护与消费者的长期关系，进而提高企业形象。

3. "朋友圈"——口碑分享式营销

微信作为一种新兴的社交软件，同样具有非常强大的人际交流网络功能，称之为"朋友圈"功能。这个功能不仅可以帮助同学、同事或者几个陌生人之间的人际交流和信息互换，而且可以帮助企业完成一种全新的交际关系链，进而建立起一种全新的企业口碑宣传方式。可以说，"朋友圈"新功能的研发，使得微信的私密交际能力完全被激活，成为一种分享式的口碑营销，并且为企业的销售提供了非常简洁便利的渠道。

4. "公众平台"——F2F营销模式

F2F(Face to Face)营销模式是指面对面沟通营销，即通过与目标群体面对面的沟通，了解客户群的需求，为客户提供个性化的营销服务。F2F营销对于企业来说是一种比较理想化的营销模式。在微信出现以前，完整意义上的F2F营销是很难做到的，因为没有哪一个平台既能做到与客户沟通，了解每一个客户的个性差异，同时又能基于客户的个性提供不同的客户服务，微信的出现使这两者得到了兼容。微信公众平台不仅仅是一个广告信息的推送平台，微信还为企业和顾客提供了一个桥梁，便于更好地实现企业对用户的点对点精准营销。

(三) 中小企业微信营销的策略分析

中小企业要想基于微信平台留住老客户、开发新客户，不仅要做好推送广告的内容，使内容新颖、有活力，同时应注重维护客户信息，制定适当的营销策略。

1. 亲和性的微信客服

微信营销具有互动性，客户和企业可以随时交流，因此，要求企业的客服有良好的亲和性，在和客户交谈时要有耐心，为客户逐一解答，并为客户提出一些建设性意见，如果态度不好，就可能导致客户心情不佳甚至反感从而流失客户。这些不好的现象被放在网上，会对企业形象产生极大的负面影响。

2. 适度性的推送信息频率

微信的每日推送一定不能过多，不能超过3条，甚至一条就够了，这些实际上是起到提醒的作用，告诉信友你的存在。此外，由于大部分用户都是用手机浏览，在消费者获取内容方面，图文要适度适量，导语的存在便于快速阅读，为客户节约时间和流量。

3. 可读性的信息推送

有亲和力的语言风格和独具个人特色的对话内容使得微信推送的消息具有极高的可读性。微信用户需要的不是死板、僵硬的语言，而是快乐的阅读，演讲必须要有亲和力，必须能够通俗易懂。尽量不要产生外链到复杂的网站或发送大量的视频，这可能会导致用户取消关注。

4. 科学性的客户管理

简单的信息推送、获取客户并不能称之为微信营销。在通过提供客户需要的信息时，实现推广自己产品点对点的精准营销方式，这也就意味着科学合理的客户管理系统是企业所必备的。企业需要按照用户的需求分组，并有针对性地向目标客户推送信息，除此之外，还要有长远的眼光看待客户群，客户的数量随时都有可能大量增加，企业的客户管理系统需要及时更新和完善。

5. 安全性的微信系统

任何营销模式要想取得成功，都必须取得客户的信任。但如今微信的安全隐患使得很多客户不敢冒险购买产品，所以要想获得客户的信任，就必须解决安全隐患。微信官方要及时更新，对举报的客户要及时处理，排查一切可疑用户，另外企业也要做好防护措施，同时用户自己一定不要轻易泄露自己的信息。

第四节　关系营销

随着现代市场营销的发展，对市场营销的研究工作围绕着一系列不断变化的营销领域展开。20 世纪 50 年代，人们关注消费者营销；70 年代，营销学者把注意力转向了社会营销；90 年代，关系营销受到更多的关注。进入 21 世纪，在互联网技术大发展的背景下，市场竞争日趋白热化，关系营销的创新与应用将得到各界的广泛认同。

一、关系营销概述

(一) 关系营销的含义

关系营销是由美国市场营销学家杰克逊在 20 世纪 80 年代中期提出的。关系营销把营销活动看成一个企业与消费者、供应商、分销商、竞争者、政府机构及其他公众发生互动作用的过程，其核心是建立和发展与这些公众的良好关系。为此，企业通常需要向这些个人和组织承诺和提供优惠的产品、良好的服务以及适当的价格，从而与这些个人和组织建立和保持一种长期的经济和社会联系。

顾客一直是企业营销活动的中心，关系营销更加注重同客户的关系。科特勒认为：关系营销的目的，就在于同顾客结成长期的、相互依存的关系，发展顾客与企业及其产品之间连续性的交往，以提高品牌忠诚度和巩固市场，促进产品持续销售。

关系营销与传统的交易营销在营销的理念上存在很大的不同，把关系看成企业营销活动成败的关键，把营销的本质由交易转向关系。关系营销更注重互动式沟通，企业提供高度的顾客服务和承诺，将交易双方利益视为互利、互补，在为顾客创造价值最大化的同时提高自己的效益。

(二) 关系营销的原则

1. 主动沟通原则

在关系营销中，各主体都应该主动与其他关系方保持良好的沟通与接触，在相互了解利益划分以及战略框架协同的基础之上实现合作。关系营销强调通过恰当的媒介，形成制度或以合同形式定期或不定期交流，实现信息的双向沟通，建立各方和谐、稳定、融洽的关系。

2. 承诺信任原则

在关系营销中，各主体相互之间都应作出一系列的书面或口头承诺，并采取适当方式履行各自诺言，以此取得对方的信任。承诺的实质是守信，履行承诺是将誓言变为行动，是维护、尊重关系方利益的表现，也是获得关系方信任的关键，是建立企业与关系方融洽伙伴关系的基础。

3. 互惠互利原则

在关系营销中，通过企业与相关主体的交往，双方必须得到相应的经济利益。因为，关系营销是一种双赢战略，即交易的双方作为独立的经济主体，在交易中的地位是平等的，依据市场原则，在公开、公平、公正的条件下等价交换，使关系双方都获得应该获取的利益，这样关系才能持久，否则关系难以维持。

二、顾客关系营销

(一) 顾客对关系营销的重要性

20 世纪 90 年代英国的阿德里安·佩恩、马丁·克里斯托夫等人将所有影响企业与顾客关系的因素归入顾客市场、内部市场、推荐市场、影响市场、雇员市场、供应商市场。其中，顾客市场是 6 大市场的中心，顾客市场包括最终使用者、顾客或中介购买者，企业只有为他们提供有别于竞争者的服务才能建立长期的顾客关系。

在一般情况下，企业保持一个老顾客的费用远远低于争取一个新顾客的费用。当老顾客使用某商品感到满意时，他会对生产该产品的企业产生好感，进而接受该企业的其他产品和服务。在互联网技术日益成熟的背景下，人们在进行购买决策时越来越重视亲朋好友的推荐，争取老顾客的推荐成为吸引新顾客的重要途径。因此，关系营销的实质就在于同最有利的顾客结成长期的、相互依存的关系，发展顾客与企业之间的连续性的交往，从而使企业更深入地了解顾客的需求和期望并向其提供优质的产品和高价值的服务，从而提高顾客忠诚度。

(二) 顾客关系营销的主要特点

1. 长期性

在传统营销模式下，企业往往关注顾客的一次性交易价值，即通常所说的"一锤子买卖"。随着市场条件的变化，企业为了获取新顾客的成本越来越高，企业开始更加注重顾客的"终生价值"，企业的营销活动也由传统的短期行为转化为长期行为，引进了诸多顾客长期管理手段。关系营销的核心就在于发展与顾客的长期、稳定关系。

2. 整体性

关系营销不仅将注意力集中于发展和维护与顾客的关系，而且扩大了营销的视野，涵盖企业与所有利益相关者之间的所有关系。因此，关系营销不仅仅是企业营销部门的工作，企业必须强调内部的相互协调，加强企业的信息沟通，避免部门之间的权力冲突。

3. 层次性

企业提供给顾客的价值是建立和维系顾客关系的基础，这种价值可以用顾客让渡价值来衡量。产品、服务质量以及良好的顾客满意度和口碑都是增加顾客价值、吸引新顾客的重要手段，同时也是增进老顾客关系的有效方法。创造顾客价值的关系营销可以分为三个层次：一级关系营销常被称为频繁市场营销或频率营销，是指企业利用价格刺激，增加目标市场顾客的财务利益来维护顾客关系；二级关系营销是通过了解单个顾客的需要和愿望，提供并使服务个性化和人格化，来增加企业与顾客的社会联系；三级关系营销是企业向交易伙伴提供财务利益和社会利益的同时，与交易伙伴结成结构纽带稳定联系。这三种与客户建立关系营销的手段，在实际操作过程中应根据企业实际情况加以运用。

(三) 顾客关系营销中的关键概念

1. 顾客盈利能力

关系营销的中心原则是创造真正的顾客，即能给企业带来盈利的顾客。这里的盈利能力概念强调了顾客的终身价值，而不是一次特定交易的利润。影响顾客盈利能力的因素有很多，包括需求的性质和大小、顾客的讨价还价能力、顾客的价格敏感度、顾客的集中度等。

2. 顾客让渡价值

顾客让渡价值是顾客总价值与顾客总成本之差。其中，顾客总价值包括顾客在购买和消费过程中所得到的全部利益，这些利益可能来自产品价值、服务价值、人员价值或形象价值。顾客总成本包括顾客为购买某一产品或服务所支付的货币成本，以及购买者的时间、体力和精神成本。

三、中小企业实施关系营销的策略

移动互联的时代中小企业关系营销的开展面临新的发展环境，如何抓住关系营销的优势实现各方利益最大化，需要从以下几个方面进行策略分析。

(一) 接触计划

接触计划即通过营销人员与顾客的密切交流增进友情，强化关系。对于规模较大的企业，可以建立专门从事顾客关系管理的机构，关系营销人员对多名客户负责，其职责是制定长期和年度的客户关系营销计划，制定沟通策略，定期提交报告，落实公司向客户提供的各项利益，处理可能发生的问题，维持同客户的良好关系。对于规模小的企业，由企业的营销人员制定接触计划，开展关系营销。在实施接触计划时要注意：第一，要倾听客户的意见；第二，要及时处理客户的投诉。但是，通过接触计划开展关系营销的缺陷是：易造成企业过分依赖长期接触顾客的营销人员，增加管理的难度。

(二) 频繁营销

频繁营销规划也称老主顾营销规划，主要是向经常购买或大量购买的顾客给予财务奖励的营销计划。奖励的形式有折扣、赠送商品、奖品等。频繁营销计划通过长期的、相互影响的、增加价值的关系来确定、保持和增加来自最佳顾客的产出。频繁营销规划具有一定的缺陷：第一，竞争者容易模仿。频繁营销规划只具有先动优势，尤其是竞争者反应迟钝时，如果多数竞争者加以效仿，就会成为所有实施者的负担。第二，顾客忠诚度低。由于只是单纯价格折扣的吸引，顾客易于受到竞争者类似促销方式的影响而转移购买。第三，可能降低服务水平。频繁营销规划主要依靠单纯价格竞争吸引客户，容易忽视顾客的其他需求。

(三) 会员营销

会员营销是一种基于会员管理的营销方法，商家通过将普通顾客变为会员，分析会员消费信息，挖掘顾客的后续消费力汲取终身消费价值，并通过客户转介绍等方式，将一个客户的价值实现最大化。在充分竞争的市场中，企业仅仅依靠质优价廉的产品和传统的会员营销方式，并不能取得突出的市场优势。随着 IT 技术的发展，尤其是互联网的普及，会员制营销再次成为企业的必然选择，谁先建立网络会员制营销体系，谁将在激烈竞争中处于优势。利用会员制营销方式赚钱是一个复杂的系统工程，需要进行大量繁琐甚至艰苦的工作设计，同时还需要足够的耐心。

(四) 定制营销

定制营销是根据每个顾客的不同需求制造产品并开展相应的营销活动。其优越性是通过提供特色产品、优异质量和超值服务满足顾客需求，提高顾客忠诚度。企业依托现代最新科学技术建立的柔性生产系统，可以大规模、高效率地生产非标准化或非完全标准化的定制产品，且成本增加不多。这样，企业能够同时接受大批顾客的不同订单，并分别提供不同的产品和服务，在更高的层次上实现"产销见面"和"以销定产"。实行定制营销的企业要高度重视科学研究、技术发展、设备更新和产品开发，以满足顾客的个性化需求。

(五) 数据库营销

顾客数据库是指与顾客有关的各种数据资料。数据库营销是建立、维持和使用顾客数据库以进行交流和交易的过程。数据库营销具有极强的针对性，是一种借助先进技术实现的"一对一"营销，可看作定制营销的特殊形式。数据库维护是数据库营销的关键要素，企业必须经常检查数据的有效性并及时更新。在大数据时代对于中小企业而言，提升从各种各样类型的数据中快速获得有价值信息的能力，进行有效的营销创新，是抓住发展机遇、提高竞争优势、实现突破发展的关键因素。

(六) KOL 营销

关键意见领袖(Key Opinion Leader，简称 KOL)，是指拥有更多、更准确的产品信息，且为相关群体所接受或信任，并对该群体的购买行为有较大影响力的人。互联网时代，随着海量市场信息和数据的积累增长，消费者已经开始体验到了资讯过载带来的压力。传统的由品牌公司发起主导的各类广告投放对消费者已经不再有效，年轻一代的消费者们更愿意独立或参考同伴的意见做出自己的购买消费决定。麦肯锡发布的有关口碑营销的报告显示，越是在智能手机相对普及的发展中国家市场，口碑营销对于一个品牌的市场推广越为重要。在新模式中，如何找到各种渠道进行大规模投放已经不再是最重要的问题，更重要的是，如何能够精准定位海量人群中真正对品牌有深入了解与热爱，同时又有足够影响力的 KOL。一个品牌一旦建立起了属于自己的高度忠诚的"粉丝后援团"，那么任何创意活动的推广，都将有可能带来意想不到的指数级的增长。

案例 8-4

DW 的 KOL 营销

DW 是一个近几年流行起来的手表品牌，它完全绕过传统营销，专注于小微 KOL 营销。该品牌不选择知名大 V，而是将自家的手表交给不太知名的小 V。反过来，这些小 V 在社交网站 Instagram 上传自己戴着手表的照片，同时给自己的粉丝发放减价优惠码。

这些戴着手表的美照，传达了一种美好产品配美好生活的概念。在 Ins 上有超过 130 万的帖子使用 "#Daniel Wellingto" 的话题标签，而该品牌也吸引了超过 320 万的粉丝。DW 的开端只是一个小型的创业公司，它的小 V 营销战略对同类同型公司来说具有借鉴意义。

(资料来源："网红营销"太 low 了？来看看海外品牌如何玩转 KOL 营销.菱歌智能营销
https://www.sohu.com/a/156628908_804309)

本章回顾

营销创新的概念由创新发展而来，指的是组织创造新颖的产品和营销程序，并以此作为具有市场新颖性与满足顾客潜在需求的价值。营销创新的出现和发展离不开经济与技术的发展变化，尤其是网络技术。营销创新依据不同标准可以划分为不同类别。

营销创新对于满足消费者需求、创造新的市场具有重要作用，积极进行营销创新的企业能够不断强化自身独特的竞争优势和地位，并能够在更宏观的层面上促进社会的发展进步。

绿色营销是顺应社会可持续发展要求，同时考虑消费者需求和社会生态环境发展需要的一种新型营销观念，具有综合性、统一性、国际性和双向性特征。低碳营销作为近年来风靡的绿色营销典型类型，核心是导入"低碳"理念，具有一些典型的战略特征。基于 4P 组合策略进行低碳营销是当前的主要思路。

随着网络技术的飞速发展，互联网对诸多行业带来了革命性的影响。网络营销的低成本、精准性、高效性等优点逐渐被广大企业接受和认可。社会化媒体平台的出现，使得微博营销、微信营销等新型营销模式不断产生和进化。

讨论与思考

1. 营销创新的出现和发展要以哪些因素为背景？

2. 营销创新的含义及特点有哪些？

3. 营销创新对于企业和消费者而言具有哪些重要作用和意义？

4. 绿色营销的定义是什么？有哪些特点？

5. 低碳营销的内涵和特征是什么？

6. 低碳营销 4P 组合策略的内容有哪些？

7. 企业微博营销的策略有哪些？

8. 微信营销策略的内容有哪些？

9. 企业关系营销的原则有哪些？

10. 顾客关系营销策略有哪些？

案例分析

苏宁的互联网营销转型

随着移动互联网的兴起，碎片化的、随时随地自由购物的需求将成为主流，消费者在哪里，需求就在哪里。利用互联网营销是既符合消费者需求，也可以为企业带来更多利益的新选择。当人们还在热议是否线上消费会取代线下消费时，苏宁云商（以下简称"苏宁"）认为，只有线上线下全渠道布局，购物、支付、配送、售后全流程融合，以及线下的互联网运营管理才能满足消费者的流畅体验。经历了六年的实践，苏宁完成了从传统零售商到电商再到互联网零售商的转型，开创了 O2O 的新模式。

一、传统营销转型互联网营销的第一个阶段：从线下到线上

这一阶段可以用"营销+互联网"表述。2010 年 2 月电子商务网购平台苏宁易购上线；2013 年起苏宁开始转型 O2O 模式，强调线上线下融合；到 2014 年通过一系列行动详解了 O2O 实操攻略，提出 O2O 是企业前台后台全价值链的互联网化；再到 2015 年对 O2O 模式进行结论性阐述，其发展堪称中国零售 O2O 的进化论。2015 年，苏宁云商平台上 2 亿用户可以全渠道随意切换，超过 6 万家合作伙伴经营 1500 万种以上商品，基于物流、数据、金融的产品提供给消费者和合作伙伴极致的体验。而随着苏宁"一体、两翼、三云、四端"O2O 零售模式的成功，可以从中总结出与这种新兴商业模式相适应的互联网营销模式。

首先是"线上渠道+互联网"。实体店以外，作为线上渠道的苏宁易购不仅包括 PC 端和移动端，还利用 PPTV 开拓 TV 端。过去苏宁通过增开连锁店的方式在全国铺设渠道，但门店成本效益有限，不可能在全国实现全面覆盖。苏宁最大程度地利用了互联网不受时间和地点约束的性质，通过四端融合形成门店、PC、移动和家庭的全渠道消费场景，使商店以虚拟的形式融入客户生活，提供最大的便捷。2016 年一季度，苏宁线上销售规模同比增长 99.62%，移动端占比提升至 62%，互联网渠道的开拓已经成为推动苏宁发展的最强动力。

其次是"商品+互联网"。在线上平台销售线下商品是常见的企业网络转型方式，其结果常常是线上线下两败俱伤。苏宁认为线上和线下的平台特征不同，商品类型也应当有所区分，尤其是选择更适合互联网平台的商品类型，使线上线下优势互补。过去由于空间制

约，门店至多库存几万件商品。如今的苏宁已经不仅仅是电器零售商，在互联网平台上还提供 3C、母婴、百货、金融、文化等多种不同类型产品组合，商品总数有极大提高。

最后是"服务+互联网"。苏宁重新构建区别于线下的运营服务方式，依托互联网信息实时传递共享的特点，打造数据云、金融云和物流云，同时为供应商和消费者提供服务。数据云借助大数据技术向苏宁平台商户提供如指南针、聚宝盆、烽火台等精准营销服务工具。支付的便利性是购物体验是否愉快的关键，苏宁打造金融云，提供线上支付工具苏宁易付宝，并开发其他金融服务功能，如理财产品零钱宝和任性付等。20 多年的传统家电配送经验铸就了卓越的全渠道配送服务能力，苏宁物流在互联网技术的支持下升级打造物流云，向第三方甚至第四方开放，成为国家物流信息服务平台。

二、传统营销转型互联网营销的第二个阶段：从线上到线下

这一阶段可以用"互联网+营销"表述。2013 年底，苏宁营销模式转型的第一步"营销+互联网"基本完成。从 2014 年开始，苏宁进入营销转型第二阶段，也就是"互联网+营销"阶段。这是苏宁的创新性转型策略，也是很多企业网络营销转型忽视的一步。"互联网+营销"就是在构建网络营销模式后，以互联网技术改造线下的业务流程，使线上线下相互配合，合理分配和充分利用资源，最终形成完整的互联网营销模式。这一阶段仍然要完成渠道、商品和服务三个方面的转型。

首先是"互联网+线下渠道"。企业能否顺应互联网时代发展趋势，开拓线上销售渠道，改革实体店的商业形态，决定了企业能否获得持续的竞争优势。苏宁将互联网时代的渠道定义为与用户的触点，重新赋予了门店重要的意义。网络购物平台的缺陷之一就是虚拟性及其引发的不确定性，门店使互联网平台在线下以不同的形式与用户接触，比如云店、易购服务站、体验区等，开设与线上商品对应的母婴、百货、金融和海外购等体验馆，弥补了线上触点的不足。互联网化的门店称为云店，是根据用户需求每时每刻升级的互联网产品，与苏宁易购和手机客户端共同构成在线生活圈。为满足线下购物体验的便利和娱乐性，通过吃喝玩乐的多业态组合，形成不同于线上购物的吸引力。

其次是"互联网+商品"。传统门店由于空间限制只能陈列少量商品，陈列方式也比较单一，不仅在客观上有局限性，而且顾客心理上也已经厌倦了单调的传统模式。在门店应用互联网技术后，通过模拟穿戴和情景搭配等人机互动，实现在应用场景下人和商品的互动，兼具实用性和趣味性。通过互联网虚拟呈现，门店商品出样具有了无限性。与线上的海外购商品相对应，实体店虚拟展示了来自日本、美国等国家和香港地区的商品，使世界各地的产品汇聚起来，触手可及。

最后是"互联网+服务"。苏宁提出线下 O2O 的三大方向，即：移动支付、场景互联和社交服务，与之相对应的是服务从线上向线下延伸以及线下服务的数据联网同步，门店工作人员可以为顾客提供更加精准的服务。顾客在线购物后，可以实时查看商品物流信息，也可以选择最近的门店自提商品，最后还可以在门店获得网购商品售后服务。通过手机客户端还可以获得门店的促销资讯，全面实现与线下促销及商品和服务的无缝对接，随时随地虚实结合。

通过总结苏宁 6 年的互联网营销转型实践经验，可以发现互联网不仅仅只是为做网站或 App 提供技术支持，更重要的是互联网传达出的互助、联合的精神。正是在这样的理念指导下，苏宁这一传统零售商经历了"营销+互联网"和"互联网+营销"两个阶段，最终

实现了线上和线下的平衡与协作。

(资料来源：张宇. 传统零售商的互联网转型研究[J]. 常州工学院学报. 2017(2)：68-72.)

案例讨论题：

1. 传统零售商向互联网营销转型的动因是什么？
2. O2O营销模式相对传统零售和在线销售有何优势？

参考文献

[1]　赵红. 营销创新：理论·方法·案例[M]. 北京：高等教育出版社，2015.

[2]　赵仕红. 我国中小企业营销创新策略探讨[J]. 企业经济，2010(2)：91-93.

[3]　郭国庆. 中小企业营销管理的问题与对策[J]. 企业经济，2010(10)：5-8.

[4]　万后芬. 绿色营销[M]. 2版. 北京：高等教育出版社，2006.

[5]　张世新，魏琦. 试论企业绿色营销[J]. 兰州大学学报(社会科学版)，2000(5)：57-59.

[6]　李亚薇，王宁. 浅谈低碳营销模式[J]. 科技创业月刊，2016，29(4)：28-30.

[7]　刘志坚，张辉. 微营销内涵、特征及发展：以微博、微信为例[J]. 对外经贸，2014，(11)：118-120.

[8]　徐倩倩，李征. "微时代"企业微营销浅议[J]. 合作经济与科技，2016(3)：81-82.

[9]　赵洪建. 微博营销的驱动因素[J]. 社会科学家，2012(7)：79-81.

[10]　白秀娜. 中小型企业利用微博进行市场营销的策略研究[J]. 价格月刊，2014(8)：61-64.

[11]　王惊雷. 企业微信营销研究及策略分析[J]. 价格月刊，2014(9)：68-71.

[12]　张蕾. 企业微信营销基本模式及其价值探析[D]. 苏州：苏州大学，2015.

[13]　张文贤. 市场营销创新[M]. 上海：复旦大学出版社，2002.

[14]　杨加陆，方青云，张颖华. 管理创新[M]. 上海：复旦大学出版社，2015.

第三篇

创业计划实战

第 九 章

如何选择一个合适的创业项目

学习目标

- 了解项目选择的普遍标准
- 掌握项目选择的主要渠道
- 掌握多种项目选择的衡量指标
- 了解项目选择的常见误区

知识结构图

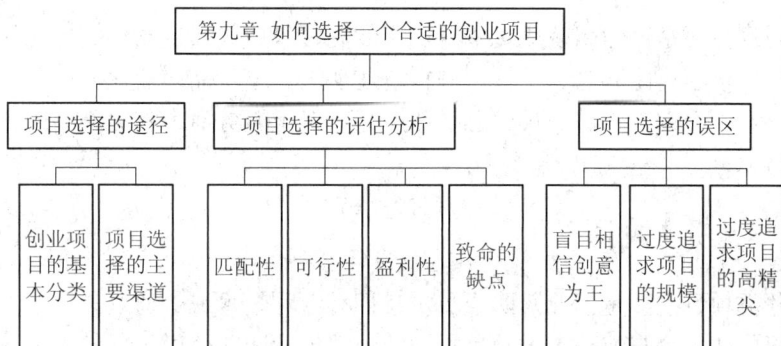

第一节　项目选择的途径

在创业团队选择项目的过程中，常常使用以下方法：

(1) 寻找生活中的创意，将其转化为有实操性的创业项目。

(2) 询问周边伙伴以及相关专业的专家，寻找较好的创业创意。

(3) 在专利库中搜索，将较有前景的项目纳入考虑范围。

(4) 找到已经持有项目的团队，加盟组团。

为将这些经验总结系统化和理论化，我们将提出几种系统化的途径，希望能够启发创业者的思路，开拓创业者的视野。

一、创业项目的基本分类

创业者要用正确的方法去寻找商机，还要知道创业是有规律可循的，选择也要按规律进行。根据对近些年涌现的各种创业项目的统计和分类，我们认为创业团队所选项目大致可以分为服务类、技术类、技术服务类三类。

(一) 服务类项目

服务类项目主要是创业团队成员根据自身条件和市场调查，集体头脑风暴得出的创意，其后团队在创意的基础上看出商机，进而进一步完善项目。这类项目技术含量较低，主要集中在第三产业上，主要的核心竞争力在于创意和服务内容创新方面。

(二) 技术类项目

技术类项目主要是创业团队成员本身拥有专利技术或者通过与相关专家签订项目授权书得到相关技术，创业团队对这项技术进行包装加工，使产品产业化并投入市场。此类项目的主要核心竞争力在于先进的技术含量和产品，对于服务要求相对不高，一般集中在价值链的上游。

(三) 技术服务类项目

技术服务类项目主要是创业团队成员本身拥有专利技术或者通过与相关专家签订项目授权书得到相关技术。与纯技术类项目不同的是，创业团队会以这项技术为基础，衍生出相关的服务项目并对其进行包装并将其投入市场。此类项目的主要核心竞争力在于技术和服务的双结合，以技术为支撑，体现创意和服务内容。

二、项目选择的主要渠道

除了依靠创业团队自身的研发力量，寻找具有技术背景的项目还有几个可选的渠道：在高等院校及相关科研机构中寻找研究成果，获得经营许可，在展会中寻找项目。

（一）在高等院校及相关科研机构中寻找研究成果

很多高等院校除了日常教学工作也积极从事科学技术的研究和新产品的开发，团队选择其成果作为创业项目将大大推进科学研究、教学实践和企业生产的衔接，加快实验及科研成果的转化进程。这种创业项目在团队创业时具有技术优势，容易吸引创业资金，减少创业者的后顾之忧，增加创业成功的可能性。因此，创业团队可以根据团队的市场需求分析，有的放矢地寻找合适的项目，并通过与相关教授签订项目授权书，开始创业规划。

（二）获得经营许可

有些企业、社会化研究机构专门从事产品和服务的发明创造，但是他们的发明创造并不一定都能够立刻得到商业化开发的机会，因为对这些发明创造进行技术产业化的条件需求较多，而且通常他们也不具有完善的市场平台。因此，他们常常通过经营许可的方式使自己的技术获得市场的实现，即他们非常希望通过专利经纪公司、产品许可证信息服务机构或自己的营销努力来使这些技术获得经营的可能性。

创业者通过许可证方案与技术所有人直接进行沟通是一种较有成效的方式。

案例 9-1

博士伦隐形眼镜

经过 120 多年的飞速发展，博士伦公司成了眼镜产品和设备行业的领头羊。通过购买旋转浇铸专利，即隐形眼镜的制造技术，博士伦公司使眼镜行业发生了翻天覆地的变化。这种镜片大大提高了从厂商到最终消费者的整个价值链的生产效率，也使公司的市场份额提高了 40%，是它最大竞争对手美国海德明视公司(American Hydron and Coopervision)的几倍，其盈利状况也持续增长。

（三）在展会中寻找项目

一些行业展览会和协会会议也是寻找好项目的机会。潜在合作者的资源提供情况是观展寻找项目的团队必须要弄明白的问题，比如对方的规模、正规程度、有没有独立场所、有没有自己的核心技术、有没有完整的服务架构……，弄清楚这些，才能对于项目的可行性与合法度更加有信心。

在寻找项目的过程，作为创业者，应该积极与产品的潜在顾客直接接触，这样既可以帮助其了解顾客的需要，又可以找出现存产品的竞争劣势，找到市场机遇，从市场机会中发现创业项目。同时，要善于使用各种新的途径，比如网络。网络在空间和时间的穿越性已经使它成为获得信息的新渠道；团队也可以通过网络挖掘现在的投资热点和市场增长点，从而获得项目设计的灵感。

第二节 项目选择的评估分析

什么才是符合市场需求，能够满足顾客需求并且获得丰厚利润的优秀项目，在选择创业项目的过程中我们往往会遇到这个问题。项目选择的评估分析应该从与创业团队的匹配性、项目可行性以及项目盈利性三方面展开，只有这样创业计划才能立足自身，拥有市场，获得认同。

一、匹配性

在选择创业项目的过程中并非选择最好的项目就可以实现最大的价值，对于创业团队来说，最为适合团队的创业项目、最与团队匹配的项目才能够让团队实现价值最大化。

俗话说，"万事开头难"，选对了项目，创业就成功了一半。创业团队选择的项目要与自身的资源相匹配，同时还要考虑市场需求，这样才能具有成功创业的可能性。具有可操作性的项目选择方法，具体步骤如下：

(1) 评估团队和个人资源，理清自身创业的优势，列出优势项目。

(2) 开展市场调查，了解市场实际需求，列出符合市场需求的项目。

(3) 比较分析，确定项目。通过优势项目和符合市场需求的项目的分析比较，最终确定创业首选项目。

这种方法的流程可用图 9-1 表示。

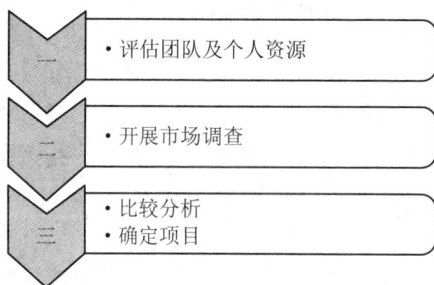

- 评估团队及个人资源
- 开展市场调查
- 比较分析
- 确定项目

图 9-1　选择流程图

(一) 评估团队和个人资源

团队和个人资源包括无形资源和有形资源，无形资源主要是指创业团队和个人的专业能力和人脉资源；有形资源主要指自有资金、可以借到的贷款等物质资源。

1. 评估无形资源

根据专业能力列出创业项目表。在根据团队成员专业能力选择创业项目时，不仅需要归纳团队成员的专业特质和发展方向，还需要咨询身边熟悉的老师、家人、朋友，请他们提供一些有价值的信息。此时，再列出团队成员的专业能力清单，包括所熟悉的产品、服务领域的业务、客户关系等，梳理好业务发展可能的方向、脉络。

2. 列出人脉资源

创业需要资源，人脉就是其中重要且不可或缺的资源。一张强大的社会关系网，可以帮助创业团队铺平创业的道路。通过人脉资源，创业团队可以找到更多的客户、信息、渠道，这样才不至于在创业初期寸步难行。人脉资源是需要长期的管理、维护和发掘的。从团队规划创业计划起，创业团队就需要系统整理手头所有的人脉资源，将所有的名片、手机联系人、QQ 与微信联系人、社交网站联系人等分门别类，按姓名、联系方式、亲疏关系、所属行业、职位、可获取的资源等列出一张人脉清单。对于新时代的年轻团队来说，通过网络社交方式可以结识更大范围内志同道合的朋友，并维护好关系。

3. 评估有形资源

有形资源包括银行存款、有价证券、可以获得的贷款、众筹款项、可吸引到的风险投资等。你可以根据以下几个问题列出一张清单：

有多少现金可以作为启动资金？

能获得多少银行贷款？

能否找到风险投资？

有没有现成的办公场地、设备？

4. 列出优势项目

客观评估团队和个人所有资源后，下一步应根据以上几张表及清单，列出优势项目清单。

到目前为止，创业团队的创业项目选择已经完成了将近一半，但这还远远不够。评估自身资源仅仅是一方面，要选择适合创业团队的创业项目，还需进行市场调查，了解社会实际需求，从而将两者结合起来，确定创业首选项目。

（二）开展市场调查

要做好市场调查，了解市场需求，首先要知道应该调查哪些内容。本书以创业门槛相对较低的服务类项目为例：

1. 操作性强、起步要求低的项目

对于很多初创团队而言，资金实力可能不够雄厚，从商经验也较少，这时不妨研究一下市场上操作性强、起步要求较低的项目。通过市场调查，具体了解什么产品最畅销，也可以去一些知名的创业项目网站、论坛寻找低成本项目，然后列出其中最感兴趣的几个。

案例 9-2

大学生打印店

上海大学巴士学院就有一名在校生利用课余时间创办了打印连锁经营有限公司。通过对学校周边的市场调查，他发现在校大学生对打印服务需求量较大，而学校周边打印店分

布不均，总量过少。于是他和几个同学投资 5 万元开了一家打印店，半年之后就收回了成本。

2. 涉及日常高频消费的商品、服务项目

老百姓日常生活中可挖掘的商机非常多。可以从团队所住的社区开始调查研究，走访周围的居民，了解大家的需求。比如，社区周围有哪些东西很难买到？附近生活设施、商品、服务的布点是否齐全？经过调查后，团队也许就能找到市场空白点，确定可开发的项目。

在多数高校的周围都会有一系列餐饮服务、生活服务等需求。比如，在广州大学城生活区形成的创业集群，从小吃到正装租赁，从各个方面填补了广州大学城中大学生的各种需求。

3. 由于生活方式、节奏改变所产生的新需求

现代城市生活节奏越来越快，时间就是金钱，于是人们选择将更多的琐事"外包"给他人。例如，网络上新兴起一种"网络钟点工"的职业，提供代理看管网店、游戏代练、跑腿、快递、酒后代驾等五花八门的各类服务。团队可以从人们生活方式、节奏的改变入手，调查和研究这些变化所带来的现实需求和潜在需求，列出一份具有市场潜力的项目清单。

案例 9-3

"精品"代购

在北京已经产生了一种新兴的职业——代购。而此代购非彼代购，创业人员就是因为发现了目前城市中的高端人群并没有充足的时间去选择商品、购买物品，于是根据此需求推出了精品代购。客户只需要花费一定的资金就可以让公司根据用户的偏好以及产品的特性两个方面进行相互的匹配，选出最适合客户的产品，并征求客户的意见进行购买。在节省时间、精力的同时双方都可以获得收益。

4. 注意不同消费群体的需求特点

开展市场调查，范围要广，面要铺开，同时也要注重锁定目标客户群。根据一项专题调查显示，当今近七成家庭中的"购物大权"由女性掌握，女性已经成为家庭日常消费品购买的主要决策者和购买者。另外，由于独生子女在城市家庭中的特殊地位，家庭对子女的投资占了家庭开销的很大份额。根据媒体的调查，在一线大城市培养一个孩子，从小到大学毕业的花费已达 200 万元以上(北京 278 万、上海 247 万、深圳 218 万以及广州 201 万)，其中儿童食品、玩具、服装、教育培训等项目市场利润最大。

此外，年轻人对学生市场了解较深，可对学校周边市场进行调查，找到可开发的项目。

团队可以根据年龄、性别、生理特点等方面将消费群体分为几大类，研究和开发不同的消费品和服务市场，发展专业化的优势项目，列出一张消费群体研究清单。

(三) 比较分析，确定项目

仔细对比评估团队和个人资源后列出的优势项目以及通过市场调查得出的项目，把其中相似或重复的项目标注出来，这些项目就是你的创业首选项目。创业项目选择好后还要做进一步的行业调查，评估项目的可行性。

二、可行性

从创业团队自身角度评估分析了所选择的项目以后，我们还应该从项目可行性的角度进行评估分析。项目的可行性分析就相当于筛选项目的一道滤网，可以帮助创业团队通过量化的标准将高风险的项目排除在外，为项目的进一步实施和发展再次提供了保障。

项目的可行性分析研究要求以全面、系统的分析为主要方法，以经济效益为核心，围绕影响项目的各种因素，根据市场调查及预测的结果以及有关的产业政策，运用大量的数据资料论证拟建项目是否可行。在投资必要性的论证上，一是要对备选项目的投资环境进行全面的分析，对构成投资环境的各种要素进行全面的分析论证；二是要做好市场研究，包括市场供求预测、竞争力分析、价格分析、市场细分、定位及营销策略论证。

(一) 项目行业环境分析

1. 技术可行性

从技术的可行性方面来看，技术是一个方案的"灵魂"，特别是在 IT 行业和专业类的技术行业中。但是，各行业不同项目技术可行性的研究内容及深度差别很大。有些对于技术要求非常高，比如技术型的创业项目，技术将成为决定项目可行性的重要衡量指标。具体可以包括：产品的创新程度及独特性、技术的先进性、技术的可靠性、技术的成熟程度、拟用技术的规模经济性以及特定产品项目的投入要求和生产许可等。

2. 财务可行性

财务的可行性分析主要是从项目及投资者的角度，设计合理的财务方案。一般来说，初创团队的创业资金并不是非常丰厚，对于创业回收期的要求也相对较高，较长的创业周期将给企业带来很重的负担。创业团队应从企业理财的角度进行资本预算，评价项目的财务盈利能力，进行投资决策，并从现金流量计划及回收周期全面考虑项目财务的可行性程度。同时，创业团队还需要考虑风险投资商可以带来的投资资金，这也是财务分析中一个重要的部分。

案例 9-4

PayPal 的在线支付

彼得·泰尔(Peter Thiel)是 PayPal 的创始人，在获得法学博士并工作几年后，他认为自己更擅长的是投资而非法律，恰好这时马克斯·列夫琴(Max Levchin)有个新公司的创意，于是两个人相约在斯坦福大学附近的咖啡馆聊聊。就是这样一个看来随意的谋面，却改变了整个互联网金融的进程。到出售给 eBay 前，PayPal 的用户数超过 2000 万人，成为当时全球在线支付领域的龙头。

泰尔喜欢把自己的初创伙伴称为 "PayPal Mafia"，后来 PayPal 被收购，重要员工陆续离职，但他们仍然保持着密切的关系，一起创建了多家投资公司，投资关系涵盖了近几年硅谷创投圈的大批企业，被誉为创业者的摇篮。

脸谱网(Facebook)最初就是靠彼特·泰尔资助的 50 万美元创办的。

3. 风险分析

风险因素及对策主要是对项目的市场风险、技术风险、财务风险、组织风险、法律风险、经济及社会风险等风险因素进行评价，为项目全过程的风险管理提供依据。通常创业项目在具有市场机遇的同时必然含有一定程度的风险，但项目本身是否可以通过自身的技术以及市场的需求弥补风险，这才是整个项目团队需要重点关注的问题。

上述可行性研究的内容适用于不同行业各种类型的投资项目。对于创业项目来说，并没有一个具体的评判标准。通过项目的可行性分析，团队均应根据投资必要性、技术可行性、财务可行性、组织可行性和风险分析的内容对项目全方位地进行衡量。对于非服务类的技术项目，应对原材料供应方案、厂址选择、工艺方案、设备选型、土建工程、总图布置、辅助工程、安全生产、节能措施等技术可行性的各方面内容进行研究。对于服务类项目，应重视项目的经济和社会评价，重点评价项目的可持续性和经济社会环境对其的影响。

在操作层面，行业分析有很多具体方法，其中一种评价项目可行性的常用方法是"波特五力"模型(见图 9-2)。五力分析模型是迈克尔·波特(MichaelPorter)于 20 世纪 80 年代初提出的，对企业的战略制定产生全球性的深远影响，用于竞争战略的分析，可以有效分析企业的竞争环境。此模型确定了竞争的五种主要来源：供应商的讨价还价能力、购买者的讨价还价能力、潜在进入者的威胁、替代品的威胁以及来自在同一行业的公司间的竞争。一种可行战略的提出首先应该包括确认并评价这五种力量，不同力量的特性和重要性因行业和企业的不同而变化。通过分析能大致了解行业概况并预测行业趋势，可以得知新事业未来在市场中的地位以及可能遭遇的竞争对手反击的程度。

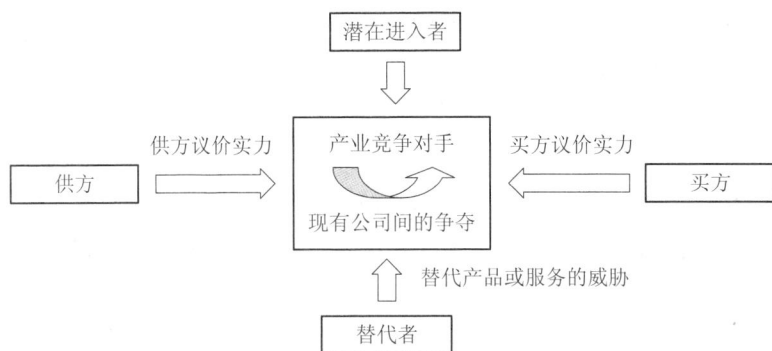

图 9-2 项目选择中的"波特五力模型"分析

1) 所选创业项目中上游供应商的影响

供方主要通过其提高投入要素价格与降低单位价值质量的能力来影响行业中创业项目的盈利能力与产品竞争力。当供方所提供的投入要素其价值构成了买方产品总成本的较大比例、对买方产品生产过程非常重要、或者严重影响买方产品的质量时，供方对于买方的潜在讨价还价力量就大大增强。一般来说，满足如下条件的供方会具有比较强大的讨价还价力量：

(1) 供方行业为一些具有比较稳固市场地位而不受市场激烈竞争困扰的企业所控制，其产品的买主很多，以至于每一单个买主都不可能成为供方的重要客户。

(2) 供方各企业的产品各具有一定特色，以致买主难以转换或转换成本太高，或者很难找到可与供方企业产品相竞争的替代品。

过于强大的供方要引起创业团队的高度重视，此时应该考虑资金的回流速度和考虑是否可以实行前向联合，甚至更换项目。

2) 所选创业项目中下游购买者的影响

购买者主要通过其压价与要求提供较高的产品或服务质量的能力来影响行业中现有企业的盈利能力。购买者能够影响议价能力主要有以下原因：

(1) 购买者的总数较少，而每个购买者的购买量较大，占了卖方销售量的很大比例。

(2) 卖方行业由大量相对来说规模较小的企业所组成。

(3) 购买者所购买的基本上是一种标准化产品，同时向多个卖主购买产品在经济上也完全可行。

面对这样的情况，首先要了解团队的创业项目是否可以在本身的行业中占有较为有利的竞争地位，同时也要关注自己的产品是否具有一定的特色，可替代性较低。如果是两者都不出现的情况，创业团队就要对此项目进行慎重的考虑。当然如果企业有实力进行后向一体化，则另当别论。

3) 衡量创业项目竞争对手的相对实力

创业团队在进行创业的过程中也要时刻关注行业本身更新换代的过程。当然，在选择项目的过程中也需要充分考虑行业的进入壁垒。进入壁垒是新进入企业与在位企业竞争过程中所面临的不利因素，即它仅指新进入企业才须承担而现有企业无须承担的(额外的)生产成本。

作为新进入者，创业企业在给行业带来新生产能力、新资源的同时，还希望在已被现有企业瓜分完毕的市场中赢得一席之地，这就有可能会与现有企业发生原材料与市场份额的竞争，最终导致行业中现有企业盈利水平降低，严重的话还有可能危及这些企业的生存，因此必然会引起现有企业对于进入者的反应。预期现有企业对进入者的反应，主要是指采取报复行动的可能性大小，这取决于有关厂商的财力情况、固定资产规模、行业增长速度等。

总之，新企业进入一个行业的可能性取决于进入者主观估计进入所能带来的潜在利益、所需花费的代价与所承担的风险这三者的相对大小情况。比如在微波炉行业，格兰仕素有"价格屠夫"的绰号，虽然微波炉行业的壁垒并不是很高，但是由于先前格兰仕已经形成了规模效应，所以进入此行业的创业企业经营得捉襟见肘。

案例 9-5

移动操作系统

移动互联网时代，在移动设备的不断攻城略地下，传统 PC 日渐式微，市场上唱衰之声此起彼伏，眼看就要被"革掉老命"了。但 PC 行业的"老大"微软对此显然心有不甘，因此推出了 Windows Phone 移动操作系统，欲在移动终端市场上分一杯羹，甚至再创昔日在 PC 界的辉煌。

从目前的市场现状来看，谷歌的 Android 系统以其开源优势稳坐智能手机市场头把交椅，苹果 iOS 系统则凭借 iPhone 的热销占据了市场份额第二的位置，而微软的 Windows Phone 系统被业界认为最有可能成为移动操作平台的第三级力量。于是乎，有人认为谷歌 Android、苹果 iOS 和微软 Windows Phone 已经在移动终端市场上形成了三足鼎立之势。

然而，从这三大系统在智能手机市场所占的份额来看，"三足鼎立"之说似乎只是空谈。从数据中可以看出，目前 Android 与苹果 iOS 系统的总份额合占 86%左右，已经在市场上占据绝对的垄断地位。

4) 权衡行业中易出现的"杀手锏"替代品

两个处于不同行业中的企业，可能会由于所生产的产品是互为替代品，从而在它们之间产生相互竞争行为。这种源自于替代品的竞争会以各种形式影响行业中现有企业的竞争战略，往往会对所在行业产生颠覆性的影响。诺基亚在手机行业的衰退为各个行业中的"老年人"都敲响了警钟，由于之前并不重视替代品——智能手机，在很短的时间内，名噪一时的诺基亚就此一蹶不振了。

替代产品所能产生的竞争压力取决于多种因素。第一，现有企业产品售价以及获利潜力的提高，将由于存在着能被用户方便接受的替代品而受到限制；第二，由于替代品生产者的侵入，现有企业必须提高产品质量，或者通过降低成本来降低售价，或者使其产品具有特色，否则其销量与利润增长的目标就有可能受挫；第三，当产品用户转换成本逐渐降低时，源自替代品生产者的竞争强度就会逐渐变高。总之，替代品价格越低，质量越好，用户转换成本越低，其所能产生的竞争压力就越强。

5) 行业内现有竞争者的竞争

企业在市场中都想获得相对于竞争对手的优势，所以，在实施中就必然会产生冲突与对抗现象，这些冲突与对抗就构成了现有企业之间的竞争。一般来说，出现下述情况将意味着行业中现有企业之间的竞争将会加剧，其中包括：行业进入障碍较低，势均力敌的竞争对手较多，竞争参与者范围广泛；市场趋于成熟，产品需求增长缓慢；竞争者企图采用降价等手段促销；竞争者提供几乎相同的产品或服务，用户转换成本很低；行业外部实力强大的公司在接收了行业中实力薄弱企业后，发起进攻性行动，结果使得刚被接收的企业成为市场的主要竞争者等。

行业中的每一个企业或多或少都必须应付由以上各种力量构成的威胁。企业必须进行定位，以便因势利导，而不是被预料到的环境因素变化所损害，如产品生命周期、行业增长速度等。然后保护自己并做好准备，快速、有效地对其他企业的举动做出反应。

根据上面对于五种竞争力量的讨论，任何创业者在分析自己的产品或服务时，都会先看所在行业的增长状况或预测未来的增长潜力。根据过去及现在的行业增长状况来计算行业的集中度和年均增长率，从而大致得出该行业市场规模的大小，判断此行业是在高速增长还是已渐入夕阳，是激烈竞争还是寡头垄断。要进入新项目的市场，还应该看一看是否具有进行该项目生产的特定资源，包括进行研究开发生产的技术、管理和技术人才、特定的生产设备和一定的原材料等资源。只有这些都具备，才能进行进一步的分析，一旦这些特定资源不能齐备，这个项目就不能通过。毫无疑问，对新兴产业的行业分析是无法从经验数据入手的，这时就必须借助于对宏观经济环境的预测及专家们的技术发展预测，借助于对政府的行业政策、社会环境及人们生活习惯的变化、创业企业所提供产品或服务的技术发展潜力和市场对技术商业化的需求的分析。

行业研究的具体方法主要有行业专家访谈法和二手资料分析法。专家访谈法的访谈对象包括行业协会、政府主管部门、大学和研究院所的专家、竞争对手的雇员、客户所在单位的专家等。二手资料分析法中二手资料的来源包括专业网站、综合经济网站(如中国经济信息网)、专业报刊、行业协会报告、专利数据库、中央及省级政府部门行业发展计划、专业展览会、专业研讨会、专业咨询顾问机构报告等。

(二) 项目目标市场预测情况分析

创业计划是对即将进入市场的创业项目前景的一次预测。最终这些创业项目都要走向市场，迎接市场带来的挑战。所以说，满足市场的需求成为创业团队落实创业项目的终极目标，只有做到发现市场需求、了解市场需求、满足市场需求，才能够让项目在运营的过程中立于不败之地。那么什么样的项目才能够符合市场的需求，用什么样的标准来衡量一直都是创业团队需要解决的问题。

目标市场研究首先必须确定市场细分的标准。如果是个人消费者，一般的标准有年龄、性别、家庭人数、收入、地理区域等；如果是单位客户，一般的细分标准有行业、地区、规模、利润、购买目的、产品性能等。

确定细分的目标市场后，就可以制定调查问卷。简单的调查问卷可以包括两部分：基本信息部分和深入问卷部分。个人消费者基本信息部分的内容可包括：姓名、住址、联系电话(以进一步联系深入访谈)、年龄、性别、婚否、家庭构成、收入和可支配收入、职业、教育程度、宗教信仰、性格特征等；单位客户的基本信息可包括：行业、地址、销售额、利润、员工数、主要产品/服务、现有供应商、购买决策者、需求数量等。制定调查问卷之前可结合行业研究状况试访几个潜在客户，以便使问卷更具可信度。根据调查的结果，具体分析：

1. 消费者对于创业项目所持的态度

一个具有较大潜力的商业机会能够为企业的产品或者服务找到一个市场，使其能够有一个稳定的客户群，而且能够令顾客感到满意，能够为顾客创造价值或者增加价值。也就是说，顾客能够从产品或者服务的购买中得到利益。这样的企业才能够生存并且在充满竞争的市场中立于不败之地。

从顾客的需求角度看，企业如果仅仅只是注重商业机会以及创意观点，而忽视顾客的需求，不仅得不到顾客的信赖，产品的销售也根本无法达到预期的目标。同时，如果创业企业不能把单一产品或者服务扩展成为多产品或者多服务的模式，也会导致商业机会的消失。因此从顾客满意度的角度来评判项目的可能性以及项目的可外延性、可拓展性，这基本就可以确定项目的优劣。

2. 市场需求结构问题

市场结构非常重要，它包括销售者的数目(决定了市场供给方垄断市场的强弱)、销售者的规模、分销的方式、进入和退出的环境、购买者的数量(决定了一个市场需求方容量的大小)、成本环境、需求对价格变化的敏感度等因素。对于创业者选择项目而言，将要进入的市场具有一个怎么样的市场结构，市场竞争是否激烈，对于商业计划的安排、实际创业的运营具有非常重要的意义。细分的、不完善的市场，往往会出现市场空缺，而这一空缺给创业者提供了生存空间，空缺越大，盈利的空间越大，企业成长的空间越大。

因此选择项目时要进行市场的调研，要对此项目的市场结构进行一定的预测分析，了解其市场分布的情况、竞争者的情况，了解显性以及潜在的消费者的数量，从而去判定项目的优劣。

3. 市场的规模以及容量问题

一般而言，市场规模大者，进入障碍相对较低，市场竞争激烈程度也会相对较弱。例如，进入一项拥有 1000 亿元规模的数码产品市场，如果创业者预期只占到 5% 的市场份额，这对于产业内原有领导厂商的威胁不大，因此，相比较而言，不会遭遇到激烈的反击。但是，如果要进入的是一个十分成熟的市场，那么即使市场的规模很大，由于其已经不再成长，利润空间必然很小，因此这项新事业就不太值得投入。例如，如今的 PC 市场，就不再是开发新事业适合选择的对象。反之，一个正在成长中的市场，通常也是一个充满商机的市场，只要进入时机正确，必然会有获利的空间。例如，网络教育市场就非常具有成长的潜力。对于处于发展初期的企业来说，存活对于公司的长远发展的重要性是极其明显的，因此我们要立足于使企业在初期尽可能地存活下来。对于创业者来说，并不是越大的项目就是越好的项目，相反资金投入越多的项目就越需要承担更大的风险。如果创业者选择了大型的项目，那么在确定之前，必须问自己：这样的大项目，我们企业可不可以在初期存活下来？如何避免强大竞争者的"恶性"竞争？

对于处于发展初期的企业来说，要在一开始就利用规模经济来实现低成本是一件非常困难的事情。在这个时候低成本只能来源于创业企业的技术以及管理，这也就是新创企业的希望所在。对于一个风险投资者来说，如果市场上只有少量的产品销售而且产品的单位成本又很高，那么成本较低的创业企业就获得了具有吸引力的市场商机。因此对于创业者来说，选择一个项目，需要有相应的合理团队参与，因为技术人员对于技术的了解可能降低产品的成本。而对于管理团队来说，合理的团队组成在企业的初期可以降低管理成本，以实现企业低成本的高效率运作。

(三) 项目的市场核心竞争力评估

在创业的过程中，我们时常会对于项目在市场中的核心竞争力提出这样的问题：产品的核心竞争力该如何去提炼？其实这是所有团体在策划方案形成之前首先要考虑的事情。

项目或者产品的核心竞争力决定着产品推广的方向，决定着项目的市场定位，所以产品或者项目的核心竞争力的提炼在市场营销策划中也显得尤为重要。

具体问题具体分析。提炼项目的核心竞争力确实需要依具体的形态及市场竞争状况等方面决定。

1. STP分析市场结构

STP分析即市场细分(Segmenting)、选择目标市场(Targeting)和产品定位(Positioning)。STP法则是整个营销建设的基础，STP法则对各自的市场进行了细分，并选择了自己的目标市场，传达出各自不同的定位。即使是同类产品，在消费者心目中都有各自的位置，有各自的形象符号。如果我们的目标人群心里还有足够的位置值得我们去插入，这就给我们留有机会，但我们的产品本身必须要能够符合并满足消费者心里的空位需求。即寻找消费者心目中的空位，从消费者需要什么样的产品入手，来确定项目的核心竞争力。这种方法只适合一部分产品，这种产品要有足够的消费理由来满足消费者心目中的空位。这种方法比较易于市场推广。

2. 挖掘产品或者项目本身的潜力

挖掘产品或者项目本身的潜力是非常普通的一种方法，也是比较容易提炼的一种方法。即从产品或者项目本身，从包装、成分、原料、功能、制作工艺等很多方面来称定一个具有独特竞争力的核心卖点作为产品的核心竞争力。这种方法适合于项目属性非常明显的产品，从产品本身的角度去提炼核心竞争力，对于少数产品来说非常好，但对于其他产品来说就不行，很容易失败或走入迷途，因为没有考虑到消费者的消费心理及购买利益点。

3. 以竞争对手判定核心竞争力

这种方法一般适合于二线品牌或市场的后起之秀。从目标消费者的角度来看，已经没有什么心理空位，或者是形象定位很模糊；从产品或者项目的角度来看，市场上已经存在的产品又非常同质化，总之找不出什么市场竞争优势。那么只有一条路可走，你说西，我不能说东，因为产品形态差不多，但我可以说西北，即避开对手的竞争方向，找出市场的空白点或是偏离点，然后占有它。竞争对手可以成为创业者最好的老师，为创业者提供经验教训，为创业者提供参照的标准，还能帮创业者不断地接触新思想和先进的管理方法，从而不断地提高自己。

(四) 项目的再续发展潜力分析

一个有吸引力的市场应该具有规模大而且不断持续发展的特点。在这样一个持续增长的市场上，即使创业企业只占有小部分份额，只要能够保持，也就意味着创业企业拥有一个客观的不断增长的销售额。一个年增长率在30%～50%的市场为创业企业的进入创造了新的市场空隙，提供了极具吸引力的商业机会。这个市场绝对不应该是竞争者都不再争夺的或者说萎缩的市场，而是一个欣欣向荣、不断壮大的市场。如果它每年以50%的速度增长，那么几年时间就可能发展成为一个数十亿元的大市场。一个新创业企业只要在随后的竞争中保持市场份额，它的销售额就能够以一个较固定的速度增长；反之，一个增长不到

10%的市场是不会存在有吸引力的商业机会的。

三、盈利性

团队先选出一些具有市场潜质的项目，然后再根据风险投资的标准进行第二次的筛选，尽可能地挑选具有商业投资认可的价值和有投资潜力的项目。简单而言，我们评判的标准是判断项目在市场中生存和盈利的可能性，但并不是每一个可以赚钱的项目都会引起风险投资商的兴趣，只有符合投资价值的项目才会引起投资商的兴趣。

项目选择的普遍标准可以说仅仅是项目挑选的第一步。作为"海选"的第一步，它也仅仅是将劣等的项目与较为优秀的项目区别开来。一般通过这样的筛选，仅仅会留下 20% 左右的项目。而对于准备创业的团队来说，进一步的筛选就需要站在投资人的角度来进行了，能够获得投资商的赏识无疑是最大也是最为有利的优势。

(一) 资本的需求量

这对于选择项目来说是相当关键的，也是项目选择者常常会出现的误区。项目选择者经常认为一个项目资金需求量越大，其发展的空间就越大。虽然客观上大多数具有较高潜力的项目的确需要高额的资金来启动，但是团队在慎重选择大项目时必须要问自己两个问题：第一，这样的大项目，资金从何而来？作为创业者，自己有什么优势可以运作这样的大项目？第二，这样的大项目会带来竞争压力，自己是否有足够的能力和方法来回避风险？如果解决了以上两个问题，作为创业者就可以选择大项目作为启动项目。

因此对于创业者来说，中小型的、具有很大发展空间的项目可能是更安全的选择。最为主要的理由有两个：首先，对于一个风险投资商来说，那些已经具有资本基础或者资金需求量属于中低水平的商业机会是比较有吸引力的。风险投资商投入的资本并不是需要很大，因此对于他们来说，选择的可能性就会大很多；其次，没有及时获得风险资本，经营者也可以依靠自己的能力和资本进行企业运作，使得企业生存下来，然后根据现实的盈利、发展状况进行相应的融资。对于创业者来说，这才是最为保险和稳定的道路。

(二) 毛利、纯利以及盈亏平衡

毛利润，通俗叫法叫毛利，是指企业一定时期内的产品的销售收入(营业收入)扣除可直接分配的成本(比如材料、人工)。其计算公式为：毛利润=销售额-产品成本(直接成本)。能够持久地获取毛利的企业对于风险投资家来说非常有吸引力。一般来说，超过 40%~50% 的毛利率将为企业提供一个极大的缓冲器。高额的持久的毛利还意味着创业企业可以较早地达到收支相抵，特别是在创业的头两年对于企业是非常有利的。

净利润是指企业销售总额中，减去了直接分配的成本和间接分配的成本之后，企业的利润留存。其计算公式为：净利润=毛利润-不可直接分配的成本。净利润是一个企业经营的最终成果，净利润多，企业的经营效益就好；净利润少，企业的经营效益就差，它是衡量一个企业经营效益的主要指标。除了净利润，还要充分考虑现金的充沛程度。现金是企业的血液，只有流动起来，才能产生利益，才会推动企业的发展。如果一个企业没有充足的现金便无法正常运转，这种局面如果一直得不到改善的话，必然危及企业生存，所以投资者都希望项目能够很快产生现金流。对于那些有吸引力的商业机会，必须使得企业在两、三年之内达到盈亏平衡点和正现金流，而且这种情况越早出现越好。这一段时间一旦超过三年，随着时间的推移，其吸引力也就相应减退了。

(三) 投资收益潜力与回报潜力

创业的目的就是要有回报，其目的就是取得投资收益。对于风险投资商来说，一个企业的投资回报率是吸引他们投资的关键性因素，也是企业成长的关键。高持久的毛利率和税后利润率是产生高额回报率的基础。为了实现这一目标，需要注意：

1. 资金周转期要短

对于资金比较紧张的初创团队来说，选择的行业其资金周转幅度应尽量小些，且自己要储备一个经营周期以上的周转金，以保证企业资金链的安全。如果没有必备的周转金，很容易导致企业陷入危机。如果缺乏周转金又想开业，必须选择那些可以借助大、中企业资源的行业。例如文具店的商品，可以向批发商赊欠，卖出之后再付款，这样会比较稳妥。

2. 小资本创业应做一般人都能做的行业

小资本创业时，应尽力避免技术性过高的行业。因为技术行业的高投入模式对小资本者是一项负担，所以最好做一般人马上可以做的行业。例如儿童玩具店，在向制造商或批发商采购物品的时候，一定要能够获得相当的指导，这样可以大大减少不必要的节外生枝。

3. 要能预估利润

创办企业之初，利润预估绝对不可马虎，因为这是创业中最重要的一个问题。利润的估计发生错误或偏差会让自己蒙受极大的损失，甚至是倒闭。预估的方法，是对企业产品的竞争力、目标顾客的数量、该行业在此地竞争性如何等，预先做出各种详细的市场调查，制定符合顾客要求的价格，并对费用开支作详细的计算，求出净利润，这样才是有计划、有目的地开办企业。

4. 选择需要库存商品少的行业

初创企业尽量避免选择需要囤积大量库存商品的行业。大量的库存商品会导致企业资金周转速度缓慢，这并非小资本所能维持；若市场出现波动，或产品长期销售情况低于预估，必然会资金周转不灵，陷入倒闭的困境。所以应该开办库存需要少的企业，现金才能周转迅速，这也是和大企业经营最不同的地方，必须懂得这一原则才行。

5. 选择普遍性的行业

初始创业最怕从事太过冷门的行业，所选行业应具有普遍性。最理想的是选择各阶层的人都需要的日常生活用品的行业，资金才能迅速地收回。有些向"冷"项目"进军"的创业者，的的确确走进了一个误区。他们没有对市场需求进行细分，也没有考虑到消费者需求，因为有很多消费者对这些"冷"产品根本不了解，所以也就不可能有购买的需求。同时"冷"项目推广起来费用也会相当高，并且消费者对产品的认知度非常低，若是创业者把资金投入到这些"冷"项目中，最后的结果也不言而喻。

6. 选择成长性的行业

人往高处走，所创事业也要有成长性的发展。一个企业今年经营之业绩理应比去年更好，而明年，甚至后年都有希望予以扩充发展，这才是有前途的可投资行业。有发展前途的行业，对创业者无疑是一种挑战和鼓励。

7. 选择需要人手少的行业

当前大多数初创企业普遍面临着"生下来容易，活下去艰难"的难题，其中居高不下的人力成本负担就是难以回避的问题。所以，在企业开办初期尽量减少对人力的过多依赖，这也是创业者需要慎重考虑的问题。

案例 9-6

人力成本的压力

从湖南湘潭大学毕业的段小桃已经在服装贸易行业创业三年多，是当地小有名气的大学生创业者。他坦言，最近这一年来明显感觉到人力成本的高昂。他手下雇了 40 多个全职员工，平均工资 3500 元左右。虽然有一些老员工已经跟他工作了很久，但他仍不敢给他们涨工资，因为每给员工开出 3500 元工资，他就要付出约 1000 元的成本，包括社保、"五险一金"等。

段小桃说："生活成本越来越高，物价涨幅大，能让员工满意的工资标准越来越高，现在只好以股权方式来激励、留住员工。"因此，当地不少初创企业甚至不给员工缴纳"五险一金"和社保。

四、致命的缺点

致命的缺点一般会因新事业机会的内涵与创业者风险承担能力高低而有所差异。在项目评估过程中，如果发现以下六点致命瑕疵之一，则创业者与投资者都必须要十分谨慎，因为这项新事业未来极有可能面临失败的后果。包括：

(1) 创业团队缺乏相关产业经验与企业管理能力，导致风险成本过高。

(2) 新事业看不到市场利基，无法显示创造顾客价值的能力，在市场竞争中也不具有明显优势。

(3) 新事业的市场机会不明显，市场规模不大或市场实现时间还遥遥无期。

(4) 新事业的资源能力有限，无法达到可以形成竞争优势的经济规模。

(5) 看不到能够获得显著利润的机会，包括毛利率、投资报酬率、损益平衡时间等指标，都无法达到合理的底线目标。

(6) 新事业无法具备市场控制能力，关键资源与通路均掌握在他人手中，随时都有陷入经营危机的风险。

第三节　项目选择的误区

通过项目选择的途径和分析方法，基本可以帮助创业者从众多的创业项目中选择到较优并且适合自己团队的创业项目。但是,对于相对缺乏市场经验的初创团队而言,在选择的过程中难免会陷入凭借"常识"选择的误区。而这些"常识"往往成为创业者失败的主要根源。

一、盲目相信创意为王

创业者在做创业规划时往往有这样的一个误区:认为有创意的项目就是好的项目,从而盲目地追求想法上的创新,忽略了项目本身的可行性,结果在市场调研、营销计划、财务分析等环节上不断遇到新的问题,更加严重的是在后期会因为之前想法的不完善导致所有的工作前功尽弃。这种问题出现的最为根本的原因就是他们模糊了创意和商机之间的区别,因为不是每个创意都蕴含着商机。异想天开的创意只会给创业者带来意想不到的障碍。正如李开复所说:"聪明反被聪明误,特别聪明的人往往有很多点子,点子太多对创业并非好事。因为你作为一个老板,创业点子多了就完蛋了,如果每天进来一个新点子,什么都做,什么都做不出来。"

创意,只是一个初步的设想而已,当然好的创意很有可能转化为商业机会,有可能为企业带来丰厚的回报。但是我们必须认识到创意转化为商业机会的概率并非我们想象的那么高。在现实生活中,创意往往会被社会、团体以及周边环境渲染得过分重要,从而导致大家忽视了产品和服务的需求。创意毕竟不是商业机会,那么什么才是商业机会呢?商业机会是指具有很强吸引力的、较为持久的,并且存在于能够为顾客增加价值的产品或者服务之中的消费需要。在一个完全自由的创业系统中,商业机会的出现往往是因为创业者准备进入的行业市场存在着缝隙,如商业环境的变化、市场的不协调或者混乱、技术的落后或者领先、信息的滞后或者缺口以及市场中其他各种各样因素的影响。信息的缺口、不对称、不协调越大,商业机会就会越多。

不少团队选择市场中未出现的行业类别进行创业。很明显,一方面,选择新颖项目的主要优势就是可以以较快的速度占领空白市场,取得市场中的先动优势;另一方面,创业者也想通过这样的方式,引起市场中受众的注意力,引发消费者对于创业项目的共鸣,从而达到细分市场、赚取利润的目的。然而空白市场不一定可以产生市场需求。某些市场中的部分需求是可以通过其他市场迅速满足。比如一些功能简单的高校兼职中介平台通常会被效率更高的网络社交群代替。因此,创意不等于商机,过度重视项目创意,而忽略实际项目的可行性和操作性,忽略市场的需求和调研,必定会遭遇失败。

二、过度追求项目的规模

很多的创业团队认为,如果一个项目具有国家重点科研项目背景就是好的项目,都希望可以首选其作为创业的项目。确实,这样的项目的确具有很强的竞争力,如技术的先进性、国家政策的扶持、专家团队的声望等,但是这样的好项目却隐藏着各种风险。比如大型项目需要巨大的启动资金,一般这样的资金需要几百万,甚至上千万,对于初创团队来说,如果没有风险投资,这样的项目根本无法启动。因此能否获得风险投资商的支持已经成为这样的项目是否可以做下去的关键因素之一。

另一方面,这样的国家级项目,往往是对原有技术的创新,因此在社会上原有的技术可能已经占据了较大的市场份额，如何规避这些惨烈的竞争也是创业团队不可忽视的问题。如果团队在加工工艺、技术革新、经营策略上无法给出一个合理的安排与解决，其抗风险能力将受到质疑。对创业者来说，市场用户渗透率至少到 5%～10%，创业才比较有成功的机会。

案例 9-7

朱啸虎演讲

"过去做成功的公司切入点都很小的，去哪儿是从便宜的机票切入，滴滴打车是从帮用户打出租车切入，饿了吗是从叫外卖切入，所以千万不要想一个很高大上的问题。我们最不喜欢听到的讲话是'我是做人工智能、大数据的'，这样的创业者都是没有想清楚的，你要告诉投资人你要解决什么非常具体痛点的商业问题，这是我愿意听的，高大上的概念基本上你自己都没讲清楚。"

三、过度追求项目的高精尖

创业者往往将目光投向那些最新的技术，尤其是互联网以及 IT 行业，其实以这种方式进行项目选择具有很大的风险性。最为主要的问题在于，新的技术在法律上往往具有较大的风险，如果技术没有申请专利或者实用新型专利，就需要有相关的行为保护知识产权。在这样的情况下，如何进行保护对于没有经营经验的创业者来说是一个大的障碍，也是必须解决的问题。同时最新的技术往往不具有很强的稳定性，如果稳定性出现问题，会给项目的设计运行带来沉重的打击，同样也是无法吸引风险投资商的眼球的。

新的技术的更新速度相对较快，如果团队中没有很强的技术支持者，那么项目的后期开发性就会相对薄弱，这样的企业很有可能在发展中期就会"坐吃山空"。当然，最理想的方式就是取得技术开发者的信任，他们愿意以专利作为出资与团队合作创建公司。这样的项目往往已经获得或者将获得专利，不但在法律上有极强的保障，同时也有开发者的技术支持，可以说是形成了良好的组织结构，为新生公司的下一步发展打下了坚实的基础。但是这样的情况往往是可遇不可求的。

本章回顾

项目是团队运作中最为重要的一个环节，好的项目对于创业的成功至关重要。本章为创业团队特别是初创团队提供了一个很明确的思路：选定范围—选择项目—避免误区。在选定范围的过程中，团队首先可以从自己熟悉的领域以及行业着手，同时在条件具备时可以拓宽自己的视野，接触一些不熟悉的领域，从而增加可供选择的空间。其次，在选择项目的过程中特别建议要秉承适合自己的才是最好的原则，从创业团队自身的角度出发进行选择。再次，本章提供了根据项目的行业环境、项目的目标市场预测情况、项目的市场核心竞争力评测以及项目的再续发展潜力等指标综合进行分析的方法。最后，提醒团队必须要规避容易出现的误区，从而降低选择风险，充分发挥项目的优势，提升项目价值。

在项目的选择过程中，可能会遭遇不知从何入手寻找项目的迷茫，可能会陷入不知道何者才是好项目的困境，也可能会担心、害怕自己选择了一个不适合的项目，但是只要坚定自己的信念，寻找多方面的项目资源，一定能找到一个适合团队创业的好项目，为成功创业打下坚实的基础。

讨论与思考

1. 常见的创业项目通常分为哪几类？
2. 创业项目选择的主要渠道有哪些？
3. 根据项目选择的匹配性原则，如何选择与团队资源相适应的项目？
4. 如何评估团队有形资源？
5. 开展市场调查时如何挖掘不同消费群体的需求特点？
6. 根据"五力模型"分析，如何评价行业内现有竞争者的竞争？
7. 根据项目选择的盈利性原则，如何进行投资收益潜力与回报潜力分析？
8. 在项目选择时，盲目重视项目创意有何风险？

案例分析

创业大赛项目的选择

每个团队在项目选择时都经历过困惑与抉择。通过对创业大赛获奖大学生团队进行采访，和大家分享成功团队是如何选好项目的。以下的文字是他们的经验分享。

我们最终选择"寰远智能节能服务有限责任公司"这个项目，其实在这个之前也经过多次的抉择与项目的取舍。我们选择的第一个项目是做第五方物流的，主要是通过平台整合，向顾客提供物流咨询和整体解决方案。针对这个项目我们进行了预调研，包括网络调查、文献研读和访谈，并初步确定了自己的商业模式，即以互联网为依托平台，成立行业网站，以此来整合运输队伍、客户等资源，然后团队进行深入的探讨分析，最终通过分析发现该项目容易被人模仿，缺少核心竞争力，同时团队也缺少设计和运营网站方面的人才，所以毅然放弃这个项目。

在选择第二个项目之前，我们团队总结了之前的教训并向参加过创业计划竞赛的同学请教，觉得要选好项目应该要先拓宽项目选择的渠道。为此，我们专门跑去寻求学校团委的帮助，拿到了学校近年来的专利目录。我们团队分成几个小组，分别对专利目录进行研究，最终挑选了新型水泥、电脑散热管、提升煤利用效率的催化剂、高端制造设备、新型陶瓷材料、盲声音分流、智能控制等专利作为备选项目。通过与专利所有人联系，我们第二次选择了一个做智能控制的项目，该项目是用视频来记录自己的脸上表情，进而来操作机器，当时该项目刚获得"挑战杯"全国大学生课外学术科技作品竞赛全国一等奖。我们与该项目的负责人联系上之后，看到了实物模型，了解了其在轮椅控制、电脑控制等方面的应用，范围还是非常广阔的，且产品模型也已经做出来了，比较符合参加"挑战杯"中国大学生创业计划竞赛的标准。我们又专门对此进行了调研分析，请教了相关老师，并对该项技术进行了解，得知该项目还未到中试阶段，加之运作该项目需要专业知识和较大的成本投入，对学生创业来说不是最佳项目。

我们选择的第三个项目是一个做 RFID 的项目，该项目是"863"课题的成果之一。我们通过查找资料得知，当时物联网被媒体广泛报道，奥巴马提出了智慧地球的概念，温家宝也在浙江调研的时候提出要发展物联网产业，因此该项目有很好的发展前景。但在更进一步的了解后，我们发现该技术虽较为先进，应用前景广阔，但离大规模应用尚有较大的距离。

连续三次寻找项目碰壁，让团队成员开始打起退堂鼓。为此，我们召开会议进行头脑风暴，对之前三次找项目进行总结，并让大家各抒己见，罗列出团队的资源、创意项目。在针对我们团队一个成员提出来的"何不用一个空调节能的技术"这个问题上，团队当时进行了讨论，成员对此技术前景较为悲观，认为该项目面对的不是消费者市场，且技术应用前景较为一般。但因之前对这项技术不了解，为了保证不漏掉一个可能性的情况下，我们兵分三路：一路去接触该项目的专利所有人，了解清楚该项目；一路去做文献调查和访谈，对该市场进行预测；一路去寻找其他合适的项目。幸运的是，与该项目所有方接触之后，我们得知，该项目已经进行了一定的产业化，并已成立一家小公司在运作；通过市场调查得知，该项目所在市场潜力达千亿级别，且节能减排是经济发展的一个趋势，当前该概念也被媒体广泛报道。考虑再三，我们团队就选择了此项目。

案例讨论题：

1. 该项目经历过哪些项目选择的误区？
2. 该项目最终成功的原因是什么？

参考文献

[1] 张振刚. "挑战杯"中国大学生创业计划竞赛指南[M]. 北京：华南理工大学出版社，2012.

[2] 王素侠. 新创业者项目选择方法初探[J]. 湖北科技学院学报，2013，28(4)：24-25.

[3] 文亮，李丽娜，廖水香. 大学生创业项目选择影响因素分析[J]. 项目管理技术，2012，08(6)：89-92.

[4] 吴巨慧. 大学生创业计划竞赛伴你成长[M]. 杭州：浙江大学出版社，2010.

[5] 大学生创业项目选择的步骤[EB/OL]. http://www.xjjsszy.net/Article/ShowArticle.aspx?ArticleID=3693.

[6] https://jingyan.baidu.com/article/e4d08ffdd0346a0fd3f60d6d.html 从展会招代理、找项目分析如何创业致富.

[7] https://wenku.baidu.com/view/d43796f9700abb68a982fb3e.html 市场与创业机会.

[8] http://www.docin.com/p-1243050544.html 了解目标市场.

[9] https://baijiahao.baidu.com/s?id=1594340152612817029&wfr=spider&for=pc 营业利润、净利润、毛利润三者之间的关系大家知道多少？

[10] http://www.sohu.com/a/102005246_435219 大学生选择创业项目有哪些注意事项.

[11] https://www.jianshu.com/p/fcfaaf90a89d 初创企业"生下来容易，活下去艰难".

[12] http://www.360doc.com/content/09/0822/18/235269_5151302.shtml 评估新创业机会的六大关键要素.

[13] http://tech.163.com/16/0925/11/C1QAE0O000097U7R.html 朱啸虎：创业者不要总追求那些"高大上"
      的项目.

第十章

创业计划书撰写入门

学习目标

- 掌握创业计划书的基本框架
- 掌握创业项目的市场分析方法
- 掌握创业项目的推销方法
- 掌握创业项目的财务分析思路
- 掌握创业项目的风险及防范

知识结构图

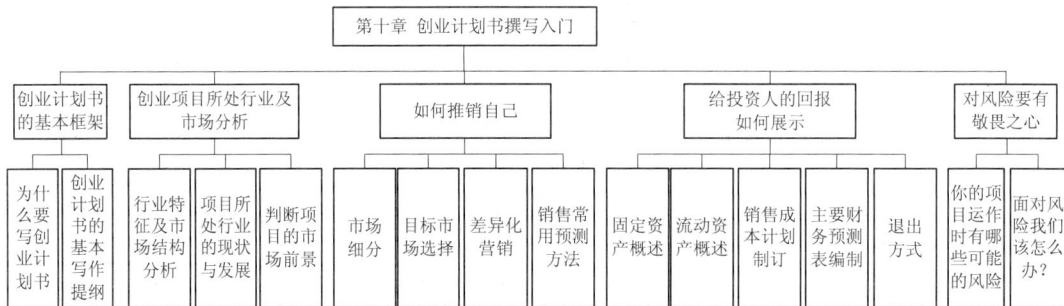

第一节　创业计划书的基本框架

创业计划书又名商业计划书，是由创业者准备的一份书面计划，用以描述创办一个新的创业企业时所有相关的外部及内部要素。创业计划书通常是各项职能计划，如市场营销、财务、制造、人力资源计划的集成，同时它也提出了创业经营的头三至五年内所有短期和长期决策制定的方针。

一、为什么要写创业计划书

有些创业者对创业计划书(BP)的作用认识不清，认为只有需要融资的时候才需要写计划书，甚至认为计划书都是纸上谈兵的东西，对实际业务帮助并不大，实际上并非如此。

(1) 创业计划书可以证明你对自己的事业是认真地。正式的创业计划书可以向所有对你的创业项目感兴趣的人——员工、投资者、合作伙伴和你自己——表明你已经拥有创建业务的必要条件。

(2) 帮你建立业务里程碑。创业计划书中应该清楚地列出对你的业务长期成长最重要的里程碑。套用盖伊·川崎的说法：一个里程碑式的事件足以让你回家告诉你的配偶。你会兴奋地分享你调整了公司的宣传册吗？可能不会。但你肯定会分享你发布新网站的消息，或者年收入达到 100 万元的消息。

(3) 让你更好地理解项目竞争。创建创业计划书迫使你分析竞争。所有的公司都直接或间接地存在竞争，了解公司的竞争优势是至关重要的。

(4) 让你更好地了解你的客户。客户为什么选择购买或者不购买你的产品或服务？深入的客户分析对于一个有效的创业计划和成功的业务至关重要。

(5) 能让你阐明一些假设事件。实际上，编写创业计划书的过程有助于将以前"隐藏在幕后"的假设事件引入前台。通过把这些假设写下来并进行评估，你就可以对它们进行测试并分析这些假设的有效性。

(6) 评估你的风险投资的可行性。这是一个好的商业机会吗？写创业计划的过程包括研究目标市场以及竞争分析的过程，能够为你的成功提供可行性研究。

(7) 记录你的收入模型。你的企业到底是如何赚钱的？对于你和你的投资者来说，这是一个至关重要的问题。记录收入模型有助于解决与该模型相关的挑战和假设。

(8) 明确你的财务需求。你的企业需要筹集资金吗？需要多少钱？创业计划创建的过程可以帮助你确定你到底需要多少钱，以及你将会用这些钱做些什么。这一过程对于融资和有效利用资本至关重要。

(9) 能够吸引投资者。正式的创业计划书是融资建议的基础。创业计划书将能够回答投资者的问题，比如：是否需要这个产品或服务？财务预测怎么样？退出策略是什么？

(10) 避免追逐错误的机会。创建创业计划的过程有助于减少机会成本。撰写创业计划书可以帮助你评估一个机会的吸引力，以及是否有其他的机会。

(11) 迫使你去研究并真正了解你面向的市场。你所在行业的最重要的趋势是什么？面临的最大威胁是什么？市场是增长的还是萎缩的？你的产品或服务的目标市场有多大？创建创业计划将让你对市场的理解更广泛、更深入、更细致。

（12）用来吸引员工和管理团队。为了吸引和留住优秀人才，创业计划是必要的。创业计划书能够激励员工和管理人员，告诉他们公司的想法是健全的，公司正准备实现其战略目标。

（13）帮你规划出努力的方向。创业计划书为你的业务努力提供了一个路线图。如果没有创业计划，你可能会不断地改变你的短期策略，而不去考虑长期目标。

（14）吸引合作伙伴。合作伙伴也希望看到你的创业计划书，以确定他是否值得与你的企业合作。建立伙伴关系通常需要时间和资金，如果你能够详细解释你的企业的商业规划，其他公司与你合作的可能性会更大。

（15）帮助定位你的品牌。创建创业计划书有助于定义公司在市场中的角色。你需要在创业计划书中简洁地描述业务并确定你的品牌在客户、投资者和合作伙伴心中的定位。

（16）用来判断你的业务是否能够成功。正式的创业计划书能够让你随时比较实际运营结果与创业计划本身的差距。通过这种方式，你可以清楚地看到你是否已经实现了战略、融资和运营目标，以及你为什么能够实现或没能实现它。

（17）帮你重新定位你的业务以应对变化的环境。比如，在经济困难的情况下，如果你发现当前的销售和运营模式不奏效，你可以重写你的创业计划书来定义、尝试和验证新的想法和策略。

（18）记录你的营销计划。你将如何联系你的客户？你将如何留住他们？你的广告预算是多少？你需要多少钱？一个良好的市场营销计划对于企业的成长至关重要。

（19）了解并预测公司的人力需求。完成你的创业计划书后，当你突然变得人手不足时，你不会惊慌失措，因为你的创业计划书中已经对公司的人员需求做出了预测和计划，这将能够帮助你平滑地扩展团队规模。

（20）帮你发现新的机会。在写创业计划书时经历的头脑风暴、白板讨论和创造性面试过程中，你可能会发现新的机会或者想出新的点子来推销你的产品或服务和经营你的业务。

总之，有些事情不落实到纸面上，不落实到具体的数据和规划上是没办法想得那么细致和全面的。

二、创业计划书的基本写作提纲

创业计划书主要分为项目概要、市场分析、公司战略、生产运营、财务管理、风险管理和附录等，具体成文时可以根据项目实际情况有所增减。在创业计划书的写作过程中，既要对项目本身的发展逻辑想通透，也要能将清晰的战略通过简洁的书面材料有效地传达，帮助阅读者尽快理解。

（一）项目概要

项目概要的内容主要是阐述项目的选择背景、公司的简介以及项目的核心产品，意在让评审及风险投资商对创业项目有总体上的把握，对项目存在的必要性、项目产品有清楚的理解，使他们能充分感受到项目的可行性与可操作性。

(二) 市场分析

市场分析包括 PEST 分析及 SWOT 分析等。我们通过 PEST 分析，展示创业项目所处的外部环境情况，通过 SWOT 分析进行与同行业竞争者的比较，展示创业项目的优势、劣势、机会与威胁。

(三) 公司战略

公司战略是指企业根据环境的变化、本身的资源和实力选择适合的经营领域和产品，形成自己的核心竞争力，并利用总成本领先、差异化、集中化来获得竞争优势的决策和行动。公司战略将通过三个步骤实现，分别为市场细分、市场定位及营销策略。

(四) 生产运营

生产运营主要包括厂房设置、生产管理、车间管理、库存控制、分销、客服、研发等环节的具体运营事务。

(五) 财务管理

创业计划书中的财务分析主要包括财务预测和财务评价。财务预测主要包括资产负债表、利润表、现金流量表、资金来源和使用、财务假设等；财务评价主要通过一些财务指标来评价项目本身的可行性。

(六) 风险管理

鉴于风险存在于公司经营的全过程中，所以要使公司取得良好的收益，就要加强对其风险的全程监控，采取有效措施进行风险管理，以使得风险损失最小化。

(七) 附录

附录的内容形式多样，通常可以安排以下内容：专利证书、相关的调查问卷、团队相关图片介绍等。这些内容可以很好地佐证前面内容的真实性和专业性，同时也是正文的一个很好的补充。

第二节　创业项目所处行业及市场分析

行业一般是指按生产同类产品或具有相同工艺过程或提供同类劳动服务划分的经济活动类别，如饮食行业、服装行业、机械工业等。行业也是指从事国民经济中同性质的生产或是其他经济活动的经营单位或个人的组织机构体系，如林业、汽车业、银行业等。

一、行业特征及市场结构分析

(一) 行业特征

第一，广义的行业一般是指职业的类别。不同的职业之间相互区别显著的征象、标志，就是一类行业特征。比如，手工作坊的铁匠，就要有坚实、厚重的体力。俗话说"打铁先要腰板硬"，就说出了这个行业的一个重要特征。而刺绣女的细腻、文雅就与铁匠的坚实大为不同，因此各行各业都有自己的特征。

第二，狭义的行业是指制造业、商业、金融业、服务业等经济实体。这里既有经济实体之间的行业区别，又有各个不同经济实体内部不同子行业的行业区别。

总之，行业的发展必然会由低级的自然资源掠夺性开采利用和低级的人工劳务输出，逐步转向规模经济、科技密集型、金融密集型、人才密集型、知识经济型，从输出自然资源，逐步转向输出工业产品、知识产权、高科技人才等。

(二) 行业的市场结构分析

市场结构就是市场竞争或垄断的程度。根据该行业中企业数量的多少、进入限制程度和产品差别，行业基本上可分为四种市场结构：完全竞争、垄断竞争、寡头垄断和完全垄断。

1. 完全竞争

完全竞争型市场是指竞争不受任何阻碍和干扰的一种市场结构。其特点是：

(1) 生产者众多，各种生产资料可以完全流动。

(2) 产品不论是有形的还是无形的，都是同质的。

(3) 没有一个企业能够影响产品的价格，企业永远是价格的接受者而不是价格的制定者。

(4) 企业的盈利基本上由市场对产品的需求来决定。

(5) 生产者可自由进入或退出这个市场。

(6) 市场信息对买卖双方都是畅通的，生产者和消费者对市场情况非常了解。

(7) 在现实经济中，完全竞争的市场类型基本上是不存在的，一般把初级农产品的市场类型作为完全竞争的市场。

2. 垄断竞争

垄断竞争市场是指既有垄断又有竞争的市场结构。其特点是：

(1) 生产者众多，各种生产资料可以流动。

(2) 生产的产品同种但不同质，即产品之间存在着差异。

(3) 由于产品差异性的存在，生产者可以树立自己产品的信誉，从而对其产品的价格有一定的控制能力。

(4) 在垄断型市场中，造成垄断现象的原因是产品差别，造成竞争现象的是产品同种，即产品的可替代性。在国民经济各行业中，制成品的市场类型一般都属于垄断竞争。

3. 寡头垄断

寡头垄断型市场是指相对少量的生产者在某种产品的生产中占据很大市场份额，从而控制了这个行业的供给的市场结构。其特点是：

(1) 这类行业初始投入资本较大，阻止了大量中小企业的进入。

(2) 这类产品只有在大规模生产时才能获得好的收益，这就会在竞争中自然淘汰大量的中小企业。

(3) 资本密集型、技术密集型产品(如钢铁、汽车等重工业)以及少数储量集中的矿产品(如石油等)的市场多属这种类型。

4. 完全垄断

完全垄断市场是指独家企业生产某种特质产品，即整个行业的市场完全处于一家企业所控制的市场结构。完全垄断可分为政府完全垄断和私人完全垄断两种类型。其特点是：

(1) 市场被独家企业所控制，其他企业不可以或不可能进入该行业。

(2) 产品没有或缺少相近的替代品。

(3) 垄断者能够根据市场的供需情况制定理想的价格和产量，在高价少销和低价多销之间进行选择，以获取最大的利润。

(4) 垄断者在制定产品的价格与生产数量方面的自由性是有限度的，要受到反垄断法和政府管制的约束。

(5) 公用事业和某些资本、技术高度密集型或稀有金属矿藏的开采等行业接近完全垄断的市场类型。

二、项目所处行业的现状与发展

行业分析的目的是识别市场的需求与供给以及各细分市场的变化情况来揭示出在变化中所蕴涵的机会与威胁。

(一) 行业集中度分析

一般而言，处于集中度迅速上升中的行业蕴涵发展机会，此时加大市场投入，加快渠道建设往往能获取一定的成效；而处于集中度稳定中的行业机会不高，企业扩张会受到其他厂商的集体抵制，此时细分化、差别化的发展策略才能见效。

(二) 行业价值链分析

价值链是哈佛大学商学院教授迈克尔·波特于 1985 年提出的概念。波特认为："每一个企业都是在设计、生产、销售、发送和辅助其产品的过程中进行种种活动的集合体。所有这些活动可以用一个价值链来表明。"

企业的价值创造是通过一系列活动构成的，这些活动可分为基本活动和辅助活动两类。基本活动包括内部后勤、生产作业、外部后勤、市场和销售、服务等；而辅助活动则包括采购、技术开发、人力资源管理和企业基础设施等。这些互不相同但又相互关联的生产经营活动，构成了一个创造价值的动态过程，即价值链。

(1) 企业应将其价值链向高利润区进行延伸以获取更高的盈利能力。

(2) 战略控制点是指能对整个行业产生重大影响的关键环节。如果可能，企业应将其经营范围覆盖战略控制点，或与之结成战略同盟，以此来巩固其在业内的优势地位。

(三) 行业产品生命周期分析

产品生命周期(Product Life Cycle)亦称"商品生命周期"，是指产品从投入市场到更新换代再到退出市场所经历的全过程，是产品或商品在市场运动中的经济寿命，也即在市场流通过程中，由于消费者的需求变化以及影响市场的其他因素所造成的商品由盛转衰的周期。它主要是由消费者的消费方式、消费水平、消费结构和消费心理的变化所决定的。典型的产品生命周期一般可分为四个阶段，即投入期、成长期、饱和期和衰退期。

(1) 处于投入期的产品其机会与威胁并存，成功回报率高，但潜在风险也大。

(2) 处于成长期的产品，一般机会大，企业应加大市场投入。

(3) 接近饱和期，企业应当继续投入来巩固市场。

(4) 处于饱和期的产品，机会不大，企业应以巩固市场地位为主。

三、判断项目的市场前景

笼统地说，市场就是由人口、购买力和购买欲望三要素构成的。评估项目市场主要有两个内容：一是评估顾客；二是评估竞争对手。

(一) 顾客的评估

1. 顾客的定义

在《辞海》和《现代汉语词典》中，顾客的"顾"是拜访、光顾的意思，"客"是指来宾、客人，还有以客礼相待的意思。

国际标准化组织(ISO)将顾客定义为：接受产品的组织或个人。具体可以理解为前来购买东西的人或要求服务的对象，包括组织和个人。因此，凡是已经来购买和可能来购买你的产品或服务的单位和个人都可以算是顾客。当然，换个角度来讲，顾客也指把自己需求带给我们的人。他们可能是最终的消费者、代理人或供应链内的中间人。

在市场学理论中，供应商必须营商于事前，了解顾客及其市场的供求需要，否则事后的"硬销"广告，只是一种资源的浪费。在客户服务中，有一种说法，"顾客永远是对的"。

2. 顾客的作用

没有顾客(客户)，你的企业就要倒闭！为了争取客户光顾，就要先了解客户的需要，一般商家会这样做：

(1) 提供人们需要的产品或服务；

(2) 制定顾客愿意为产品或服务支付的价格；

(3) 使顾客很方便地得到你的产品或服务；

(4) 向潜在顾客发出信息，吸引他们来当顾客。

3. 顾客的需要

美国心理学家马斯洛认为人有五个层次的需要，分别是：生理需要、安全需要、归属和社交的需要、自尊与受尊重的需要以及自我实现的需要。要满足顾客的需要就要研究顾客的需要，订立营销目标和计划，满足特定层次的顾客的需要，提供相应的产品和服务。

(二) 竞争对手的评估

1. 竞争对手的概念

竞争对手是指在某一行业或领域中，拥有与你相同或相似资源(包括人力、资金、产品、环境、渠道、品牌、智力、体力等资源)的个体(或团体)，并且该个体(或团体)的目标与你相同，产生的行为会给你带来一定的利益影响。

2. 了解竞争对手的意义

(1) 好的企业构思和潜在的顾客对企业非常重要。但是，企业与其他企业存在着竞争。

(2) 能明确自己创业和竞争对手各自的优势和不足，以确定本企业的发展目标和方向。

(3) 了解竞争对手，可以学到很多东西，可以使我们知己知彼，百战百胜。

总之，竞争对手分析的目的是通过了解竞争对手的信息，获知竞争对手的发展策略以及行动，以作出最适当的应对。

3. 要了解竞争对手的主要方面

在确立了重要的竞争对手以后，就需要对每一个竞争对手做出尽可能深入、详细的分析，揭示出每个竞争对手的长远目标、基本假设、现行战略和能力等主要方面。

(1) 竞争对手的长远目标。对竞争对手长远目标的分析可以预测竞争对手对目前的位置是否满意，由此判断竞争对手会如何改变战略，以及他对外部事件会采取什么样的反应。日本摩托车企业在 20 世纪 70～80 年代的战略目标很明显，就是要全面占领美国这块世界上最大、最好的市场。因此，像本田公司，在遇到关税壁垒时就可能采取到美国直接建厂的办法绕过美国关税壁垒的限制。

(2) 竞争对手的战略假设。每个企业所确立的战略目标，其根本是基于他们的假设之上的。这些假设可以分为三类：

其一，竞争对手所信奉的理论假设。例如，许多美国公司所奉行的理论是短期利润，因为只有利润，才能支持发展。而日本企业信奉的是市场占有率和规模经济理论，他们认为，只要能占领市场，扩大生产销售规模，单位成本就会下降，利润自然滚滚而来，然后才有秋天的黄金收获。

其二，竞争对手对自己企业的假设。有些企业认为自己在功能和质量上高人一筹，有些企业则认为自己在成本和价格上具有优势。名牌产品企业对低档产品的渗透可能不屑一顾，而以价格取胜的企业对其他企业的削价则会迎头痛击。

其三，竞争对手对行业及行业内其他企业的假设。哈雷公司在 20 世纪 60 年代对摩托车行业充满信心，而对日本企业过于掉以轻心，认为他们不过是在起步学习阶段，对自己构不成威胁。然而，日本人一边低头哈腰地表示"我们是小学生"，一边却对美国人小觑自己耿耿于怀：看谁笑到最后。经过 20 年的修炼，日本摩托车终于在美国修成正果。

实际上，对战略假设，无论是对竞争对手，还是对自己，都要仔细检验，这可以帮助管理者识别对所处环境的偏见和盲点。可怕的是，许多假设是尚未清楚意识到或根本没有意识到的，甚至是错误的；也有的假设过去正确，但由于经营环境的变化而变得不那么正确了，但企业仍在沿循着过去的假设，这一点也需要管理者时刻注意。

(3) 竞争对手的战略途径与方法。战略途径与方法是具体的多方面的，应从企业的各个方面去分析。从营销战略的角度看，本田的营销战略途径与方法至少包括这样一些内容：在产品策略上，以小型车切入美国市场，提供尽可能多的小型车产品型号，提高产品吸引力；在小型车市场站稳脚跟后再向大型车市场渗透；在价格上，通过规模优势和管理改进降低产品成本，低价销售；在促销上，建立摩托车新形象，使其与哈雷的粗犷风格相区别。事实证明，这些战略途径行之有效，大获成功。相对而言，哈雷公司却没有明确的战略途径与方法。哈雷公司的母公司 AMF 公司虽然也为哈雷公司注入资本以提高产量，也曾一度进行小型车的生产，结果由于多方面因素的不协同而以失败告终。

(4) 竞争对手的战略能力。目标也好，途径也好，都要以能力为基础。在分析研究了竞争对手的目标与途径之后，还要深入研究竞争对手是否具有能力采用其他途径实现其目标。这就涉及企业如何规划自己的战略以应对竞争。如果较之竞争对手本企业具有全面的竞争优势，那么则不必担心在何时何地发生冲突。如果竞争对手具有全面的竞争优势，那么只有两种办法：或是不要触怒竞争对手，甘心做一个跟随者，或是避而远之。如果不具有全面的竞争优势，而是在某些方面、某些领域具有差别优势，则可以在自己具有的差别优势的方面或领域把文章做足，但要避免以己之短碰彼之长。

(三) 波特的"五力模型"

在本书第九章中，我们曾详细介绍过波特的"五力模型"分析方法。根据对供应商和购买者的讨价还价能力、潜在进入者的威胁、替代品的威胁以及来自同一行业的公司间的竞争这五种竞争力量的讨论，企业可以采取尽可能地将自身的经营与竞争力量隔绝开来，努力从自身利益需要出发影响行业竞争规则，先占领有利的市场地位再发起进攻性竞争行动等手段来对付这五种竞争力量，以增强自己的市场地位与竞争实力。

案例 10-1

耐克和阿迪达斯的竞争

这里用波特的"五力模型"全面分析耐克和阿迪达斯的竞争过程。

1. 分析框架及市场基本状况

迈克尔·波特在其经典著作《竞争战略》中，提出了行业结构分析模型，即所谓的"五力模型"，他认为：行业现有的竞争状况、供应商的议价能力、客户的议价能力、替代产品或服务的威胁和新进入者的威胁这五大竞争驱动力，决定了企业的盈利能力。对比这五种力量的作用，来分析美国运动鞋企业的竞争状态。

第一，这个领域存在较高的进入壁垒。美国运动鞋产业由"不用工厂生产"的品牌型公司组成，大公司在广告、产品开发以及销售网络、出口方面都更有成本优势。更重要的是，品牌个性与消费者忠诚度都给潜在的进入者设置了无形的屏障。

第二，供应商的议价能力较弱。因为大多数运动鞋产业的投入都是同质的，特别是在耐克发起了外购浪潮后，超过90%的生产都集中在低工资、劳动力远远供过于求的国家。

第三，运动鞋的终端消费者在意价格，同时对时尚潮流更加敏感，但是对于公司的利润率并没有极为负面的影响。因为如果存在利润的减少，那么这将通过降低在发展中国家的生产来弥补。此外，大多数品牌在产品差异化方面很成功，这阻止了购买者将品牌同不断转换的品牌形象联系起来。

第四，因为其他鞋类都不适宜运动，所以现在还没有运动鞋类的完全替代产品。

第五，美国运动鞋市场被看作具有挑战性并已饱和，充满激烈的竞争且增长缓慢，因此新进入者只有很小的空间。耐克、阿迪达斯和锐步等主要品牌抢占了超过一半的市场份额并保持相对稳定的位置。

通过分析可以看到，一方面，这是一个令人垂涎的市场，不过壁垒高筑，有较低的供应商议价能力、适度的购买者议价能力并且没有知名品牌的替代产品，很难挤出利润；另一方面，当除了高度市场集中但没有任何垄断力量时，区域里的对抗十分激烈。因此，在这个竞争环境中，独立公司的超常利润的持续性在很大程度上依靠他们的策略。

2. 耐克和阿迪达斯的市场地位

1) 耐克的领导地位

耐克起源于1962年，由菲尔·耐特首创，当时命名为"蓝丝带体育"，20世纪70年代正式更名为Nike。它初步超过阿迪达斯在美国运动鞋业内坐上了头把交椅，1980年占据约50%的美国市场份额。从那时起，耐克开始实行积极进取的市场活动，签约顶级运动员，并创造了"只管去做(Just Do It)"这一口号。

耐克将它的运动鞋定位为具有创新设计与技术、高价位和高品质产品。耐克凭借丰富的产品类型以及杰出的设计，2000年占据了超过39%的美国运动鞋市场，几乎是阿迪达斯市场份额的两倍。从20世纪70年代开始，耐克就从一家产品导向的公司逐渐转变为一家市场导向的公司。它在全球范围内运营，在公司内部设计高技术和高品质的产品，在低成本的国家生产，再成功地通过营销建立起作为青少年亚文化标志的品牌。耐克的独特资源包括专利产品和商标、品牌声誉、公司文化和公司独特的人力资产。

为了弄清耐克如何在其资源和实力的基础上发展成竞争优势，下面从生产、销售、市场营销几个方面分析它们的价值链。

(1) 在生产环节上，从20世纪70年代以后，耐克便把制造环节外包给很多亚洲国家。外包使耐克获得了廉价的劳动力，并从供应商那里得到大量折扣。而且，外包使顾客能更快地从市场获得新产品，减少资本投入的风险。

(2) 在销售上，这种"期货"下单计划允许零售商提前5～6个月预先定下运输保证书，保证90%的订货会以确定的价格在确定的时间运到。这个策略成功地将存货减少到最少，并缩短了存货的周转。现在，耐克有三种销售渠道：零售商、耐克城以及电子商务。耐克城建立于20世纪90年代，展示耐克最新或最具创意的系列产品，在主干道上做广告。耐克城与其说是一个销售渠道，不如说是一个营销手段。电子商务始于90年代的NIKE.com，耐克也允许其他网络公司销售其产品。电子商务策略使耐克重新点燃了与消费者之间的直接关系。

(3) 市场营销作为耐克的核心竞争力之一，不仅是做广告，更是吸引并留住顾客。耐克营销团队采用的市场策略始终反映公众意见。在20世纪八九十年代的大部分时期，专业运动员被像英雄一样崇拜，因为耐克投入大量资金，请成功、富有魅力的知名运动员为产品代言。例如，当迈克·乔丹1984年加入耐克团队，"像迈克一样"的口号就切合了人们对迈克·乔丹仰慕之情的口号。而当乔丹1999年退役时，耐克无法找到一个运动员可以代替他的位置，因此，耐克转向一个名为"Nike Play"的新活动，这个活动由展示个人成就、鼓励所有人参与的系列短片组成。我们可以看到，市场策略要随着消费者的喜好而变。对市场变化做出快速反应，正是耐克在鞋类市场保持核心竞争力的法宝。

2) 阿迪达斯扮演的挑战者角色

"为每位运动员提供最好的鞋。"在这个简单而又雄心勃勃的理念的鼓励下，20多岁的阿迪·德斯勒开始做鞋，终于在1948年建立起一家名为"阿迪达斯"的公司。公司生产大量各式各样的高品质的运动鞋，最终在20世纪60年代，成为全世界所有著名赛事的首要运动鞋供应商。60年代后期，阿迪达斯在运动鞋业内稳坐头把交椅。但是，进入70年代，阿迪达斯没有意识到平民运动已经成为一种潮流，还是专注于专业运动鞋。由于对销售预期的失败和对市场竞争状况的低估，阿迪达斯的地位受到了挑战，最终在70年代后期被耐克取代。

阿迪达斯在1997年与所罗门联合之后，1998年到2000年重建了紧随耐克之后的市场份额，稳居第二的市场位置。不过，在2002年公司的市场位置又跌至第三，比起耐克40.6%的市场份额，它仅有11.8%，2003年依然保持此位置。

从阿迪达斯的历史来看，它是第一家发起生产外包的鞋类公司。它们的生产公司分布于中国大陆、中国台湾以及拉丁美洲。现在他们的供应链利用三种不同的供应商类型，包括承包商、下级承包商和本地原料公司。他们的外包策略对团体的成功至关重要，并被整个领域仿效。这种策略可以转移风险、降低劳动力成本并可将主要精力集中到阿迪达斯的核心策略——市场营销和研发上。

市场营销是阿迪达斯的两个核心策略之一。1997年，阿迪达斯宣告收购了所罗门公司，组建成为世界领先的体育用品集团公司之一。这两家公司在产品和地域协调上互为补充。所罗门在北美和日本表现特别强劲，这对阿迪达斯提高在美国的市场份额很有帮助。他们重新聚焦、重新定位阿迪达斯品牌以全面发掘它的市场潜力，将所有产品整合到3个明确的客户组：永恒体育、独创和器械。这种划分在运动、体育和运动生活方式的顾客中，创造了更强大的市场渗透。阿迪达斯始终坚持邀请名人作产品代言人，并赞助体育联赛。科比·布赖恩特、安娜·库尔尼科娃以及贝克汉姆都是阿迪达斯旗下的超凡天才。巴塞罗那奥运会、欧洲足球冠军杯赛、法国足球世界杯、美国女子足球世界杯等赛事，阿迪达斯都是最大的赞助商之一。

除了市场营销，研发是阿迪达斯的另一个核心策略。它们建立了一个新的技术创新团队，每年至少投放一个大的创新。2003年，阿迪达斯建立了"大众定制"系统，可以根据顾客脚的不同情况、个人喜好和要求设计特别的鞋，领先者的优势使阿迪达斯在这一领域处于第一位。

3) 各自的市场策略

◈ 阿迪达斯，如何挑战领导者？

阿迪达斯在研发方面有着非凡的能力，它需要的是更加以顾客为导向的营销策略。即使阿迪达斯和耐克可以相互模仿，它们也应该在有效的执行和协调方面尽量区别于对方。当耐克的营销和研发队伍更多关注北美消费者的需求时，阿迪达斯开始主动塑造自己的市场区隔(Segmentations)。因为从两者的整体业绩来看，阿迪达斯的总资产回报率(ROA)和耐克是非常接近的，这就意味着从长期来讲，阿迪达斯完全有潜力与耐克一较高下。

(1) 产品实施本土化。

作为一个德国的体育运动品牌，阿迪达斯应该把它在美国市场上投放的鞋类产品"美国化"。欧洲人喜欢的产品不一定符合美国人的胃口。阿迪达斯应该招纳和培养那些真正了解并且能够预测这个充满活力的市场的人才。这是一种无法模仿的资源。根据这些预测的结果可以重新塑造市场区隔，这样一方面满足了美国消费者的需求，另一方面也保证了阿迪达斯在这个细分市场上有独到的优势。美国人更强调个人化，所以在广告方面，阿迪达斯应该把它的形象塑造得更加个性化，并且减少使用明星。

(2) 巩固质量优势，完善产品系列。

一个企业选择怎样的战略决策依赖于它过往所走的路线。从这方面考虑，阿迪达斯长期以来就以其严格的质量控制体系而著称，这个体系保证了阿迪达斯产品的高质量，所以这一传统应该保持并且进一步弘扬。此外，在重夺全球霸主地位的战略企图的驱使下，阿迪达斯应该设计出能够赢得所谓"动态效率"(Dynamic Efficiency)的新战略。尽管阿迪达斯已经建立了它的补充产品市场，但还可以通过强化"网络效应"来超越耐克。比如说，可以设计全系列的运动服、帽子、围巾和手提包来与其运动鞋配套。

(3) 发挥专利优势。

耐克和阿迪达斯也可以说是一场"专利竞赛"的两个对手。阿迪达斯应该能够估计到耐克的研发投入。另外，在关注欧洲本土市场的同时，因为美国对阿迪达斯来说是一个海外市场，所以公司应该把更多的个性化元素引入到其未来的产品设计中以促进产品的本土化。

(4) 借鉴耐克的订货与分销战略。

耐克的未来订货项目能帮助公司迅速地成长。阿迪达斯应该与它的零售商一起实施类似的订货系统来模仿这一战略，这样就能够将它们的库存保持在一个最优的水平。不过，阿迪达斯也必须认识到这一机制的成功运作是以许多条件为基础的，比如准确的销售预测、市场的强劲需求等。另外，和耐克相比，阿迪达斯在电子商务领域做得不够成功。要想打赢这场关键战役，至关重要的就是阿迪达斯必须向耐克学习授权专业的电子商务企业来运作其在线销售。

◆ 耐克，如何维护统治地位？

(1) 保持在本土市场的竞争力。

阿迪达斯在美国市场上经营是非常有挑战性的，因为爱国的美国消费者很可能会倾向于本国产品而不是进口货。耐克在本土管理实践、组织架构、公司治理以及本土资本市场的掌控方面都有优势。如果它们在白热化的本土竞争当中都能生存，它们在国际市场上就会更有竞争力。为了维护它在美国运动鞋市场的统治地位，耐克应该持续地专注于它的核心竞争力：营销与研发。在已有的高度的消费者忠诚度、品牌意识和庞大的市场份额基础上，还必须在不断开发新产品的同时保持他们的品质标准，实施有效的营销方案以回应市场的变化。

(2) 隔离机制。

即使阿迪达斯可以模仿耐克的战略，也不能简单地复制耐克的那些有企业专用性的竞争手段，比如说专利、品牌和人力资本。耐克可以通过提供丰厚的薪酬来留住它的骨干员工，提升他们对公司的忠诚度，以此来保护公司的人力资本。至于产品模仿，耐克可以采取法律手段，比如说产权、特许权和专利方面的有关规定。但是他们也必须意识到："保护知识产权并不是要把产品、流程和技术都模式化，在开放的竞争中最好把它们都看作是大海之中散布的岛屿(意即只露出一角而已)。"如果你的秘密根本就没有机会暴露在你的竞争对手有可能接触的环境中，那岂不是更安全？另外，依靠已有的品牌声誉和市场规模，耐克在获取资源和消费者方面显然比竞争对手有太多的优势。还有，耐克的独特能力很多时候都包含着一些隐性知识(Tacit Knowledge)，很难为外人所理解。这些东西是它独特的企业历史积淀下来的，而且根植于复杂的社会变迁过程之中。

(3) 路线与时俱进。

和阿迪达斯相比，耐克历史要短很多，它拥有的是以客户为导向的营销和产品。而且阿迪达斯现在面临销售滑坡，耐克正好利用这个领先优势加大对 Nike ID 鞋的投入。因为消费者期望值很高，再加上它雄厚的财力和能力，这个市场前途无量。相反，阿迪达斯正处在企业第二个生命周期，它正在为提升市场份额而打拼，后面还有虎视眈眈的锐步(Reebok)。因为路径依赖的缘故，阿迪达斯继承了它以往的产品路线，适应比较广泛的市场人群。这一战略是否真的能够为它赢得更广泛的客户基础呢？没有这个战略它们会不会做得更好呢？很难说。路径依赖会约束一个企业的战略选择，限制它的机会。事实上，一个企业要迅速改变它的路线很难，但是如果它想在竞争中生存，在迅速变化的环境面前它的路线也必须与时俱进。总之，作为市场领导者的耐克必须避免平庸、保持创新，这样才能永远屹立在竞争的巅峰。

时下中国的运动鞋市场同样也是充满激烈竞争，各种品牌琳琅满目，这显然对处于发展、上升过程中的国产品牌形成了巨大压力。在这样的市场环境中，国产品牌除了要积极提炼自身品牌的核心价值外，也需要制定明确的市场品牌战略。只有这样，采取的营销攻势才具有针对性，才能做到有的放矢。但目前大多数国内运动鞋生产厂家把精力主要集中在广告投放上，虽然这种名人代言的广告能在短期内迅速提高销售业绩，但无益于品牌的长期发展，也无益于保持短期内占领的市场份额。国产运动鞋品牌要想真正获得自身的长远发展，有必要借鉴一下案例中耐克和阿迪达斯的做法，清晰地规划战略目标。

第三节　如何推销自己

一、市场细分

(一) 市场细分的含义

市场细分的概念是美国市场学家温德尔·史密斯(Wendell R.Smith)于 1956 年提出来

的，它是指根据消费者的不同需求，把整体市场划分为不同的消费者群的市场分割过程。每个消费者群便是一个细分市场，每个细分市场都是由需要与欲望相同的消费者群组成的。

市场细分是企业贯彻以消费者为中心的现代市场营销观念的必然产物。市场是商品交换关系的总和，本身可以细分；消费者异质需求的存在；企业在不同方面具备自身优势。这些因素都为市场细分提供了可能性。

市场细分按照消费者欲望与需求，把因规模过大导致企业难以服务的总体市场划分成若干具有共同特征的子市场，以达到企业的营销目标。就消费者市场而言，细分变量归纳起来主要有地理环境因素、人口统计因素、消费心理因素、消费行为因素、消费受益因素等。因此就有了地理细分(国家、地区、城市、农村、气候、地形)、人口细分(年龄、性别、职业、收入、教育、家庭人口、家庭类型、家庭生命周期、国籍、民族、宗教、社会阶层)、心理细分(社会阶层、生活方式、个性)、行为细分(时机、追求利益、使用者地位、产品使用率、忠诚程度、购买准备阶段、态度)、受益细分(追求的具体利益、产品带来的益处，如质量、价格、品位)等多种市场细分的基本形式。

(二) 市场细分的作用

1. 有利于选择目标市场和制定市场营销策略

市场细分后的子市场比较具体，比较容易了解消费者的需求，企业可以根据自己经营思想、方针及生产技术和营销力量，确定自己的服务对象，即目标市场。针对较小的目标市场，制定特殊的营销策略。同时，在细分的市场上，信息容易了解和反馈，一旦消费者的需求发生变化，企业可迅速改变营销策略，制定相应的对策，以适应市场需求的变化，提高企业的应变能力和竞争力。例如，惠普、戴尔、联想等 PC 厂商将产品细分为商务系列与家用系列，这正是基于产品的明确区分。

2. 有利于发掘市场机会，开拓新市场

通过市场细分，企业可以对每一个细分市场的购买潜力、满足程度、竞争情况等进行分析对比，探索出有利于本企业的市场机会，使企业及时做出投产、移地销售决策或根据本企业的生产技术条件编制新产品开拓计划，进行必要的产品技术储备，掌握产品更新换代的主动权，开拓新市场，以更好适应市场的需要。

3. 有利于集中人力、物力投入目标市场

任何一个企业的资源、人力、物力、资金都是有限的。通过细分市场，选择了适合自己的目标市场，企业可以集中人、财、物及资源，去争取局部市场上的优势，然后再占领自己的目标市场。

4. 有利于企业提高经济效益

前面三个方面都能使企业提高经济效益。除此之外，企业通过市场细分后，可以面对自己的目标市场，生产出适销对路的产品，既能满足市场需要，又可增加企业的收入；产品适销对路可以加速商品流转，加大生产批量，降低企业的生产销售成本，提高生产工人的劳动熟练程度，提高产品质量，全面提高企业的经济效益。

(三) 市场细分条件

企业进行市场细分的目的是通过对顾客需求差异予以定位，来取得较大的经济效益。众所周知，产品的差异化必然导致生产成本和推销费用的相应增长，所以，企业必须在市场细分所得收益与市场细分所增成本之间做一权衡。由此，我们得出有效的细分市场必须具备以下特征：

(1) 可衡量性：指各个细分市场的购买力和规模能被衡量的程度。如果细分变数很难衡量，就无法界定市场。

(2) 可营利性：指企业新选定的细分市场容量足以使企业获利。

(3) 可进入性：指所选定的细分市场必须与企业自身状况相匹配，企业有优势占领这一市场。可进入性具体表现在信息进入、产品进入和竞争进入。考虑市场的可进入性，实际上是研究其营销活动的可行性。

(4) 差异性：指细分市场在观念上能被区别，并对不同的营销组合因素和方案有不同的反应。

(四) 市场细分策略

根据各个细分市场的独特性和公司自身的目标，共有三种目标市场策略可供选择。

1. 无差异市场营销

无差异市场营销指公司只推出一种产品，或只用一套市场营销办法来招徕顾客。当公司断定各个细分市场之间很少差异时可考虑采用这种大量市场营销策略。

2. 密集性市场营销

密集性市场营销指公司将一切市场营销努力集中于一个或少数几个有利的细分市场。

3. 差异性市场营销

差异性市场营销指公司根据各个细分市场的特点，相应扩大某些产品的花色、式样和品种或制订不同的营销计划和办法，以充分适应不同消费者的不同需求，吸引各种不同的购买者，从而扩大各种产品的销售量。

差异性市场营销的优点：在产品设计或宣传推销上能有的放矢，分别满足不同地区消费者的需求，可增加产品的总销售量，同时可使公司在细分小市场上占有优势，从而提高企业的形象，在消费者中树立良好的公司形象。

差异性市场营销的缺点：会增加各种费用，如增加产品改良成本、制造成本、管理费用、储存费用等。

案例 10-2

麦当劳瞄准细分市场需求

麦当劳作为一家国际餐饮巨头，创始于 20 世纪 50 年代中期的美国。由于当时创始人及时抓住高速发展的美国经济下的工薪阶层需要方便快捷的饮食的良机，并且瞄准细分市场需求特征，对产品进行准确定位而一举成功。当今麦当劳已经成长为世界上最大的餐饮集团，在109个国家开设了2.5万家连锁店，年营业额超过34亿美元。

回顾麦当劳公司发展历程后发现，麦当劳一直非常重视市场细分的重要性，而正是这一点让它取得了令世人惊羡的巨大成功。

麦当劳的成功正是在这三项划分要素上做足了工夫：它根据地理、人口和心理要素准确地进行市场细分，并分别实施了相应的战略，从而达到了企业的营销目标。

1. 麦当劳根据地理要素细分市场

麦当劳有美国国内和国际市场，而不管是在国内还是国外，都有各自不同的饮食习惯和文化背景。麦当劳进行地理细分，主要是分析各区域的差异。如美国东西部的人喝的咖啡口味是不一样的，通过把市场细分为不同的地理单位进行经营活动，从而做到因地制宜。

每年，麦当劳都要花费大量的资金进行认真的、严格的市场调研，研究各地的人群组合、文化习俗等，再书写详细的细分报告，以使每个国家甚至每个地区都有一种适合当地生活方式的市场策略。

例如，麦当劳刚进入中国市场时大量传播美国文化和生活理念，并试图以美国式产品牛肉汉堡来征服中国人。但中国人爱吃鸡，与其他洋快餐相比鸡肉产品也更符合中国人的口味，更加容易被中国人所接受。针对这一情况，麦当劳改变了原来的策略，推出了鸡肉产品。在全世界从来只卖牛肉产品的麦当劳也开始卖鸡了。这一改变正是针对地理要素所做的，也加快了麦当劳在中国市场的发展步伐。

2. 麦当劳根据人口要素细分市场

通常人口细分市场主要根据年龄、性别、家庭人口、生命周期、收入、职业、教育、宗教、种族、国家等相关变量，把市场分割成若干整体。而麦当劳对人口要素细分主要是从年龄及生命周期阶段对市场进行细分。其中，将不到开车年龄的划定为少年市场，将20~40岁的年轻人界定为青年市场，还划定了老年市场。

人口市场划定以后，要分析不同市场的特征与定位。例如，麦当劳以孩子为中心，把孩子作为主要消费者，十分注重培养他们的消费忠诚度。在餐厅用餐的小朋友，经常会意外获得印有麦当劳标志的气球、折纸等小礼物。在中国，还有麦当劳叔叔俱乐部，参加者为3~12岁的小朋友，定期开展活动，让小朋友更加喜爱麦当劳。这便是相当成功的人口细分，抓住了该市场的特征与定位。

3. 麦当劳根据心理要素细分市场

根据人们生活方式划分，快餐业通常有两个潜在的细分市场：方便型和休闲型。在这两个方面，麦当劳都做得很好。

例如，针对方便型市场，麦当劳提出"59秒快速服务"，即从顾客开始点餐到拿着食品离开柜台标准时间为59秒，不得超过一分钟。

针对休闲型市场，麦当劳对餐厅店堂布置非常讲究，尽量做到让顾客觉得舒适自由。麦当劳努力使顾客把麦当劳作为一个具有独特文化的休闲好去处，以吸引休闲型市场的消费者群。

4. 案例分析总结

通过案例分析，麦当劳对地理、人口、心理要素的市场细分是相当成功的，不仅在这方面积累了丰富的经验，还注入了许多自己的创新，从而继续保持着餐饮霸主的地位。当然，在三要素上如果继续深耕细作，更可以在未来市场上保持住自己的核心竞争力。

(1) 在地理要素的市场细分上，要提高将研究出来的市场策略应用到实际中的效率。麦当劳其实每年都有针对具体地理单位所做的市场研究，但应用效率却由于各种各样的原因不尽如人意。如麦当劳在中国市场的表现，竟然输给在全球市场远不如它的肯德基，这本身就是一个大问题。麦当劳其实是输给了本土化的肯德基。这应该在开拓市场之初便研究过的，但是麦当劳一上来还是主推牛肉汉堡，根本就没有重视市场研究出来的细分报告。等到后来才被动改变策略，推出鸡肉产品，这是一种消极的对策，严重影响了自身的发展步伐。所以，针对地理细分市场，一定要首先做好市场研究，并根据细分报告开拓市场，注意扬长避短是极其重要的。

(2) 在人口要素细分市场上，麦当劳应该扩大划分标准，不应仅仅局限于普遍的年龄及生命周期阶段。可以加大对其他相关变量的研究，拓宽消费者群的"多元"构成，配合地理细分市场，进行更有效的经营。

例如，麦当劳可以针对家庭人口考虑举行家庭聚会，营造全家一起用餐的欢乐气氛。公司聚会等也是可以考虑的市场。

(3) 对于心理细分市场，有一个突出的问题，便是健康型细分市场浮出水面。这对麦当劳是一个巨大的考验。如果固守已有的原料和配方，继续制作高热和高脂类食物，对于关注健康的消费者来说是不可容忍的。

首先应该仍是以方便型和休闲型市场为主，积极服务好这两种类型的消费者群。同时，针对健康型消费者，开发新的健康绿色食品。这个一定要快速准确。总之，不放过任何一种类型的消费者群。

其次，在方便型、休闲型以及健康型消费者群外，还存在体验型消费者群。麦当劳以服务为舞台以商品为道具，环绕着消费者，创造出值得消费者回忆的感受。如在餐厅室内设计上注重感官体验、情感体验或者模拟体验等。深入挖掘体验型消费者群，这应该是未来的一个方向。

(五) 市场细分步骤

市场细分作为一个比较、分类、选择的过程，应该按照一定的程序来进行，通常有这样几步：

1. 正确选择市场范围

企业根据自身的经营条件和经营能力确定进入市场的范围，如进入什么行业，生产什么产品，提供什么服务。

2. 列出市场范围内所有潜在顾客的需求情况

根据细分标准，比较全面地列出潜在顾客的基本需求，作为以后深入研究的基本资料和依据。

3. 分析潜在顾客的不同需求，初步划分市场

企业将所列出的各种需求通过抽样调查进一步搜集有关市场信息与顾客背景资料，然

后初步划分出一些差异最大的细分市场，至少从中选出三个细分市场。

4. 筛选

根据有效市场细分的条件，对所有细分市场进行分析研究，剔除不合要求、无用的细分市场。

5. 为细分市场定名

为便于操作，可结合各细分市场上顾客的特点，用形象化、直观化的方法为细分市场定名，如某旅游市场分为商务型、舒适型、好奇型、冒险型、享受型、经常外出型等。

6. 复核

进一步对细分后选择的子市场进行调查研究，充分认识各细分市场的特点，本企业所开发的细分市场的规模、潜在需求，还需要对哪些特点进一步分析研究等。

7. 决定细分市场规模，选定目标市场

企业在各子市场中选择与本企业经营优势和特色相一致的市场作为目标市场。经过这一步，就已达到市场细分的目的。

经过以上七个步骤，企业便完成了市场细分的工作，就可以根据自身的实际情况确定目标市场并采取相应的目标市场策略。

案例 10-3

航空公司的市场细分

一家航空公司对从未乘过飞机的人很感兴趣(细分标准是顾客的体验)。而从未乘过飞机的人又可以细分为害怕飞机的人、对乘飞机无所谓的人以及对乘飞机持肯定态度的人(细分标准是态度)。在持肯定态度的人中，又包括高收入有能力乘飞机的人(细分标准是收入能力)。于是这家航空公司就把力量集中在开拓那些对乘飞机持肯定态度，只是还没有乘过飞机的高收入群体。

二、目标市场选择

企业在划分好细分市场之后，可以进入既定市场中的一个或多个细分市场。目标市场选择是指估计每个细分市场的吸引力程度，并选择进入一个或多个细分市场。

(一) 目标市场选择标准

1. 有一定的规模和发展潜力

企业进入某一市场是期望能够有利可图，如果市场规模狭小或者趋于萎缩状态，则企业进入后难以获得发展，此时，应审慎考虑，不宜轻易进入。当然，企业也不宜以市场吸引力作为唯一取舍条件，特别是应力求避免"多数谬误"，即与竞争企业遵循同一思维逻辑，将规模最大、吸引力最大的市场作为目标市场。大家共同争夺同一个顾客群的结果是，造

成过度竞争和社会资源的无端浪费，同时使消费者的一些本应得到满足的需求遭受冷落和忽视。现在国内很多企业动辄将城市尤其是大中城市作为其首选市场，而对小城镇和农村市场不屑一顾，这很可能就步入误区。如果转换一下思维，一些目前经营尚不理想的企业说不定会出现"柳暗花明"的局面。

2. 细分市场结构的吸引力

细分市场可能具备理想的规模和发展特征，然而从盈利的观点来看，它未必有吸引力。正如前文所述，波特认为有五种力量(同行业竞争者、潜在的新参加的竞争者、替代产品、购买者和供应商)决定整个市场或其中任何一个细分市场的长期的内在吸引力。

3. 符合企业目标和能力

某些细分市场虽然有较大吸引力，但不能推动企业实现发展目标，甚至会分散企业的精力，使之无法完成其主要目标，这样的市场应考虑放弃。另一方面，还应考虑企业的资源条件是否适合在某一细分市场经营。只有选择那些企业有条件进入、能充分发挥其资源优势的市场作为目标市场，企业才会立于不败之地。

现代市场经济条件下，制造商品牌和经销商品牌之间经常展开激烈的竞争，也就是所谓品牌战。一般来说，制造商品牌和经销商品牌之间的竞争，本质上是制造商与经销商之间实力的较量。在制造商具有良好的市场声誉，拥有较大市场份额的条件下，应多使用制造商品牌，无力经营自己品牌的经销商只能接受制造商品牌。相反，当经销商品牌在某一市场领域中拥有良好的品牌信誉及庞大的、完善的销售体系时，利用经销商品牌也是有利的。因此品牌使用者进行决策时，要结合具体情况，充分考虑制造商与经销商的实力对比，以求客观地做出决策。

(二) 目标市场选择战略

1. 无差异性目标市场策略

该策略是把整个市场作为一个大目标开展营销，它们强调消费者的共同需求，忽视其差异性。采用这一策略的企业，一般都是实力强大进行大规模生产方式，又有广泛而可靠的分销渠道，以及统一的广告宣传方式和内容。美国的可口可乐公司最具代表性。一百多年以来，不论是在北美还是全球，都是奉行的无差异化营销策略，保证了可口可乐的品质口感始终如一，使之成为一个全球的超级品牌。

2. 差异性目标市场策略

该策略通常是把整体市场划分为若干细分市场作为其目标市场。针对不同目标市场的特点，分别制订出不同的营销计划，按计划生产目标市场所需要的商品，满足不同消费者的需要。

3. 集中性目标市场策略

该策略是选择一个或几个细分化的专门市场作为营销目标，集中企业的优势力量，对某细分市场采取攻势营销战略，以取得市场上的优势地位。一般来说，实力有限的中小企业多采用集中性市场策略。

三、差异化营销

传统 4Ps 理论时代，大众媒体盛行，依靠大众媒体促进销售，无差异化策略成为这一阶段的明显特征。但是市场发展到今天，当代的成功企业早已将顾客满意视为企业存在的最高价值。当技术的发展、行业的垂直分工以及信息的公开性、及时性，使越来越多的产品出现同质化时，寻求差异化营销已成为企业生存与发展的一件必备武器。

著名战略管理专家迈克尔·波特是这样描述差异化战略的：当一个公司能够向客户提供一些独特的、其他竞争对手无法替代的商品，对客户来说其价值不仅仅是一种廉价商品时，这个公司就把自己与竞争厂商区别开来了。对于一般商品来讲，差异总是存在的，只是大小强弱不同而已。而差异化营销所追求的"差异"是产品的"不完全替代性"，即企业凭借自身的技术优势和管理优势，生产出在性能上、质量上优于市场上现有水平的产品；或是在销售方面，通过有特色的宣传活动、灵活的推销手段、周到的售后服务，在消费者心目中树立起不同一般的形象。

(一) 顾客就是差异

企业的宗旨必须是存在于企业自身之外的，企业的宗旨必须存在于社会之中，企业的宗旨只有一种适当的定义：创造顾客。那么，面对形形色色的人群，创造顾客又从何说起呢？从表面看，企业向不同的顾客提供的是同一种商品，但实际上，顾客所买的可能是根本不同的东西，同样是买汽车，有的购买的是纯粹的交通工具，有的则更多地附加了地位、声望这些车外之物；同样是买服装，中老年人注重更多的是冬暖夏凉这些功能，而年轻人则可能把款式和是否流行作为首选内容。富有者，把高价和时髦作为身份、地位的象征；贫贱者把食饱腹、衣遮体当成衡量商品优劣的尺度，如此等等。

顾客对商品看法的差异决定了他是否作为最终消费者的主要因素，而从生产者来讲，产品是否为顾客所欢迎，最主要的是能否把自己的产品与竞争对手区别开来，让消费者一见钟情。所以从某种意义上来说，创造顾客就是创造差异，有差异才能有市场，才能在强手如林的同行业竞争中立于不败之地。差异化营销正是迎合了这种需要。

(二) 寻求差异的着眼点

现代营销理论认为，一个企业的产品不应只考虑它的使用价值，它在顾客中的定位有三个层次：

一是核心价值。它是指产品存在的理由，主要由产品的基本功能构成。如手表是用来计时的，羽绒服是用来保暖的。

二是有形价值。它是指与产品有关的品牌、包装、样式、质量及性能，是实际产品的重要组成部分，它也是消费者选购商品的主要依据。

三是附加价值。其中包括与产品间接相关的或厂家有意添加的性能和服务，如免费送货、分期付款、安装、包修、保险等。

这些都构成了差异化战略的理论基础。

1. 产品差异化

产品差异化是指产品的特征、工作性能、一致性、耐用性、可靠性、易修理性、式样和设计等方面的差异。也就是说,某一企业生产的产品,在质量、性能上明显优于同类产品,从而形成独自的市场。对于同一行业的竞争对手来说,产品的核心价值是基本相同的,所不同的是在性能和质量上。因此,在满足顾客基本需要的情况下,为顾客提供独特的产品是差异化战略追求的目标。中国在 20 世纪 80 年代是 10 人用一种产品,90 年代是 10 人用 10 种产品,而今天是一人用 10 种产品。因此,任何企业都不能用一种产品满足 10 种需要,最好推出 10 种产品满足 10 种需要,甚至满足一种需要。

2. 形象差异化

形象差异化即企业实施通常所说的品牌战略和 CI(Corporate Identity,企业识别)战略而产生的差异。企业能通过强烈的品牌意识、成功的 CI 战略,借助媒体的宣传,使企业在消费者心目中树立起优异的形象,从而对该企业的产品发生偏好,一旦需要,就会毫不犹豫地选择。例如,为了突出自己纯天然的形象,农夫山泉在红色的瓶标上除了商品名之外,又印了一张千岛湖的风景照片,无形中彰显了其来自千岛湖的纯净特色。

3. 服务差异化

服务差异化是指企业向目标市场提供与竞争者不同的优异的服务。尤其是在难以突出有形产品的差别时,竞争成功的关键常常取决于服务的数量与质量。区别服务水平的主要因素有送货、安装、用户培训、咨询、维修等。售前、售中与售后服务差异就成了对手之间的竞争利器。例如,同是一台电脑,有的保修一年,有的保修三年,在质量、性能、价格等条件接近的情况下,消费者自然优先考虑后者。

如今,产品的价格和技术差别正在逐步缩小,影响消费者购买的因素除产品的质量和公司的形象外,最关键的还是服务的品质。服务能够主导产品销售的趋势,服务的最终目的是提高顾客的回头率,扩大市场占有率。而只有差异化的服务才能使企业和产品在消费者心中永远占有"一席之地"。

(三) 差异化营销的实施

1. 把科学、缜密的市场调查、市场细分和市场定位作为基础

市场调查、市场细分和市场定位能够为企业决策者提供顾客在物质需要和精神需要的差异,准确地把握"顾客需要什么"。在此基础上,分析满足顾客差异需要的条件,要根据企业现实和未来的内外状况,研究是否具有相应的实力,目的是明确"本企业能为顾客提供什么"这一主题。如果是耐用消费品,应以产品差异和服务差异为主攻方向;如果是日用消费品、食品饮料,则应以树立形象差异为重点。

2. 差异化策略是一个动态的过程

任何差异都不是一成不变的。随着社会经济和科学技术的发展,顾客的需要也会随之发生变化。昨天的差异化会变成今天的一般化。例如,手机一度被视为高收入阶层的独享之物,今天早已进入寻常百姓的手中。手机厂家再把目光只瞄准高端用户也就不能取胜。其次,竞争对手也是在变化的,尤其是一些价格、售后服务、包装等方面,是很容易被那

些实施跟进策略的企业模仿。任何差异都不会永久保持，要想使本企业的差异化策略成为长效药，出路只有不断创新，用创新去适应顾客需要的变化，用创新去战胜对手的"跟进"。

3. 差异化策略是一个系统

在具体操作中，经营者有必要使差异化策略形成一个系统，全面实施。实施产品差异化，不仅要为顾客提供别具一格的产品，为对手所不能为，还应该从包装到产品的宣传都显示出明显的差异，在顾客中建立令其难以忘怀的形象。值得指出的是，任何一种差异化策略的实施都要付出一定的代价，如增加售后服务项目就要加大销售成本，加大宣传力度就要支出一大笔广告费用，但只要顺利达到预想的差异化效果，或者能为企业带来长远的利益，这种选择就是值得的。

4. 实施差异化策略要加强营销全过程的管理和控制

最重要的是注意顾客的反馈。因为任何营销策略实施成功与否，最终进行裁决的是作为上帝的顾客，得不到顾客的认可，再完美的策略也只不过是纸上谈兵。只有通过顾客的反馈，企业才能准确地判断是保持、强化还是高速实施自己的营销策略。国内一些企业往往习惯于运用自己的营销渠道来收集信息，而不善于直接从顾客那里获取。这是很不明智的，值得我们深思。

案例 10-4

三星手机的研发

三星电子旗下手机部门早在 2011 年便给予手机 4.3 英寸超大屏，刷新用户认知，并且吸引了大批的忠实用户。2012 年，三星发现平板手机的契机，发布 Note 系列，也是博得了市场一片喝彩。三星的产品差异化策略成功地占据了市场，并且成长为行业老大。

同时，三星集团常年位居世界百大广告主前列。2012 年三星集团全年广告支出已经达到了 116 亿美元，同期的研发投入仅有 103 亿美元，相差高达 13 亿美元。高额的广告投入使得三星手机在安卓阵营群雄争霸的初期取得了非常显著的效果，三星一度成为安卓阵营高端手机的代名词。

不过，过度依赖营销导致三星手机对于研发的投入和重视程度降低，并在新产品面世的时候显现出来，消费者感到的兴奋点渐少。随着其他品牌大屏手机的面世，三星的优势和差异越来越小。现在的三星虽然还是世界上最大的智能手机厂商之一，但是市场影响力已经明显下降。

四、销售常用预测方法

销售计划的中心任务之一就是销售预测。销售预测是指根据以往的销售情况，使用销售预测模型获得的对未来销售情况的预测。无论企业的规模大小、销售人员的多少，销售预测影响到包括计划、预算和销售额确定在内的销售管理的各方面工作。

(一) 定性预测方法

一般来说，在销售预测中常用的定性预测方法有四种：高级经理意见法、销售人员意见法、购买者期望法和德尔菲法。

1. 高级经理意见法

高级经理意见法是依据销售经理(经营者与销售管理者为中心)或其他高级经理的经验与直觉，通过一个人或所有参与者的平均意见求出销售预测值的方法。

2. 销售人员意见法

销售人员意见法是利用销售人员对未来销售量进行预测。有时是由每个销售人员单独做出这些预测，有时则是与销售经理共同讨论而做出这些预测。预测结果以地区或行政区域汇总，一级一级汇总，最后得出企业的销售预测结果。

3. 购买者期望法

许多企业经常关注新顾客、老顾客和潜在顾客未来的购买意向情况，如果存在少数重要的顾客占据企业大部分销售量这种情况，那么购买者期望法是很实用的。

这种预测方法是通过征询顾客的潜在需求或未来购买商品计划的情况，了解顾客购买商品的活动、变化及特征等，然后在收集消费者意见的基础上分析市场变化，预测未来市场需求。如能获得完整资料，预测的准确性就比较高。该方法多用于需求较稳定的生产资料市场的预测。

4. 德尔菲法

德尔菲法又称专家意见法，是指以不记名方式根据专家意见做出销售预测的方法。至于谁是专家，则由企业来确定。德尔菲法通常包括召开一组专家参加的会议。第一阶段得到的结果总结出来可作为第二阶段预测的基础。通过组中所有专家的判断、观察和期望来进行评价，最后得到具有更少偏差的预测结果。

德尔菲法的最大优点是充分民主地收集专家意见，把握市场的特征。但是，德尔菲法一般只能得到企业或行业的预测结果，用此方法所求得的地区、顾客、产品分类等预测结果就没有那么精确了。

(二) 定量预测方法

用来进行销售预测的定量预测方法可以按照不同类型分成两大类：时间序列分析法、回归和相关分析法。

1. 时间序列分析法

时间序列分析法是利用变量与时间存在的相关关系，通过对以前数据的分析来预测将来的数据。在分析销售收入时，大家都懂得将销售收入按照年或月的次序排列下来，以观察其变化趋势。时间序列分析法现已成为销售预测中具有代表性的方法。

2. 回归和相关分析法

各种事物彼此之间都存在直接或间接的因果关系，同样的，销售量亦会随着某种变量的变化而变化。当销售与时间之外的其他事物存在相关性时，就可运用回归和相关分析法进行销售预测。

(三) 与同类企业进行对比法

采用这个方法需要将企业自身的资源、技术和营销计划等与市场内主要的竞争对手进行比较，模拟式地得出销售预测量。

对于刚开办的企业来说，要想短期内直接超过竞争对手的销售额是不太现实的。开业3~6个月的销售额一般不会高于竞争对手。

(四) 实地测试(市场试销)法

在购买者并无详细的购买计划，或购买意向变化无常，或专家估计也难以准确的情况下，可直接进行市场试销，用小量试销的办法试探之后做出预测。

在预测某种新产品的销售量，或预测新产品在某一新地区或通过某种新渠道的销售前景时，市场试销法比较适用。

第四节　给投资人的回报如何展示

创业者必须十分关注创业项目可能形成的财务效益。

第一，财务评价的时间范围。

财务评价是对过去财务状况的总结分析和对未来财务状况的预测。对过去财务状况的分析主要是研究企业的财务实际状况和财务方面的能力，它的重要度相对低一些；而项目未来财务状况预测，主要是通过对项目的未来收益进行预测，看项目是否能够给投资者带来高额回报，其重点是项目的预期收益，这也是风险投资家最关心的问题。对未来收益的预期通常需要一个比较长的时间，鉴于风险投资的投资期限一般为3~7年，因此，对项目未来收益的预测一般以5年为预测区间进行定量预测。

第二，财务预测的主要报表。

财务预测主要是预测损益表、预测现金流量表，重点考查投资资本需求、资本支出维持水平、计划资本支出、计划折旧与摊销时间表、资产寿命、融资需求等；预测资产负债表，重点考查各科目的变动情况及其合理性、销售和损益的对照。

第三，投资回报预测的主要指标。

投资回报的预测主要是根据创业投资项目的特点，选择和确定能够正确反映项目风险的贴现率，建立合理的现金流量模型，并用这一贴现率计算项目的投资收益、净现值、投资回收期、投资回报率等。

内部收益率是进行财务评价的一个重要指标，考虑到新事业开发可能面临的各项风险，合理的投资回报率应在25%以上。一般而言，15%以下的投资回报，将不是一个值得考虑的新事业机会。资金需求量较低的新事业机会，一般会比较受到投资者的欢迎。事实上，大量实例显示，资本额过高其实并不利于创业成功，有时还会带来稀释投资报酬率的负面效果。通常，越是知识密集的新事业机会，对于资金的需求量越低，投资报酬率反而越高。因此，在创业开始的时候，不要募集太多的资金，最好通过盈余积累的方式来创造资金。

毛利率高的新事业机会，相对风险较低，也比较容易实现损益平衡；反之，毛利率低的新事业机会，风险则较高，遇到决策失误或市场产生较大变化的时候，企业很容易就遭受损失。一般而言，理想的毛利率是40%。当毛利率低于20%的时候，这个新事业机会就不值得考虑。

一、固定资产概述

(一) 固定资产的定义

固定资产是指企业为生产产品、提供劳务、出租或者经营管理而持有的、使用时间超过12个月的，价值达到一定标准的非货币性资产，包括房屋、建筑物、机器、机械、运输工具以及其他与生产经营活动有关的设备、器具、工具等。固定资产是企业的劳动手段，也是企业赖以生产经营的主要资产。

(二) 固定资产的主要特点

(1) 固定资产的价值一般比较大，使用时间比较长，能长期地、重复地参加生产过程。

(2) 在生产过程中虽然发生磨损，但是并不改变其本身的实物形态，而是根据其磨损程度，逐步地将其价值转移到产品中，其价值转移部分回收后形成折旧基金。

固定资金作为固定资产的货币表现，也有以下特点：

(1) 固定资金的循环期比较长，它不是取决于产品的生产周期，而是取决于固定资产的使用年限。

(2) 固定资金的价值补偿和实物更新是分别进行的，前者是随着固定资产折旧逐步完成的，后者是在固定资产不能使用或不宜使用时，用平时积累的折旧基金来实现的。

(3) 在购置和建造固定资产时，需要支付相当数量的货币资金，这种投资是一次性的，但投资的回收是通过固定资产折旧分期进行的。

(三) 固定资产的分类

1. 房屋、建筑物和附属设施

(1) 房屋：包括办公用房、生产用房、职工宿舍、幼儿园、会所、食堂、仓库、锅炉房等。

(2) 建筑物：包括道路、围墙、水塔、雕塑、水池、烟囱、河堤等。

(3) 附属设施：包括供水设施、排水设施、污水处理设施、供电设施、供暖设施、电信设施、燃气设施、消防系统等。

2. 机器设备

(1) 专用设备：指具有专门性能和专门用途的设备，包括机械设备、动力设备、传导设备、器皿器械、工具量具、卫生医疗器械、文体设备、标本模型、容器等。

(2) 运输设备：包括小型客车、大型客车、货车、摩托车、其他车辆等。

(3) 电子设备：包括通用测试设备、自动化半自动化控制设备、消毒设备、仪器仪表、显微镜、报警系统等。

3. 办公设备、家具

办公设备、家具指办公用的通用性设备，包括电脑、网络设备、打印机、复印机、传真机、音响设备、影像设备、空调、冰箱、洗衣机、通信工具、桌椅、沙发、柜子等。

4. 其他固定资产

其他固定资产指未能包括在上述各项内的固定资产。

二、流动资产概述

(一) 流动资产的定义

流动资产是指企业可以在一年或者超过一年的一个营业周期内变现或者运用的资产，是企业资产中必不可少的组成部分。流动资产在周转过渡中，从货币形态开始，依次改变其形态，最后又回到货币形态(货币资金→储备资金、固定资金→生产资金→成品资金→货币资金)。各种形态的资金与生产流通紧密相结合，周转速度快，变现能力强。

(二) 流动资产的主要特点

(1) 流动资产占用形态具有变动性；
(2) 流动资产占用数量具有波动性；
(3) 流动资产循环与生产经营周期具有一致性；
(4) 流动资产的来源具有灵活多样性。

(三) 流动资产的分类

从不同的角度，可以有不同的分类方式。而且，不同的行业也是由不同的流动资产构成的。

1. 按照流动资产在企业生产经营中所起的作用

1) 工业企业的流动资产

(1) 储备资产：从购买到投入生产为止，处于生产准备阶段的流动资产，包括原材料及主要材料、辅助材料、燃料、修理用备件、低值易耗品、包装物、外购半成品等。

(2) 生产资产：从投入到产成品制成入库为止，处于生产过程中的流动资产，包括在产品、自制半成品、待摊费等。

(3) 成品资产：从产品入库到产品销售为止，处于产品待销过程中的流动资产，包括产成品和准备销售的半成品和零部件等。

(4) 结算资产：指各种发出商品、应收账款、应收票据等。

(5) 货币资产：指银行存款、库存现金等。

2) 商业企业流动资产

(1) 商品资产：包括库存商品和在途商品等。

(2) 非商品资产：包括包装物、物料用品、低值易耗品、待摊费用等。

(3) 结算资产：包括各种应收、付款、应收票据等。

(4) 货币资产：包括银行存款、库存现金等。

2. 按流动资产的表现形态

按流动资产的表现形态可分为货币性流动资产和实物形态的流动资产。货币性流动资产以货币形态存在，包括上述结算资产和货币资产；实物形态流动资产包括上述储备资产、生产资产、成品资产等。

3. 按对流动资产进行计划管理的需要

按对流动资产进行计划管理的需要可分为定额流动资产和非定额流动资产。定额流动资产是流动资产的基本组成部分，包括原材料、辅助材料、在产品、自制半成品、产成品等；非定额流动资产包括结算资币资金。

三、销售成本计划制订

（一）销售成本的定义

销售成本是指已销售产品的生产成本或已提供劳务的劳务成本以及其他销售的业务成本。

案例 10-5

"销售与成本计划表"示例

项目	金额（元）月份	1	2	3	4	5	6	7	8	9	10	11	12	合计
销售	含流转税销售收入	0	0	15930	25630	39075	40987	42657	37896	43596	45630	48230	43587	383218
	流转税（增值税等）	0	0	477.9	768.9	1172.3	1229.6	1279.7	1136.9	1307.9	1368.9	1446.9	1307.6	11497
	销售净收入	0	0	15452	24861	37903	39757	41377	36759	42288	44261	46783	42279	371721
成本	业主工资	3000	3000	3000	3000	3000	3000	3000	3000	3000	3000	3000	3000	33000
	员工工资	13200	13200	13200	13200	13200	13200	13200	13200	13200	13200	13200	13200	158400
	租金	3000	3000	3000	3000	3000	3000	3000	3000	3000	3000	3000	3000	36000
	办公费用	1300	1500	1300	1200	1530	1463	1632	1300	1563	1463	1300	1658	17209
	市场营销费用	200	0	300	0	0	800	0	300	0	0	0	0	1600
	维修费	0	0	0	700	0	500	0	0	500	0	0	0	1700
	折旧费	1080	1080	1080	1080	1080	1080	1080	1080	1080	1080	1080	1080	12960
	贷款利息	0	0	0	0	0	0	0	0	0	0	0	0	0
	保险费	750	750	750	750	750	750	750	1500	1500	1500	1500	1500	12750
	登记注册费	50	50	50	50	50	50	50	50	50	50	50	50	600
	其他1（通信费）	100	100	100	100	100	100	100	100	100	100	100	100	1200
	2（交通费）	100	100	100	100	100	150	150	150	200	200	200	200	1750
	3（水电物管+生活费）	1500	1500	1500	1500	1500	1500	1500	1500	1500	1500	1500	1500	18000
	原材料（商品存货）	0	0	0	0	0	0	0	0	0	0	0	0	0
	1	200	700	800	800	900	1000	1000	1200	1400	1500	1600	1700	12800
	2	0	0	0	0	0	0	0	0	0	0	0	0	0
	3	0	0	0	0	0	0	0	0	0	0	0	0	0
	总成本	24480	24980	25180	25480	25210	26593	25462	26380	27093	26593	26530	26988	310969
利润		-24480	-24980	-9728	-618.9	12693	13164	15915	10379	15195	17668	20253	15291	60752
税费	企业所得税	0	0	0	0	0	3291.1	3978.8	2594.8	3798.8	4417	5063.3	3822.8	26967
	个人所得税	0	0	0	0	0	0	0	0	0	0	0	0	0
	其他	0	0	0	0	0	0	0	0	0	0	0	0	0
净收入（税后）		-24480	-24980	-9728	-618.9	12693	9873.3	11936	7784.3	11396	13251	15190	11469	33786

(二) 销售成本的具体范围

销售成本包括主营业务成本和其他业务支出两部分。其中，主营业务成本是企业销售商品产品、半成品以及提供工业性劳务等业务所形成的成本；其他业务支出是企业销售材料、出租包装物、出租固定资产等业务所形成的成本。

(三) 销售成本预测的作用

成本测定是指通过科学运算，计算出企业每销售一元产品时的成本。成本包括原材料成本、折旧、管理费用、税金等。同时可以计算出企业销售的盈亏点，以帮助企业管理者了解企业运营情况，进而影响企业资金投向。

为什么成本测定这么重要呢？

举例来说，某公司做日化产品，2018 年销售 500 万元。那么，2019 年销售目标是多少，保底销售额是多少公司才能收支平衡呢？如果公司有 50 万元资金可以扩大企业运营，那么预计可以带来多少利润呢？如果进行了成本测定，你就可以知道年销售达到预期销售额的时候，收支平衡。那么销售人员的工资提成基数就有了，车间员工年度需要生产产品的数量，其他部门，包括采购库存、检验、员工招聘与培训、市场宣传、广告安排等，都可以科学地安排出来。一个比较合理的企业预算就接近实际需求了。

四、主要财务预测表编制

注：为使用方便，使预测数据更有针对性和辨识性，预测使用的报表可参考使用企业财务报表格式。主要财务报表的格式会随着最新政策进行调整，具体样张可以参考财政部相关文件。例如，2018 年 6 月颁布的《关于修订印发 2018 年度一般企业财务报表格式的通知》，在计划书中主要应该出现的财务预测报表包括：

(一) 资产状况的预测——资产负债表

资产负债表(Balance Sheet)亦称财务状况表，表示企业在一定日期(通常为各会计期末)的财务状况(即资产、负债和业主权益的状况)的主要会计报表。资产负债表利用会计平衡原则，将合乎会计原则的资产、负债、股东权益，在经过分录、试算、调整等会计程序后，以特定日期的静态企业情况为基准，浓缩成一张报表。其报表的功用除了企业内部除错、经营方向、防止弊端外，也可让所有阅读者于最短时间了解企业经营状况。

(1) 反映企业资产的构成及其状况，分析企业在某一日期所拥有的经济资源及其分布情况。企业的资产结构反映其生产经营过程的特点，有利于报表使用者进一步分析企业生产经营的稳定性。

(2) 可以反映企业某一日期的负债总额及其结构，分析企业目前与未来需要支付的债务数额。负债结构反映了企业偿还负债的紧迫性和偿债压力性，通过资产负债表可以了解企业负债的基本信息。

(3) 可以反映企业所有者权益的情况，了解企业现有投资者在企业投资总额中所占的份额，有助于报表使用者分析、预测企业生产经营安全程度和抗风险的能力。

（二）损益的预测——损益表

损益表(Income Statement) 是反映企业在一定时期内(月份、年度) 经营成果(利润或亏损) 的报表。损益表上所反映的会计信息，可以用来评价一个企业的经营效率和经营成果，评估投资的价值和报酬，进而衡量一个企业在经营管理上的成功程度。具体来说有以下几个方面的作用：

(1) 损益表可作为经营成果的分配依据。损益表上的数据直接影响到许多相关集团的利益，如国家的税收收入、管理人员的奖金、职工的工资与其他报酬、股东的股利等。正是由于这方面的作用，损益表的地位曾经超过资产负债表，成为最重要的财务报表。

(2) 损益表能综合反映生产经营活动的各个方面，有助于考核企业经营管理人员的工作业绩。通过将收入、成本费用、利润与企业的生产经营计划对比，可以考核生产经营计划的完成情况，进而来评价企业管理当局的经营业绩和效率。

(3) 损益表可用来分析企业的获利能力、预测企业未来的现金流量。损益表揭示了经营利润、投资净收益和营业外的收支净额的详细资料，可据以分析企业的盈利水平，评估企业的获利能力。同时，报表使用者所关注的各种预期的现金来源、金额、时间和不确定性，如股利或利息、出售证券的所得及借款的清偿，都与企业的获利能力密切相关。所以，收益水平在预测未来现金流量方面具有重要作用。

（三）现金流量的预测——现金流量表

现金流量表也是财务报表的三个基本报告之一，所表达的是在一个固定期间(通常是每月或每季)内，一家机构的现金(包含银行存款)的增减变动情形。

现金流量表的出现，主要是要反映出资产负债表中各个项目对现金流量的影响，并根据其用途划分为经营、投资及融资三个活动分类。

一个正常经营的企业，在创造利润的同时，还应创造现金收益，通过对现金流入来源分析，就可以对创造现金能力做出评价，并可对企业未来获取现金的能力做出预测。同时，现金流量表提供了一家企业经营是否健康的证据。如果一家企业经营活动产生的现金流无法支付股利与保持股本的生产能力，而必须用借款的方式满足这些需要，那么这就给出了一个警告，这家企业从长期来看将无法维持正常情况下的支出。

五、退出方式

创业投资的目的不在于对被投资企业股份的占有和控制，而是在于企业做大后将资产变现，获取收益，因此退出方式是创业投资家在评估项目时考查的一个重要指标。对这一指标考查的重点是评估企业提出的退出依据是否可靠、最可能的退出方式及各种方式的可能性程度、合同条款中有无保护投资权益的财务条款及财产保全措施等。

第五节　对风险要有敬畏之心

风险是指一定环境、一定时间段内，影响决策目标实现的不确定性，或是某种损失发生的可能性。美国学者 A. H. 威雷特早在 1901 年就对此进行了研究，他认为："风险是关于不愿发生的时间发生的不确定性的客观体现。"日本学者武井勋归纳提出了风险的三个基本要素：风险与不确定性有差异；风险是客观存在的；风险是可以预测的。

目前，对于创业风险的界定，学术界还没有统一的观点，大多数国内外学者都只针对自己所研究的领域或角度来界定，而并没有将其一般的概念提炼出来。Timmons 和 Deninney 将创业风险视为创业决策环境中的一个重要因素，其中包括处理进入新企业或新市场的决策环境以及新产品的引入。赵光辉主要从创业人才角度界定创业风险，认为创业风险就是指人才在创业中存在的风险，即由于创业环境的不确定性，创业机会与创业企业的复杂性，创业者、创业团队与创业投资者的能力与实力的有限性，而导致创业活动偏离预期目标的可能性及其后果。

在对创业项目进行风险评估时，需将定性分析与定量分析结合起来。通过系统而充分的考虑，定性分析出与项目有关的各种不确定因素，确定这些不确定因素的概率分布，并在项目多方案比较和选择的不同条件下，定量地分析出与项目有关的各种因素在发生变化时对项目投资效果所产生的影响。

一、你的项目运作时有哪些可能的风险

（一）机会风险

创业者选择创业也就放弃了自己原先所从事的职业。创业者同一时期往往只能做一件事，选择创业就丧失了其他的选择，这就是所谓的机会成本风险。

如果创业者认为目前创业时机成熟，正好有一个绝佳的商业机会，那么就要狠下决心，立即着手创业。如果觉得没有什么太好的商业机会，而且自己对行业状况、公司经营管理知之甚少，就暂时不要急于创业，而是边工作边认真观察，看看所在公司的各层领导是如何工作的，甚至有心学习所在公司开拓市场的技巧，以及公司老总管理公司的技巧。创业者还可以边为其他公司打工，边留心建立良好的商业关系网，等待时机成熟，再开始创业。

（二）技术风险

在企业产品创新过程中，因技术因素而导致创业失败的可能性，即为创业技术风险。创业企业的新产品和新技术往往尚未经过市场和生产的大规模检验。在实际生产中，技术是否可行，预期和实践之间的偏差是否存在不得而知。

1. 技术成功的不确定性

创新技术从研究开发到实现产品化、产业化的过程中，任何一个环节的技术障碍，都

将使产品创新前功尽弃，归于失败。当用血汗赚来的资金或以家产抵押来的创业资金将要耗尽时，却还没有生产出合格的产品，则风险达到极大。

2. 技术前景的不确定性

新技术在诞生之初都是不完善的、粗糙的。对于在现有技术设备条件下，能否很快使其完善起来，工程师和创业者都没有把握。

3. 技术效果的不确定性

一项高技术产品即使能成功地开发和生产，但事先也难以确定其效果。若达不到创业前所预期的效果，结果也会造成大的损失甚至创业夭折。

4. 技术寿命的不确定性

高技术产品的重要特点之一就是寿命周期短、更新换代快。如果不能在高技术寿命周期内迅速实现产业化，收回初始投资并取得利润，必然造成创业的夭折。

创业者在选择投资项目时，目光短浅，不能把握技术市场未来的发展方向，投巨资购买眼看要落后的技术，遭受损失理所当然。当一项投资花费巨大，可能需要较长时间才能收回成本并获得盈利时，投资者就不但要考虑它的现在，还要考虑它的将来，一项产品现在有市场，不等于将来也同样有市场。

案例 10-6

一次失败的投资

一个以生产新型包装材料为主的加工厂正在努力寻找新的发展目标时，一个科研机构负责人带着他们研制的高新科技产品——"新一代软饮料无菌包装盒"前来洽谈。该厂认为，如果自己搞研发在时间上肯定不占优势，何况据他们预测，合作的第二年就可以实现收支平衡，第三年开始盈利，于是一口气与对方签订了 5 年的投资合同。然而，这种乐观的预测很快就被现实打败。在新品上市第二年，市场上就出现了科技含量远胜于它的同类产品，消费者的目光也随之转移了方向。该厂的 5 年投资尚未盈利，就被阻塞了获取利润之道。创业者目光短浅，不从发展的角度看待高科技项目，错误地度量投资项目的生命力和产品的生命周期，在升级换代日益加速、产品淘汰速度愈来愈快的高科技领域，盲目进行长期投资，必致惨败。

(三) 市 场 风 险

1. 市场风险的定义

市场风险指市场主体从事经济活动所面临的盈利或亏损的可能性和不确定性。

2. 市场风险的种类

(1) 市场需求量。市场容量决定了产品的市场商业总价值。产品的市场容量较小或者短期内不能为市场所接受，那么产品的市场价值就无法实现，投资就无法收回，从而造成创业夭折。

(2) 市场接受时间。一个全新的产品，打开市场需要一定的过程与时间，如果创业企业缺乏雄厚的财力投入到营销广告中，产品为市场接受的过程就会更长，因而不可避免地出现产品销售不畅，前期投入难以回收，从而给创业企业资金周转带来极大困难。

(3) 市场价格。产品价格超出了市场的承受力，就很难为市场所接受，技术产品的商业化、产业化就无法实现，投资也就无法收回。高技术产品的研制成本一般较高，为了实现高投入的高收益目标，产品定价一般很高。当某种新产品逐渐被市场所接受和吸纳时，其高额的利润会吸引来众多的竞争者，可能造成供大于求的局面，导致价格下跌，从而影响高技术产品创新的投资回报。

(4) 市场战略。一项好的高技术产品，如果没有好的市场战略规划，在价格定位、用户选择、上市时机、市场区域划分等方面出现失误，就会给产品的市场开拓造成困难，甚至功亏一篑。

案例 10-7

无效的广告宣传

一个新崛起的化妆品生产厂老板，目睹了同行前辈们通过大力的广告宣传造成的销售旺盛局面后，颇受启发，也准备投入 10 万元将企业好好宣传一下。一位下属建议说："经理，10 万元似乎不够，恐怕难以使宣传到位。而不到位的宣传，是达不到你所预言的宣传效果的。"老板却不以为然地说："不就是上上电视，发发传单吗？10 万元还不够？肯定够!"结果，10 万元花出去了，人们依然对这个厂子和这个厂子的产品毫无印象。

创业者对于广告宣传缺乏认识和理解，从而做出错误的广告宣传策略，不但达不到宣传效果，也浪费了企业宝贵的资金。有时因为广告宣传主题不到位，反而会弄巧成拙，影响企业形象，阻碍企业产品的销售。广告是一门学问，学好了可以帮人成事，学不好也可能坏事，这一点创业者不可不察。

(四) 资金风险

1. 资金风险的定义
资金风险是指因资金不能适时供应而导致创业失败的可能性。

2. 资金缺乏引起的风险
对于新创企业，资金缺乏是最为普遍的问题。企业加速扩张时，往往因为遭遇资金"瓶颈"，影响整个企业协作，若创业者不能及时解决，则影响巨大。尤其对于高新技术创业活动(资金需求规模较大)，由于资金不能及时供应，导致高新技术迟迟不能产业化，其技术价值随着时间的推移不断贬值，甚至很快被后来的竞争对手超出，从而使初始投入付之东流，非常容易造成创业夭折。

在现实中，资金管理能力欠缺的企业往往容易走向另一个极端：当企业拥有融资渠道时，往往热衷于做项目，铺张无度，资金绷得像一条橡皮筋，一旦一个地方断裂，不但无从补救，而且往往会殃及整个企业。

案例 10-8

盲目贷款惹的祸

湖北一个新组建的农副产品加工公司，为了事业的高起点，急不可待地购进了一大批设备。不久就发现，要安置新设备，现有的厂房远远不够，需要建新厂房。可建新厂房需要很大一笔投资，为采购设备，公司账上资金已几近枯竭。无奈之下，只得求助于银行。几经周折，总算以备料的名义，从银行贷来了一笔款项。该公司将这笔款项投入新厂房的建设当中，却忘了这是短期贷款。新的厂房刚盖完，还款的时间也到了。公司还不上银行的借款，银行就申请法院将公司原有的厂房连带新盖的厂房和机器设备全给查封了。这家企业一时落入了进退无路的境地。

借钱没什么不对，几乎每一家企业都有过借钱的经历。这家公司错在用银行的短期贷款搞固定资产投资，这是公司财务管理上的大忌，将会大大增加企业的投资风险，并有可能危及企业的正常运作。所以，作为企业管理者，对一些基本的财务知识一定要懂，不懂就要花时间认真去学，否则早晚要吃大亏。史玉柱后来总结自己失败教训的时候就说：我失误就失误在那时候不懂财务知识，将流动资金大量投入固定资产建设，结果使企业流动资金枯竭。企业也受此拖累，最后支持不下去了。

（五）管理风险

1. 管理者风险

一个优秀的创业家，可以不具备精深的技术知识，但必须具备一些基本素质：具有强烈的创新精神与创业意识，不墨守成规，不人云亦云；具有追求成就的强烈欲望，富有冒险精神、献身精神和忍耐力；具有敏锐的机会意识和高超的决策水平，善于发现机会，把握机会并利用机会；具有强烈的责任感和自信心，敢于在困境中奋斗，在低谷中崛起。

发达国家创业企业的成功经验之一，就是技术专家、管理专家、财务专家、营销专家的有机组合，形成团队的整体优势，从而为创业企业奠定坚实的组织基础。那种由技术所有者包揽一切，集众权于一身的家长式管理，往往由于管理水平、管理模式等方面的问题，导致创业夭折。

案例 10-9

"凡客"的扩张陷阱

成立于 2007 年的凡客诚品，曾经是快公司的典型样本。"我是凡客"等凡客体风靡之时，2009—2010 年凡客迎来了疯狂扩张，但随之而来的是巨大的管控漏洞：数亿积压库存报损、被销毁或低价出售；由于过分扩张品类，凡客早期清晰的服装品牌定位逐渐模糊，供应商和质量管理出现失控；人员急剧增加，但很多员工无所事事……在获得雷军等投资人的新一轮资金后，凡客开始了一场"小米式的变革"，但越来越多的迹象表明，凡客已经无法通过常规手段收复失地。

2. 决策风险

由于决策失误而造成失败的事例实在是太多了，无论是政治、军事还是商业。对于创业者而言，绝不可以根据自己的喜怒哀乐或不切合实际的个人偏好而做出决策。不进行科学分析、仅凭个人经验或凭运气的决策方式都可能导致惨重的失败。

管理者决策水平的高低对创业企业的成败影响巨大。据美国兰德公司估计，世界上破产倒闭的大企业，85%是因企业家决策失误造成的，中国的企业就更是如此。

案例 10-10

如何选择收购对象

山西某合伙企业为达到加强企业在市场中的影响力和竞争力的目的，决定采用收购企业的投资策略。摆在他们面前有两个可选择收购公司的方案，一家是一直赚钱但规模极小的企业，另一家则是现在赔钱未来也不见得赚钱但规模很大的大公司，到底该选哪一家呢？思来想去，他们认为自己投资收购企业，本身是为了迅速壮大自己，小企业即使再赚钱也一时难以达到这个目的，便决定投资收购那家大型企业。完成投资收购后，无论他们在原投资基础上又多投多少资金对大公司进行各项调整，其效益依旧非常差。被收购的大企业就像一辆巨大的破车，拖着收购企业的"后腿"，使他们有苦难言。

将企业迅速做大做强确实是许多人日夜梦想的事情。但饭要一口一口吃，事情要一件一件做，想一口吃个胖子，不是个好办法。认为收购一家现在赔钱将来也不见得赚钱的大公司，比收购一家一直赚钱的小企业强，这是一个糊涂的想法。企业收购要讲目的，但不管什么目的，企业总要以效益为第一，虽然有些是短期效益，有些是长期效益。企业在收购的时候，还有一个要考虑的就是优势互补，只要能够做到优势互补，暂时赔点钱也不是什么大事。

3. 组织和人力资源风险

组织和人力资源风险是指由于创业企业的组织结构不合理、用人不当所带来的风险。创业企业的迅速发展如果不伴随着组织结构、用人机制的相应调整，往往会成为创业企业潜在危机的根源。因此，对于新创企业，创业者从一开始就应该注意组织结构的设计、调整，人力资源的甄选、考评，薪酬的设计及学习与培训等管理。从创业初始就需要建立健全各项规章制度，并开始建立起企业文化。

创业之初，大家同甘共苦，同心同德。然而，创业者之间这种模糊的产权关系，以及模糊的分配关系却往往为企业管理者的内讧埋下伏笔，这两种关系引发的不良后果发展到极端，就会出现这样的场面：创业成功之际，几个创业者开始计较功过、权衡得失；企业壮大之时，企业的管理者们对于企业未来的归宿产生分歧；企业初具规模，准备进一步扩张之时，企业的高层们开始形成派系，相互排挤。

案例 10-11

被收购的"红孩子"

徐沛欣、李阳、杨涛和马建阳几个好兄弟一起创办了红孩子，形成了 CEO+3 的管理格局，四人性格互补，徐、李、杨、马四人组成的红孩子核心团队的协同作战能力也成为风险投资商相信红孩子的一个重要条件。在引入多轮融资之后，从 2006 年开始，红孩子创始人之间的矛盾开始发芽。

在获得风险投资后，徐沛欣的话语权逐步加大。此时，李阳、徐沛欣的战略分歧也在日益凸显。是继续专注于母婴用品市场，还是引入化妆品、3C(China Compulsory Certification，中国强制性产品认证)等品类做综合 B2C(Business to Customer)，李阳坚持前者，徐沛欣坚持后者。

在二人矛盾无法调和后，风险投资方支持徐沛欣，杨涛也选择站在徐沛欣一方，董事会决定让李阳和妻子王爽离开。另外两位创始人也因为内部原因而离开后，创始人团队只剩下被认为代表资本意志的徐沛欣。2012 年 9 月，苏宁宣布以 6600 万美元收购红孩子，红孩子变成苏宁的母婴频道。

(六) 环境风险

环境风险是指一项高技术产品创新活动由于所处的社会、政治、政策、法律环境变化或由于意外灾害发生而造成失败的可能性。因此，高技术产品创新，必须重视环境风险的分析和预测，把环境风险减到最低限度。

二、面对风险我们该怎么办

创业风险防范是有目的、有意识地通过计划、组织、控制等活动来阻止防范风险损失的发生，削弱损失发生的影响程度，获取最大利益，以达到消除或减缓风险发生的目的。

创业虽存在诸多风险，但机遇和挑战并存，唯有冷静地分析风险，勇敢地面对挑战，创业者才能防范风险，克服困难，走向创业成功。针对初次创业者创业过程中遇到的风险，可以从以下方面加以管控。

(一) 调整心态，做好创业准备

1. 了解自己

对自己充分了解，是创业者进行创业的前提。创业时要对自己的个性特征、特长等有充分的了解，选择适合自己个性特征，符合个人兴趣爱好的项目进行创业，同时创业者要掌握广博知识，具有一专多能的知识结构，才能进行创造性思维。

2. 积累经验，作出正确的创业决策

创业前还要积累一些有关市场开拓、企业运营方面的经验，通过在企业打工或者实习，参加创业培训，接受专业指导，来积累创业知识，提高创业成功率。创业者还应当锻炼受挫能力，遇到挫折后应放下心理包袱。

3. 客观分析

仔细寻找失利的原因，属于主观原因的，要适当调整自己的动机、追求和行为，避免下次出现同样的错误；属于客观或社会因素中自己无能为力的因素的，也不要过于自责、自卑或固执，应坦然面对，灵活处理，争取新的机会。即使失败，也要振作起来，使自己始终保持昂扬的斗志、必胜的信心，直至创业成功。

（二）审时度势，创业应有选择地量力而行

1. 以"合适"为基本立场

创业路途充满艰辛，绝不是一蹴而就、毕其功于一役就能成功的。因此，创业应找到合适的切入点，选择合适的时机、合适的项目和合适的规模来进行。初次创业者大多手中资金较少，创业经验不足，可以选择起点低、启动资金少的项目进行创业。

2. 选择适当的企业法律形态

初次创业要选择一种适合自己的企业法律形态。创业者选择个体工商户、合伙制企业的形态模式时，虽没有最低注册资本的要求，但创业者或投资人要对企业承担无限连带责任，企业如果经营不善欠下债务，股东要对企业的债务承担继续偿还的责任，创业时应慎重选择。创业时如果设立的是有限责任公司，公司具备法人资格，能够独立承担法律责任，公司如果资不抵债宣告破产，对公司不能清偿的债务，股东仅以其出资额承担法律责任，超出的部分不承担法律责任。

3. 选择理想的合作伙伴

合伙人之间、股东之间可能会因经营理念、利益分割甚至性格差异发生冲突。因此，创业者在选择企业法律形态时，应注意选择志同道合、善于沟通、以企业利益为重的合作者，这是非常重要的。

（三）充分利用优惠政策，迈出创业坚实第一步

目前，政府对于青年自主创业也提供了不少优惠政策，如税务优惠、办证绿色通道、贷款利率优惠和政府扶持等，为青年人的成功创业奠定了坚实的保障。但是，值得注意的是，如果有利的政策却不能为青年创业者所用，那么对于政策制定者和创业者来说，都是巨大的浪费和遗憾。

虽然有些优惠政策在实施过程中出现配套措施不到位、具体操作繁琐等情况，但初次创业者一定要充分了解这些优惠政策，并把它们充分运用到自己的创业实践中，创业时对自己能享受到的优惠政策熟记在心。

(四) 多渠道融资，降低创业资金风险

在现在的社会经济模式下，创业融资的渠道还是比较单一，主要以银行等金融机构"一肩挑"为主。创业者想要成功就必须开阔思路寻求多种创业融资途径。

只要大胆开拓思维，很多时候创业资金的解决并不是毫无办法。思科就曾经创造出了一种新的融资方式——"以多养一"的方式进行创业。思科创始人当初办的几家企业都转手了，换来的资金为创办思科提供了雄厚的经济基础。

在创业前期，针对何种创业项目，其投资成本一定要预算清楚，同时还要准备备用资金。只有充分的资金准备，才可以解决很多创业中遇到的困难。

(五) 树立团队意识，与他人合作共赢

新东方教育集团总裁俞敏洪认为，创业除了自己成功，还要与别人一起成功。一个人的能力是有限的，创业一定要抛弃单打独斗、孤军奋战的个人英雄主义思想，牢固树立团队合作共赢的理念。

创业应建立一个由各方面专才组成的合作团队，大家既有共同的理想，又能有效地使技术创新与经济管理互补，保证团队形成最大合力，在市场竞争中取胜，推动企业发展，取得创业成功。

(六) 重法治淡人情，在法律规则中稳步发展

市场经济是法制经济，从企业的产生到发展必须在法律框架下进行，符合法律规定。虽然中国人很重视人情、关系，但要想使企业稳步发展，把企业做大做强，创业者从开始就应该依法办事，淡化人情，让法律成为创业成功的基石。

正如前文所述，创业之初选择企业形态要慎重。合伙制企业一定要制订合伙章程，明确合伙人之间的权利义务以及盈利或亏损的分配方式，最好找专业法律人士审查把关。企业形态最好选择有限责任公司的模式，分清公司责任和个人责任，降低个人风险。

企业运营应严格遵守法律规定，安分守己，合法经营，切不可为小利而做违法乱纪之事。例如，依法为企业员工交纳社会保险，降低企业风险。出现纠纷最好通过法律途径解决，依法维护企业的合法权益。

本章回顾

所有的创业项目，尤其是早期项目，创始团队才是项目最大的投资人。从这个角度来看，创业者需要秉持的投资逻辑和外部投资人的投资逻辑应该是一致的，不同点只是在于，创业者是养自己的孩子，没得选择，而投资人则是抱养孩子，可以有选择。因此，创业计划书不仅仅是写给投资人看的，更是帮助创业者在"需求、产品(技术)、商业模式、团队、营销、运营、竞争优势"诸多重要方面进行深入思考并在战略方面实现"动态而混沌"的自洽的过程。因此，商业计划书其实是为创业者自身这个最大的投资人而写的。

本章深入分析了创业计划书的基本写作提纲，着重讲解其中的市场分析、营销策略、财务分析，并注重强调了一切的项目规划都不要忽视风险。对于很多连续创业者来说，即便不写一份书面的创业计划书，那么心里面也应该有一个完整的逻辑，这时候，创业计划书的作用无非是把这个"完整的逻辑"表达出来。而对于很多初次创业的人来说，光有一个点子就激动不已还远远不够。

讨论与思考

1. 一定要写创业计划书吗？不能用与投资人的面谈代替吗？
2. 如何清晰地描述出自己的核心产品或服务？
3. 怎么确定项目的潜在市场足够大？
4. 市场细分过程容易出现的失误有哪些？
5. 目标市场如何进行有效分析？
6. 如何借鉴其他企业成功的营销策略？
7. 如何保证销售预测数据的准确性？
8. 如何学习基本的财务知识？
9. 怎么保证财务报表预测结果的合理性？
10. 项目遭遇风险时如何摆脱？结合一项具体的风险来进行分析。

案例分析

卖报老人的生意经

每天上下班总要路过一个公交车站，经常看到报亭里卖报纸的老人。老人穿着整洁、精神矍铄，而且他的生意很不错。

有一天下班时间不算晚，买了他一份杂志，便和他闲聊了起来。

"老师傅，看您这儿人挺多的，生意不错吧！"

"呵呵，还可以，反正养家和供孩子读书基本没问题了！别看我普普通通，我家女儿可是在大学读书哩！"

"你真行啊！一般人可没您这么大能耐呢！"

老人打开了话匣子，和我聊了起来。两年前，老人下岗了。一时生活没了来源，这使得老人开始打算卖报养家糊口。几经对比，发现这一趟公交车总站人流量大、车次多，于是选定在这里卖。

但是，经过几天蹲点发现，车站已经有了两个固定的卖报人。其中一个卖了很长时间了，另一个是车站一位驾驶员的熟人。如果不做任何准备就直接进场卖报，一定会被人家赶出来的。于是老人打算从车站的管理人员下手。开始，老人每天给几位车站管理人员每人送份报纸，刚开始人家跟他不熟，不要他的报纸。他就说这是在附近卖报多余的，车站管理员也不是什么大官，一来二去也就熟了。老人这时才开始大倒苦水，说现在下岗了，在附近卖报销量也不好，一天卖不了几份，而女儿马上就要参加高考了，高昂的学费实在是无力负担，女儿学习成绩那么好，如果让她不读真的对不起她了……人心都是肉做的，车站管理员就热心帮他出主意：那你就到我们车站来卖报嘛。我们这边生意蛮好的，他们每天都能卖几百份呢。

大功告成了！有了车站管理员的许可，老人光明正大地进场了。当然，老人不会忘记每天"孝敬"管理员每人一份报纸。可是，这场是进了，可一共三个卖报人，卖的可是同样的报纸，每天的销量可想而知。老人冥思苦想之后决定：不摆摊了，带报纸到等车的人群中和进车厢里卖。一段时间下来，老人还总结了一些门道：等车的人中一般中青年男的喜欢买报纸，上车的人中一般有座位的人喜欢买报纸并喜欢一边吃早点一边看，有重大新闻时报纸卖得特别多。

于是，老人又有了新创意。每天叫卖报纸时，不再叫卖"商报、半岛、晚报，三毛一份，五毛两份"，而是换了叫法，根据新闻题材来叫卖。什么伊拉克战争最新进展啦、神舟飞船上天啦什么的。果然，这一招十分见效！原先许多没打算买的人都纷纷买报纸。几天下来，老人发现，每天卖的报纸居然比平时多了一半！

这样做了大约半年，车站的一家报摊由于生意不太好就不卖了，于是老人就接下这个地方支起了自己的报摊。但老人又有不同：买了政府统一制作的报亭，美观又气派。老人的经营品种也从单一的卖报纸发展到卖一些畅销杂志，销量也就更上一层楼了。老人还会根据什么杂志好卖搞一些优惠，比如说买一本《读者》送一份《半岛》什么的，毕竟杂志赚得比较多啊。老人的女儿周末在肯德基打工，经常带回来一些优惠券，于是，这又成了老人促销的独家武器！买报纸杂志一份，赠送肯德基优惠券一份。由于老人这个报亭良好的地理位置和巨大的销量，很快就被可口可乐公司发现了，他们安排业务人员上门，在老人的报亭里张贴了可口可乐的宣传画，安放了小冰箱。于是，老人的报亭不仅变得更漂亮更醒目，还能收一些宣传费，而且增加了卖饮料的收入。

就这样一直做了两年，老人的卖报生意有声有色。每月的收入都不低于4000元。现在，老人又有了新的目标，就是打算在附近的小区出口再开一家新的报亭，把女儿将来读研的钱也挣到手！

和老人的一席谈话，收获颇多。卖报卖出这样的经营哲学，这位老人做的才是真正的实战派营销。

案例讨论题：

1. 在导入阶段，老人主要做了哪些营销工作？
2. 消费者分析与销售数据分析对老人的经营有何帮助？
3. 老人如何挖掘独特的销售主张？
4. 在促销方面，老人做了哪些创新？
5. 通过本案例谈谈它给你带来的启发。

参考文献

[1] 王凯，赵毅. 创业计划编写理论[M]. 北京：北京理工大学出版社，2012.

[2] [美]布鲁斯 R.巴林杰. 创业计划书：从创意到方案[M]. 北京：机械工业出版社，2016.

[3] [美]安德鲁·查克阿拉基斯，等. 我是这样拿到风投的：和创业大师学写商业计划书[M]. 北京：机械工业出版社，2015.

[4] 孙陶然. 创业 36 条军规[M]. 北京：中信出版社，2015.

[5] 赵灵芝. 最打动投资人的商业计划书[M]. 北京：电子工业出版社，2018.

[6] [美]比尔·费舍尔. 创业融资，从一个好故事开始[M]. 北京：中信出版社，2016.

[7] https://www.douban.com/note/641839041/为什么撰写商业计划书对创业来说很重要.

[8] https://baike.baidu.com/item/%E4%BB%B7%E5%80%BC%E9%93%BE%E7%90%86%E8%AE%BA/5297841 价值链理论.

[9] https://baike.baidu.com/item/%E4%BA%A7%E5%93%81%E7%94%9F%E5%91%BD%E5%91%A8%E6%9C%9F/2233724?fr=aladdin 产品生命周期.

[10] https://wenku.baidu.com/view/ac137ba62b160b4e777fcf3d.html 竞争对手分析方法论.

[11] https://baike.baidu.com/item/%E7%BB%86%E5%88%86%E5%B8%82%E5%9C%BA/9099503?fr=aladdin 细分市场.

[12] https://baike.baidu.com/item/%E5%B8%82%E5%9C%BA%E7%BB%86%E5%88%86/462097?fr=aladdin 市场细分.

[13] https://baike.baidu.com/item/%E7%9B%AE%E6%A0%87%E5%B8%82%E5%9C%BA%E9%80%89%E6%8B%A9/7610594 目标市场选择.

[14] https://baike.baidu.com/item/%E5%B7%AE%E5%BC%82%E5%8C%96%E8%90%A5%E9%94%80/1015114?fr=aladdin 差异化营销.

[15] https://baike.baidu.com/item/%E9%94%80%E5%94%AE%E9%A2%84%E6%B5%8B/3347180?fr=aladdin 销售预测.

[16] https://baike.baidu.com/item/%E5%9B%BA%E5%AE%9A%E8%B5%84%E4%BA%A7/988825?fr=aladdin 固定资产.

[17] https://baike.baidu.com/item/%E6%B5%81%E5%8A%A8%E8%B5%84%E4%BA%A7/248598?fr=aladdin 流动资产.

[18] https://baike.baidu.com/item/%E8%B5%84%E4%BA%A7%E8%B4%9F%E5%80%BA%E8%A1%A8/321225?fr=aladdin 资产负债表.

[19] https://baike.baidu.com/item/%E6%8D%9F%E7%9B%8A%E8%A1%A8/2429633?fr=aladdin 损益表.

[20] https://baike.baidu.com/item/%E7%8E%B0%E9%87%91%E6%B5%81%E9%87%8F%E8%A1%A8/2429578?fr=aladdin 现金流量表.

[21] https://www.sohu.com/a/147348060_539351 又是别人家的！真实案例：一个民营企业融资 3000 亿.

[22] http://www.795.com.cn/wz/34536.html 创业投资失败的 35 个忠告.

[23] http://www.ctoutiao.com/76521.html14 家公司失败案例总结创业 7 大问题.

[24] http://www.shangc.net/licai/a/201611/3179734.html 创业风险分析与对策.